행시 최종합격생 7인의

5급 PSAT
유형별 기출공략
자료해석

SD에듀
㈜시대고시기획

Always with you

사람이 길에서 우연하게 만나거나 함께 살아가는 것만이 인연은 아니라고 생각합니다.
책을 펴내는 출판사와 그 책을 읽는 독자의 만남도 소중한 인연입니다.
(주)시대고시기획은 항상 독자의 마음을 헤아리기 위해 노력하고 있습니다.
늘 독자와 함께하겠습니다.

5급 공채 PSAT 준비의 시작!
가장 효율적인 학습법은
<u>기출문제</u>를 분석하는 것입니다!

2004년 외무고등고시에 처음 도입된 공직적격성평가(이하 PSAT)는 이후 2005년 행정고등고시와 입법고등고시, 그리고 2011년 민간경력자 시험에도 도입되면서 그 중요성이 점차 강조되어 왔습니다. 이제 PSAT는 적용 범위를 더 확대하여 7급 공무원 채용시험에도 도입되는 등 그야말로 공무원 시험의 핵심요소로 자리 잡았습니다.

PSAT를 준비하는 수험생을 대상으로 한 설문조사에서, 대부분의 수험생이 PSAT를 대비하기 위한 방법으로 "기출문제"를 선택하고 있다는 조사 결과가 있었습니다. 이는 PSAT 시험이 해를 거듭하면서 어느 정도 고정된 문제 형태를 가지게 된 결과라고 할 수 있습니다.

처음 PSAT가 도입될 당시만 해도 생소한 출제유형과 평가제도로 인해 많은 수험생이 학습의 어려움을 호소했지만 각 영역에 대한 기출 분석 및 출제 방향에 대한 학습이 이루어지면서 이제는 어느 정도 PSAT의 대비책이 정립되었다고 볼 수 있습니다. 그러나 PSAT의 효율적인 학습을 위해서는 기출문제를 무작정 풀어보는 것이 아니라, 과목별로 기출 유형을 꼼꼼히 파악하고 정리해두는 것이 중요합니다.

본서는 이러한 사항들에 집중하여 가장 효과적인 기출문제 정리와 응용력 향상을 위한 방법이 어떤 것일지에 대한 고민의 결과물입니다. 5급 공채 시험을 준비하면서 PSAT에 여러 번 합격하였고, 마침내 최종합격한 합격생들로 이루어진 집필진이 2016년부터 2022년까지 총 7개년의 5급 PSAT 기출문제들을 분석하여 각 영역마다 대표 유형을 선별하고 관련된 문제를 수록하였습니다.

또한 처음 PSAT를 준비하는 수험생들의 눈높이에 맞도록 정확하고 상세한 해설로 구성하였으며, 그동안의 수험 과정에서 시행착오를 거듭하며 쌓은 문제접근 방법 및 풀이 방법에 대한 노하우를 아낌없이 담았습니다.

SD에듀는 수험생 여러분의 지치지 않는 노력을 응원하며 합격에 도달하는 가장 빠르고 정확한 길을 제시하고자 힘쓰고 있습니다. 수험생 여러분이 합격의 결승선에 도달하는 그날까지 언제나 함께 응원하겠습니다.

Public Service Aptitude Test

공직적격성평가 PSAT

도입 배경

21세기 지식기반사회가 필요로 하는 공직자는 정치 · 경제 · 사회 · 문화 등 각 분야에서 일어나는 급속한 변화에 신속히 적응하고 새롭게 발생하는 문제들에 대처할 수 있어야 한다. 이러한 시대적 요구에 부응하기 위해 단순히 암기된 지식이 아닌 잠재적 학습능력과 문제해결능력을 측정하기 위한 PSAT 시험을 도입, 공직자로서 갖추어야 할 소양과 자질을 평가하고 있다.

평가 영역

공직적격성평가(Public Service Aptitude Test)는 공직자에게 필요한 소양과 자질을 측정하는 시험으로, 논리적 · 비판적 사고능력, 자료의 분석 및 추론능력, 판단 및 의사 결정능력 등 종합적 사고력을 평가한다.

1. PSAT의 평가영역은 언어논리 · 자료해석 · 상황판단 세 영역으로 구성된다.

언어논리	글의 이해, 표현, 추론, 비판과 논리적 사고 등의 능력을 평가
자료해석	수치 자료의 정리와 이해, 처리와 응용계산, 분석과 정보 추출 등의 능력을 평가
상황판단	상황의 이해, 추론 및 분석, 문제 해결, 판단과 의사 결정 등의 능력을 평가

2. PSAT는 특정한 지식의 정도를 측정하는 것이 아니라 능력을 측정하는 시험이기 때문에, 대학입시 수학능력시험과 유사한 측면이 있다. 그러나 수학능력시험은 학습능력을 측정하고 있는 데 반해, PSAT는 새로운 상황에서 적응하는 능력과 문제해결, 판단능력을 주로 측정하고 있기 때문에 학습능력보다는 공직자로서 당면하게 될 업무와 문제들에 대한 해결능력과 종합적이고 심도 있는 사고력을 요하는 문제가 중점적으로 출제된다.

PSAT 실시 시험 개관

구분	시행 형태		
	1차시험	2차시험	3차시험
5급 공개경쟁채용시험	PSAT · 헌법	직렬별 필수/선택과목(논문형)	면접
입법고시			
외교관후보자 선발시험		전공평가/통합논술(논문형)	
지역인재 7급 수습직원 선발시험		서류전형	
7급 공개경쟁채용시험	PSAT	전문과목(선택형)	
5 · 7급 민간경력자 선발시험		서류전형	
대통령경호처 7급 경호공무원		체력검정 및 인성검사	

시험 일정

구분	2022년도 원서접수	제1차시험		제2차시험		제3차시험 (면접시험)	최종합격자 발표
		시험일	합격자 발표일	시험일	합격자 발표일		
5급 행정				6.25.~6.30.	9.2.	9.19.~9.21.	10.4.
5급 기술	1.25.~1.27	2.26.	4.6.	7.1.~7.6.	9.2.	9.19.~9.21.	10.4.
외교관후보자 선발시험				6.25.~6.30.	9.2.	9.22.	10.4.

※ 2022년도 기준 시험일정입니다.
시험일정은 변경될 수 있으므로 인사혁신처 또는 사이버국가고시센터 온라인 페이지의 공고사항을 반드시 확인하시기 바랍니다.

시험 영역

헌법	+	PSAT		
25문항 (25분)		언어논리 영역 40문항(90분)	자료해석 영역 40문항(90분)	상황판단 영역 40문항(90분)

집필진의 합격수기

고시공부를 하면서 가장 큰 불안요소 중 하나는 PSAT 점수가 아닐까 생각합니다. 과도하게 시간을 투자하기도 부담스럽고, 1차에 떨어지면 2차 시험장에서 지금까지 공부했던 실력을 발휘할 기회조차 얻지 못하게 되니까요. 또한 PSAT 점수를 빠른 시간 내에 올리기 어렵다는 것도 수험생들에게 고민이 될 것 같습니다.

기본적으로 PSAT를 준비하려면 기출문제를 풀어보고, 자신의 취약한 부분을 파악하는 것에서 시작해야 합니다. 그리고 얼마만큼의 시간을 투자할 것인지 전략을 세워야 합니다. 자료해석은 빠르게 점수를 올릴 수 있지만, 언어논리나 상황판단은 오랜 시간을 두고 연습이 필요합니다. 행정고시에 진입할 것인지를 고민한다거나, 혹은 1차 공부를 시작하기로 마음먹었다면 우선 4~5개년 정도의 기출문제를 풀어보시길 권합니다.

스터디를 구성하여 함께 풀어보는 것도 좋습니다. 저는 매일 아침 스터디모임을 가지며 언어논리/자료해석/상황판단 1세트를 풀고, 그 전날 풀었던 문제 중 풀이가 필요한 문제들을 가져와 스터디원들과 "가장 합리적인 풀이"를 찾고자 했습니다. 이를 통해 강제적으로라도 문제 풀이를 하고, 또한 내가 생각하지 못한 새로운 접근방식을 터득할 수 있었던 것 같습니다. 이러한 과정에서 얻은 "가장 합리적인 풀이"를 이 책의 "합격생 가이드"에 담았습니다.

저는 **언어논리** 점수를 높이기 위해 모든 기출문제를 반복하여 풀었습니다. 처음에는 복습에 많은 시간을 투자했습니다. 틀린 문제는 왜 이 선택지가 답인지, 맞은 문제는 왜 이 선택지를 골라야 하고 왜 다른 것들은 오답인지를 계속해서 고민했습니다. 더 이상 오답 풀이가 의미 없어질 때 즈음해서 자연스럽게 언어논리에서 요구하는 사고흐름을 터득한 것 같습니다. 언어논리는 시중에 양질의 문제가 많이 없어 기출 의존도가 특히 높은데, 기출문제를 다시 풀더라도 이를 다 아는 문제라고 착각하지 말고 매번 새로운 방식으로 풀어보시길 권합니다. 그리고 자신이 생각한 "이것이 정답인 이유"가 타당한 것인지도 재차 검증해 보아야 합니다. 이를 반복하다 보면 언어논리가 요구하는 사고방식에 가까워질 수 있습니다.

자료해석은 처음에는 가장 어렵지만 나중에는 가장 쉬운 과목입니다. 처음에 어려운 이유는 접근 방식을 몰라서이고, 이를 터득하면 비교적 수월하게 점수를 올릴 수 있습니다. 핵심은 "모든 계산을 할 필요가 없다."입니다. 처음 문제를 보면 세세한 계산을 전부 해야 할 것처럼 보이지만, 조금만 생각해보면 식들이 간단히 정리된다거나, 어림산이 가능하다거나, 혹은 정작 계산해야 하는 항목은 1~2가지뿐이라거나 하는 식입니다. 이를 파악하기 위한 가장 빠른 방법은 숙련된 사람과 함께 공부하는 것입니다. 주변에 숙련자가 없다면 이 책의 "합격자 가이드"를 적극적으로 활용하시기 바랍니다. 한 번만 보면, 다음부터는 각 유형들에 대입하여 문제를 풀어나갈 수 있을 것입니다.

상황판단에서 가장 중요한 부분은 이 문제를 건드릴지 말지를 분간해내는 것입니다. 언어논리와 자료해석은 주어진 시간 내에 대부분의 문제를 풀 수 있으나, 상황판단의 경우는 3~4문제 정도는 시간 내(평균 2분 15초)에 풀기 어려운 문제가 섞여 있습니다. 1차에서는 모든 문제의 배점이 동일하므로, 이 킬러 문항들을 버리는 것이 상황판단 고득점에서 가장 핵심적인 부분입니다. 다음으로는 '틀리지 말아야 할 부분에서 틀리지 않는 것'이 중요합니다. 어려운 8문항을 포기하더라도, 다른 문제를 모두 맞혀 80점 이상의 높은 점수를 받을 수 있습니다. 따라서 킬러 문항을 푸는 연습보다도 쉬운 문제를 정확하게 맞히는 연습이 중요합니다.

처음 PSAT을 공부하는 분들, PSAT 점수에 부담을 느끼는 분들에게 이 책이 도움이 되었으면 좋겠습니다. 이 책에서 선별한 기출문제를 비롯하여 다른 기출문제들도 반복적으로 푸는 훈련을 하다 보면 유의미한 실력 상승이 따라올 것으로 기대합니다.

합격생 오○○

저는 2019년도 PSAT 시험에서 세 과목 모두 90점대 점수를 받았습니다. 저 역시 초시 때에는 상당한 점수 차이로 PSAT 시험에서 떨어졌지만 지속적인 연습 끝에 점수를 많이 끌어올렸습니다. PSAT 점수를 상승시키기 위해서는 기출문제를 반복해서 분석하는 것이 가장 중요하다고 생각합니다. 저는 매년 3개월 정도를 PSAT 준비에 투자했는데, 기출문제는 2~3번씩 다시 풀었습니다. 풀 때마다 더 빠른 풀이 방법은 무엇이 있을지 고민했던 것이 점수 상승의 주요인이었다고 생각합니다.

언어논리 영역은 언어 영역과 논리 영역으로 나뉩니다. 대부분의 수험생들이 논리 영역을 포기하고 언어 영역 풀이에 시간을 많이 들이지만, 언어 영역은 단기간에 점수를 끌어올리기에 어려움이 있기 때문에 논리 영역에서 최대한 점수를 끌어올리는 것이 좋다고 생각합니다. 우선 언어 영역은 문제당 무조건 2분 내로 풀어야 합니다. 문제 풀이를 연습하는 단계에서부터 한 문제당 2분을 넘길 것 같으면 고민을 멈추고 가장 정답에 가까울 것 같은 선지를 고른 후에 바로 다음 문제로 넘어가야 합니다. 논리 영역은 기호논리학 법칙들을 사용하는 데에 능숙해지면 풀이가 정말 쉬워집니다. 저는 학교에서 논리학 교양 강의를 수강한 이후에 기출문제 풀이를 통해 연습했지만 학교 강의 이외에도 다양한 수단을 통해서 기호논리학을 알아둔다면 단기간에 점수를 크게 끌어올릴 수 있을 것이라 생각합니다.

자료해석 영역은 일반적으로 점수를 올리기 가장 쉬운 영역이라고들 말하지만, 개인적으로는 80점 이상으로 점수를 끌어올리는 데에 가장 애를 먹었던 영역입니다. 자료해석 영역에서는 계산에서의 결벽을 없애는 것이 점수 상승의 핵심입니다. 주어진 계산을 1의 자리까지 모두 하려고 하지 말고, 숫자를 대충 보고 조건에 맞는지 아닌지를 판단하고 바로 넘어갈 수 있어야 합니다. 이외에도 차이값 비교, 곱셈 비교, 분수 비교 등 다양한 테크닉을 활용하면 풀이 시간을 단축할 수 있습니다. 그러나 자료해석 영역의 핵심은 결국 실수하지 않는 것이라고 생각합니다. 8문제를 버려도 푼 문제만 모두 맞춘다면 80점을 받을 수 있습니다. 실수하지 않기 위해 식을 작성한 이후에 계산을 했는데, 이처럼 침착하게 풀이하는 것이 점수 상승의 핵심이라고 생각합니다.

상황판단 영역은 점수를 올릴 수 있는 영역에서 점수를 올리고, 점수를 올리기 어려운 영역은 빠르게 넘기고 마지막에 풀어야 합니다. 법조문 유형이나 일치부합 유형과 같이 퀴즈 이외의 유형은 기출문제 분석을 통해서 점수를 올리기가 상대적으로 용이합니다. 반면, 퀴즈 유형은 문제의 숨겨진 장치가 무엇인지 바로 파악해내야 2분 내에 풀 수 있기 때문에 점수를 올리기가 어렵습니다. 따라서 상황판단 영역의 핵심은 기출문제 풀이를 통해서 숨겨진 장치를 파악하는 연습을 하는 것, 그리고 비(非) 퀴즈 유형의 문제들을 우선 풀고 그 다음에 퀴즈 유형의 문제를 푸는 방식으로 시험을 운용하는 연습을 하는 것입니다. 통상 1-3-2-4 혹은 1-3-4-2 순서가 사용되는데, 최근 1~10번 문제에 퀴즈형 문제가 나오기도 하는 등 형식의 변형이 있기 때문에 지속적인 기출문제 풀이 연습을 통해서 본인에게 맞는 운용 방식을 찾아야 합니다. '조금만 더 하면 풀 수 있을 것 같은데.'라는 생각을 버리고, 어려운 문제라면 바로 넘어가야 한다는 점도 꼭 명심해주세요.

2021년 자료해석 기출문제는 2017년과 마찬가지로 **제일 쉬운 난도**에 속한다고 생각됩니다. 많은 계산을 요구하지도 않았을 뿐만 아니라 엄청난 아이디어를 요구하는 문제도 없었기 때문입니다. 물론 아이디어를 요구하는 문제가 당연히 있기는 하였으나 **과거 기출문제와 유사한 아이디어를 요구**했기 때문에 지난 기출문제를 자세하게 분석하였다면 용이하게 풀었을 난도입니다. 물론 제가 말하는 아이디어란 기본적인 스킬들을 제외한 것을 의미합니다. 예를 들어 4번 문제의 경우에 선지에서 바뀌는 것을 풀기 위해 계산으로만 접근한다면 시간이 오래 걸렸을 것이지만, 각주를 활용하여 그 비율 등을 고려해서 접근했다면 빠른 시간 내에 풀 수 있었을 것이라 생각됩니다.

제가 느끼기에는 올해 문제의 핵심은 **자료해석에 대한 숫자적 감각이 있는지** 입니다. 눈대중으로 쉽게 쉽게 계산할 수 있는 문제들이 많이 보였고 특히 단위와 관련해서 그런 감각이 있었다면 좋았을 것입니다. 예를 들어 39번과 같은 문제는 계산을 많이 요구하는 것처럼 보였는데 사실 단위에 대한 감각이 조금만 더 있었다면 최소비용은 무조건 '을'로 귀결되리라는 것을 예측할 수 있었을 것이기 때문입니다.

따라서 앞으로 PSAT 자료해석을 준비할 때는 숫자에 대한 감각을 키우기 위해 매일매일 짧게라도 꾸준한 노력을 하면 좋을 것입니다. 또한 해설을 작성하면서 느낀 것은 **과거 기출문제를 푸는 느낌**을 많이 받았기 때문에 과거 기출문제를 단순히 풀고 오답을 하는것에 그치는 것이 아니라 어떠한 점을 활용하면 좋을지를 생각하면서 연습한다면 좋을 것 같습니다.

마지막으로 올해 정도의 난이도라면 고득점을 받기 용이했을 것이라 생각했는데 생각보다 자료해석의 성적이 높게 형성되지는 않았다고 들었습니다. 이는 수험생들의 자신감이 부족해서 생긴 문제라 생각되기에 긍정적인 마음가짐으로 시험에 임하는 것이 좋을 것 같습니다.

2022년 5급 공개경쟁채용 제1차 시험 PSAT 자료해석 총평

2022년 5급 PSAT 자료해석은 전체적으로 **어려운 난도**로 출제되었습니다. 이는 비교적 쉬운 편이었던 2021년, 2020년 자료해석과는 대비됩니다. 과거 기출문제와 유사한 아이디어를 요구하나, 복잡한 계산을 요구하는 공식을 각주에 달아 체감 난이도가 상승했을 것으로 보입니다.

2022년 자료해석의 특징은 다음과 같습니다.

첫째, 자잘한 계산이 많아졌습니다.

최근 2년간 자료해석은 4자리 숫자 이상의 복잡한 계산이나, 소수점 두 번째 자리까지 구해야 하는 경우가 드물었습니다. 하지만 2022년 자료해석에는 해당 경우가 증가하였습니다. 충분한 계산연습을 통하여 신속하고 정확하게 소숫점 두 번째 자리까지나, 4자리 숫자 이상의 복잡한 계산이 가능하도록 대비를 해야 됩니다.

둘째, 기존 기출문제의 아이디어가 유사하게 출제되었으나, 보다 어려운 난도로 구성되었습니다.

중복되는 항목에 포함되는 사람의 최솟값이나 최댓값을 구하는 아이디어는 이미 기출문제에서 여럿 출제되었습니다. 하지만 33번과 같은 경우 이러한 아이디어의 원리를 파악하고 응용시켜 적용할 수 있는 학생들만이 문제를 풀 수 있었을 정도였습니다.

셋째, 몇몇 함정이 뚜렷하게 발견됩니다.

나책형 기준 17번이나 36번 문제와 같은 경우 함정을 파거나 요구하는 정보를 찾기 어렵게끔 표를 구성하였습니다. 표가 어떻게 구성되는지, 각주는 어떤 정보를 담고 있는지 등을 선지의 정오를 판단하기 전에 먼저 확실하게 파악하고 문제를 푸는 것이 중요합니다.

마지막으로 시간 내에 풀 수 있는 문제와 그렇지 않은 문제가 명확했습니다.

나책형 기준으로 35번, 38~39번 문제와 같은 경우는 각 문제를 최대 2분 30초 내에 푸는 것이 불가능할 정도로 상세한 계산과 심도 있는 표 이해를 요구하였습니다. 이러한 문제는 다른 문제를 모두 풀고 난 후에 해결하는 전략도 연습하여야 합니다.

따라서 자료해석은 계산에 대한 감각을 유지하고, 여러 문제들을 매일 반복해서 풀이하는 것이 고득점으로 가는 핵심 전략이라고 할 수 있습니다. 주어진 자료에서 필요한 부분을 빠르게 파악하고 복잡한 식을 간단하게 변환하여 계산할 수 있는 연습을 꾸준히 한다면 보다 좋은 결과가 있을 것이라고 생각합니다.

구성과 특징

CHAPTER 01 단순확인(표·그림)

1 유형의 이해

단일 표, 혹은 단수/복수의 그림을 제시하는 문제로 자료해석영역의 가장 기본적인 유형이다. 매년 8~10개가 출제
료해석의 여러 유형 중에서 빈도가 가장 높다고 볼 수 있다. 출제 경향 자체는 크게 바뀌는 추세가 아니기 때문에
학습하기에 무리가 없을 것으로 보인다.

2 발문 유형

- 이에 대한 설명으로 옳은 것은?
- 이에 대한 설명으로 옳지 않은 것은?
- 이에 대한 〈보기〉의 설명 중 옳은 것만을 모두 고르면?

3 접근법

이 유형은 표 혹은 그림에 제시된 데이터를 선지에서 요구하는 수준까지 적절히 분석할 수 있는지를 평가한다. 가장
지하는 유형 중 하나로, 문제마다 정형화된 풀이법이 있기 보다는 선지에서 요구하는 데이터를 찾아 선택적으로 더
능력이 필요하다. 일반적으로 문제에 주어진 표/그림의 데이터와 선지가 합치하는지를 묻는데, 주어진 데이터를 가
기도 하지만 적어도 하나 이상의 보기는 데이터를 계산하도록 유도한다. 단순 표 혹은 그림 문제인 만큼 전체적인
로 빠르게 풀어 시간을 확보할 수 있어야 한다. 물론 데이터가 가공하기 까다롭거나 단순 계산을 넘어 추론하는 문
다른 유형들에 비해 쉬운 편이므로 놓쳐서는 안 된다.

복잡하지 않은 유형이기 때문에 선지에서 요구하는 대로 따라가다 보면 정답을 유추하는 것은 어렵지 않다. 표나 그
고 가로축 세로축이 의미하는 것을 먼저 파악한 후에 보기의 일치부합을 확인하도록 한다. 제한 시간 내에 문제를

01 유형별 가이드

PSAT 기출문제를 분석하여 유형을 구분
하였으며, 해당 유형에 대한 접근법 및 파
악해두어야 할 내용들을 정리하였습니다.

02 대표문항

각 유형에 해당하는 대표적인 PSAT 기출
문제를 엄선하여 대표문항으로 수록하였
습니다. 유형별 가이드에서 다룬 내용을
구체적으로 어떻게 적용할 것인지 파악해
볼 수 있습니다.

대표문항 19년 행시(가) 7번

다음 〈표〉는 '갑'국 A~J 지역의 대형종합소매업 현황에 대한 자료이다. 이에 대한 〈보기〉의 설명 중 옳은
것만을 모두 고르면?

〈표〉 지역별 대형종합소매업 현황

구분 지역	사업체 수 (개)	종사자 수 (명)	매출액 (백만 원)	건물 연면적 (m²)
A	47	6,731	4,878,427	1,683,092
B	33	4,173	2,808,881	1,070,431
C	35	4,430	3,141,552	1,772,698
D	18	2,247	1,380,511	677,288
E	22	3,152	1,804,262	765,096
F	19	2,414	1,473,698	633,497
G	147	18,287	11,625,278	5,032,741
H	17	1,519	861,094	364,296
I	19	2,086	1,305,468	535,880
J	16	1,565	879,172	326,373
전체	373	46,604	30,158,343	12,861,392

〈보 기〉
ㄱ. 사업체당 종사자 수가 100명 미만인 지역은 모두 2개이다.
ㄴ. 사업체당 매출액은 G 지역이 가장 크다.
ㄷ. I 지역의 종사자당 매출액은 E 지역의 종사자당 매출액보다 크다.
ㄹ. 건물 연면적이 가장 작은 지역이 매출액도 가장 작다.

① ㄱ, ㄷ
② ㄱ, ㄹ
③ ㄴ, ㄷ
④ ㄴ, ㄹ
⑤ ㄱ, ㄴ, ㄷ

난도 중

풀이시간 1분 45초

합격생 가이드

ㄴ을 해결할 때 'A'부터 'J'
서는 안 되고 'G'에 건물만
여 계산하여야 한다. 'G'의
업체 수로 나누면 100,000
는 일단 100,000이 넘는다
가능으로 확신하지 못하는
게 계산하여 비교하도록 한
ㄱ은 옳고 ㄴ은 옳지 않은
능한 답안은 ①번과 ②번
계산을 필요로 하는 반면
빠르게 답을 찾을 수 있다.
인하면 ㄷ은 풀지 않고도 정
다.

대표문항으로 선정한 이유

가장 기본적이면서 일반적
으로 어려운 스킬을 요하지
단축 스킬을 효과적으로
수 있는 문항이다. 또한 최
출제된 문제이기 때문에 대
하였다.

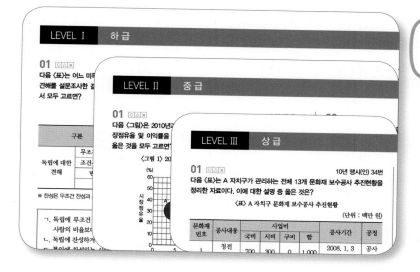

03 난도별 문제 분류

각 유형마다 출제될 가능성이 높은 기출 문제를 선별하고, 난도별로 구분하여 수록하였습니다.

04 정확하고 상세한 해설

행시 최종합격생들이 처음 PSAT를 준비하는 수험생들의 눈높이에 맞춰서 정답해설과 오답해설로 나누어 상세하고 정확하게 집필하였습니다.

01 단순확인(표·그림)   답 ④

난도 하

풀이시간 1분 15초

정답해설

ㄱ. 옳다. 독립에 무조건 찬성하는 사람의 비율은 27.4%로, 통일에 무조건 찬성하는 사람의 비율인 20.5%보다 높다.

ㄷ. 옳다. 통일에 무조건 찬성과 조건부 찬성하는 경우 모두를 포함한 독립에 찬성하는 사람의 비율이 독립에 반대하는 사람의 비율보다 높다.

ㄹ. 옳다. 독립에는 찬성하지 않지만 통일에는 찬성하는 사람의 비율은 8.5+13.6=22.1%이다.

오답해설

ㄴ. 옳지 않다. 찬성은 무조건 찬성과 조건부 찬성을 포함한다. 독립에 찬성하거나 통일에 찬성하는 사람의 비율은 둘 중 하나만 찬성하는 사람도 포함하므로 전체에서 독립과 통일에 모두 반대하는 사람을 빼면 된다. 이 비율은 100 −4.5=95.5%이다.

합격생 가이드

조건부적률을 구하이□□
하기 때문에 빠르게 풀□□

03 단순확인(표·그림

난도 하

풀이시간 1분 30초

정답해설

⑤ 옳다. 안정성지수는 구□□ 두 증가하였으나, 구조□ 기의 직전기간 대비 중□

오답해설

① 옳지 않다. 1993년 이□ 하였다.

② 옳지 않다. 외환위기 이□ 장지수 모두 감소하간□ 이었다□

합격생 가이드

ㄴ에서 전체를 계산하지 않도록 하자. 전체 평균은 낮으면서 하위 평균은 높아야 해당 수치가 높게 나오는데, 2002~2004년은 전체 평균은 2006년보다 높으면서 하위 평균은 더 낮으므로 계산할 필요도 없다. 2007년 역시 하위 평균은 거의 비슷한 반면 전체 평균은 상대적으로 큰 차이로 크기 때문에 계산할 필요가 없다. 따라서 2005년과 2006년 두 개 년도만 계산하여 크기 비교를 해줘도 답을 찾을 수 있다.

오답해설

① 옳다. 2011년 1~11월□ 대비 80% 증가하였다□ 2,520÷180×100=1,□ 실적은 126건으로 100□

② 옳다. 전년대비 2010년□ 인도지사로, 전년대비 1□

③ 옳다. A무역회사 해외□ 2010년 7,630건, 2011□

④ 옳다. 2008~2010년 □ 건수의 합은 독일지사의□

합격생 가이드

①번 선지는 증가/감소□□ 의 데이터를 이끌어낼 □ 하자.
⑤번 선지의 경우 정확□ 증가를 말하는데, 06□

05 단순확인(표·그림)   답 ①

난도 상

풀이시간 2분 15초

정답해설

ㄱ. 옳다. 춘궁농가 비율은 충청남도에서 69.7%로 가장 높았고 함경북도에서

05 합격생 가이드

행시에 최종합격하기까지 PSAT을 준비하며 쌓아온 노하우를 담은 합격생 가이드를 수록하였습니다.

목차

PSAT

Public Service Aptitude Test

_____

2022년 5급 PSAT
자료해석
최신 기출문제

_____

행시 최종합격생 7인의 5급 PSAT 유형별 기출공략 〈자료해석〉

Public Service Aptitude Test

문제별 정답·유형분석·난도·풀이시간을 수록하였습니다. 풀이시간의 경우,
문제풀이에 최적화된 시간을 제시한 것이오니, 학습 시 참고해 주시기 바랍니다.

2022년 공직적격성평가(PSAT)

2022년 2월 26일 시행

5급 공채 · 외교관후보자 및 지역인재 7급 선발 필기시험

응시번호	
성 명	

문 제 책 형
나

【시 험 과 목】

제1과목	자 료 해 석

문제풀이 시작과 종료 시간을 기입해 주시기 바랍니다.

• 자료해석(90분) _____시 _____분 ~ _____시 _____분

문 1. 다음 〈표〉는 2020년 4분기(10~12월) 전국 아파트 입주 물량에 관한 자료이다. 제시된 〈표〉 이외에 〈보고서〉를 작성하기 위해 추가로 필요한 자료만을 〈보기〉에서 모두 고르면?

〈표 1〉 월별 아파트 입주 물량

(단위 : 세대)

구분＼월	10월	11월	12월	합
전국	21,987	25,995	32,653	80,635
수도권	13,951	15,083	19,500	48,534
비수도권	8,036	10,912	13,153	32,101

〈표 2〉 규모 및 공급주체별 아파트 입주 물량

(단위 : 세대)

구분	규모			공급주체	
	60m² 이하	60m² 초과 85m² 이하	85m² 초과	공공	민간
전국	34,153	42,528	3,954	23,438	57,197
수도권	21,446	24,727	2,361	15,443	33,091
비수도권	12,707	17,801	1,593	7,995	24,106

─── 〈보고서〉 ───

2020년 4분기(10~12월) 전국 아파트 입주 물량은 80,635세대로 집계되었다. 수도권은 48,534세대로 전년동기 및 2015~2019년 4분기 평균 대비 각각 37.5%, 1.7% 증가했고, 비수도권은 32,101세대로 전년동기 및 2015~2019년 4분기 평균 대비 각각 47.6%, 46.8% 감소하였다. 시도별로 살펴보면, 서울은 12,097세대로 전년동기 대비 7.9% 증가하였다. 그 외 인천·경기 36,437세대, 대전·세종·충남 8,015세대, 충북 3,835세대, 강원 646세대, 전북 0세대, 광주·전남·제주 5,333세대, 대구·경북 5,586세대, 부산·울산 5,345세대, 경남 3,341세대였다. 주택 규모별로는 60m² 이하 34,153세대, 60m² 초과 85m² 이하 42,528세대, 85m² 초과 3,954세대로, 85m² 이하 중소형주택이 전체의 95.1%를 차지하여 중소형주택의 입주 물량이 많았다. 공급주체별로는 민간 57,197세대, 공공 23,438세대로, 민간 입주 물량이 공공 입주 물량의 2배 이상이었다.

─── 〈보기〉 ───

ㄱ. 2015~2019년 4분기 수도권 및 비수도권 아파트 입주 물량
ㄴ. 2015~2019년 공급주체별 연평균 아파트 입주 물량
ㄷ. 2019~2020년 4분기 시도별 아파트 입주 물량
ㄹ. 2019년 4분기 규모 및 공급주체별 아파트 입주 물량

① ㄱ, ㄴ
② ㄱ, ㄷ
③ ㄱ, ㄹ
④ ㄴ, ㄷ
⑤ ㄴ, ㄹ

문 2. 다음 〈표〉는 A~E지점을 연이어 주행한 '갑'~'병'자동차의 구간별 연료 소모량 및 평균 속력에 관한 자료이다. 이에 대한 〈보기〉의 설명 중 옳은 것만을 모두 고르면?

〈표〉 '갑'~'병'자동차의 구간별 연료 소모량 및 평균 속력

(단위 : km, L, km/h)

구간＼자동차(연료)	갑 (LPG)		을 (휘발유)		병 (경유)	
구분＼거리	연료 소모량	평균 속력	연료 소모량	평균 속력	연료 소모량	평균 속력
A→B　100	7.0	100	5.0	100	3.5	110
B→C　50	4.0	90	3.0	100	2.0	90
C→D　70	5.0	100	4.0	90	3.0	100
D→E　20	2.0	100	1.5	110	1.5	100
전체　240	18.0	( )	13.5	( )	10.0	( )

※ 1) L당 연료비는 LPG 1,000원, 휘발유 1,700원, 경유 1,500원임

2) 주행 연비(km/L) = $\dfrac{\text{주행 거리}}{\text{연료 소모량}}$

─── 〈보기〉 ───

ㄱ. 전체 구간 주행 시간은 '병'이 가장 길다.
ㄴ. 전체 구간 주행 연료비는 '을'이 가장 많고, '병'이 가장 적다.
ㄷ. 전체 구간 주행 연비는 '병'이 가장 높고, '갑'이 가장 낮다.
ㄹ. '갑'의 A→B 구간 주행 연비는 '을'의 B→C 구간 주행 연비보다 높다.

① ㄱ, ㄴ
② ㄱ, ㄷ
③ ㄴ, ㄷ
④ ㄷ, ㄹ
⑤ ㄴ, ㄷ, ㄹ

문 3. 다음 〈표〉는 A질환 환자의 성별 흡연 및 음주 여부에 관한 자료이다. 이에 대한 〈보기〉의 설명 중 옳은 것만을 모두 고르면?

〈표〉 A질환 환자의 성별 흡연 및 음주 여부

(단위 : 명, %)

음주 여부	성별 흡연 여부 구분	남성		여성	
		흡연	비흡연	흡연	비흡연
음주	인원	600	( )	( )	( )
	비율	30	35	( )	20
비음주	인원	( )	( )	300	450
	비율	10	( )	( )	30

※ 비율(%)은 흡연 및 음주 여부에 따른 남(여)성 환자 수를 전체 남(여)성 환자 수로 나눈 값에 100을 곱한 것임. 예를 들어, 남성 환자 중 흡연과 음주를 모두 하는 비율은 30%임

〈보기〉

ㄱ. 흡연 비율은 남성 환자가 여성 환자보다 높다.
ㄴ. 비음주이면서 비흡연인 환자는 남성이 여성보다 많다.
ㄷ. 각 성별에서 음주 환자가 비음주 환자보다 많다.
ㄹ. 전체 환자 중 음주 환자 비중은 전체 환자 중 흡연 환자 비중보다 크다.

① ㄱ, ㄴ
② ㄱ, ㄷ
③ ㄴ, ㄹ
④ ㄷ, ㄹ
⑤ ㄴ, ㄷ, ㄹ

문 4. 다음 〈표〉는 '갑'국 국세청의 행정소송 현황에 관한 자료이다. 제시된 〈표〉 이외에 〈보고서〉를 작성하기 위해 추가로 필요한 자료만을 〈보기〉에서 모두 고르면?

〈표 1〉 2017~2020년 행정소송 현황

(단위 : 건)

구분 연도	처리대상건수		처리완료건수				처리미완료건수		
	전년이월	당년제기	취하	각하	국가승소	국가패소	행정법원	고등법원	대법원
2017	2,093	1,679	409	74	862	179	1,279	647	322
2018	2,248	1,881	485	53	799	208	1,536	713	335
2019	2,584	1,957	493	78	749	204	2,043	692	282
2020	3,017	2,026	788	225	786	237	1,939	793	275

※ 미완료율(%) = $\dfrac{처리미완료건수}{처리대상건수} \times 100$

〈표 2〉 2020년 세목별 행정소송 현황

(단위 : 건)

구분 세목	처리대상건수		처리완료건수				처리미완료건수		
	전년이월	당년제기	취하	각하	국가승소	국가패소	행정법원	고등법원	대법원
종합소득세	305	249	85	7	103	33	227	74	25
법인세	443	347	54	6	108	44	396	123	59
부가가치세	645	405	189	13	162	42	400	183	61
양도소득세	909	447	326	170	240	39	378	167	36
상속세	84	52	14	1	28	9	50	20	14
증여세	429	282	70	12	96	49	272	157	55
기타	202	244	50	16	49	21	216	69	25

〈표 3〉 2020년 소송가액별 행정소송 현황

(단위 : 건)

구분 소송가액	처리대상건수		처리완료건수				처리미완료건수		
	전년이월	당년제기	취하	각하	국가승소	국가패소	행정법원	고등법원	대법원
3억 원 미만	1,758	1,220	599	204	540	102	1,028	414	91
3억 원 이상 10억 원 미만	542	375	129	15	133	56	374	156	54
10억 원 이상	717	431	60	6	113	79	537	223	130

〈보고서〉

2017~2020년 '갑'국 국세청의 연도별 행정소송 현황을 살펴 보면 전년 이월 처리대상건수와 당년 제기 처리대상건수는 매년 증가하였다. 한편 2017~2019년 미완료율은 매년 증가하였으나, 2020년에는 미완료율이 전년 대비 감소하였다. 2017~2020년 처리대상건수 대비 국가승소 건수의 비율은 매년 감소하였는데, 특히 2017년에는 전년 대비 20%p 감소하여 가장 큰 폭으로 감소하였다. 2017~2020년 국가승소 건수 중 법인세 관련 행정소송 건수가 차지하는 비율 또한 매년 감소하였다.

2020년에 전년 이월 처리대상건수가 가장 많은 세목은 양도소득세였으며, 행정소송이 진행 중이어서 처리완료되지 못하고 2021년으로 이월된 행정소송 건수가 가장 많은 세목은 부가가치세였다.

2020년의 경우 소송가액 3억 원 미만인 국가승소 건수가 3억 원 이상인 국가승소 건수보다 많았다. 한편 2017~2020년 행정법원 소송 처리미완료건수 중 소송가액 10억 원 이상인 건수가 차지하는 비율은 2018년이 가장 높았으며 2020년이 가장 낮았다.

〈보기〉

ㄱ. 2016년 행정소송 처리대상건수 및 국가승소 건수
ㄴ. 2021년 소송가액별 행정소송 처리대상건수
ㄷ. 2017~2019년 국가승소 건수 중 법인세 관련 행정소송 건수
ㄹ. 2017~2019년 소송가액이 10억 원 이상인 행정법원 소송 처리미완료건수

① ㄱ, ㄴ
② ㄱ, ㄷ
③ ㄴ, ㄹ
④ ㄱ, ㄷ, ㄹ
⑤ ㄴ, ㄷ, ㄹ

문 5. 다음 〈표〉는 '갑'도매시장에서 출하되는 4개 농산물의 수송 방법별 운송량에 관한 자료이다. 이에 대한 〈보기〉의 설명 중 옳은 것만을 모두 고르면?

〈표〉 4개 농산물의 수송 방법별 운송량

(단위 : 톤)

수송 방법 \ 농산물	쌀	밀	콩	보리	합계
도로	10,600	16,500	400	2,900	30,400
철도	5,800	7,500	600	7,100	21,000
해운	1,600	3,000	4,000	2,000	10,600

※ '갑'도매시장 농산물 수송 방법은 도로, 철도, 해운으로만 구성됨

〈보기〉

ㄱ. 농산물별 해운 운송량이 각각 100톤씩 증가하면 4개 농산물 해운 운송량의 평균은 2,750톤이다.
ㄴ. 보리의 수송 방법별 운송량이 각각 50%씩 감소하고 콩의 수송 방법별 운송량이 각각 100%씩 증가하더라도, 4개 농산물 전체 운송량에는 변동이 없다.
ㄷ. 도로 운송량이 많은 농산물일수록 해당 농산물의 운송량 중 도로 운송량이 차지하는 비중이 더 크다.
ㄹ. 해운 운송량이 적은 농산물일수록 해당 농산물의 운송량 중 해운 운송량이 차지하는 비중이 더 작다.

① ㄱ, ㄷ
② ㄱ, ㄹ
③ ㄴ, ㄷ
④ ㄴ, ㄹ
⑤ ㄷ, ㄹ

문 6. 다음 〈그림〉은 2019~2021년 '갑'국의 건설, 농림수산식품, 소재 3개 산업의 기술도입액과 기술수출액 현황에 관한 자료이다. 이에 대한 설명으로 옳지 <u>않은</u> 것은?

〈그림〉 3개 산업의 기술도입액과 기술수출액 현황

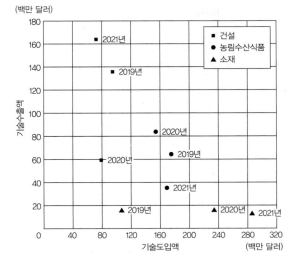

※ 1) 기술무역규모＝기술수출액＋기술도입액
　 2) 기술무역수지＝기술수출액－기술도입액
　 3) 기술무역수지비＝$\dfrac{기술수출액}{기술도입액}$

① 2020년 3개 산업 중 기술무역수지가 가장 작은 산업은 건설 산업이다.
② 2021년 3개 산업 중 기술무역규모가 가장 큰 산업은 소재 산업이다.
③ 2019년 3개 산업의 전체 기술도입액은 3억 2천만 달러 이상이다.
④ 소재 산업에서 기술무역수지는 매년 감소한다.
⑤ 농림수산식품 산업에서 기술무역수지비가 가장 큰 해는 2020년이다.

문 7. 다음 〈표〉는 2018~2021년 '갑'국의 여름철 물놀이 사고 사망자에 관한 자료이다. 이를 바탕으로 작성한 〈보고서〉의 내용 중 옳지 <u>않은</u> 것은?

〈표 1〉 연령대별 여름철 물놀이 사고 사망자 수

(단위 : 명)

연령대 \ 연도	10세 미만	10대	20대	30대	40대	50대 이상
2018	2	6	4	4	4	4
2019	2	13	9	2	2	8
2020	2	9	7	2	4	13
2021	0	5	3	4	5	19

〈표 2〉 4대 주요 발생 장소 및 원인별 여름철 물놀이 사고 사망자 수

(단위 : 명)

구분 \ 연도	4대 주요 발생 장소				4대 주요 원인			
	하천	해수 욕장	계곡	수영장	안전 부주의	수영 미숙	음주 수영	급류
2018	16	3	2	2	6	13	3	2
2019	23	3	5	4	9	14	5	6
2020	19	3	1	12	8	14	3	8
2021	23	7	2	5	9	12	6	2

※ 여름철 물놀이 사고 사망자의 발생 장소와 원인은 각각 1가지로만 정함

― 〈보고서〉 ―

물놀이 사고는 여름철인 6~8월에 집중적으로 발생한다. 연도별 사고 현황을 살펴보면, ㉠ 여름철 물놀이 사고 사망자는 2019년에 전년 대비 50% 이상 증가하였고, 이후 매년 30명 이상이었다.
㉡ 여름철 물놀이 사고 사망자 중 4대 주요 원인에 의한 사망자가 차지하는 비율이 가장 높은 해는 2018년이다. 한편, ㉢ 여름철 물놀이 사고 사망자 중 수영미숙에 의한 사망자가 매년 30% 이상을 차지해 이에 대한 예방책이 필요한 것으로 판단된다. 또 2019년과 2020년은 급류사고로 인한 사망자가 다른 해에 비해 많았다.
사고 발생 장소를 살펴보면, ㉣ 2018년부터 2021년까지 매년 여름철 물놀이 사고 사망자의 60% 이상이 하천에서 발생한 사고로 사망하였다. 따라서 하천에서의 사고를 예방하기 위해 물놀이 안전수칙 홍보를 강화할 필요가 있다. 여름철 물놀이 사고 사망자 수를 연령대와 장소 및 원인에 따라 세부적으로 살펴보면, 2020년 50대 이상 사망자 중 수영장 외의 장소에서 사망한 사망자가 1명 이상이고, ㉤ 2021년 안전부주의 사망자 중 30대 이상 사망자가 1명 이상이다.

① ㄱ
② ㄴ
③ ㄷ
④ ㄹ
⑤ ㅁ

문 8. 다음 〈표〉는 2020년 A~D국의 어업 생산량에 관한 자료이다. 〈표〉와 〈조건〉을 근거로 A~D에 해당하는 국가를 바르게 나열한 것은?

〈표〉 2020년 A~D국의 어업 생산량

(단위 : 천 톤)

어업유형 국가	전체	해면어업	천해양식	원양어업	내수면어업
A	3,255	1,235	1,477	( )	33
B	10,483	3,245	( )	1,077	3,058
C	8,020	2,850	( )	720	1,150
D	9,756	4,200	324	( )	2,287

※ 1) 어업유형은 해면어업, 천해양식, 원양어업, 내수면어업으로만 구분됨

2) 어업유형별 의존도 = $\dfrac{\text{해당 어업유형의 어업 생산량}}{\text{전체 어업 생산량}}$

─── 〈조건〉 ───

• 내수면어업 생산량이 원양어업 생산량보다 많은 국가는 '갑'과 '병'이다.
• 해면어업 의존도는 '갑'~'정' 중 '정'이 두 번째로 높다.
• '병'의 천해양식 생산량은 '을'의 원양어업 생산량의 1.1배 이상이다.

	A	B	C	D
①	을	갑	병	정
②	을	병	갑	정
③	병	을	정	갑
④	정	갑	병	을
⑤	정	병	갑	을

문 9. 다음 〈그림〉은 '갑'국 및 글로벌 e스포츠 산업 규모에 관한 자료이다. 이에 대한 〈보고서〉의 내용 중 옳지 않은 것은?

〈그림 1〉 2017~2021년 '갑'국 e스포츠 산업 규모

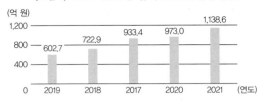

〈그림 2〉 2020년, 2021년 '갑'국 e스포츠 산업의 세부항목별 규모

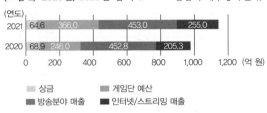

〈그림 3〉 2017~2021년 글로벌 e스포츠 산업 규모

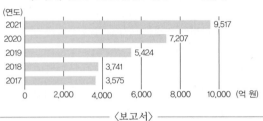

─── 〈보고서〉 ───

2021년 '갑'국 e스포츠 산업 규모는 1,138억 6,000만 원으로 집계되었다. ㉠ 이는 2020년 973억 원에서 15% 이상 성장한 것이다. 세부항목별로 살펴보면 ㉡ 방송분야 매출이 453억 원으로 전체의 35% 이상을 차지하여 가장 비중이 큰 것으로 나타났다. 이외에 게임단 예산은 366억 원, 인터넷/스트리밍 매출은 255억 원, 상금은 64억 6,000만 원이었다. 게임단 예산은 전년 대비 45% 이상 증가한 것이고, 인터넷/스트리밍 매출 또한 전년 대비 20% 이상 증가한 것이다. 하지만 방송분야 매출은 큰 차이가 없었으며, 상금은 전년 대비 5% 이상 감소한 것으로 나타났다.

한편 글로벌 e스포츠 산업 규모와 '갑'국 e스포츠 산업 규모의 성장세를 살펴보면, ㉢ 글로벌 e스포츠 산업 규모는 2019년부터 전년 대비 30% 이상 성장하였고, '갑'국 e스포츠 산업 규모도 매년 성장하였다. 그러나, ㉣ '갑'국 e스포츠 산업 규모가 2020년에는 전년 대비 5% 미만의 성장에 그쳐 글로벌 e스포츠 산업 규모에서 차지하는 비중이 15% 미만이 되었다. 이는 ㉤ 글로벌 e스포츠 산업 규모 대비 '갑'국 e스포츠 산업 규모의 비중이 2017년 이후 매년 감소한 것으로, '갑'국 e스포츠 산업 규모가 꾸준히 성장하고는 있으나 글로벌 e스포츠 산업 규모의 성장세에는 미치지 못하고 있기 때문이다.

① ㉠
② ㉡
③ ㉢
④ ㉣
⑤ ㉤

문 10. 다음 〈표〉는 2017~2021년 '갑'국의 불법체류외국인 현황에 관한 자료이다. 이에 대한 설명으로 옳은 것은?

〈표 1〉 연도별 체류외국인 현황

(단위 : 명, %)

구분 연도	체류 외국인	불법체류 외국인	체류유형별 구성비			
			단기체류 외국인	등록 외국인	외국국적 동포 국내거소 신고자	전체
2017	1,797,618	208,778	54.0	45.0	1.0	100.0
2018	1,899,519	214,168	59.8	39.7	0.5	100.0
2019	2,049,441	208,971	63.5	36.0	0.5	100.0
2020	2,180,498	251,041	66.6	33.0	0.4	100.0
2021	2,367,607	355,126	74.4	25.4	0.3	100.0

※ 체류외국인은 불법체류외국인과 합법체류외국인으로 구분됨

〈표 2〉 체류자격별 불법체류외국인 현황

(단위 : 명, %)

연도 체류 자격	2017	2018	2019	2020	2021	구성비
사증면제	46,117	56,307	63,319	85,196	162,083	45.6
단기방문	45,746	47,373	46,041	56,331	67,157	18.9
비전문취업	52,760	49,272	45,567	46,618	47,373	13.3
관광통과	15,899	19,658	19,038	20,662	30,028	8.5
일반연수	4,816	4,425	4,687	7,209	12,613	3.6
기타	43,440	37,133	30,319	35,025	35,872	10.1
전체	208,778	214,168	208,971	251,041	355,126	100.0

※ 체류자격은 불법체류외국인의 입국 당시 체류자격을 의미함

연도 국적	2017	2018	2019	2020	2021	구성비
A	53,689	61,943	65,647	81,129	153,485	43.2
B	79,717	76,757	65,379	75,507	85,964	24.2
C	36,338	35,987	37,410	44,371	56,950	16.0
D	16,814	17,698	19,694	25,399	30,813	8.7
기타	22,220	21,783	20,841	24,635	27,914	7.9
전체	208,778	214,168	208,971	251,041	355,126	100.0

① 2020년 대비 2021년 불법체류외국인 증가인원 중에서 국적이 A인 불법체류외국인이 차지하는 비중은 60% 이상이다.
② 체류유형이 등록외국인인 불법체류외국인의 수는 매년 감소한다.
③ 불법체류외국인 수가 많은 상위 3개 체류자격을 그 수가 큰 것부터 순서대로 나열하면 사증면제, 단기방문, 비전문취업 순으로 매년 동일하다.
④ 체류외국인 대비 불법체류외국인 비중은 매년 증가한다.
⑤ 2021년 체류외국인은 전년 대비 10% 이상 증가하였다.

문 11. 다음 〈표〉는 2015~2021년 '갑'국 4개 대학의 변호사시험 응시자 및 합격자에 관한 자료이다. 〈표〉와 〈조건〉에 근거하여 A~D에 해당하는 대학을 바르게 나열한 것은?

〈표〉 2015~2021년 대학별 변호사시험 응시자 및 합격자

(단위 : 명)

대학	연도 구분	2015	2016	2017	2018	2019	2020	2021
A	응시자	50	52	54	66	74	89	90
	합격자	50	51	46	51	49	55	48
B	응시자	58	81	94	98	94	89	97
	합격자	47	49	65	73	66	53	58
C	응시자	89	101	109	110	115	142	145
	합격자	79	83	94	88	75	86	80
D	응시자	95	124	152	162	169	210	212
	합격자	86	82	85	109	80	87	95

─── 〈조건〉 ───

• '우리대'와 '나라대'는 해당 대학의 응시자 수가 가장 많은 해에 합격률이 가장 낮다.
• 2021년 '우리대'의 합격률은 55% 미만이다.
• '푸른대'와 '강산대'는 해당 대학의 합격자 수가 가장 많은 해와 가장 적은 해의 합격자 수 차이가 각각 25명 이상이다.
• '강산대'의 2015년 대비 2021년 합격률 감소폭은 40%p 이하이다.

※ 합격률(%) = $\frac{합격자}{응시자} \times 100$

	A	B	C	D
①	나라대	강산대	우리대	푸른대
②	나라대	푸른대	우리대	강산대
③	우리대	강산대	나라대	푸른대
④	우리대	푸른대	나라대	강산대
⑤	푸른대	나라대	강산대	우리대

문 12. 다음 〈표〉는 2019~2021년 '갑'국의 조세지출에 관한 자료이다. 이에 대한 〈보기〉의 설명 중 옳은 것만을 모두 고르면?

〈표〉 2019~2021년 항목별 조세지출 현황

(단위 : 억 원, %)

연도 항목 \ 구분	2019		2020		2021	
	금액	비중	금액	비중	금액	비중
중소기업지원	24,176	6.09	26,557	6.34	31,050	6.55
연구개발	29,514	7.44	29,095	6.95	28,360	5.98
국제자본거래	24	0.01	5	0.00	4	0.00
투자촉진	16,496	4.16	17,558	4.19	10,002	2.11
고용지원	1,742	0.44	3,315	0.79	4,202	0.89
기업구조조정	921	0.23	1,439	0.34	1,581	0.33
지역균형발전	25,225	6.36	26,199	6.26	27,810	5.87
공익사업지원	5,006	1.26	6,063	1.45	6,152	1.30
저축지원	14,319	3.61	14,420	3.44	14,696	3.10
국민생활안정	125,727	31.69	134,631	32.16	142,585	30.07
근로·자녀장려	17,679	4.46	18,314	4.38	57,587	12.15
간접국세	94,455	23.81	97,158	23.21	104,071	21.95
외국인투자	2,121	0.53	1,973	0.47	2,064	0.44
국제도시육성	2,316	( )	2,149	0.51	2,255	( )
기업도시	75	0.02	54	0.01	56	0.01
농협구조개편	480	0.12	515	0.12	538	0.11
수협구조개편	44	0.01	1	0.00	0	0.00
기타	36,449	9.19	39,155	9.35	41,112	8.67
전체	396,769	100.00	418,601	100.00	474,125	100.00

──── 〈보기〉 ────

ㄱ. 기타를 제외하고, 전년 대비 조세지출금액이 증가한 항목 수는 2020년이 2021년보다 많다.

ㄴ. 기타를 제외한 항목 중 조세지출금액 상위 3개 항목이 전체 조세지출에서 차지하는 비중의 합은 매년 60%를 초과한다.

ㄷ. 기타를 제외하고, 조세지출금액이 매년 증가한 항목은 10개이다.

ㄹ. 국제도시육성 항목의 비중은 매년 감소한다.

① ㄱ, ㄷ
② ㄱ, ㄹ
③ ㄴ, ㄷ
④ ㄷ, ㄹ
⑤ ㄴ, ㄷ, ㄹ

문 13. 다음 〈표〉는 '갑'국의 2017~2021년 소년 범죄와 성인 범죄 현황에 관한 자료이다. 이에 대한 〈보기〉의 설명 중 옳은 것만을 모두 고르면?

〈표〉 소년 범죄와 성인 범죄 현황

(단위 : 명, %)

구분 연도	소년 범죄			성인 범죄			소년 범죄자 비율
	범죄자 수	범죄율	발생 지수	범죄자 수	범죄율	발생 지수	
2017	63,145	1,172	100.0	953,064	2,245	100.0	6.2
2018	56,962	1,132	96.6	904,872	2,160	96.2	5.9
2019	61,162	1,249	106.3	920,760	2,112	94.1	( )
2020	58,255	1,249	( )	878,991	2,060	( )	6.2
2021	54,205	1,201	102.5	878,917	2,044	91.0	5.8

※ 1) 범죄는 소년 범죄와 성인 범죄로만 구분함
2) 소년(성인) 범죄율은 소년(성인) 인구 10만 명당 소년(성인) 범죄자수를 의미함
3) 소년(성인) 범죄 발생지수는 2017년 소년(성인) 범죄율을 100.0으로 할 때, 해당 연도 소년(성인) 범죄율의 상대적인 값임
4) 소년 범죄자 비율(%) = ($\frac{소년\ 범죄자수}{소년\ 범죄자수 + 성인\ 범죄자수}$) × 100

──── 〈보기〉 ────

ㄱ. 2017년 대비 2021년 소년 인구는 증가하고 소년 범죄자수는 감소하였다.

ㄴ. 소년 범죄율이 2017년 대비 6.0% 이상 증가한 연도의 소년 범죄자 비율은 6.0% 이상이다.

ㄷ. 소년 범죄 발생지수와 성인 범죄 발생지수 모두 2021년이 2020년보다 작다.

ㄹ. 소년 범죄 발생지수가 전년 대비 증가한 연도에는 소년 범죄자수도 전년 대비 증가하였다.

① ㄱ, ㄴ
② ㄱ, ㄷ
③ ㄴ, ㄷ
④ ㄴ, ㄹ
⑤ ㄷ, ㄹ

문 14. 다음 〈표〉는 A~D마을로 구성된 '갑'지역의 가구수에 관한 자료이다. 〈표〉를 이용하여 작성한 그래프로 옳은 것은?

〈표 1〉 마을별 1인 가구 현황

(단위 : 가구, %)

연도＼마을	A	B	C	D
2018	90(18.0)	130(26.0)	200(40.0)	80(16.0)
2019	220(36.7)	60(10.0)	130(21.7)	190(31.7)
2020	305(43.6)	240(34.3)	80(11.4)	75(10.7)
2021	120(15.0)	205(25.6)	160(20.0)	315(39.4)

※ (   )안 수치는 연도별 '갑'지역 1인 가구수 중 해당 마을 1인 가구수의 비중임

〈표 2〉 마을별 총가구수

(단위 : 가구)

마을	A	B	C	D
총가구수	600	550	500	500

※A~D마을별 총가구수는 매년 변동 없음

① 연도별 '갑'지역 1인 가구수

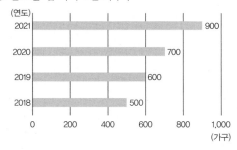

② 2021년 '갑'지역 2인 이상 가구의 마을별 구성비

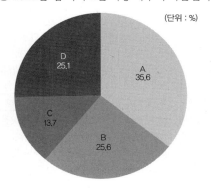

③ 연도별 A마을의 총가구수 대비 1인 가구수 비중

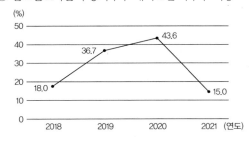

④ 연도별 B, C마을의 2인 이상 가구수와 1인 가구수 차이

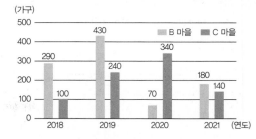

⑤ 연도별 D마을의 전년 대비 1인 가구수 증가율

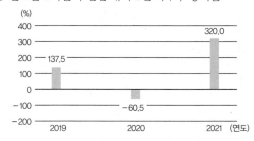

문 15. 다음 〈표〉는 2020년과 2021년 A~E국의 선행시간별 태풍예보 거리오차에 관한 자료이고, 〈보고서〉는 '갑'국의 태풍예보 거리오차를 분석한 자료이다. 이를 근거로 판단할 때, A~E 중 '갑'국에 해당하는 국가는?

〈표〉 2020년과 2021년 A~E국의 선행시간별 태풍예보 거리오차

(단위 : km)

선행시간＼국가＼연도	48시간		36시간		24시간		12시간	
	2020	2021	2020	2021	2020	2021	2020	2021
A	121	119	95	90	74	66	58	51
B	151	112	122	88	82	66	77	58
C	128	132	106	103	78	78	59	60
D	122	253	134	180	113	124	74	81
E	111	170	88	100	70	89	55	53

〈보고서〉

태풍예보 정확도 개선을 위해 지난 2년간의 '갑'국 태풍예보 거리오차를 분석하였다. 이때 선행시간 48시간부터 12시간까지 12시간 간격으로 예측한 태풍에 대해 거리오차를 계산하였고, 그 결과 다음과 같은 사실을 확인하였다.

첫째, 2020년과 2021년 모두 선행시간이 12시간씩 감소할수록 거리오차도 감소하였다. 둘째, 2021년의 거리오차는 선행시간이 36시간, 24시간, 12시간일 때 각각 100km 이하였다. 셋째, 선행시간별 거리오차는 모두 2020년보다 2021년이 작았다. 마지막으로 2020년과 2021년 모두 선행시간이 12시간씩 감소하더라도 거리오차 감소폭은 30km 미만이었다.

① A
② B
③ C
④ D
⑤ E

문 16. 다음 〈그림〉과 〈표〉는 2016~2020년 '갑'국 대체육 분야의 정부 R&D 지원 규모에 관한 자료이다. 이에 대한 설명으로 옳은 것은?

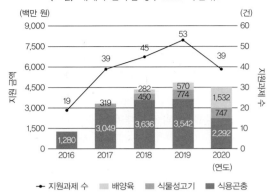

〈그림〉 대체육 분야별 정부 R&D 지원 규모

〈표〉 대체육 분야 연구유형별 정부 R&D 지원 금액

(단위 : 백만 원)

분야	연구유형＼연도	2016	2017	2018	2019	2020
배양육	기초연구	–	–	–	8	972
	응용연구	–	–	67	( )	0
	개발연구	–	–	215	383	( )
	기타	–	–	–	40	0
식물성고기	기초연구	–	–	–	–	100
	응용연구	–	78	130	221	70
	개발연구	–	241	320	553	577
	기타	–	–	–	–	–
식용곤충	기초연구	( )	75	( )	209	385
	응용연구	250	1,304	1,306	1,339	89
	개발연구	836	1,523	1,864	1,915	( )
	기타	127	147	127	79	37
전체		1,280	3,368	4,368	4,886	4,571

※ 1) 대체육 분야는 배양육, 식물성고기, 식용곤충으로만 구분됨
  2) '–'는 지원이 시작되지 않았음을 나타내며, 식용곤충 분야는 2016년부터 지원이 시작되었음

① 지원과제당 지원 금액은 2019년이 2017년보다 적다.

② 배양육 분야 지원 금액에서 응용연구 지원 금액이 차지하는 비중은 2018년이 2019년보다 크다.

③ 대체육 전체 지원 금액에서 식물성고기 분야 지원 금액이 차지하는 비중은 2017년이 2018년보다 크다.

④ 식용곤충 분야 기초연구 지원 금액은 2018년이 2016년의 5배 이상이다.

⑤ 모든 분야에서 개발연구 지원 금액은 지원이 시작된 이후 매년 증가하였다.

문 17. 다음 〈표〉는 2020년 기준 글로벌 전기차 시장 점유율 상위 10개 업체의 2015~2020년 전기차 판매량에 관한 자료이다. 이에 대한 〈보고서〉의 설명 중 옳은 것만을 모두 고르면?

〈표〉 2020년 기준 글로벌 전기차 시장 점유율 상위 10개 업체의 전기차 판매량 및 시장 점유율

(단위 : 대, %)

업체＼연도	2015	2016	2017	2018	2019	2020
T사	43,840 (15.9)	63,479 (14.4)	81,161 (10.8)	227,066 (17.4)	304,353 (19.8)	458,385 (22.1)
G사	2,850 (1.0)	3,718 (0.8)	39,454 (5.2)	56,294 (4.3)	87,936 (5.7)	218,626 (10.6)
V사	5,190 (1.9)	12,748 (2.9)	18,424 (2.5)	24,093 (1.8)	69,427 (4.5)	212,959 (10.3)
R사	60,129 (21.8)	78,048 (17.7)	85,308 (11.3)	140,441 (10.8)	143,780 (9.4)	184,278 (8.9)
H사	1,364 (0.5)	6,460 (1.5)	26,841 (3.6)	53,138 (4.1)	98,737 (6.4)	146,153 (7.1)
B사	9,623 (3.5)	46,909 (10.6)	42,715 (5.7)	103,263 (7.9)	147,185 (9.6)	130,970 (6.3)
S사	412 (0.1)	1,495 (0.3)	10,490 (1.4)	34,105 (2.6)	52,547 (3.4)	68,924 (3.3)
P사	1,543 (0.6)	5,054 (1.1)	4,640 (0.6)	8,553 (0.7)	6,855 (0.4)	67,446 (3.3)
A사	–	–	–	15 (0.0)	40,272 (2.6)	60,135 (2.9)
W사	–	–	–	5,245 (0.4)	38,865 (2.5)	56,261 (2.7)

※ 괄호 안의 수치는 글로벌 전기차 시장에서 해당 업체의 판매량 기준 점유율임

─〈보고서〉─

2020년 글로벌 전기차 시장에서 판매량 기준 업체별 순위는 T사, G사, V사, R사, H사 순이었다. ㉠ H사의 2020년 전기차 판매량은 2016년 대비 20배 이상이었으며, 시장 점유율은 7.1%였다. ㉡ H사의 전기차 판매량 순위는 2015년 7위에서 2016년 5위로 상승하였으며, 2019년에는 4위로 오른 후 2020년에 다시 5위를 기록하였다. T사는 2020년 약 45만 8천 대로 가장 많은 전기차를 판매한 업체였다. ㉢ T사의 전기차 판매량이 2016년 이후 전년 대비 가장 많이 증가한 해에는 시장 점유율도 전년 대비 가장 많이 증가하였다. 한편, G사는 2020년 약 21만 9천 대의 전기차를 판매하였는데, 이 중 81.4%인 약 17만 8천 대가 중국에서 판매되었다. V사는 2020년 다양한 모델을 출시하여 시장 점유율을 확대하였는데, ㉣ V사의 2020년 전기차 판매량은 전년 대비 14만 대 이상 증가하여 전기차 판매량 상위 10개 업체 중 판매량 증가율이 가장 높았다.

① ㄱ

② ㄱ, ㄴ

③ ㄱ, ㄹ

④ ㄴ, ㄷ

⑤ ㄴ, ㄷ, ㄹ

※ 다음 〈표〉는 2021년 '갑'기관에서 출제한 1차, 2차 면접 문제의 문항별 점수 및 반영률과 면접에 참여한 지원자 A~F의 면접 점수 및 결과를 나타낸 자료이다. 다음 물음에 답하시오. [문 18.~문 19.]

〈표 1〉 '갑'기관의 면접 문항별 점수 및 반영률

차수 \ 구분	평가항목	문항번호	문항점수	기본점수	명목 반영률	실질 반영률
1차	교양	1	20	10	( )	0.17
		2	30	10	0.25	( )
	전문성	3	30	20	( )	( )
		4	40	20	( )	( )
	합계		120	60	1.00	1.00
2차	창의성	1	20	10	0.22	( )
	도전성	2	20	10	0.22	( )
	인성	3	50	20	0.56	0.60
	합계		90	40	1.00	1.00

※ 1) 문항의 명목 반영률 = $\dfrac{\text{문항점수}}{\text{해당차수 문항점수의 합계}}$

2) 문항의 실질 반영률 = $\dfrac{\text{문항점수} - \text{기본점수}}{\text{해당차수 문항별 (문항점수} - \text{기본점수)의 합계}}$

〈표 2〉 지원자 A~F의 면접 점수 및 결과

차수 \ 평가항목 \ 문항번호 \ 지원자	1차 교양 1	전문성 2	3	4	합계	2차 창의성 1	도전성 2	인성 3	합계	종합 점수	결과
A	18	26	30	38	112	20	18	46	84	( )	( )
B	20	28	28	38	114	18	20	46	84	93.0	합격
C	18	28	26	38	110	20	20	46	86	( )	( )
D	20	28	30	40	118	20	18	44	82	( )	불합격
E	18	30	30	40	118	18	18	50	86	95.6	( )
F	18	28	28	40	114	20	20	48	88	( )	( )

※ 1) 종합점수 = 1차 합계 점수×0.3 + 2차 합계 점수×0.7
2) 합격정원까지 종합점수가 높은 지원자부터 순서대로 합격시킴
3) 지원자는 A~F 뿐임

문 18. 위 〈표〉에 근거하여 결과가 합격인 지원자를 종합점수가 높은 지원자부터 순서대로 모두 나열하면?

① E, F, B
② E, F, B, C
③ F, E, C, B
④ E, F, C, B, A
⑤ F, E, B, C, A

문 19. 위 〈표〉에 근거한 〈보기〉의 설명 중 옳은 것만을 모두 고르면?

─── 〈보기〉───
ㄱ. 각 문항에서 명목 반영률이 높을수록 실질 반영률도 높다.
ㄴ. 1차 면접에서 문항별 실질 반영률의 합은 '교양'이 '전문성' 보다 크다.
ㄷ. D가 1차 면접 2번 문항에서 1점을 더 받았다면, D의 결과는 합격이다.
ㄹ. 명목 반영률보다 실질 반영률이 더 높은 2차 면접 문항에서 지원자 중 가장 낮은 점수를 받은 지원자는 2차 합계 점수도 가장 낮다.

① ㄱ
② ㄹ
③ ㄱ, ㄹ
④ ㄴ, ㄷ
⑤ ㄷ, ㄹ

문 20. 다음 〈표〉는 2021년 12월 31일 기준 '갑'국 응급의료기관의 응급실 현황에 관한 자료이다. 이에 대한 설명으로 옳은 것은?

〈표〉 응급의료기관 유형별 응급실 현황

(단위 : 개, 명)

구분 \ 유형	응급 의료기관 수	내원 환자 수	응급실 병상 수	응급실 전담 전문의 수	응급실 전담 간호사 수
전체	399	7,664,679	7,087	1,417	7,240
권역응급 의료센터	35	1,540,393	1,268	318	1,695
지역응급 의료센터	125	3,455,117	3,279	720	3,233
기초응급 의료센터	239	2,669,169	2,540	379	2,312

※ 내원 환자 수는 2021년에 응급의료기관 응급실에 내원한 전체 환자 수임

① 응급실 전담 전문의 1인당 응급실 전담 간호사 수가 가장 많은 응급의료기관 유형은 기초응급의료센터이다.
② 전체 응급의료기관당 응급실 전담 전문의 수는 4명 이상이다.
③ 내원 환자 수가 가장 많은 응급의료기관 유형과 응급의료기관당 응급실 전담 간호사 수가 가장 많은 유형은 동일하다.
④ 응급실 전담 전문의 1인당 내원 환자 수가 가장 적은 응급의료기관 유형은 권역응급의료센터이다.
⑤ 응급실 병상당 내원 환자 수는 모든 응급의료기관 유형에서 각각 1,200명 이하이다.

문 21. 다음 〈표〉는 2016~2020년 '갑'국의 장기 기증 및 이식 현황에 관한 자료이다. 이에 대한 〈보기〉의 설명 중 옳은 것만을 모두 고르면?

〈표〉 연도별 장기 기증 및 이식 현황

(단위 : 명, 건)

구분＼연도	2016	2017	2018	2019	2020
기증 희망자	926,009	1,036,916	1,140,808	1,315,132	1,438,665
뇌사 기증자	268	368	409	416	446
이식 대기자	18,189	21,861	22,695	26,036	24,607
이식 건수	3,133	3,797	3,990	3,814	3,901
뇌사자장기이식	1,108	1,548	1,751	1,741	1,818
생체이식	1,780	1,997	2,045	1,921	1,952
사후각막이식	245	252	194	152	131

─〈보기〉─

ㄱ. 2017년 이후 뇌사 기증자 수의 전년 대비 증가율은 기증 희망자 수의 전년 대비 증가율보다 매년 높다.

ㄴ. 뇌사 기증자 1인당 뇌사자장기이식 건수는 매년 4건 이상이다.

ㄷ. 이식 대기자 수와 이식 건수는 연도별 증감 방향이 같다.

ㄹ. 이식 건수 중 생체이식 건수가 차지하는 비중은 매년 감소한다.

① ㄱ
② ㄱ, ㄴ
③ ㄴ, ㄹ
④ ㄷ, ㄹ
⑤ ㄴ, ㄷ, ㄹ

문 22. 다음 〈표〉는 '갑'국을 방문한 외국인 관광객을 관광객 국적에 따라 대륙별, 국가별로 정리한 자료이다. 이에 대한 〈보기〉의 설명 중 옳은 것만을 모두 고르면?

〈표 1〉 '갑'국 방문 외국인 관광객의 대륙별 현황

(단위 : 명)

대륙＼연도	2010	2015	2020
아시아	6,749,222	10,799,355	1,918,037
북미	813,860	974,153	271,487
유럽	645,753	806,438	214,911
대양주	146,089	168,064	30,454
아프리카	33,756	46,525	14,374
기타	408,978	439,116	69,855
전체	8,797,658	13,233,651	2,519,118

〈표 2〉 '갑'국 방문 외국인 관광객의 주요 국가별 현황

(단위 : 명)

국가＼연도	2010	2015	2020
일본	3,023,009	1,837,782	430,742
중국	1,875,157	5,984,170	686,430
미국	652,889	767,613	220,417

─〈보기〉─

ㄱ. 2010년 대비 2015년 외국인 관광객 증가율은 '아프리카'가 '대양주'의 2배 이상이다.

ㄴ. 2015년 '일본'과 '중국' 관광객의 합은 같은 해 '아시아' 관광객의 75% 이상이다.

ㄷ. 2015년 대비 2020년 외국인 관광객 감소폭은 '북미'가 '유럽'보다 크다.

ㄹ. 2020년 전체 외국인 관광객 중 '미국' 관광객이 차지하는 비중은 8% 미만이다.

① ㄱ, ㄴ
② ㄱ, ㄷ
③ ㄱ, ㄹ
④ ㄴ, ㄷ
⑤ ㄴ, ㄹ

문 23. 다음 〈표〉는 5개 구간(A~E)의 교통수단별 소요시간 및 비용에 관한 자료이다. 이에 대한 설명으로 옳은 것은?

〈표〉 교통수단별 소요시간 및 비용

(단위: 분, 원)

구간	교통수단 구분	고속열차	일반열차	고속버스	일반버스
A	소요시간	160	290	270	316
	비용	53,300	40,700	32,800	27,300
B	소요시간	181	302	245	329
	비용	48,600	39,300	29,300	26,500
C	소요시간	179	247	210	264
	비용	36,900	32,800	25,000	22,000
D	소요시간	199	287	240	300
	비용	41,600	37,800	29,200	25,400
E	소요시간	213	283	250	301
	비용	42,800	39,300	29,500	26,400

① C구간에서 비용이 35,000원 이하인 교통수단 중 소요시간당 비용이 가장 큰 교통수단은 고속버스이다.

② 고속열차와 일반버스 간 소요시간 차이가 가장 작은 구간과 고속열차와 일반버스 간 비용 차이가 가장 작은 구간은 동일하다.

③ 고속열차 이용 시 소요시간당 비용은 D구간이 E구간보다 작다.

④ 고속버스가 일반열차보다 소요시간과 비용이 모두 작은 구간은 4개이다.

⑤ A구간에서 교통수단 간 소요시간 차이가 클수록 비용 차이도 크다.

문 24. 다음 〈표〉는 A~D지역의 면적, 동 수 및 인구 현황에 관한 자료이다. 〈표〉와 〈조건〉을 근거로 A~D에 해당하는 지역을 바르게 나열한 것은?

〈표〉 A~D지역의 면적, 동 수 및 인구 현황

(단위: km², %, 개, 명)

구분 지역	면적	구성비				동수		행정동 평균 인구
		주거	상업	공업	녹지	행정동	법정동	
A	24.5	35.0	20.0	10.0	35.0	16	30	9,175
B	15.0	65.0	35.0	0.0	0.0	19	19	7,550
C	27.0	40.0	2.0	3.0	55.0	14	13	16,302
D	21.5	30.0	3.0	45.0	22.0	11	12	14,230

※ 1) 각 지역은 용도에 따라 주거, 상업, 공업, 녹지로만 구성됨
2) 지역을 동으로 구분하는 방법에는 행정동 기준과 법정동 기준이 있음. 예를 들어, A지역의 동 수는 행정동 기준으로 16개이지만 법정동 기준으로 30개임

─── 〈조건〉 ───
• 인구가 15만 명 미만인 지역은 '행복'과 '건강'이다.
• 주거 면적당 인구가 가장 많은 지역은 '사랑'이다.
• 행정동 평균 인구보다 법정동 평균 인구가 많은 지역은 '우정'이다.
• 법정동 평균 인구는 '우정' 지역이 '행복' 지역의 3배 이상이다.

	A	B	C	D
①	건강	행복	사랑	우정
②	건강	행복	우정	사랑
③	사랑	행복	건강	우정
④	행복	건강	사랑	우정
⑤	행복	건강	우정	사랑

문 25. 다음 〈표〉는 '갑'국의 재난사고 발생 및 피해 현황에 관한 자료이다. 이를 이용하여 작성한 것으로 옳지 <u>않은</u> 것은?

〈표 1〉 재난사고 발생 현황

(단위 : 건, 명)

유형	연도 구분	2017	2018	2019	2020	2021
전체	발생건수	14,879	24,454	17,662	15,313	12,413
	피해인원	9,819	13,189	14,959	16,109	16,637
화재	발생건수	1,527	1,296	1,552	1,408	1,594
	피해인원	138	46	148	111	178
붕괴	발생건수	2	8	2	6	14
	피해인원	4	6	2	4	14
폭발	발생건수	6	2	2	5	3
	피해인원	3	1	3	1	6
도로 교통사고	발생건수	12,805	23,115	13,960	12,098	9,581
	피해인원	9,536	13,097	14,394	14,560	15,419
기타	발생건수	539	33	2,146	1,796	1,221
	피해인원	138	39	412	1,433	1,020

※ '피해인원'은 재난사고로 인해 인적피해 또는 재산피해를 본 인원임

〈표 2〉 재난사고 피해 현황

(단위 : 명, 백만 원)

연도 \ 구분	인적피해		재산피해액
	사망	부상	
2017	234	8,352	14,629
2018	224	10,873	20,165
2019	222	12,435	52,654
2020	215	14,547	20,012
2021	292	14,637	40,981

※ 인적피해는 사망과 부상으로만 구분됨

① 연도별 전체 재난사고 인적피해 중 부상 비율

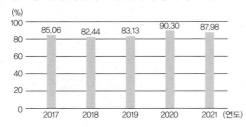

② 연도별 전체 재난사고 발생건수 및 피해인원

③ 연도별 전체 재난사고 발생건수 중 도로교통사고 발생건수 비중

(단위 : %)

연도	2017	2018	2019	2020	2021
비중	86.06	94.52	79.04	79.00	77.19

④ 연도별 전체 재난사고 발생건수당 재산피해액

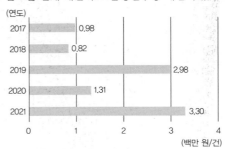

⑤ 연도별 화재 및 도로교통사고 발생건수당 피해인원

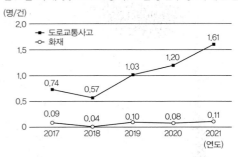

문 26. 다음 〈표〉는 2021년 A시 자녀장려금 수급자의 특성별 수급횟수를 조사한 자료이다. 이에 대한 〈보기〉의 설명 중 옳은 것만을 모두 고르면?

〈표〉 자녀장려금 수급자 특성별 수급횟수 비중

(단위 : 명, %)

수급자 특성		수급자 수	수급횟수			
대분류	소분류		1회	2회	3회	4회 이상
연령대	20대 이하	8	37.5	25.0	0.0	37.5
	30대	583	37.2	30.2	19.0	13.6
	40대	347	34.9	27.7	23.9	13.5
	50대 이상	62	29.0	30.6	35.5	4.8
자녀수	1명	466	42.3	28.1	19.7	9.9
	2명	459	31.2	31.8	22.2	14.8
	3명	66	27.3	22.7	27.3	22.7
	4명 이상	9	11.1	11.1	44.4	33.3
주택보유 여부	무주택	732	35.0	29.5	22.0	13.5
	유주택	268	38.4	28.7	20.5	12.3
전체		1,000	35.9	29.3	21.6	13.2

〈보기〉

ㄱ. 자녀장려금 수급자의 전체 수급횟수는 2,000회 이상이다.
ㄴ. 자녀장려금을 1회 수령한 수급자 수는 30대가 40대의 1.5배 이상이다.
ㄷ. 자녀수가 2명인 수급자의 자녀장려금 전체 수급횟수는 자녀수가 1명인 수급자의 자녀장려금 전체 수급횟수보다 많다.
ㄹ. 자녀장려금을 2회 이상 수령한 수급자 수는 무주택 수급자가 유주택 수급자의 2.5배 이상이다.

① ㄱ
② ㄷ, ㄹ
③ ㄱ, ㄴ, ㄷ
④ ㄱ, ㄴ, ㄹ
⑤ ㄴ, ㄷ, ㄹ

문 27. 다음 〈표〉는 2020년 11월 '갑'국의 도로종류 및 기상상태별 교통사고 현황에 관한 자료이다. 이에 대한 설명으로 옳은 것은?

〈표〉 2020년 11월 도로종류 및 기상상태별 교통사고 현황

(단위 : 건, 명)

도로종류	기상상태	발생건수	사망자수	부상자수
일반국도	맑음	1,442	32	2,297
	흐림	55	3	115
	비	83	6	134
	안개	24	3	38
	눈	29	0	51
지방도	맑음	1,257	26	1,919
	흐림	56	5	110
	비	73	2	104
	안개	14	1	18
	눈	10	0	20
고속국도	맑음	320	10	792
	흐림	14	1	23
	비	15	1	29
	안개	4	2	12
	눈	4	0	8

※ 1) 기상상태는 교통사고 발생시점을 기준으로 맑음, 흐림, 비, 안개, 눈 중 1가지로만 분류함
2) 사상자수=사망자수+부상자수

① 각 도로종류에서 교통사고 발생건수 대비 사망자수 비율은 기상상태가 '안개'일 때 가장 높다.
② 각 도로종류에서 부상자수 대비 사망자수 비율은 기상상태가 '안개'일 때가 '맑음'일 때의 3배 이상이다.
③ 각 도로종류에서 기상상태가 '비'일 때와 '눈'일 때의 교통사고 발생건수 합은 해당 도로종류의 전체 교통사고 발생건수의 10% 이상이다.
④ 교통사고 발생건수당 사상자수가 2명을 초과하는 기상상태는 일반국도 1가지, 지방도 1가지, 고속국도 3가지이다.
⑤ 기상상태가 '흐림'일 때 교통사고 발생건수 대비 부상자수 비율은 일반국도가 지방도보다 낮다.

문 28. 다음 〈표〉는 '갑'국의 6~9월 무역지수 및 교역조건지수에 관한 자료이다. 이에 대한 〈보기〉의 설명 중 옳은 것만을 모두 고르면?

〈표 1〉 무역지수

구분 월	수출		수입	
	수출금액지수	수출물량지수	수입금액지수	수입물량지수
6	110.06	113.73	120.56	114.54
7	103.54	106.28	111.33	102.78
8	104.32	108.95	116.99	110.74
9	105.82	110.60	107.56	103.19

※ 수출(입)물가지수 = $\frac{수출(입)금액지수}{수출(입)물량지수}$ × 100

〈표 2〉 교역조건지수

구분 월	순상품교역조건지수	소득교역조건지수
6	91.94	( )
7	( )	95.59
8	( )	98.75
9	91.79	( )

※ 1) 순상품교역조건지수 = $\frac{수출물가지수}{수입물가지수}$ × 100

2) 소득교역조건지수 = $\frac{수출물가지수 × 수출물량지수}{수입물량지수}$

〈보기〉

ㄱ. 수출금액지수와 수출물량지수는 매월 상승한다.
ㄴ. 수출물가지수는 매월 90 이상이다.
ㄷ. 순상품교역조건지수는 매월 100 이하이다.
ㄹ. 소득교역조건지수는 9월이 6월보다 낮다.

① ㄱ, ㄴ
② ㄴ, ㄷ
③ ㄴ, ㄹ
④ ㄱ, ㄷ, ㄹ
⑤ ㄴ, ㄷ, ㄹ

문 29. 다음 〈방법〉은 2021년 '갑'국의 건물 기준시가 산정방법이고, 〈표〉는 건물 A~E의 기준시가를 산정하기 위한 자료이다. 이에 근거하여 A~E 중 2021년 기준시가가 두 번째로 높은 건물을 고르면?

〈방법〉

• 기준시가 = 구조지수 × 용도지수 × 경과연수별잔가율 × 건물면적(m^2) × 100,000(원/m^2)

• 구조지수

구조	지수
경량철골조	0.67
철골콘크리트조	1.00
통나무조	1.30

• 용도지수

용도	대상건물	지수
주거용	단독주택	1.00
	아파트	1.10
상업용 및 업무용	여객자동차터미널	1.20
	청소년수련관	1.25
	관광호텔	1.50
	무도장	1.50

• 경과연수별잔가율 = 1 − 연상각률 × (2021 − 신축연도)

용도	주거용	상업용 및 업무용
연상각률	0.04	0.05

※ 경과연수별잔가율 계산 결과가 0.1 미만일 경우에는 경과연수별잔가율을 0.1로 정함

〈표〉 건물 A~E의 구조, 대상건물, 신축연도 및 건물면적

구분 건물	구조	대상건물	신축연도	건물면적 (m^2)
A	철골콘크리트조	아파트	2016	125
B	경량철골조	여객자동차터미널	1991	500
C	철골콘크리트조	청소년수련관	2017	375
D	통나무조	관광호텔	2001	250
E	통나무조	무도장	2002	200

① A
② B
③ C
④ D
⑤ E

문 30. 다음 〈표〉는 2017년 기준 농림어업 생산액 상위 20개국의 GDP 및 농림어업 생산액에 관한 자료이다. 이에 대한 설명으로 옳지 <u>않은</u> 것은?

〈표〉 2017년 기준 농림어업 생산액 상위 20개국의
GDP 및 농림어업 생산액 현황

(단위 : 십억 달러, %)

연도	2017			2012		
구분 국가	GDP	농림 어업 생산액	GDP 대비 비율	GDP	농림 어업 생산액	GDP 대비 비율
중국	12,237	( )	7.9	8,560	806	9.4
인도	2,600	( )	15.5	1,827	307	16.8
미국	( )	198	1.0	16,155	194	1.2
인도네시아	1,015	133	13.1	917	122	13.3
브라질	2,055	93	( )	2,465	102	( )
나이지리아	375	78	20.8	459	100	21.8
파키스탄	304	69	( )	224	53	( )
러시아	1,577	63	4.0	2,210	70	3.2
일본	4,872	52	1.1	6,230	70	1.1
터키	851	51	6.0	873	67	7.7
이란	454	43	9.5	598	45	7.5
태국	455	39	8.6	397	45	11.3
멕시코	1,150	39	3.4	1,201	38	3.2
프랑스	2,582	38	1.5	2,683	43	1.6
이탈리아	1,934	37	1.9	2,072	40	1.9
호주	1,323	36	2.7	1,543	34	2.2
수단	117	35	29.9	68	22	32.4
아르헨티나	637	35	5.5	545	31	5.7
베트남	223	34	15.2	155	29	18.7
스페인	1,311	33	2.5	1,336	30	2.2
전세계	80,737	3,351	4.2	74,993	3,061	4.1

① 2017년 농림어업 생산액 상위 5개국 중, 농림어업 생산액의 GDP 대비 비율이 전세계보다 낮은 국가는 미국뿐이다.

② 2017년 농림어업 생산액 상위 3개국의 GDP 합은 전세계 GDP의 50% 이상이다.

③ 2017년 농림어업 생산액 상위 20개국 중, 2012년 대비 2017년 농림어업 생산액의 GDP 대비 비율이 증가한 국가는 모두 2012년 대비 2017년 GDP가 감소하였다.

④ 2017년 농림어업 생산액은 중국이 인도의 2배 이상이다.

⑤ 파키스탄은 농림어업 생산액의 GDP 대비 비율이 2012년 대비 2017년에 감소하였다.

문 31. 다음 〈보고서〉는 '갑'국 아동 및 청소년의 성별 스마트폰 과의존위험군에 관한 자료이고, 〈표〉는 A~E국의 스마트폰 과의존위험군 비율에 관한 자료이다. 〈보고서〉의 내용을 근거로 판단할 때, A~E 중 '갑'국에 해당하는 국가는?

─── 〈보고서〉 ───

'갑'국은 전체 아동과 청소년 중 스마트폰 과의존위험군 비율을 조사하여 스마트폰 과의존위험군을 위험의 정도에 따라 고위험군과 잠재위험군으로 구분했다. '갑'국의 아동은 남자가 여자보다 고위험군과 잠재위험군 비율이 모두 높았으나, 청소년은 반대로 여자가 남자보다 모든 위험군에서 비율이 높았다.

다음으로, 남자와 여자 모두 아동에 비해 청소년의 과의존위험군 비율이 높았다. 아동의 경우 남자와 여자 각각 과의존위험군 비율이 20%에서 25% 사이이지만, 청소년의 경우 남자와 여자의 과의존위험군 비율은 각각 25%를 초과했다.

아동과 청소년 간 과의존위험군 비율 차이는 남자보다 여자가 컸지만, 여자의 해당 비율 차이는 10%p 이하였다. 잠재위험군 비율에서 아동과 청소년 간 차이는 남자가 5%p 이하였으나, 여자는 7%p 이상이었다.

〈표〉 A~E국 아동 및 청소년의 성별 스마트폰 과의존위험군 비율 현황

(단위 : %)

구분	성별	국가 위험군	A	B	C	D	E
아동	남자	고위험	2.1	2.3	2.2	2.6	2.2
		잠재위험	20.1	20.0	20.2	21.3	21.2
	여자	고위험	2.0	2.2	1.8	2.0	2.4
		잠재위험	18.1	19.8	17.5	19.9	18.8
청소년	남자	고위험	3.1	3.3	3.2	3.6	3.2
		잠재위험	24.7	25.3	24.8	25.5	25.1
	여자	고위험	4.1	3.9	3.8	4.0	3.5
		잠재위험	28.2	28.1	25.2	27.4	27.7

① A
② B
③ C
④ D
⑤ E

문 32. 다음 〈그림〉과 〈표〉는 2021년 '갑'국 생물 갈치와 냉동 갈치의 유통구조 및 물량 현황에 관한 자료이다. 이에 대한 〈보기〉의 설명 중 옳은 것만을 모두 고르면?

〈그림 1〉 생물 갈치의 유통구조 및 물량비율

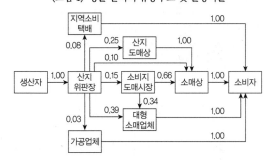

〈그림 2〉 냉동 갈치의 유통구조 및 물량비율

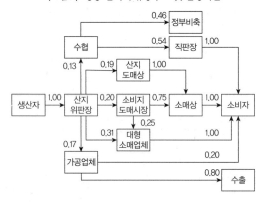

※ 유통구조 내 수치는 물량비율$\left(=\dfrac{\text{다음 유통경로로 전달되는 유통물량}}{\text{해당 유통경로에 투입되는 유통물량}}\right)$을 의미함

예를 들어, 가$\xrightarrow{0.20}$나는 해당 유통경로 '가'에 100톤의 유통물량이 투입되면 이 중 20톤(=100톤×0.20)의 유통물량이 다음 유통경로 '나'에 전달되어 투입됨을 의미함

〈표〉 생산자가 공급한 생물 갈치와 냉동 갈치의 물량

(단위 : 톤)

구분	생물 갈치	냉동 갈치
물량	42,100	7,843

〈보기〉

ㄱ. '생산자'가 공급한 냉동 갈치 물량의 85% 이상이 유통구조를 거쳐 '소비자'에게 전달되었다.

ㄴ. '소매상'을 통해 유통된 물량은 생물 갈치가 냉동 갈치의 6배 이상이다.

ㄷ. '대형소매업체'를 통해 유통된 생물 갈치와 냉동 갈치 물량의 합은 20,000톤 미만이다.

ㄹ. 2022년 냉동 갈치 '수출' 물량이 2021년보다 60% 증가한다면, 2022년 냉동 갈치 '수출' 물량은 2021년 '소비지 도매시장'을 통해 유통된 냉동 갈치 물량보다 많다.

① ㄱ, ㄴ
② ㄱ, ㄷ
③ ㄴ, ㄹ
④ ㄷ, ㄹ
⑤ ㄴ, ㄷ, ㄹ

문 33. 다음 〈표〉는 총 100회 개최된 사내 탁구대회에 매회 모두 참가한 사원 A, B, C의 라운드별 승률에 관한 자료이다. 〈표〉와 〈탁구대회 운영방식〉에 근거한 〈보기〉의 설명 중 옳은 것만을 모두 고르면?

〈표〉 사원 A, B, C의 사내 탁구대회 라운드별 승률

(단위 : %)

사원＼라운드	16강	8강	4강	결승
A	80.0	100.0	( )	( )
B	100.0	90.0	( )	( )
C	96.0	87.5	( )	( )

〈탁구대회 운영방식〉

• 매회 사내 탁구대회는 16강, 8강, 4강, 결승 순으로 라운드가 치러지고, 라운드별 경기 승자만 다음 라운드에 진출하며, 결승 라운드 승자가 우승한다.

• 매회 16명이 대회에 참가하고, 각 라운드에서 참가자는 한 경기만 치른다.

• 모든 경기는 참가자 1:1 방식으로 진행되며 무승부는 없다.

〈보기〉

ㄱ. 사원 A, B, C 중 4강에 많이 진출한 사원부터 순서대로 나열하면 B, A, C 순이다.

ㄴ. A가 8번 우승했다면, A의 결승 라운드 승률 최솟값은 10%이다.

ㄷ. 16강에서 A와 B 간 또는 B와 C 간 경기가 있었던 대회 수는 24회 이하이다.

ㄹ. 사원 A, B, C가 모두 4강에 진출한 대회 수는 50회 이상이다.

① ㄱ, ㄷ
② ㄴ, ㄷ
③ ㄴ, ㄹ
④ ㄱ, ㄴ, ㄷ
⑤ ㄴ, ㄷ, ㄹ

문 34. 다음 〈그림〉은 '갑'국의 급수 사용량과 사용료에 관한 자료이다. 이에 대한 〈보기〉의 설명 중 옳은 것만을 모두 고르면?

〈그림 1〉 2016~2021년 연간 급수 사용량

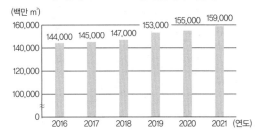

〈그림 2〉 2021년 용도별 급수 사용량과 사용료

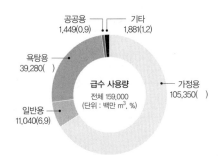

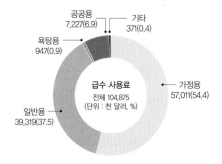

※ 1) 괄호 안의 수치는 전체에서 해당 용도가 차지하는 비중임

2) 용도별 급수단가(달러/m³) = $\dfrac{\text{용도별 급수 사용료}}{\text{용도별 급수 사용량}}$

─── 〈보기〉 ───

ㄱ. 2018년 이후 급수 사용량의 전년 대비 증가율은 매년 감소한다.

ㄴ. 2021년 급수 사용량의 60% 이상이 가정용이다.

ㄷ. 2016년 용도별 급수 사용량의 구성비와 용도별 급수단가가 2021년과 동일하다면, 2016년 전체 급수 사용료는 1억 달러 이상이다.

ㄹ. 2021년 공공용 급수단가는 가정용 급수단가의 9배 이상이다.

① ㄱ, ㄷ
② ㄴ, ㄷ
③ ㄴ, ㄹ
④ ㄱ, ㄷ, ㄹ
⑤ ㄴ, ㄷ, ㄹ

문 35. 다음 〈표〉는 A지역 아파트 분양 청약 및 경쟁률에 관한 자료이다. 〈표〉와 〈청약 및 추첨 방식〉을 근거로 판단할 때, (가)에 해당하는 값은?

〈표 1〉 A지역 아파트 분양 청약 결과

(단위 : 세대, 명)

택형	공급세대수	청약자 주소지	청약자수
84	100	A지역	600
		인근지역	420
		기타지역	5,020
99	200	A지역	800
		인근지역	440
		기타지역	4,840

〈표 2〉 A지역 아파트 추첨 단계별 경쟁률

(단위 : 세대)

택형	공급세대수	단계	경쟁률
84	100	1단계	30
		2단계	(가)
		3단계	100
99	200	1단계	(나)
		2단계	30
		3단계	50

※ (해당 단계) 경쟁률 = $\dfrac{\text{(해당 단계) 추첨 대상 청약자수}}{\text{(해당 단계) 당첨자수}}$

─── 〈청약 및 추첨 방식〉 ───

• 청약자는 한 개의 택형에만 청약이 가능함.

• 청약자 주소지에 의해 'A지역', '인근지역', '기타지역'으로 접수됨.

• 84택형과 99택형의 추첨 방식은 동일함.

• 다음 단계에 따라 택형별 당첨자를 뽑음.

  – (1단계) 'A지역' 청약자 중 해당 택형 공급세대수의 (다) %를 뽑은 후,

  – (2단계) 1단계에서 당첨되지 않은 'A지역' 청약자와 '인근지역' 청약자 중 해당 택형 공급세대수의 (라) %를 뽑고,

  – (3단계) 마지막으로 1~2단계에서 당첨되지 않은 청약자와 '기타지역' 청약자 중 해당 택형의 남은 공급세대수만큼 당첨자를 뽑음.

① 20
② 50
③ 60
④ 75
⑤ 80

문 36. 다음 〈표〉는 '갑'국 국민 4,000명을 대상으로 공동인증서 비밀번호 변경주기를 조사한 자료이다. 이에 대한 〈보기〉의 설명 중 옳은 것만을 모두 고르면?

〈표〉 공동인증서 비밀번호 변경주기 조사 결과

(단위 : 명, %)

구분		대상자 수	변경하였음				변경 하지 않았음
			1년 초과	6개월 초과 1년 이하	3개월 초과 6개월 이하	3개월 이하	
전체		4,000	70.0	30.9	21.7	10.5	6.9	29.7
성별	남성	2,059	70.5	28.0	23.2	11.7	7.6	29.1
	여성	1,941	69.5	34.0	20.1	9.2	6.2	30.3
연령대	15~19세	367	55.0	22.9	12.5	12.0	7.6	45.0
	20대	702	67.7	32.5	17.0	9.5	8.7	32.3
	30대	788	74.7	33.8	20.4	11.9	8.6	24.5
	40대	922	71.0	29.5	25.1	10.1	6.4	28.5
	50대 이상	1,221	72.0	31.6	25.5	10.0	4.9	27.8
직업	전문직	691	70.3	28.7	23.7	11.4	6.5	29.2
	사무직	1,321	72.7	30.8	23.1	11.6	7.3	26.7
	판매직	374	74.3	32.4	22.2	11.5	8.3	25.4
	기능직	242	73.1	29.8	25.6	9.1	8.7	26.9
	농림 어업직	22	81.8	13.6	31.8	18.2	18.2	18.2
	학생	611	58.9	27.5	12.8	11.0	7.7	41.1
	전업 주부	506	73.5	36.4	24.5	7.5	5.1	26.5
	기타	233	63.5	35.6	19.3	6.0	2.6	36.1

※ 항목별로 중복응답은 없으며, 전체 대상자 중 무응답자는 12명임

〈보기〉
ㄱ. 변경주기가 1년 이하인 응답자수는 남성이 여성보다 많다.
ㄴ. 전체 무응답자 중 '사무직' 남성은 2명 이상이다.
ㄷ. 20대 응답자 중 변경주기가 6개월 이하인 비율은 40대 응답자 중 변경주기가 6개월 이하인 비율보다 높다.
ㄹ. 비밀번호를 변경한 응답자 중 변경주기가 1년 초과인 응답자수는 '학생'이 '전업주부'보다 많다.

① ㄱ, ㄷ
② ㄱ, ㄹ
③ ㄴ, ㄹ
④ ㄱ, ㄴ, ㄷ
⑤ ㄴ, ㄷ, ㄹ

문 37. 다음 〈표〉는 '갑'국 소프트웨어 A~C의 개발에 관한 자료이다. 〈표〉와 〈개발비 및 생산성지수 산정 방식〉에 근거한 〈보기〉의 설명 중 옳은 것만을 모두 고르면?

〈표 1〉 소프트웨어 A~C의 기능유형별 기능 개수

(단위 : 개)

기능유형 \ 소프트웨어	내부논리 파일	외부연계 파일	외부입력	외부출력	외부조회
A	10	5	5	10	4
B	15	4	6	7	3
C	3	2	4	6	5

〈표 2〉 기능유형별 가중치

기능유형	내부논리 파일	외부연계 파일	외부입력	외부출력	외부조회
가중치	7	5	4	5	3

〈표 3〉 소프트웨어 A~C의 보정계수, 이윤 및 공수

구분 \ 소프트웨어	보정계수				이윤 (%)	공수
	규모 계수	언어 계수	품질 및 특성 계수	애플리 케이션 유형 계수		
A	0.8	2.0	0.2	2.0	20	20
B	1.0	1.0	1.2	3.0	10	30
C	0.8	2.0	1.2	1.0	20	10

※ 공수는 1인의 개발자가 1개월 동안 일하는 노력의 양(man-month)을 의미함

〈개발비 및 생산성지수 산정 방식〉
• 개발비 = 개발원가 + 개발원가 × 이윤
• 개발원가 = 기준원가 × 보정계수
• 기준원가 = 기능점수 × 50만 원
• 보정계수 = 규모계수 × 언어계수 × 품질 및 특성계수 × 애플리케이션유형계수
• 기능점수는 각 기능유형별 기능 개수에 해당 기능유형별 가중치를 곱한 값의 합으로 계산됨.
• 생산성지수 = $\dfrac{\text{기능점수}}{\text{공수}}$

〈보기〉
ㄱ. 기능점수는 B가 가장 높고 C가 가장 낮다.
ㄴ. 기준원가가 가장 낮은 소프트웨어와 개발비가 가장 적은 소프트웨어는 동일하다.
ㄷ. 개발원가와 기준원가의 차이는 B가 C의 5배 이상이다.
ㄹ. 기능점수가 가장 높은 소프트웨어가 생산성지수도 가장 크다.

① ㄱ, ㄴ
② ㄱ, ㄷ
③ ㄱ, ㄹ
④ ㄴ, ㄷ
⑤ ㄴ, ㄹ

※ 다음 〈표〉는 A~J팀으로만 구성된 '갑'야구리그에 관한 자료이다. 다음 물음에 답하시오. [문 38.~문 39.]

〈표 1〉 A~J팀의 8월 15일 기준 순위 및 기록

순위	팀	전체 경기수	승수	패수	무승부 수	승률 (%)	승차	최근 연속 승패 기록	최근 10경기 기록
1	A	99	61	37	1	62.24	0.0	3패	4승 6패
2	B	91	55	34	2	61.80	1.5	1패	6승 4패
3	C	98	54	43	1	55.67	6.5	1패	4승 6패
4	D	100	49	51	0	49.00	( )	1승	4승 6패
5	E	99	48	50	1	48.98	13.0	1패	8승 2패
6	F	97	46	51	0	47.42	14.5	1승	3승 7패
7	G	97	43	51	3	45.74	16.0	1승	6승 4패
8	H	96	43	52	1	45.26	16.5	3승	7승 3패
9	I	96	41	54	1	43.16	18.5	2승	4승 6패
10	J	95	38	55	2	40.86	20.5	2패	4승 6패

※ 1) 일자별 팀 순위 및 기록은 해당일 경기를 포함한 모든 경기결과를 반영한 값이며, 팀 순위는 승률이 높은 순서로 정함
  2) 각 팀은 최근 10일 동안 매일 한 경기씩 참여하였고, 매 경기는 시작 당일에 종료됨
  3) 승률(%)= $\frac{승수}{승수+패수} \times 100$
  4) 승차= $\frac{(1위\ 팀\ 승수-해당\ 팀\ 승수)-(1위\ 팀\ 패수-해당\ 팀\ 패수)}{2}$

〈표 2〉 A~J팀의 8월 16일 기준 최근 연속 승패 기록

팀	A	B	C	D	E	F	G	H	I	J
최근 연속 승패 기록	4패	1승	2패	2승	1승	2승	1패	4승	1패	3패

문 38. 위 〈표〉를 근거로 판단한 내용으로 옳지 <u>않은</u> 것은?

① 8월 15일 기준 D팀의 승차는 13.0이다.
② 8월 5일 기준 승차 대비 8월 15일 기준 승차가 가장 많이 증가한 팀은 F이다.
③ 8월 12일 경기에서 A팀이 승리하였다.
④ 8월 13일 기준 E팀과 I팀의 승차 합은 35.0이다.
⑤ 8월 15일 기준 최근 연속 승수가 가장 많은 팀과 최근 10경기 승률이 가장 높은 팀은 다르다.

문 39. 위 〈표〉에 대한 〈보기〉의 설명 중 옳은 것만을 모두 고르면?

─── 〈보기〉 ───
ㄱ. 8월 15일과 8월 16일 경기의 승패 결과가 동일한 팀은 5개이다.
ㄴ. 8월 16일 기준 7위 팀은 H이다.
ㄷ. 8월 16일 기준 승차가 음수인 팀이 있다.
ㄹ. 8월 16일 기준 4위 팀 승차와 5위 팀 승차는 동일하다.

① ㄱ, ㄹ
② ㄴ, ㄷ
③ ㄴ, ㄹ
④ ㄱ, ㄴ, ㄷ
⑤ ㄴ, ㄷ, ㄹ

문 40. 다음 〈표〉는 2018~2020년 프랜차이즈 기업 A~E의 가맹점 현황에 관한 자료이다. 이에 대한 〈보기〉의 설명 중 옳은 것만을 모두 고르면?

〈표 1〉 2018~2020년 기업 A~E의 가맹점 신규개점 현황

(단위 : 개, %)

구분 / 기업 \ 연도	신규개점 수			신규개점률	
	2018	2019	2020	2019	2020
A	249	390	357	31.1	22.3
B	101	89	75	9.5	7.8
C	157	110	50	12.6	5.7
D	93	233	204	35.7	24.5
E	131	149	129	27.3	19.3

※ 해당 연도 신규개점률(%) = $\dfrac{\text{해당 연도 신규개점 수}}{\text{전년도 가맹점 수+해당 연도 신규개점 수}} \times 100$

〈표 2〉 2018~2020년 기업 A~E의 가맹점 폐점 수 현황

(단위 : 개)

기업 \ 연도	2018	2019	2020
A	11	12	21
B	27	53	140
C	24	39	70
D	55	25	64
E	4	8	33

※ 해당 연도 가맹점 수=전년도 가맹점 수+해당 연도 신규개점 수−해당 연도 폐점 수

〈보기〉

ㄱ. 2018년 C의 가맹점 수는 800개 이상이다.

ㄴ. 2019년에 비해 2020년 가맹점 수가 감소한 기업은 B와 C이다.

ㄷ. 2020년 가맹점 수는 E가 가장 적고, A가 가장 많다.

ㄹ. 2018년 폐점 수 대비 신규개점 수의 비율은 D가 가장 낮고, A가 가장 높다.

① ㄱ, ㄴ
② ㄱ, ㄷ
③ ㄴ, ㄷ
④ ㄴ, ㄹ
⑤ ㄷ, ㄹ

01	02	03	04	05	06	07	08	09	10
②	③	③	④	①	①	④	④	⑤	①
11	12	13	14	15	16	17	18	19	20
③	⑤	③	⑤	①	④	①	③	⑤	①
21	22	23	24	25	26	27	28	29	30
③	②	②	⑤	①	④	②	⑤	①	②
31	32	33	34	35	36	37	38	39	40
④	③	⑤	③	②	④	②	④	⑤	③

01 　추가로 필요한 자료 　답 ②

난도 하

정답해설

ㄱ. 〈보고서〉의 두 번째 문장을 보면, 수도권과 비수도권의 2015~2019년 4분기 평균을 2020년 4분기와 비교한다. 따라서 2015~2019년 4분기 수도권 및 비수도권 아파트 입주 물량 자료가 필요하다.

ㄷ. 〈보고서〉의 세 번째 문장을 보면, 시도별 아파트 입주 물량 자료를 필요로 한다. 또한 그 시기는 '전년동기'를 비교하고 있으므로 2019~2020년 4분기가 적절하다.

오답해설

ㄴ. 〈보고서〉에서 공급주체별 입주 물량에 대한 언급은 마지막 부분에 나온다. 그러나 2020년 4분기 자료에 대한 언급이 전부이므로, 2015~2019년 공급주체별 연평균 아파트 입주 물량 자료는 필요하지 않다.

ㄹ. 〈보고서〉에서 규모 및 공급주체별 입주 물량에 대한 언급은 2020년 4분기 자료에 대한 언급이 전부이므로, 2019년 4분기 규모 및 공급주체별 아파트 입주 물량은 필요로 하지 않는다.

합격생 가이드

추가로 필요한 자료 유형의 문제를 풀기 위해서는 첫 번째로 이미 주어진 자료로 보고서의 내용을 작성할 수 있는 경우 추가로 자료가 필요하지 않다는 것을 주의하여야 한다. 두 번째로 보고서에서 언급되지 않은 내용의 자료를 추가하는 것은 적절하지 않다.

02 　단순확인 　답 ③

난도 중

정답해설

ㄴ. 전체 구간 주행 연료비를 각각 계산하면 다음과 같다.
- 갑 : $18 \times 1,000 = 18,000$
- 을 : $13.5 \times 1,700 = 22,950$
- 병 : $10 \times 1,500 = 15,000$

따라서 을이 가장 많고, 병이 가장 적다.

ㄷ. 전체 구간 주행 연비는 주행거리 240을 연료 소모량으로 나눈 값이다. 분자인 주행 거리가 모두 240으로 동일하기 때문에 전체 연료 소모량이 적을수록 전체 구간 주행 연비는 높다. 연료 소모량은 병이 가장 적고, 갑이 가장 높으므로 연비는 병이 가장 높고, 갑이 가장 낮다.

오답해설

ㄱ. 시간은 $\dfrac{거리}{속력}$ 로 구한다. 이에 따라 전체 구간 주행 시간을 각각 계산하면 다음과 같다.
- 갑 : $\dfrac{100}{100} + + + = 2.455$
- 을 : $\dfrac{50}{90} + + = 2.459$
- 병 : $\dfrac{70}{100} + + + = 2.364$

따라서 전체 구간 주행 시간은 을이 가장 길고, 병이 가장 짧다.

ㄹ. 갑의 A→B 구간 주행 연비는 $\dfrac{100}{7}$ 이고, 을의 B→C 구간 주행 연비는 $\dfrac{50}{3}$ 이다. 따라서 을의 구간 주행 연비가 더 높다.

합격생 가이드

단순 계산 문제처럼 보이지만, 자잘한 계산이 많아 시간을 뺏길 수 있는 문제이다. 특히 ㄱ의 경우 선지 중 가장 많은 계산을 요구한다. 이때에는 ㄱ 이외의 다른 선지부터 확인하는 스킬이 필요하다.

03 　빈칸형 　답 ③

난도 중

정답해설

ㄴ. 남성 중 '비음주∧비흡연'인 환자 비율은 $100\% - (30\% + 35\% + 10\%) = 25\%$ 이다. 남성 인원은 '음주∧흡연'에서 도출할 수 있는데, 600명이 30%이므로 남성 환자는 총 $\dfrac{600}{0.3} = 2,000$명이다. 남성 중 '비음주∧비흡연'인 환자 수는 2,000명×25%=500명이고, 여성 중 '비음주∧비흡연'인 환자 수는 450명이다. 따라서 비음주이면서 비흡연인 환자는 남성이 여성보다 많다.

ㄹ. 남성 중 음주 환자 비중은 65%(=30%+35%)이고, 여성 중 음주 환자 비중은 '비음주∧흡연'이 20%(300/1,500)임을 감안할 때 100%−50%=50%이다. 남성 중 흡연 환자 비중은 40%(=30%+10%)이고, 여성 중 흡연 환자 비중은 100%−50%=50%이다. 전체 환자 중 음주 환자 비중은 50% 이상~65% 미만일 것이고, 흡연 환자 비중은 40% 이상~50% 미만이므로 음주 환자 비중이 흡연 환자 비중보다 더 크다.

오답해설

ㄱ. 남성 환자의 흡연 비율은 남성 중 '음주∧흡연' 비율에 '비음주∧흡연' 비율을 더하여 도출할 수 있다. 남성 환자의 흡연 비율은 30%+10%=40%이고, 여성 환자의 흡연 비율은 100%−50%(여성 비흡연 비율)=50%이다. 따라서 흡연 비율은 여성 환자가 남성 환자보다 높다.

ㄷ. 여성의 경우 음주 환자와 비음주 환자 비중은 각각 50%로 같다.

합격생 가이드

처음부터 표를 모두 채울 생각을 하지 말고, 계산이 많이 요구되지 않는 선지부터 푼다고 생각하면 빠르게 정보를 확인할 수 있다.

04 추가로 필요한 자료

답 ④

난도 하

정답해설

ㄱ. 〈보고서〉 1문단 "특히 2017년에는 전년 대비 20%p 감소하여 가장 큰 폭으로 감소하였다."를 판단하기 위하여 2016년 행정소송 처리대상건수 및 국가 승소 건수가 필요하다.

ㄷ. 〈보고서〉 1문단 마지막 문장을 위해 필요하다.

ㄹ. 〈보고서〉 3문단 마지막 문장을 위해 필요하다.

오답해설

ㄴ. 소송가액별 행정소송 처리대상건수와 관련된 언급은 〈보고서〉 3문단에 있다. 하지만 해당 내용은 제시된 자료와 보기 ㄹ이 추가로 제시된다면 알 수 있는 내용이므로, 2021년 소송가액별 행정소송 처리대상건수는 필요로 하지 않는다.

합격생 가이드

〈보고서〉가 주어지고 추가로 필요한 자료를 찾는 문제에서는 먼저 보고서를 차례대로 읽어 내려가며 〈표〉만 보고 해당 내용이 설명되는지 살펴보아야 한다. 문제의 경우 〈표 2〉와 〈표 3〉은 2020년 자료만 주어져 있다. 만약 2020년 이외의 내용이 작성되어 있다면 반드시 다른 자료를 필요로 할 것이다.

05 단순확인

답 ①

난도 중

정답해설

ㄱ. 현재 농산물 해운 운송량 합계는 10,600톤이고, 평균은 2,650톤(10,600톤 ÷4)이다. 농산물별 해운 운송량이 각각 100톤씩 증가하면 평균도 100만큼 늘어나므로 평균은 2,750톤이 된다.

ㄷ. 도로 운송량이 많은 농산물은 순서대로 밀, 쌀, 보리, 콩이다. 해당 농산물의 운송량 중 도로 운송량이 차지하는 비중은 $\frac{도로}{도로+철도+해운}$ 이지만, $\frac{도로}{철도+해운}$ 으로 계산하여도 된다. 계산하여 보면, 밀, 쌀, 보리, 콩 순으로 $\frac{16,500}{10,500}$(≒1.57), $\frac{10,600}{7,400}$(≒1.43), $\frac{2,900}{9,100}$(≒0.32), $\frac{400}{4,600}$(≒0.09)이므로 도로 운송량이 많은 농산물의 순서와 동일하다.

오답해설

ㄴ. 보리의 운송량의 50%와 콩의 운송량의 100%가 서로 같은지 확인하면 된다.
- 보리 : 2,900톤＋7,100톤＋2,000톤＝12,000톤
- 콩 : 400톤＋600톤＋4,000톤＝5,000톤

따라서 보리의 50%(＝6,000톤)와 콩의 100%(＝5,000톤)는 같지 않으므로, 전체 운송량은 변한다.

ㄹ. 해운 운송량이 적은 농산물은 순서대로 쌀, 보리, 밀, 콩이다. 해당 농산물의 운송량 중 해운 운송량이 차지하는 비중의 순서를 계산해보면 다음과 같다.
- 쌀 : $\frac{1,600}{16,400}$≒0.10
- 밀 : $\frac{3,000}{24,000}$＝0.125
- 콩 : $\frac{4,000}{1,000}$＝4
- 보리 : $\frac{2,000}{10,000}$＝0.2

따라서 해운 운송량이 차지하는 비중이 작은 순서는 쌀, 밀, 보리, 콩 순으로 해운 운송량이 적은 농산물의 순서와 다르다.

합격생 가이드

각 농산물의 운송량 중 도로 운송량이 차지하는 비중의 절댓값을 구하기 위해서는 $\frac{도로}{도로+철도+해운}$ 이지만, 상대적인 수치로 순서 비교만을 위해서는 $\frac{도로}{철도+해운}$ 으로 계산하여도 된다. 이처럼 항상 계산을 줄일 수 있는 방법을 고민하여야 한다.

06 단순확인

답 ①

난도 하

정답해설

① 기술무역수지＝기술수출액－기술도입액이다. 2020년 3개 산업 중 기술무역 수지가 가장 작은 산업은 소재 산업이다.

오답해설

② 기술무역규모＝기술수출액＋기술도입액이다. 2021년 3개 산업 중 기술무역 규모가 가장 큰 산업은 소재 산업이다.

③ 2019년 3개 산업의 기술도입액은 적게 잡아도 각각 약 90, 90, 1700이다. 이를 모두 더하면 약 350백만 달러이므로 3억 2천만 달러 이상이다.

④ 기술무역수지＝기술수출액－기술도입액으로 해당 점에서 기울기가 1인 그래프를 그렸을 때 $y=x+k$ 그래프의 k(y절편 값)에 해당한다. 소재 산업의 2019년, 2020년, 2021년 기술무역 수지는 매년 감소한다.

⑤ 기술무역수지비＝$\frac{기술수출액}{기술도입액}$ 으로 $y=ax$ 그래프의 a(기울기)에 해당한다. 농림수산식품 산업에서 원점과 직선 연결 시 기울기가 가장 큰 해는 2020년이다.

합격생 가이드

y축 값이 기술수출액, x축 값이 기술도입액이므로, 기술무역규모＝$x+y$, 기술무역수지＝$x-y$, 기술무역수지비＝$\frac{x}{y}$ 그래프를 그려 상대적인 크기를 비교할 수 있다.

07 복수의 표

답 ④

난도 중

정답해설

④ 하천에서 발생한 사고의 수는 2018~2021년 16명, 23명, 19명, 23명이다. 전체 사고 사망자 수가 2018~2021년 24명, 36명, 37명, 37명임으로 고려할 때 2020년은 $\frac{19}{37}$≒0.51(약 51%)로 60% 이상이 아니다.

오답해설

① 여름철 물놀이 사고 사망자 수를 모두 더하면 2018년은 24명, 2019년은 36명, 2020년은 37명, 2021년은 37명이다. 따라서 2019년에 전년 대비 50% 증가하였고, 이후 매년 30명 이상이다.

② 4대 주요 원인에 의한 사망자 수는 2018~2021년 각각 24명, 34명, 33명, 29명이다. 따라서 4대 주요 원인에 의한 사망자가 차지하는 비율이 가장 높은 해는 $\frac{24}{24} \times 100 = 100\%$인 2018년이다.

③ 물놀이 사고 사망자 중 수영미숙에 의한 사망자는 2018~2021년 각각 13명, 14명, 14명, 12명이다. 전체 사고 사망자 수가 2018~2021년 24명, 36명, 37명, 37명임으로 고려할 때 매년 30% 이상을 차지한다.

⑤ 2021년 30대 미만 사망자는 총 8명이다. 2021년 30대 미만 사망자 전체가 안전부주의 사망자라고 가정하더라도, 남은 1명은 반드시 30대 이상이어야 한다.

> **합격생 가이드**
>
> 표가 2개 이상 등장하는 문제에서는 표를 2개 이상 복합적으로 활용하여 확인하는 선지가 구성되는 경우가 대부분이다. 표를 여러 개 확인하는 도중 실수하지 않도록 주의한다.

08 매칭형 답 ④

난도 하

정답해설

첫 번째 조건을 보면 계산하지 않고도 내수면어업 생산량이 원양어업 생산량보다 많은 국가는 B, C임을 알 수 있으므로, 두 국가가 '갑'과 '병' 중 하나이다.

두 번째 조건을 보면, 해면어업 의존도는 D가 $\frac{4,200}{9,756}$으로 가장 높고, 그 다음은 A가 $\frac{1,235}{3,255}$로 높다. 따라서 A는 '정'이 되고, 자동적으로 D는 '을'이 된다.

세 번째 조건을 보면, 을(D)의 원양어업 생산량이 9,756 − 4,200 − 324 − 2,287 = 2,945이므로, 병의 천해양식 생산량은 2945 × 1.1 = 3,239.5 이상이어야 한다. B의 천해양식 생산량은 10,483 − 3,245 − 1,077 − 3,058 = 3,103이고, C의 천해양식 생산량은 8,020 − 2,850 − 720 − 1,150 = 3,300이다. 따라서 C가 '병', B가 '갑'이 된다.

> **합격생 가이드**
>
> 세 번째 조건을 판단할 때 '병'의 천해양식 생산량은 '을'의 원양어업 생산량의 1.1배 이상이라고 하였으니, B와 C 중 천해양식 생산량이 더 큰 것이 '을'이 된다는 사실도 빠른 풀이에 도움이 된다. 굳이 '을'의 원양어업 생산량을 구해서 1.1배를 하는 것보다 바로 B와 C의 천해양식 생산량을 계산하고 크기 비교만 하면 되는 것이다.

09 복수의 표 답 ⑤

난도 하

정답해설

⑤ 글로벌 e스포츠 산업 규모 대비 '갑'국의 e스포츠 산업 규모 비중은 2017년 $\frac{602.7}{3,575} = 0.168$, 2018년 $\frac{722.9}{3,741} = 0.193$으로 2018년에 전년대비 상승한다.

오답해설

① $\frac{1,138}{973} = 1.17$로, 15% 이상 성장하였다.

② 방송분야 매출은 453억 원, 전체 매출은 1,138.6이므로 그 비중은 $\frac{453}{1,138} = 0.40$이다. 따라서 전체의 35% 이상을 차지하여 가장 비중이 크다.

③ 2019년은 $\frac{5,424}{3,741} = 1.45$(전년대비 약 45%), 2020년은 $\frac{7,207}{5,424} = 1.33$(약 33%), 2021년에는 $\frac{9,517}{7,207} = 1.32$(약 32%)가 성장하여 모두 30% 이상 성장하였다.

④ '갑'국 e스포츠 산업규모는 2020년 전년대비 $\frac{973}{933.4} = 1.042$, 즉 5% 미만 성장하였다. 글로벌 e스포츠 산업 규모에서 차지하는 비중은 $\frac{973}{7,207} = 0.135$로, 15% 미만이다.

> **합격생 가이드**
>
> 복수의 표를 주고 〈보고서〉의 내용 중 옳지 않은 것을 고르는 문제에서는 선지가 〈보고서〉 내에 줄글로 되어 있다. 이러한 유형의 문제에서는 해당 선지의 내용 이외에는 읽을 필요가 없다는 사실을 유념한다. 또한 모든 문제가 그러한 것은 아니지만, 이러한 유형에서는 답이 뒤쪽에서 도출되는 경우가 유의미하게 많으므로, 뒤쪽 선지부터 확인하도록 한다.

10 복수의 표 답 ①

난도 중

정답해설

① 2020년 대비 2021년 불법체류외국인 증가인원은 〈표 1〉에서 보면 355,126 − 251,041 = 104,085(명)이다. 2020년 대비 2021년 국적이 A인 불법체류외국인의 증가인원은 〈표 3〉에서 보면 153,485 − 81,129 = 72,356(명)이다. $\frac{72,356}{104,085} = 0.700$이므로, 60% 이상이다.

오답해설

② 2019년에서 2020년으로 넘어갈 때, 불법체류외국인 중 체류유형이 등록외국인인 구성비는 36%에서 33%로 $\frac{3}{36} \times 100 = 8.3\%$ 감소하나, 불법체류외국인 수는 208,971명에서 251,041명으로 $\frac{42,070}{208,971} \times 100 = 20\%$ 증가한다. 따라서 체류유형이 등록외국인인 불법체류외국인 수는 2020년에 전년대비 증가한다.

③ 2017년과 2018년에는 순서가 다르다.

④ 2019년에는 체류외국인의 수가 전년보다 증가했지만, 불법체류외국인의 수는 오히려 감소하였으므로, 2019년 체류외국인 대비 불법체류외국인 비중은 전년대비 감소한다.

⑤ 2021년 체류외국인 증가 수는 2,367,607명 − 2,180,498명 = 187,109명이다. 따라서 2021년 체류외국인의 전년대비 증가율은 약 8.6%이다.

> **합격생 가이드**
>
> 표가 2개 이상 주어지면 선지의 정오를 판단하는 데 필요한 정보를 어떠한 표에서 얻어야 하는지를 찾는 데도 시간이 많이 걸린다. 따라서 문제를 풀기 시작함과 동시에 표의 개략적인 정보를 파악하여 어떤 정보를 어떤 표에서 찾아야 하는지 생각하면서 풀어야 한다.

11 매칭형   달 ③

난도 하

정답해설

첫 번째 조건을 통해 A 대학과 C 대학 중 하나가 '우리대' 또는 '나라대'인 것을 알 수 있다. A 대학과 C 대학 모두 2021년에 응시자 수가 가장 많은 반면, 합격률이 가장 낮다.

두 번째 조건을 통해 2021년 합격률이 $\frac{48}{90} \times 100 ≒ 53\%$인 A 대학이 '우리대'인 것을 알 수 있으므로, C 대학이 '나라대'가 된다.

네 번째 조건을 통해 2015년 합격률은 $\frac{47}{58} \times 100 ≒ 81\%$, 2021년 합격률은 $\frac{58}{97} \times 100 ≒ 59.8\%$로, 감소폭이 40%p 이하인 B 대학이 '강산대'임을 알 수 있다.

> **합격생 가이드**
>
> 첫 번째 조건과 같은 경우 확인할 정보가 많다. 매칭형 문제에서 약간의 팁은 '우리대'와 '나라대'는 무려 4개의 선지에서 A 또는 C에 분포되어 있는 것을 알 수 있다. 따라서 첫 번째 조건은 표의 숫자를 일일이 계산하지 않고, A 대학과 C 대학 중 하나가 '우리대' 또는 '나라대'인 것을 알 수 있어야 한다.

12 단순확인   달 ⑤

난도 중

정답해설

ㄴ. 2019년 조세지출금액 상위 3개 항목은 국민생활안정, 간접국세, 연구개발로 모두 더하면 249,696이며, 전체 396,769의 60%를 넘는다. 2020년에는 국민생활안정, 간접국세, 연구개발로 모두 더하면 260,884이며, 전체 418,601의 60%를 넘는다. 2021년에는 국민생활안정, 간접국세, 근로ㆍ자녀장려이고 모두 더하면 304,243으로 전체 474,125의 60%를 넘는다.

ㄷ. 기타를 제외하고 조세지출금액이 매년 증가한 항목은 중소기업지원, 고용지원, 기업구조조정, 지역균형발전, 공익사업지원, 저축지원, 국민생활안정, 근로ㆍ자녀장려, 간접국세, 농업구조개편으로 10개이다.

ㄹ. 2020년 국제도시육성 항목의 조세지출금액은 전년대비 감소했으나, 전체 조세지출금액은 증가하는 것으로 보아 비중은 감소했음을 알 수 있다. 2021년에는 국제도시육성 항목의 조세지출금액과 전체 조세지출금액이 모두 증가했으나, 국제도시육성 항목 금액은 $\frac{2,255-2,149}{2,149} \times 100 ≒ 4.9\%$ 증가한 반면, 전체 조세지출금액은 $\frac{474-418}{418} \times 100 ≒ 13.3\%$ 증가하였으므로, 국제도시육성 항목의 비중은 감소한다.

오답해설

ㄱ. 기타를 제외하고 전년 대비 조세지출금액이 증가한 항목 수는 2020년 중소기업지원, 투자촉진, 고용지원, 기업구조조정, 지역균형발전, 공익사업지원, 저축지원, 국민생활안정, 근로ㆍ자녀장려, 간접국세, 농업구조개편 11개이다. 2021년에는 중소기업지원, 고용지원, 기업구조조정, 지역균형발전, 공익사업지원, 저축지원, 국민생활안정, 근로ㆍ자녀장려, 간접국세, 외국인투자, 국제도시육성, 기업도시, 농업구조개편으로 13개이다. 따라서 2020년이 2021년보다 적다.

13 빈칸형   달 ③

난도 중

정답해설

ㄴ. 소년 범죄율이 2017년 대비 6.0% 이상 증가했다는 것은 발생지수가 106이 넘는 연도를 의미한다. 2020년의 경우 소년 범죄 발생지수가 주어져 있지 않은데, 2017년의 소년 범죄율인 1,172의 1.06배를 하면 1,242.32가 도출되므로, 1,249인 2020년 역시 발생지수가 106이 넘는다고 볼 수 있다. 따라서 해당하는 연도는 2019년과 2020년이다. 이 때 소년 범죄자 비율은 2020년의 경우 6.2%로 주어져 있고, 2019년의 경우 $\frac{61,260}{61,162+920,760} \times 100 ≒ 6.2\%$이므로, 두 해 모두 6.0% 이상이다.

ㄷ. 보기 ㄴ에서 2020년 소년 범죄 발생지수가 106 이상임을 도출했다. 따라서 2021년 소년 범죄 발생지수는 2020년에 비해 작다. 발생지수는 2017년을 기준으로 하기 때문에 범죄율이 낮다면 발생지수도 낮다. 따라서 성인 범죄의 범죄율이 2021년이 2020년보다 낮으므로, 발생지수도 낮다.

오답해설

ㄱ. 2017년 대비 2021년 소년 범죄 범죄율은 비슷하나, 소년 범죄 범죄자수는 약 15% 감소하였으므로 소년인구 역시 감소하였다고 볼 수 있다.

ㄹ. 소년 범죄 발생지수가 전년대비 증가한 연도는 2019년, 2020년이지만, 2020년에 소년 범죄 범죄자수는 감소하였다.

> **합격생 가이드**
>
> ㄴ에서 2019년 소년 범죄자 비율을 계산할 때 소년 범죄자수 61,162와 성인 범죄자수 920,760을 더한 값이 1,000,000을 넘지 않는다는 점만 파악하면 소년 범죄자 수가 61,162이므로 반드시 6.0% 이상인 것을 알 수 있다.

14 전환형   달 ⑤

난도 상

정답해설

⑤ 연도별 D마을의 전년 대비 1인 가구수 증가율을 살펴보면, 2019년에는 $\frac{190-80}{80} \times 100 = 137.5\%$, 2020년은 $\frac{75-190}{190} \times 100 ≒ -60.5\%$, 2021년은 $\frac{315-75}{75} \times 100 = 320.0\%$이다.

오답해설

① 2021년 '갑'지역 1인 가구수는 120+205+160+315=800명이다.

② 2021년 '갑'지역 2인 이상 가구의 수는 '총가구수-1인 가구수'로 구한다. 이렇게 구한 2인 이상 가구수는 A, B, C, D 순으로 480가구, 345가구, 340가구, 185가구이므로, '갑'지역 2인 이상 가구수는 1,350가구이다. 따라서 각각의 구성비는 A마을 35.6%, B마을 25.6%, C 마을 25.2%, D마을 13.7%이다.

③ 〈표 1〉을 보면 각주에서 괄호 안의 수치는 연도별 '갑'지역 1인 가구수 중 해당 마을 1인 가구수의 비중이라고 제시한다. 그러나 선지 ③의 그래프는 A마을의 총가구수 대비 1인 가구수의 비중을 나타내고자 하는데, 그래프의 수치는 〈표 1〉에 있는 괄호 안의 수치가 그대로 들어가 있다. 참고로, 연도별 A마을의 총가구수 대비 1인 가구수의 비중은 2018년 15%, 2019년 36.7%, 2020년 50.8%, 2021년 20%이다.

④ 2인 이상 가구수와 1인 가구수 차이는 총가구수에서 '(1인 가구수)×2'를 뺀 값과 같다. 2021년 B마을의 2인 이상 가구수와 1인 가구수 차이는 550-(205×2)=140가구이고, 마찬가지로 2021년 C마을 2인 이상 가구수와 1인 가구수 차이는 500-(160×2)=180가구이다.

③ 선지의 경우는 ①에서 연도별 1인 가구수 비중이 연도별로 지속적으로 상승함을 알 수 있다. 따라서 총가구수가 매년 같을 때, 계속 상승하는 추세여야 함을 파악한다면 구체적인 계산 없이 정오를 판단할 수 있다. ④의 경우 2인 이상 가구수를 구하고, 그것과 1인 가구수의 차이를 구한다면 계산이 많고 복잡해진다. $x+y=z$일 때, 양변에 x를 빼서 $y-x=z-2x$를 만드는 원리를 활용하였다.

---

15 매칭형

답 ①

난도 중

정답해설

첫째, "2020년과 2021년 모두 선행시간이 12시간씩 감소할수록 거리오차도 감소하였다."라는 사실을 통해 D가 소거된다. 2020년 D의 경우 48시간에서 36시간으로 갈 때 거리오차가 증가한다.

둘째, "2021년의 거리오차는 선행시간이 36시간, 24시간, 12시간일 때 각각 100km 이하였다."라는 사실을 통해 C와 E가 추가로 소거된다.

마지막으로 "2020년과 2021년 모두 선행시간이 12시간씩 감소하더라도 거리오차 감소폭은 30km 미만이었다."라는 사실을 통해 B가 소거된다. 2020년 B의 경우 36시간에서 24시간으로 선행시간이 12시간 감소할 때 감소폭은 40이다. 따라서 '갑'국에 해당하는 국가는 A이다.

---

16 표와 그림

답 ④

난도 중

정답해설

④ 식용곤충 분야 기초연구 지원 금액은 〈그림〉에 제시된 2018년 식용곤충 값인 3,636에서 〈표〉 식용곤충 응용연구, 개발연구, 기타 값을 빼면 된다. 그 값은 339백만 원이다. 2016년 또한 같은 방식으로 구하면 67백만 원이므로, 2018년이 2016년의 5배 이상(67×5=335)이다.

오답해설

① 지원과제당 지원금액은 2019년 $\frac{4,886}{53}$≒92.2이다. 2017년은 $\frac{3,368}{39}$≒86.4이다.

② 2018년의 경우 $\frac{67}{282}$×100≒23.8%이고, 2019년의 경우 $\frac{570-431}{570}=\frac{139}{570}$ ×100≒24.4%이므로, 후자가 더 크다.

③ 〈그림〉에서 2017년은 $\frac{319}{3,368}$×100≒9.47%, 2018년은 $\frac{450}{4,368}$×100≒10.30% 이므로, 후자가 더 크다.

⑤ 2020년 식용곤충 분야의 개발연구 지원 금액은 2,292-(385+89+37)= 1,781이다. 따라서 2020년 식용곤충 분야 개발연구 지원 금액의 경우 전년도보다 감소하였다.

단순확인 문제이나 자잘한 숫자 값이 많이 주어져 계산에 어려움을 겪을 수 있다. 하지만 이러한 계산 문제는 신속하고 정확하게 필요한 계산을 해내는 정공법이 가장 빠르게 해결하는 방법이라고 생각한다.

---

17 단순확인

답 ①

난도 상

정답해설

ㄱ. H사의 2020년 전기차 판매량은 146,153대, 2016년 6,460대이다. 6,460× 2=12,9200이므로 적절하다.

오답해설

ㄴ. 〈표〉의 경우 2020년 기준 전기차 시장 점유율 상위 10개 업체의 연도별 판매량 및 시장 점유율을 나타낸 것이다. 따라서 2015년, 2016년, 2017년의 경우 정확한 순위를 알 수 없다.

ㄷ. T사의 전기차 판매량이 가장 많이 증가한 해는 154,032대가 증가한 2020년이다. 하지만 시장 점유율이 전년대비 가장 많이 증가한 해는 6.6%p가 증가한 2018년이다.

ㄹ. 2020년 전기차 판매량 상위 10개 업체 중 판매량 증가율이 가장 높은 업체는 10배 가까이 증가한 P사이다.

ㄴ 판단에는 함정이 있었다. 실제로 표만 보면 H사의 전기차 판매량 순위는 ㄴ과 같이 도출되기 때문이다. 따라서 모든 문제에서 선지의 정오를 판단하기 전에 반드시 표나 그림의 구조를 파악하여야 한다.

---

18 종합

답 ③

난도 중

정답해설

먼저 E와 F의 종합점수를 비교하면, E의 1차 점수는 F보다 4점 높고, E의 2차 점수는 F보다 2점 낮다. 종합점수는 0.3×4+0.7×(-2)=-0.20이므로 E의 종합점수는 F보다 0.2점 낮다. 따라서 E, F 순으로 시작하는 ①, ②, ④가 소거된다.

다음으로 B와 C의 종합점수를 비교하면, B의 1차 점수는 C보다 4점 높고, B의 2차 점수는 C보다 2점 낮다. 종합점수는 0.3×4+0.7×(-2)=-0.20이므로 B의 종합점수는 C보다 0.2점 낮다. 이에 따라 ⑤가 소거되므로 정답은 ③이다.

표에 빈칸이 있다고 하여 그 빈칸을 모두 채울 필요는 없다. 때에 따라 선지 플레이를 통해 해설과 같이 빠른 경로로 정답을 도출하여야 시간을 절약할 수 있다.

---

19 종합

답 ⑤

난도 중

정답해설

ㄷ. B의 경우 면접 결과가 '합격'이다. D의 경우 1차 면접 2번 문항에서 1점을 더 받았다면 1차 면접 점수 합계는 119점으로, 그 결과 D는 B보다 1차 면접에서 5점 높고, 2차 면접에서 2점 낮게 된다. 0.3×5+0.7×(-2)=0.10이므로 D가 B보다 종합점수가 0.1점 높아지기 때문에 D는 합격할 수 있다.

ㄹ. 2차 면접 문항별 실질 반영률은 1, 2번이 둘 다 $\frac{10}{50}$=0.20이므로, 실질 반영률이 명목 반영률보다 높은 항목은 '인성'이다. '인성' 문항에서 지원자 중 가장 낮은 점수를 받은 지원자는 D이고, D는 2차 합계 점수도 가장 낮다.

오답해설

ㄱ. 1차수의 문항 번호별 명목 반영률은 1~4번 순서대로 $\frac{20}{120}$, $\frac{30}{120}$, $\frac{30}{120}$, $\frac{40}{120}$

이다. 실질 반영률은 1~4번 순서대로 $\frac{10}{60}$, $\frac{20}{60}$, $\frac{10}{60}$, $\frac{20}{60}$ 이다. 따라서 명목

반영률이 높다고 실질 반영률이 높은 것은 아니다.

ㄴ. ㄱ에서 구한 바에 따르면, 문항별 실질 반영률의 합은 '교양'이 $\frac{30}{60}$, '전문성'

이 $\frac{30}{60}$ 으로 동일하다.

합격생 가이드

선지의 정오를 판단하기 전에 표의 분석과 각주를 먼저 읽어 명목 반영률이나 실질 반영률이 어떻게 구해지는지 파악하여야 한다.

---

20 단순확인 답 ①

난도 하

정답해설

① 응급실 전담 전문의 1인당 응급실 전담 간호사 수는 권역, 지역, 기초 각각

$\frac{1,695}{318}$ ≒5.33, $\frac{3,233}{720}$ ≒4.49, $\frac{2,312}{379}$ ≒6.10이다. 따라서 기초응급의료센터

가 가장 많다.

오답해설

② 전체 응급의료기관당 응급실 전담 전문의 수는 $\frac{1,417}{399}$ ≒3.55(명)이므로, 4명

미만이다.

③ 내원 환자 수가 가장 많은 응급의료기관 유형은 '지역응급의료센터'이다. 응급

의료기관당 응급실 전담 간호사 수가 가장 많은 유형은 $\frac{1,695}{35}$ ≒48.4인 '권역

응급의료센터'이다.

④ 응급실 전담 전문의 1인당 내원 환자 수는 지역응급의료센터가 가장 적다

($\frac{2,669}{379}$ > $\frac{1,540}{318}$ > $\frac{3,455}{720}$).

⑤ 권역응급의료센터의 경우 $\frac{1,540,393}{1,268}$ ≒1,214(명)이다.

합격생 가이드

분수 비교를 빠르게 할 수 있는 연습이 되어 있는 경우 쉽게 풀 수 있는 문제였다. 분수 비교는 자료해석에서 기초 중의 기초라고 생각하고 많은 시간을 들여 연습하여야 한다.

---

21 단순확인 답 ③

난도 중

정답해설

ㄴ. 뇌사 기증자 수에 4를 곱하여 비교하는 것이 빠른 방법이다. 이 방법으로 풀어보면, 2016년은 268×4=1,072, 2017년은 368×4=1,472, 2018년은 409×4=1,636, 2019년은 416×4=1,664, 2020년은 446×4=1,7840이다. 모두 해당 연도 뇌사장기이식 건수보다 적으므로, 뇌사 기증자 1인당 뇌사자장기이식 건수는 매년 4건 이상이다.

ㄹ. 이식 건수 중 생체이식 건수가 차지하는 비중은 2016년이 $\frac{1,780}{3,133}$ ×100≒56.8%,

2017년이 $\frac{1,997}{3,797}$ ×100≒52.6%, 2018년이 $\frac{2,045}{3,990}$ ×100≒51.3%, 2019년이

$\frac{1,921}{3,814}$ ×100≒50.4%, 2020년이 $\frac{1,952}{3,901}$ ×100≒50.0%로, 매년 감소하고 있다.

오답해설

ㄱ. 2019년의 경우에는 기증 희망자 수의 전년 대비 증가율($\frac{1,315,132-1,140,808}{1,140,808}$

×100≒15.3%)이 뇌사 기증자 수의 전년 대비 증가율($\frac{416-409}{409}$ ×100≒1.7%)

보다 높다.

ㄷ. 2019년의 경우 이식 대기자는 증가하나 이식 건수는 감소한다.

---

22 복수의 표 답 ②

난도 하

정답해설

ㄱ. 아프리카의 2010년 대비 2015년 외국인 관광객 증가율은 $\frac{465-337}{337}$ ×100

≒38.0%이다. 대양주의 증가율은 $\frac{168-146}{146}$ ×100≒15.1%이므로 아프리카

는 대양주의 2배 이상이다.

ㄷ. 2015년 대비 2020년 외국인 관광객 감소폭은 '북미'가 974,153-271,487

=702,6660이고, '유럽'이 806,438-214,911=591,5270이다. 따라서 북미가

유럽보다 크다.

오답해설

ㄴ. 2015년 일본과 중국 관광객의 합은 약 7,821,952명이다. 2015년 아시아 관

광객의 수가 10,799,355명이므로, 비중은 75%를 넘지 않는다.

ㄹ. 2020년 전체 외국인 관광객 중 미국 관광객이 차지하는 비중은 $\frac{220}{2,519}$ ×100

≒8.7%이다.

---

23 단순확인 답 ②

난도 중

정답해설

② 고속열차와 일반버스 간 소요시간 차이가 가장 작은 구간은 C구간이며(264분-179분=85분), 고속열차와 일반버스 간 비용 차이가 가장 작은 구간도 C구간이다(36,900원-22,000원=14,900원).

오답해설

① C구간에서 비용이 35,000원 이하인 교통수단은 일반열차, 고속버스, 일반버스

이다. 소요시간당 비용이 가장 큰 교통수단은 '일반열차'이다($\frac{32,800}{247}$ >

$\frac{25,000}{210}$ > $\frac{22,000}{264}$).

③ 고속열차 이용 시 소요시간당 비용은 D구간이 $\frac{41,600}{199}$ ≒208, E구간이

$\frac{42,800}{213}$ ≒201이다. 따라서 D구간이 더 크다.

④ A~E 모든 구간에서 고속버스가 일반열차보다 소요시간과 비용이 모두 작다. 따라서 이에 해당하는 구간은 5개이다.

⑤ A구간에서 고속열차를 기준으로 소요시간의 차이가 큰 교통수단은 일반버스(156분), 일반열차(130분), 고속버스(110분) 순이다. 마찬가지로 A구간에서 고속열차를 기준으로 비용의 차이가 큰 교통수단은 일반버스(26,000원), 고속버스(20,500원), 일반열차(12,600원) 순이므로, 순서가 서로 다르다.

합격생 가이드

복잡해 보이는 표나 선지는 분수 2개를 비교하거나 단순히 대소비교를 하는 등 평이하게 구성되었다.

24 매칭형 답⑤

난도 중

정답해설

첫 번째 조건을 통해 A, B가 '행복' 또는 '건강'임을 알 수 있다.

두 번째 조건을 통해 C와 D의 주거 면적당 인구를 비교하면, 다음과 같다.

- C : $\frac{14 \times 16,302}{27.0 \times 0.4} ≒ 21,132$(명)

- D : $\frac{11 \times 14,230}{21.5 \times 0.3} ≒ 24,268$(명)

D의 주거 면적당 인구가 더 많기 때문에 D는 '사랑'이고, 자동으로 C가 '우정'이다(①, ③, ④ 소거).

네 번째 조건을 보면 법정동 평균인구는 A가 $\frac{9,175 \times 16}{30} ≒ 4,893$(명)이고, B가 7,550명, C가 $\frac{16,302 \times 14}{13} = 17,556$(명)이다. 따라서 A가 '행복'이고, B가 '건강'이다.

합격생 가이드

두 번째 조건의 경우 행정동 평균 인구에 행정동 수를 곱하여 전체 인구를 알고, 전체 면적에 주거 면적 구성비를 곱하여 주거 면적을 알아야 하며, 이를 주거 면적당 인구로 비교하여야 한다. 즉 계산하여야 하는 정보가 매우 많으므로 실제 시험장에서는 이러한 문제의 경우 일단 스킵하고 최대한 나중에 확인하도록 한다.

25 전환형 답①

난도 중

정답해설

① 연도별 전체 재난사고 인적피해 중 부상 비율은 〈표 2〉에서 $\frac{부상}{사망 + 부상}$으로 도출한다. 2017~2021년 값을 구해보면 모두 95% 이상임을 알 수 있다.

오답해설

② 연도별 전체 재난사고 발생건수와 피해인원 모두 〈표 1〉에서 확인할 수 있다.
③ 〈표 1〉에서 연도별 전체 재난사고 발생건수 중 도로교통사고 발생건수를 계산하면 표와 같다.
④ 〈표 2〉에서 연도별 재산피해액을 〈표 1〉에서 구한 연도별 전체 재난사고 발생건수로 나누면 그래프와 같다.
⑤ 〈표 1〉에서 연도별 화재 및 도로교통사고 발생건수당 피해인원을 구하면 그래프와 같다.

26 단순확인 답④

난도 중

정답해설

ㄱ. 전체 수급자 수가 1,000명이므로 수급횟수를 고려하면 전체 수급횟수는 $(1,000 \times 0.359) + (2 \times 1,000 \times 0.293) + (3 \times 1,000 \times 0.216) + (4 \times 1,000 \times 0.132)$로 도출하고, 그 값은 2,000(회) 이상이다.
ㄴ. 1회 수령한 수급자 수는 30대가 583×0.372≒217(명), 40대가 347×0.349≒121(명)이다. 따라서 30대는 40대의 1.5배 이상이다.
ㄹ. 자녀장려금을 2회 이상 수령한 무주택 수급자 수는 732×(1-0.35)≒476(명)이고, 유주택 수급자 수는 268×(1-0.384)≒165(명)이다. 따라서 2.5배 이상이다.

오답해설

ㄷ. 자녀수가 1명인 수급자의 자녀장려금 전체 수급횟수의 최댓값을 알 수 없다. '4회 이상'은 충분히 큰 숫자를 포함하기 때문이다.

합격생 가이드

보기 ㄷ과 같은 경우 크기 비교가 불가능하다. '4회 이상'이라는 항목이 있기 때문이다. 따로 각주로 한도가 정해져 있지 않은 이상 최댓값이 정해지지 않은 것이다. 이렇듯 표의 구조만을 보고도 선지의 정오판단이 가능한 경우가 있다.

27 단순확인 답②

난도 중

정답해설

② 일반국도 : $\frac{3}{38} > \frac{32}{2,297} \times 3$, 지방도 : $\frac{1}{18} > \frac{26}{1,919} \times 3$, 고속국도 : $\frac{2}{12} > \frac{10}{792} \times 30$이므로 각 3배 이상이다.

오답해설

① 지방도의 경우 '흐림'일 때 $\frac{5}{56}$로 가장 높다.
③ 전체 발생건수를 계산할 필요 없이 '비'와 '눈'일 때 교통사고 발생건수 합은 모든 도로종류에서 '맑음'일 때 교통사고 발생건수의 10%도 넘지 못한다.
④ 일반국도의 경우 흐림 1가지, 지방도의 경우 흐림 1가지, 고속국도의 경우 맑음, 안개 2가지이다.
⑤ 일반국도는 $\frac{115}{55} ≒ 2.09$, 지방도는 $\frac{110}{56} ≒ 1.960$이므로, 전자가 더 크다.

합격생 가이드

표에서 주어진 정보도 많고, 선지 또한 여러 정보를 조합하여야 하는 문제이다. 이때에는 선지를 읽으며 표에 메모 또는 표시를 하여 정보를 빨리 확인하는 것이 시간을 단축할 수 있는 방법이다.

합격생 가이드

① 판단과 관련하여 〈표 2〉 각주를 확인하는 것이 중요하다. 인적피해는 사망과 부상으로만 구분되기 때문에 인적피해 중 부상 비율을 구하기 위해 사망+부상으로 전체 인적피해를 도출할 수 있다.

28 복수의 표

답 ⑤

난도 중

정답해설

ㄴ. 수출물가지수는 6~9월 순으로 $\frac{110}{113} \times 100 ≒ 97$, $\frac{103}{106} \times 100 ≒ 97$, $\frac{104}{108} \times 100$

≒96, $\frac{105}{110} \times 100 ≒ 950$이다.

ㄷ. 순상품교역조건지수가 100 이하라는 것은 수출물가지수보다 수입물가지수가 더 크다는 의미이다. 7, 8월의 값을 분수 비교하면 7월 : $\frac{103}{106} < \frac{111}{102}$,

8월 : $\frac{104}{108} < \frac{116}{110}$이므로, 두 기간 모두 수출물가지수보다 수입물가지수가 더 크다. 따라서 순상품교역조건지수는 매월 100 이하이다.

ㄹ. 소득교역조건지수를 변형하면 $\frac{수출물가지수}{수입물가지수} \times$수출물량지수=순상품교역 조건지수 $\times \frac{1}{100} \times$수출물량지수이다. 이를 이용하여 계산하면, 6월은 91.94

$\times \frac{1}{100} \times 113.17 ≒ 104.0$, 9월은 $91.79 \times \frac{1}{100} \times 110.60 ≒ 101.50$이므로, 9월 이 6월보다 낮다.

오답해설

ㄱ. 수출금액지수와 수출물량지수는 7월에 전월대비 하락한다.

합격생 가이드

ㄹ 같은 경우 각주의 소득교역조건지수를 〈표〉에 나온 자료들을 바로 활용할 수 있도록 변형하는 것이 중요하다.

29 공식·조건

답 ①

난도 상

정답해설

제시된 기준시가 산정공식에 따라 계산하되, 각 건물의 기준시가를 비교할 수만 있으면 되기 때문에 공통으로 곱해지는 값인 100,000(원/㎡)은 생략한다. 각 건물의 기준시가를 구하면 다음과 같다.

- A : $1.00 \times 1.10 \times (1 - 0.04 \times 5) \times 125 = 110$
- B : $0.67 \times 1.20 \times 0.1 \times 500 = 40.2$
- C : $1.00 \times 1.25 \times (1 - 0.05 \times 4) \times 375 = 375$
- D : $1.30 \times 1.50 \times 0.1 \times 250 = 48.75$
- E : $1.30 \times 1.50 \times 0.1 \times 200 = 39$

따라서 기준시가가 두 번째로 높은 건물은 A이다.

합격생 가이드

각주에서 경과연수별잔가율 계산결과가 0.1 미만인 경우 경과연수별잔가율을 0.1로 한다는 것을 유의하여야 한다.

30 빈칸형

답 ②

난도 중

정답해설

② 중국과 인도의 농림어업 생산액은 GDP에 GDP 대비 비율을 곱하여 구한다.

각각 약 996.7, 4030이고, 미국의 GDP는 $\frac{198}{0.01} = 19,8000$이다. 농림어업 생산액

상위 3개국은 중국, 인도, 미국이므로 3국의 GDP를 모두 더하면 34,6370이 되며, 이는 전세계 GDP의 50% 미만이다.

오답해설

① 2017년 농림어업 생산액 상위 5개국은 중국, 인도, 미국, 인도네시아, 브라질

이다. 브라질의 GDP 대비 비율은 $\frac{93}{2,055} \times 100 ≒ 4.5\%$이다. 따라서 GDP 대비

비율이 전세계보다 낮은 국가는 미국뿐이다.

③ 2017년 농림어업 생산액 상위 20개국 중, 2012년 대비 2017년 농림어업 생산액의 GDP 대비 비율이 증가한 국가는 브라질, 러시아, 이란, 멕시코, 호주, 스페인이다. 해당 국가 모두 2012년 대비 2017년 GDP가 감소하였다.

④ 2017년 농림어업 생산액은 중국, 인도 각각 약 996.7, 4030이므로, 중국이 인도의 2배 이상이다.

⑤ 파키스탄의 농림어업 생산액의 GDP 대비 비율은 2017년이 $\frac{69}{304} \times 100 ≒ 22.7$,

2012년이 $\frac{53}{224} \times 100 ≒ 23.7$이므로, 2012년 대비 2017년에 감소하였다.

합격생 가이드

선지 ④, ⑤에 비해 선지 ②, ③은 계산이 많다. 계산이 적은 선지부터 보든지, 계산이 복잡한 선지부터 보든지는 수험생의 취향에 따라 다르다. 계산이 적은 선지부터 본다면 나중에 복잡한 선지를 계산할 때 힌트를 얻게 될 수 있고(④이 정보가 ②를 판단할 때 활용된다), 계산이 많은 선지부터 본다면 정답은 복합적인 계산을 요할 때가 많으므로 정답에 빠르게 접근할 수 있다는 장점이 있다.

31 매칭형

답 ④

난도 중

정답해설

첫 번째 조건("'갑'국의 아동은~비율이 높았다.")을 통해 아동 남자의 고위험군 비율이 아동 여자보다 낮은 E가 소거된다. 다음으로 두 번째 조건(2문단)을 통해 아동 여자의 과의존위험군 비율이 $1.8 + 17.5 = 19.3$로 20% 미만인 C가 소거된다. 세 번째 조건(3문단 첫 번째 문장)을 통해 A가 소거(A의 아동 여자와 청소년 여자의 과의존위험군 비율 차이는 12.2%p로 10%p 이상)되며, 네 번째 조건(마지막 문장)을 통해 B가 소거(B의 아동 남자와 청소년 남자의 잠재위험 비율 차이는 5.3%p로 5%p 이상)된다.

따라서 '갑'국에 해당하는 국가는 D이다.

합격생 가이드

조건이 총 4개 주어지므로 조건 하나당 한 개의 선지를 소거하는 전략을 취한다.

32 공식·조건 　　　　　　　　　　　　답 ③

난도 상

정답해설

ㄴ. 소매상을 통해 유통된 물량은 다음과 같이 '각 상품의 비율×각 상품의 총 물량'으로 구한다.
- 생물 갈치 비율=0.25+0.10+(0.15×0.66)=0.449
- 냉동 갈치 비율=0.19+(0.20×0.75)=0.34

여기에 총 물량 각각 42,100톤과 7,843톤을 곱하면 각각 약 18,903톤, 약 2,667톤이므로, 생물이 냉동의 6배 이상이다.

ㄹ. 2021년 냉동 갈치 수출 물량은 7,843톤×(0.17×0.80)≒1,067톤이다. 2022년에 60%가 증가한다면 1,067톤×1.6≒1,707톤이다. 2021년 소비지 도매시장을 통해 유통된 냉동 갈치 물량은 7,843톤×0.2≒1,569톤이므로, 전자가 더 크다.

오답해설

ㄱ. 소비자에게 전달된 냉동 갈치 물량의 비율은 1-(정부비축 비율+수출 비율)이다. 정부비축 비율은 0.13×0.46=0.0598이고, 수출 비율은 0.17×0.8=0.1360이므로, 소비자에게 전달된 냉동 갈치 물량의 비율은 1-(0.0598+0.136)=0.8042(약 80%)이다. 따라서 85% 이하이다.

ㄷ. 대형소매업체를 통해 유통된 생물 갈치의 물량은 42,100톤×{0.39+(0.15×0.34)}≒18,566톤이고, 냉동 갈치의 물량은 7,843톤×{0.31+(0.2×0.25)}≒2,823톤이다. 따라서 두 물량의 합은 20,000톤을 초과한다.

합격생 가이드

ㄹ을 판단할 때 모두 '냉동 갈치'에 관한 값의 비교이므로 냉동갈치의 절대적인 물량인 7,843톤을 일일이 곱하지 않고 비율로만 계산할 수 있다. 즉, 냉동 갈치 수출 비율이 0.1360이었다면, 여기서 60% 증가한 값과 소비지 도매시장 비율을 비교하여도 된다.

33 빈칸형 　　　　　　　　　　　　답 ⑤

난도 상

정답해설

ㄴ. 결승 라운드 승률을 최솟값으로 만들기 위해서는 4강 승률을 최대로 하여야 한다. 즉 16강 80%, 8강 100% 승률인 A의 4강 승률이 100%가 아니라면 A가 8번 우승하기 위해서는 결승 라운드 승률은 10% 이상이어야 하기 때문이다. 따라서 A가 8번 우승한다면 결승 라운드 승률 최솟값은 10%이다.

ㄷ. 16강에서 A와 B 간 또는 B와 C 간 경기가 있었던 대회 수의 최댓값을 구하면 된다. B는 16강에서 모든 경기를 승리하였으므로, 16강 승률이 80%인 A와는 최대 20회, 16강 승률이 96%인 C와는 최대 4회 경기할 수 있다. 따라서 최댓값이 24회이므로 해당 대회 수는 24회 이하이다.

ㄹ. 사원 A, B, C가 모두 4강에 진출한 대회의 최솟값은 다음과 같이 도출한다. A, B, C가 각각 4강에 진출하는 횟수는 80번, 90번, 84번이므로, n(A∪B∪C)=n(A)+n(B)+n(C)-n(A∩B)-n(B∩C)-n(C∩A)+n(A∩B∩C) 원리를 활용하면, 대회는 총 100회 개최되었기 때문에 n(A∪B∪C)<100이다. 우변을 계산하면 80+90+84-(80+90-100)-(90+84-100)-(84+80-100)+n(A∩B∩C)=46+n(A∩B∩C)이므로, n(A∩B∩C)>54가 된다. 따라서 A, B, C가 모두 4강에 진출한 대회 수는 54회 이상이다.

오답해설

ㄱ. 사원 A는 4강에 80번(100회×80%×100%), B는 90번(100회×100%×90%), C는 84번(100회×96%×87.5%) 진출하였다. 따라서 B, C, A 순이다.

합격생 가이드

ㄹ의 경우 벤다이어그램을 그리거나 집합의 개념에 관한 이해가 되어 있다면 더 쉽게 풀 수 있을 것이다.

34 표와 그림 　　　　　　　　　　　　답 ③

난도 중

정답해설

ㄴ. 〈그림 1〉에 따르면 2021년 급수 사용량은 159,000(백만 m³)이므로, 60%는 95,400(백만 m³)이다. 가정용 사용량은 105,350(백만 m³)이므로, 60% 이상이다.

ㄹ. 2021년 공공용 급수단가는 $\frac{7,227}{1,449}$≒4.99, 가정용 급수단가는 $\frac{57,011}{105,350}$≒0.54이므로, 9배 이상이다.

오답해설

ㄱ. 2020년의 급수 사용량 전년대비 증가율은 $\frac{155,000-153,000}{153,000}$×100≒1.31%, 2021년의 급수 사용량 전년대비 증가율은 $\frac{159,000-155,000}{155,000}$≒2.58%이므로, 전년대비 증가한다.

ㄷ. 주어진 용도별 급수단가 공식을 변형하면, '용도별 급수 사용료=용도별 급수 사용량×용도별 급수단가'를 도출할 수 있다. 2021년 전체 용도별 급수단가는 $\frac{104,875}{159,000}$≒0.66(천 달러/백만 m³)이고, 2016년 전체 급수 사용량은 144,000(백만 m³)이므로 용도별 급수단가와 곱하면 약 95,040천 달러(약 9,500만 달러)가 된다. 따라서 1억 달러 미만이다.

합격생 가이드

ㄷ 판단 시 단위를 헷갈리지 않도록 한다. 숫자가 크고 복잡하여 계산이 어려운 경우 숫자 3개만을 뽑아 판단하여도 된다. 예를 들어 2021년 전체 용도별 급수단가는 $\frac{104}{159}$≒0.65로 계산하여 대입해도 무방하다.

35 빈칸형 　　　　　　　　　　　　답 ②

난도 상

정답해설

- 84택형 1단계 경쟁률이 300이므로, $\frac{600}{a}$=30, a=20이다. 따라서 84택형 1단계 당첨자 수는 20세대이다.
- 1단계 공식에 따라 100×(다)=200이므로 (다)=20%이다. 따라서 99택형 1단계 당첨자 수는 40세대, 99택형 경쟁률은 (나)=$\frac{800}{40}$=20이다.
- 99택형 2단계 경쟁률이 300이므로, $\frac{(760+440)}{b}$=$\frac{1,200}{b}$=30, b=40이다. 따라서 99택형 2단계 당첨자 수는 40세대이므로, (라)=$\frac{40}{200}$×100=20%이다.
- 2단계 공식에 따라 84택형 2단계 당첨자 수는 100×20%('라'의 값)=20세대이므로, 경쟁률은 $\frac{(580+420)}{20}$=$\frac{1,000}{20}$=50이다.

36 단순확인 답 ④

난도 중

정답해설

ㄱ. 변경주기가 1년 이하인 응답자수는 남성=$2,059 \times (1-0.28) ≒ 1,482$(명), 여성=$1,941 \times (1-0.34) ≒ 1,281$(명)이므로, 남성이 더 많다.

ㄴ. 각주에 따르면 전체 대상자 중 무응답자는 12명이다. 남성 대상자는 2,059명이고, 이 중 응답자는 $70.5+29.1=99.6$(%)이므로, 무응답자의 비율은 0.4%, 약 8명이다. 사무직 대상자는 1,321명이고, 이 중 응답자는 $72.7+26.7=99.4$(%)이므로, 무응답자의 비율은 0.6%, 약 8명이다. 따라서 전체 무응답자 중 '사무직'이 아닌 무응답자는 $12-8=4$명이고, 이 4명이 모두 남성이라고 한다면, 전체 무응답자 중 '사무직' 남성은 최소한 4명이다.

ㄷ. 20대 응답자 중 변경주기가 6개월 이하인 비율은 $9.5+8.7=18.2$(%)이고, 40대는 $10.1+6.4=16.5$(%)이므로, 20대가 높다.

오답해설

ㄹ. 변경주기가 1년 초과인 학생 응답자 수는 $611 \times 0.275 ≒ 168$(명), 전업주부 응답자 수는 $506 \times 0.364 ≒ 184$(명)이므로, 전업주부가 더 많다.

37 공식 · 조건 답 ②

난도 상

정답해설

ㄱ. 각각의 기능점수를 구하면 다음과 같다.

- A : $(7 \times 10)+(5 \times 5)+(4 \times 5)+(5 \times 10)+(3 \times 4)=177$점
- B : $(7 \times 15)+(5 \times 4)+(4 \times 6)+(5 \times 7)+(3 \times 3)=193$점
- C : $(7 \times 3)+(5 \times 2)+(4 \times 4)+(5 \times 6)+(3 \times 5)=92$점

따라서 B가 가장 높고, C가 가장 낮다.

ㄷ. 개발원가－기준원가＝기준원가×보정계수－기준원가＝기준원가×(보정계수－1)이다.

- B의 기준원가=193×50, B의 보정계수=3.6
- C의 기준원가=92×50, C의 보정계수=1.92
- B의 차이=$193 \times 50 \times 2.6=25,090 >$ C의 차이의 5배=$5 \times (92 \times 50 \times 0.92)=21,160$

오답해설

ㄴ. 기준원가가 가장 낮은 소프트웨어는 기능점수가 가장 낮은 C이다. 개발비와 관련해서는 이윤이 같은 A와 C의 개발비를 먼저 비교한다. A와 C는 이윤이 같으므로 개발원가만 비교하면 되는데, A의 보정계수는 0.64이므로 A의 개발원가는 $177 \times 50 \times 0.64=5,664$이고, C의 개발원가는 $92 \times 50 \times 1.92=8,832$로 C가 더 크다. 따라서 기준원가가 가장 낮은 소프트웨어인 C는 개발비가 가장 적지는 않기 때문에 기준원가가 가장 낮은 소프트웨어와 개발비가 가장 적은 소프트웨어는 동일하지 않다.

ㄹ. 기능점수가 가장 높은 소프트웨어는 B이다. 하지만 생산성지수는 A, B, C 순서대로 $\frac{177}{20}=8.85$, $\frac{193}{30}≒6.43$, $\frac{92}{10}=9.2$로, C가 가장 높다.

38 종합 답 ④

난도 중

정답해설

④ 최근 연속 승패 기록을 볼 때, 8월 14일과 15일 각각 I팀은 1승 1패, I팀은 2승을 하였다. 따라서 즉 8월 13일 기록을 나타내면 (승수, 패수) 기준으로 E팀은 (47, 49), I팀은 (39, 54)이다. 8월 13일 1위 팀은 A로 (61, 35)의 기록이다.

승차 합은 $\frac{(61-47)-(35-49)}{2}+\frac{(61-39)-(35-54)}{2}=14+20.5=34.50$이다.

오답해설

① 8월 15일 기준 D의 승차는 $\frac{(61-49)-(37-51)}{2}=13.00$이다.

② 최근 10경기 기록이 1위 팀인 A와 동일한 팀들은 승차의 변화가 없으므로, C, D, I, J는 승차의 변화가 없을 것이다. 또한 최근 10경기 동안 A보다 승리를 많이 한 팀들은 승차가 감소하므로, B, E, G, H는 승차가 감소했을 것이다. 따라서 A보다 승리를 덜한 F팀만이 승차가 증가했을 것이므로, 8월 5일 기준 승차 대비 8월 15일 기준 승차가 가장 많이 증가한 팀은 F이다.

③ A의 최근 연속 승패 기록은 3패이다. 8월 12일은 승리하였을 것이다. 12~15일간 '승, 패, 패, 패'를 기록하여야만 최근 연속 승패 기록이 3패일 수 있다.

⑤ 연속 승수가 가장 많은 팀은 H이고, 최근 10경기 승률이 가장 높은 팀은 E이다.

39 종합 🗒 ⑤

난도 상

정답해설

ㄴ. 8월 16일 기존 7위 팀인 G는 패배하고, 기존 8위 팀인 H는 승리함으로써 G의 승률은 $\frac{43}{43+52} \times 100 ≒ 45.26\%$, H의 승률은 $\frac{44}{44+52} \times 100 ≒ 45.83\%$가 된다. 따라서 8월 16일 7위 팀은 H이다.

ㄷ. 8월 16일이 되면 B가 56승 34패, 승률 62.22%로 1위가 되고, A가 61승 38패, 승률 61.61%로 2위가 된다. 이 경우 A의 승차는 $\frac{(56-61)-(34-38)}{2} = \frac{-5+4}{2} = -0.5$로 음수가 된다.

ㄹ. 8월 16일에는 B가 56승 34패로 1위이다. 8월 15일 기준 4위와 5위 팀은 D와 E인데, 3위 팀인 C는 승차가 많이 나서 8월 16일에 1승을 추가한다고 하더라도 3위와는 순위가 변동이 없으며, D와 E 모두 승리를 한 상태이므로, 마찬가지로 승리를 한 6위 팀 F와도 순위 변동이 없다. 따라서 8월 16일에도 D와 E는 4위와 5위이며, D, E의 승차는 모두 11.5로 동일하다.

오답해설

ㄱ. 〈표 2〉에서 1승 또는 1패가 아닌 팀은 모두 8월 15일과 8월 16일 경기의 승패 결과가 동일하다. A, C, D, F, H, J가 동일하므로, 총 6개 팀이다.

합격생 가이드

8월 16일에 1위 팀이 B가 된다는 사실을 놓친 학생이 많았다. 또한 표의 구조나 내용을 이해하는 것이 어려웠고, 승차 공식이 복잡하여 난이도가 높은 문제였다.

40 복수의 표 🗒 ③

난도 상

정답해설

ㄴ. 가맹점 수가 감소하기 위해서는 신규개점 수보다 폐점 수가 많아야 한다. B와 C는 2020년 폐점 수가 신규개점 수보다 많다.

ㄷ. '$\frac{2020년 신규개점수 \times 100}{2020년 신규개점률}$ − 2020년 폐점 수'를 통해 2020년 가맹점 수를 구할 수 있다. 이에 따를 때, A는 약 1,580개, B는 약 822개, C는 약 807개, D는 약 769개, E는 약 635개이다. 따라서 2020년 가맹점 수는 E가 가장 적고, A가 가장 많다.

오답해설

ㄱ. 2019년 C의 신규개점률은 $\frac{110}{a+110} = 0.126$이다. $1+\frac{a}{110} = \frac{1}{0.126}$ 이므로 $a ≒ 763$(개)이므로, 800개 미만이다.

ㄹ. 폐점 수 대비 신규개점 수의 비율은 E가 $\frac{131}{4}$로 가장 높다.

합격생 가이드

각주의 해당 연도 신규개점률을 통해 전년도 가맹점 수를 파악하고, 다시 신규개점 수와 폐점 수를 더하고 빼서 당해 연도 가맹점 수를 구하여야 하기 때문에 공식이 복잡하고 이에 따른 계산도 많다. 이때에는 해설의 ㄷ처럼 공식을 풀어 하나씩 계산하기 보다는 감각적으로 숫자를 대입하여 전년도 가맹점 수를 유추해보는 것도 도움이 된다.

MEMO

PART

01

기출유형분석

CHAPTER 01 단순확인(표·그림)

1 유형의 이해

딘일 표, 혹은 단수/복수의 그림을 제시하는 문제로 자료해석 영역의 가장 기본적인 유형이다. 매년 8~10개가 출제되기 때문에 자료해석의 여러 유형 중에서 빈도가 가장 높다고 볼 수 있다. 출제 경향 자체는 크게 바뀌는 추세가 아니기 때문에 기출문제 위주로 학습하기에 무리가 없을 것으로 보인다.

2 발문 유형

- 이에 대한 설명으로 옳은 것은?
- 이에 대한 설명으로 옳지 않은 것은?
- 이에 대한 〈보기〉의 설명 중 옳은 것만을 모두 고르면?

3 접근법

이 유형은 표 혹은 그림에 제시된 데이터를 선지에서 요구하는 수준까지 적절히 분석할 수 있는지를 평가한다. 가장 많은 비중을 차지하는 유형 중 하나로, 문제마다 정형화된 풀이법이 있기 보다는 선지에서 요구하는 데이터를 찾아 선택적으로 빠르게 해석하는 능력이 필요하다. 일반적으로 문제에 주어진 표/그림의 데이터와 선지가 합치하는지를 묻는데, 주어진 데이터를 가공 없이 비교하기도 하지만 적어도 하나 이상의 보기는 데이터를 계산하도록 유도한다. 단순 표 혹은 그림 문제인 만큼 전체적인 난도는 평이하므로 빠르게 풀어 시간을 확보할 수 있어야 한다. 물론 데이터가 가공하기 까다롭거나 단순 계산을 넘어 추론하는 문제도 출제되지만 다른 유형들에 비해 쉬운 편이므로 놓쳐서는 안 된다.

복잡하지 않은 유형이기 때문에 선지에서 요구하는 대로 따라가다 보면 정답을 유추하는 것은 어렵지 않다. 표나 그림의 제목, 그리고 가로축 세로축이 의미하는 것을 먼저 파악한 후에 보기의 일치부합을 확인하도록 한다. 제한 시간 내에 문제를 풀기 위해서는 전부를 계산해서는 안 되며, 답을 찾는 데 필요한 부분만 캐치하여 계산하여야 한다.

4 생각해 볼 부분

표나 그래프의 '제목'을 가장 먼저 파악하여야 한다. 표 문제는 행과 열을, 그래프 문제는 가로축과 세로축이 무엇을 나타내는지부터 파악해야 문제 분석이 용이해진다. 이후에 선지들을 해결할 때는 모두를 계산해서는 안 되고 매력적인 후보군들만 선택적으로 계산하여야 한다. 눈대중으로 비율을 가늠하여 후보군들의 대소를 비교하면 전부를 계산하는 것 보다 훨씬 빠르게 문제를 해결할 수 있다. 보기에서 확신이 가는 정답을 찾았으면 그 뒤에 보기는 확인하지 않고 과감히 넘어갈 수 있어야 시간을 단축시킬 수 있다. 단순 비교와 같은 비교적 쉬운 선지부터 우선 정오를 판단하고 최종 정답과는 관계없는 선지는 넘어가도록 한다.

다음 〈표〉는 '갑'국 A~J 지역의 대형종합소매업 현황에 대한 자료이다. 이에 대한 〈보기〉의 설명 중 옳은 것만을 모두 고르면?

〈표〉 지역별 대형종합소매업 현황

지역 \ 구분	사업체 수 (개)	종사자 수 (명)	매출액 (백만 원)	건물 연면적 (m²)
A	47	6,731	4,878,427	1,683,092
B	33	4,173	2,808,881	1,070,431
C	35	4,430	3,141,552	1,772,698
D	18	2,247	1,380,511	677,288
E	22	3,152	1,804,262	765,096
F	19	2,414	1,473,698	633,497
G	147	18,287	11,625,278	5,032,741
H	17	1,519	861,094	364,296
I	19	2,086	1,305,468	535,880
J	16	1,565	879,172	326,373
전체	373	46,604	30,158,343	12,861,392

─── 〈보 기〉 ───
ㄱ. 사업체당 종사자 수가 100명 미만인 지역은 모두 2개이다.
ㄴ. 사업체당 매출액은 G 지역이 가장 크다.
ㄷ. I 지역의 종사자당 매출액은 E 지역의 종사자당 매출액보다 크다.
ㄹ. 건물 연면적이 가장 작은 지역이 매출액도 가장 작다.

① ㄱ, ㄷ
② ㄱ, ㄹ
③ ㄴ, ㄷ
④ ㄴ, ㄹ
⑤ ㄱ, ㄴ, ㄷ

난도 중

풀이시간 1분 45초

합격생 가이드

ㄴ을 해결할 때 'A'부터 'J'까지 전부 계산해서는 안 되고 'G'에 견줄만한 보기만 선별하여 계산하여야 한다. 'G'의 경우 매출액을 사업체 수로 나누면 100,000이 안 되지만 'A'는 일단 100,000이 넘는다는 걸 알 수 있다. 가늠으로 확신하지 못하는 경우에만 정확하게 계산하여 비교하도록 한다.

ㄱ은 옳고 ㄴ은 옳지 않은 것이 확인되면 가능한 답안은 ①번과 ②번이다. 이 때 ㄷ은 계산을 필요로 하는 반면 ㄹ은 단순 비교로 빠르게 답을 찾을 수 있다. 이 경우 ㄹ만 확인하면 ㄷ은 풀지 않고도 정답을 찾을 수 있다.

대표문항으로 선정한 이유

가장 기본적이면서 일반적인 단일 표 유형으로 어려운 스킬을 요하지 않으면서, 시간 단축 스킬을 효과적으로 적용하고 설명할 수 있는 문항이다. 또한 최근인 2019년에 출제된 문제이기 때문에 대표문항으로 선정하였다.

정답해설
ㄱ. 옳다. 사업체당 종사자 수가 100명 미만인 지역은 'H'와 'J' 2개이다.
ㄷ. 옳다. 'I'지역의 매출액을 종사자 수로 나누면 600이 넘지만, 'E'지역은 600이 안 된다. 즉 600을 기준으로 하여 정확한 계산 없이도 답을 도출할 수 있다. 정확히 계산해보면 'I'지역의 종사자당 매출액은 약 625만 원, 'E'지역의 종사자당 매출액은 약 572만 원이므로 'I'지역의 종사자당 매출액이 'E'지역의 종사자당 매출액보다 크다.

오답해설
ㄴ. 옳지 않다. 'G'지역의 사업체당 매출액은 약 790억이지만 'A'지역의 사업체당 매출액은 1,000억이 넘는다. 따라서 'G'지역의 사업체당 매출액이 가장 크지는 않다.
ㄹ. 옳지 않다. 건물 연면적이 가장 작은 지역은 'J'이지만, 매출액이 가장 작은 지역은 'H'이다.

답 ①

01 ○△✕　　　　　　　　　　　　05년 행시(5) 6번

다음 〈표〉는 어느 미독립 분단국가의 국민들을 상대로 독립과 통일에 관한 견해를 설문조사한 결과이다. 이 〈표〉에 대한 해석 중 옳은 것을 〈보기〉에서 모두 고르면?

〈표〉 독립과 통일에 관한 견해

(단위 : %)

구분		통일에 대한 견해			
		무조건 찬성	조건부 찬성	반대	계
독립에 대한 견해	무조건 찬성	2.7	9.0	15.7	27.4
	조건부 찬성	9.3	25.4	11.3	46.0
	반대	8.5	13.6	4.5	26.6
	계	20.5	48.0	31.5	100.0

※ 찬성은 무조건 찬성과 조건부 찬성을 모두 포함함

─── 〈보 기〉 ───

ㄱ. 독립에 무조건 찬성하는 사람의 비율이 통일에 무조건 찬성하는 사람의 비율보다 높다.

ㄴ. 독립에 찬성하거나 통일에 찬성하는 사람의 비율은 46.4%이다.

ㄷ. 통일에 찬성하는 사람들 중에서, 독립에 찬성하는 사람의 비율이 독립에 반대하는 사람의 비율보다 높다.

ㄹ. 독립에는 찬성하지 않지만 통일에는 찬성하는 사람의 비율은 22.1%이다.

① ㄱ, ㄹ
② ㄴ, ㄷ
③ ㄱ, ㄴ, ㄷ
④ ㄱ, ㄷ, ㄹ
⑤ ㄴ, ㄷ, ㄹ

02 ○△✕　　　　　　　　　　　　11년 행시(인) 29번

다음 〈표〉는 특정 기업 47개를 대상으로 제품전략, 기술개발 종류 및 기업형태별 기업수에 관해 조사한 결과이다. 조사대상 기업에 대한 다음 설명 중 옳은 것은?

〈표〉 제품전략, 기술개발 종류 및 기업형태별 기업수

(단위 : 개)

제품전략	기술개발 종류	기업형태	
		벤처기업	대기업
시장견인	존속성기술	3	9
	와해성기술	7	8
기술추동	존속성기술	5	7
	와해성기술	5	3

※ 각 기업은 한 가지 제품전략을 취하고 한 가지 종류의 기술을 개발함

① 와해성기술을 개발하는 기업 중에는 벤처기업의 비율이 대기업의 비율보다 낮다.

② 기술추동전략을 취하는 기업 중에는 존속성기술을 개발하는 비율이 와해성기술을 개발하는 비율보다 낮다.

③ 존속성기술을 개발하는 기업의 비율이 와해성기술을 개발하는 기업의 비율보다 높다.

④ 벤처기업 중에는 기술추동전략을 취하는 비율이 시장견인전략을 취하는 비율보다 높다.

⑤ 대기업 중에는 시장견인전략을 취하는 비율이 기술추동전략을 취하는 비율보다 낮다.

03 ▢△✕ 08년 행시(열) 2번

다음 〈그림〉은 외환위기 전후 한국의 경제상황을 나타낸 자료이다. 이에 대한 설명 중 옳은 것은?

〈그림〉 외환위기 전후 한국의 경제상황지수

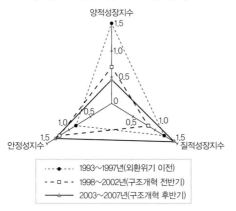

① 1993년 이후 양적성장지수가 감소함에 따라 안정성지수 또한 감소하였다.

② 외환위기 이전에 비해 구조개혁 전반기에는 양적성장지수와 질적성장지수 모두 50% 이상 감소하였다.

③ 세 지수 모두에서 구조개혁 전반기의 직전기간 대비 증감폭보다 구조개혁 후반기의 직전기간 대비 증감폭이 크다.

④ 구조개혁 전반기와 후반기 모두에서 양적성장지수의 직전기간 대비 증감폭보다 안정성지수의 직전기간 대비 증감폭이 크다.

⑤ 안정성지수는 구조개혁 전반기와 구조개혁 후반기에 직전기간 대비 모두 증가하였으나, 구조개혁 후반기의 직전기간 대비 증가율은 구조개혁 전반기의 직전기간 대비 증가율보다 낮다.

04 ▢△✕ 18년 행시(나) 3번

다음 〈그림〉은 2004~2017년 '갑'국의 엥겔계수와 엔젤계수를 나타낸 자료이다. 이에 대한 설명으로 옳은 것은?

〈그림〉 2004~2017년 엥겔계수와 엔젤계수

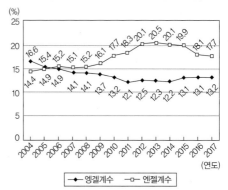

※ 1) 엥겔계수(%) = $\frac{식료품비}{가계지출액} \times 100$

2) 엔젤계수(%) = $\frac{18세 미만 자녀에 대한 보육 \cdot 교육비}{가계지출액} \times 100$

3) 보육 · 교육비에는 식료품비가 포함되지 않음

① 2008~2013년 동안 엔젤계수의 연간 상승폭은 매년 증가한다.

② 2004년 대비 2014년 엥겔계수 하락폭은 엔젤계수 상승폭보다 크다.

③ 2006년 이후 매년 18세 미만 자녀에 대한 보육 · 교육비는 식료품비를 초과한다.

④ 2008~2012년 동안 매년 18세 미만 자녀에 대한 보육 · 교육비 대비 식료품비의 비율은 증가한다.

⑤ 엔젤계수는 가장 높은 해가 가장 낮은 해에 비해 7.0%p 이상 크다.

05 ○△×   10년 행시(인) 4번

다음 〈그림〉은 '갑'제품의 제조사별 매출액에 대한 자료이다. '갑'제품의 제조사는 A, B, C만 존재한다고 할 때, 〈보기〉 중 옳은 것을 모두 고르면?

〈그림〉 제조사별 매출액

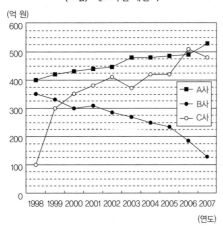

(억 원)

※ 시장규모와 시장점유율은 매출액 기준으로 산정함

─── 〈보 기〉 ───
ㄱ. 1999~2007년 사이 '갑'제품의 시장규모는 매년 증가하였다.
ㄴ. 2004~2007년 사이 B사의 시장점유율은 매년 하락하였다.
ㄷ. 2003년 A사의 시장점유율은 2002년에 비해 상승하였다.
ㄹ. C사의 시장점유율은 1999~2002년 사이 매년 상승하였으나 2003년에는 하락하였다.

① ㄱ, ㄴ
② ㄴ, ㄷ
③ ㄷ, ㄹ
④ ㄱ, ㄴ, ㄹ
⑤ ㄴ, ㄷ, ㄹ

06 ○△×   17년 행시(가) 4번

다음 〈표〉는 중학생의 주당 운동시간 현황을 조사한 자료이다. 이에 대한 〈보기〉의 설명 중 옳은 것만을 모두 고르면?

〈표〉 중학생의 주당 운동시간 현황

(단위 : %, 명)

구분		남학생			여학생		
		1학년	2학년	3학년	1학년	2학년	3학년
1시간 미만	비율	10.0	5.7	7.6	18.8	19.2	25.1
	인원수	118	66	87	221	217	281
1시간 이상 2시간 미만	비율	22.2	20.4	19.7	26.6	31.3	29.3
	인원수	261	235	224	312	353	328
2시간 이상 3시간 미만	비율	21.8	20.9	24.1	20.7	18.0	21.6
	인원수	256	241	274	243	203	242
3시간 이상 4시간 미만	비율	34.8	34.0	23.4	30.0	27.3	14.0
	인원수	409	392	266	353	308	157
4시간 이상	비율	11.2	19.0	25.2	3.9	4.2	10.0
	인원수	132	219	287	46	47	112
합계	비율	100.0	100.0	100.0	100.0	100.0	100.0
	인원수	1,176	1,153	1,138	1,175	1,128	1,120

─── 〈보 기〉 ───
ㄱ. '1시간 미만' 운동하는 3학년 남학생 수는 '4시간 이상' 운동하는 1학년 여학생 수보다 많다.
ㄴ. 동일 학년의 남학생과 여학생을 비교하면, 남학생 중 '1시간 미만' 운동하는 남학생의 비율이 여학생 중 '1시간 미만' 운동하는 여학생의 비율보다 각 학년에서 모두 낮다.
ㄷ. 남학생과 여학생 각각, 학년이 높아질수록 3시간 이상 운동하는 학생의 비율이 낮아진다.
ㄹ. 모든 학년별 남학생과 여학생 각각에서, '3시간 이상 4시간 미만' 운동하는 학생의 비율이 '4시간 이상' 운동하는 학생의 비율보다 높다.

① ㄱ, ㄴ   ② ㄱ, ㄹ
③ ㄴ, ㄷ   ④ ㄷ, ㄹ
⑤ ㄱ, ㄴ, ㄷ

07 ⊡△☒

다음 〈그림〉은 2012~2015년 '갑'국 기업의 남성육아휴직제 시행 현황에 관한 자료이다. 이에 대한 설명으로 옳은 것은?

〈그림〉 남성육아휴직제 시행기업수 및 참여직원수

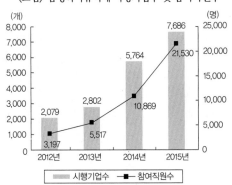

① 2013년 이후 전년보다 참여직원수가 가장 많이 증가한 해와 시행기업수가 가장 많이 증가한 해는 동일하다.
② 2015년 남성육아휴직제 참여직원수는 2012년의 7배 이상이다.
③ 시행기업당 참여직원수가 가장 많은 해는 2015년이다.
④ 2013년 대비 2015년 시행기업수의 증가율은 참여직원수의 증가율보다 높다.
⑤ 2012~2015년 참여직원수 연간 증가인원의 평균은 6,000명 이하이다.

08 ⊡△☒

다음 〈그림〉은 2005~2009년 A지역 도서관 현황에 관한 자료이다. 이에 대한 〈보기〉의 설명 중 옳은 것만을 모두 고르면?

〈그림 1〉 도서관 수와 좌석 수 추이

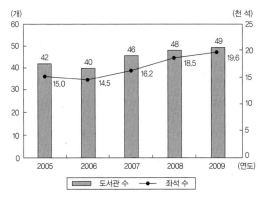

〈그림 2〉 장서 수와 연간이용자 수 추이

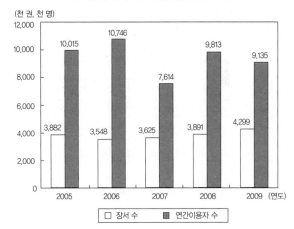

──────〈보 기〉──────
ㄱ. 2007년 도서관 수는 전년보다 증가하였지만 도서관당 좌석 수는 전년보다 감소하였다.
ㄴ. 연간이용자 수가 가장 적은 해와 도서관당 연간이용자 수가 가장 적은 해는 같다.
ㄷ. 2008년 도서관 수의 전년대비 증가율은 장서 수의 전년대비 증가율보다 높다.
ㄹ. 2009년 장서 수, 연간이용자 수, 도서관 수, 좌석 수 중 전년대비 증가율이 가장 큰 항목은 장서 수이다.

① ㄱ, ㄹ
② ㄴ, ㄷ
③ ㄱ, ㄴ, ㄷ
④ ㄱ, ㄴ, ㄹ
⑤ ㄴ, ㄷ, ㄹ

09 ◯△✕   06년 행시(용) 17번

다음은 초혼에 관한 자료이다. 〈그림〉에 대한 설명으로 옳은 것을 〈보기〉에서 모두 고르면?

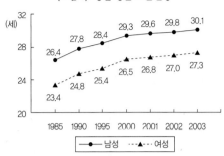

〈그림 1〉 성별 평균 초혼연령

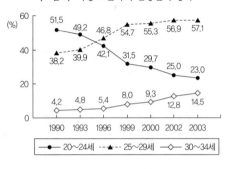

〈그림 2〉 여성 초혼자의 연령별 구성비

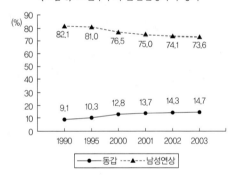

〈그림 3〉 초혼부부의 혼인연령차 구성비

─── 〈보 기〉 ───

ㄱ. 1990년 대비 2003년의 여성 초혼자의 연령별 구성비 증가율은 30~34세의 경우가 25~29세의 경우보다 크다.

ㄴ. 1990년과 비교하여 2003년에는 남성연상 혼인의 비중이 감소하였으며 평균 초혼연령의 남녀간 격차도 감소하였다.

ㄷ. 1990년에서 2003년 사이에 초혼부부 중 여성연상 혼인의 비중은 2.9%p 증가하였다.

ㄹ. 1990년에는 20~24세 여성의 50% 이상이 결혼한 상태이다.

① ㄱ, ㄴ
② ㄷ, ㄹ
③ ㄱ, ㄴ, ㄷ
④ ㄱ, ㄷ, ㄹ
⑤ ㄴ, ㄷ, ㄹ

10 ◯△✕   19년 행시(가) 22번

다음 〈그림〉은 2015~2018년 사용자별 사물인터넷 관련 지출액에 관한 자료이다. 이에 대한 설명으로 옳지 **않은** 것은?

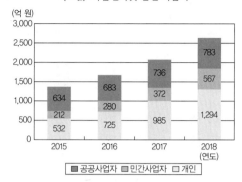

〈그림〉 사물인터넷 관련 지출액

※ 사용자는 공공사업자, 민간사업자, 개인으로만 구성됨

① 2016~2018년 동안 '공공사업자' 지출액의 전년대비 증가폭이 가장 큰 해는 2017년이다.

② 2018년 사용자별 지출액의 전년대비 증가율은 '개인'이 가장 높다.

③ 2016~2018년 동안 사용자별 지출액의 전년대비 증가율은 매년 '공공사업자'가 가장 낮다.

④ '공공사업자'와 '민간사업자'의 지출액 합은 매년 '개인'의 지출액보다 크다.

⑤ 2018년 모든 사용자의 지출액 합은 2015년 대비 80% 이상 증가하였다.

11 ○△☒

다음 〈표〉는 건강행태 위험요인별 질병비용에 대한 자료이다. 이에 대한 설명으로 옳은 것은?

〈표〉 건강행태 위험요인별 질병비용

(단위 : 억 원)

위험요인 \ 연도	2007	2008	2009	2010
흡연	87	92	114	131
음주	73	77	98	124
과체중	65	72	90	117
운동부족	52	56	87	111
고혈압	51	62	84	101
영양부족	19	35	42	67
고콜레스테롤	12	25	39	64
계	359	419	554	715

※ 질병비용이 클수록 순위가 높음

① '위험요인'별 질병비용의 순위는 매년 변화가 없다.
② 2008~2010년의 연도별 질병비용에서 '영양부족' 위험요인이 차지하는 비율은 전년대비 매년 증가한다.
③ 2008~2010년의 연도별 질병비용에서 '운동부족' 위험요인이 차지하는 비율은 전년대비 매년 증가한다.
④ '고혈압' 위험요인의 경우 2008년부터 2010년까지 질병비용의 전년대비 증가율이 가장 큰 해는 2009년이다.
⑤ 연도별 질병비용에서 '과체중' 위험요인이 차지하는 비율이 가장 높은 해는 2010년이다.

12 ○△☒

다음 〈표〉는 우리나라의 시·군 중 2013년 경지 면적, 논 면적, 밭 면적 상위 5개 시·군에 대한 자료이다. 이에 대한 〈보기〉의 설명 중 옳은 것만을 모두 고르면?

〈표〉 경지 면적, 논 면적, 밭 면적 상위 5개 시·군

(단위 : ha)

구분	순위	시·군	면적
경지 면적	1	해남군	35,369
	2	제주시	31,585
	3	서귀포시	31,271
	4	김제시	28,501
	5	서산시	27,285
논 면적	1	김제시	23,415
	2	해남군	23,042
	3	서산시	21,730
	4	당진시	21,726
	5	익산시	19,067
밭 면적	1	제주시	31,577
	2	서귀포시	31,246
	3	안동시	13,231
	4	해남군	12,327
	5	상주시	11,047

※ 1) 경지 면적=논 면적+밭 면적
2) 순위는 면적이 큰 시·군부터 순서대로 부여함

─── 〈보 기〉 ───

ㄱ. 해남군의 논 면적은 해남군 밭 면적의 2배 이상이다.
ㄴ. 서귀포시의 논 면적은 제주시 논 면적보다 크다.
ㄷ. 서산시의 밭 면적은 김제시 밭 면적보다 크다.
ㄹ. 상주시의 논 면적은 익산시 논 면적의 90% 이하이다.

① ㄱ, ㄴ
② ㄴ, ㄷ
③ ㄴ, ㄹ
④ ㄱ, ㄷ, ㄹ
⑤ ㄴ, ㄷ, ㄹ

01 ○△☓

다음 〈그림〉은 2010년과 2011년의 갑 회사 5개 품목(A~E)별 매출액, 시장점유율 및 이익률을 나타내는 그래프이다. 이에 대한 〈보기〉의 설명 중 옳은 것을 모두 고르면?

〈그림 1〉 2010년 A~E의 매출액, 시장점유율, 이익률

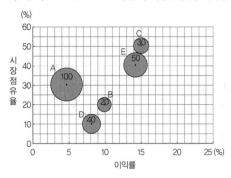

〈그림 2〉 2011년 A~E의 매출액, 시장점유율, 이익률

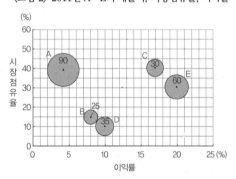

※ 1) 원의 중심좌표는 각각 이익률과 시장점유율을 나타내고, 원 내부 값은 매출액(억 원)을 의미하며, 원의 면적은 매출액에 비례함

2) 이익률(%) = $\dfrac{\text{이익}}{\text{매출액}} \times 100$

3) 시장점유율(%) = $\dfrac{\text{매출액}}{\text{시장규모}} \times 100$

―――― 〈 보 기 〉 ――――

ㄱ. 2010년보다 2011년 매출액, 이익률, 시장점유율 3개 항목이 모두 큰 품목은 없다.

ㄴ. 2010년보다 2011년 이익이 큰 품목은 3개이다.

ㄷ. 2011년 A품목의 시장규모는 2010년보다 크다.

ㄹ. 2011년 시장규모가 가장 큰 품목은 전년보다 이익이 작다.

① ㄱ, ㄴ
② ㄱ, ㄷ
③ ㄴ, ㄹ
④ ㄷ, ㄹ
⑤ ㄱ, ㄴ, ㄷ

02 ○△☓

다음 〈그림〉은 음주운전 관련 자료이다. 이에 대한 〈보기〉의 설명 중 옳지 않은 것을 모두 고르면?

〈그림 1〉 연령대별 음주운전 교통사고 현황

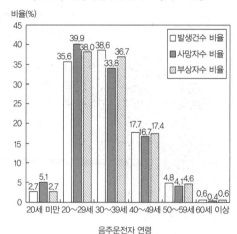

〈그림 2〉 혈중 알코올 농도별 음주운전 교통사고 현황

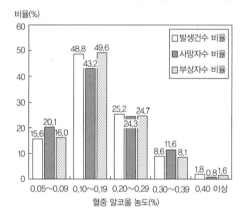

―――― 〈 보 기 〉 ――――

ㄱ. 전체 음주운전 교통사고의 2/3 이상은 20대와 30대 운전자에 의해 발생한다.

ㄴ. 60세 이상의 운전자들은 음주운전을 하여도 사고를 유발할 확률이 1% 미만이다.

ㄷ. 전체 음주운전 교통사고 발생건수 중에서 운전자의 혈중 알코올 농도가 0.30% 이상인 경우는 11% 미만이다.

ㄹ. 20대나 30대의 운전자가 혈중 알코올 농도 0.10~0.19%에서 운전할 경우에 음주운전 교통사고의 발생가능성이 가장 높다.

ㅁ. 각 연령대의 음주운전 교통사고 발생건수 대비 사망자수 비율이 가장 높은 연령대는 20세 미만이다.

ㅂ. 음주운전자 중에는 혈중 알코올 농도 0.10~0.19%에서 운전을 한 경우가 가장 많다.

① ㄱ, ㄴ, ㄷ
② ㄴ, ㄷ, ㄹ
③ ㄴ, ㄹ, ㅂ
④ ㄷ, ㄹ, ㅁ
⑤ ㄹ, ㅁ, ㅂ

03 ○△✕   09년 행시(기) 39번

다음 〈그림〉은 중앙정부 신뢰도를 조사하여 응답자의 최종 학력 및 지방정부 신뢰 수준에 따라 정리한 것이다. 〈보기〉의 해석 중 옳은 것을 모두 고르면?

〈그림〉 응답자의 최종 학력 및 지방정부 신뢰 수준별 중앙정부 신뢰도

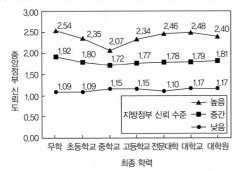

※ 1) 최종 학력은 '무학', '초등학교', '중학교', '고등학교', '전문대학', '대학교', '대학원'으로 구분함
   2) 지방정부 신뢰 수준은 '높음', '중간', '낮음' 집단으로 구분함
   3) 중앙정부에 대한 신뢰도는 '신뢰 안함'을 1점, '다소 신뢰'를 2점, '매우 신뢰'를 3점으로 하여 측정함

───────────── 〈보 기〉 ─────────────

ㄱ. 지방정부 신뢰 수준이 높은 집단일수록 중앙정부에 대해서도 신뢰도가 높다.
ㄴ. 최종 학력이 중학교인 응답자 집단은 다른 최종 학력을 가진 응답자 집단에 비해 지방정부 신뢰 수준과 중앙정부 신뢰도의 차이가 작다.
ㄷ. 최종 학력이 중학교인 집단과 고등학교인 집단은 중앙정부에 대해 동일한 신뢰도를 보인다.
ㄹ. 최종 학력이 중학교 이상인 집단의 경우, 모든 지방정부 신뢰수준에서 학력이 높을수록 중앙정부에 대한 신뢰도가 높다.

① ㄱ
② ㄱ, ㄴ
③ ㄱ, ㄹ
④ ㄱ, ㄷ, ㄹ
⑤ ㄴ, ㄷ, ㄹ

04 ○△✕   14년 행시(A) 30번

다음 〈그림〉은 2000~2009년 A국의 수출입액 현황을 나타낸 자료이다. 이에 대한 설명으로 옳지 <u>않은</u> 것은?

〈그림〉 A국의 수출입액 현황(2000~2009년)

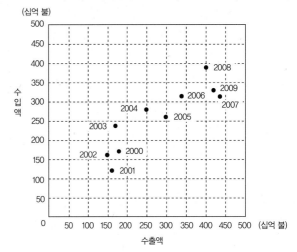

※ 1) 무역규모＝수출액＋수입액
   2) 무역수지＝수출액－수입액

① 무역규모가 가장 큰 해는 2008년이고, 가장 작은 해는 2001년이다.
② 수출액 대비 수입액의 비율이 가장 높은 해는 2003년이다.
③ 무역수지 적자폭이 가장 큰 해는 2003년이며, 흑자폭이 가장 큰 해는 2007년이다.
④ 2001년 이후 전년대비 무역규모가 감소한 해는 수출액도 감소하였다.
⑤ 수출액이 가장 큰 해는 2007년이고, 수입액이 가장 큰 해는 2008년이다.

05 ⊙△✕ 　　　　　　　　　　　　　18년 행시(나) 20번

다음 〈표〉는 2016년 10월, 2017년 10월 순위 기준 상위 11개국의 축구 국가대표팀 순위 변동에 관한 자료이다. 이에 대한 설명으로 옳은 것은?

〈표〉 축구 국가대표팀 순위 변동

구분	2016년 10월			2017년 10월		
순위	국가	점수	등락	국가	점수	등락
1	아르헨티나	1,621	–	독일	1,606	↑1
2	독일	1,465	↑1	브라질	1,590	↓1
3	브라질	1,410	↑1	포르투갈	1,386	↑3
4	벨기에	1,382	↓2	아르헨티나	1,325	↓1
5	콜롬비아	1,361	–	벨기에	1,265	↑4
6	칠레	1,273	–	폴란드	1,250	↓1
7	프랑스	1,271	↑1	스위스	1,210	↓3
8	포르투갈	1,231	↓1	프랑스	1,208	↑2
9	우루과이	1,175	–	칠레	1,195	↓2
10	스페인	1,168	↑1	콜롬비아	1,191	↓2
11	웨일스	1,113	↑1	스페인	1,184	–

※ 1) 축구 국가대표팀 순위는 매월 발표됨
　2) 등락에서 ↑, ↓, −는 전월 순위보다 각각 상승, 하락, 변동없음을 의미하고, 옆의 숫자는 전월대비 순위의 상승폭 혹은 하락폭을 의미함

① 2016년 10월과 2017년 10월에 순위가 모두 상위 10위 이내인 국가 수는 9개이다.
② 2017년 10월 상위 10개 국가 중, 2017년 9월 순위가 2016년 10월 순위보다 낮은 국가는 높은 국가보다 많다.
③ 2017년 10월 상위 5개 국가의 점수 평균이 2016년 10월 상위 5개 국가의 점수 평균보다 높다.
④ 2017년 10월 상위 11개 국가 중 전년 동일 대비 점수가 상승한 국가는 전년 동월 대비 순위도 상승하였다.
⑤ 2017년 10월 상위 11개 국가 중 2017년 10월 순위가 전월 대비 상승한 국가는 전년 동월 대비 상승한 국가보다 많다.

06 ⊙△✕ 　　　　　　　　　　　　　12년 행시(인) 13번

다음 〈그림 1〉은 1인당 실질부가가치와 취업자 수 증가율에 따른 국가 유형 구분을 나타낸 것이다. 〈그림 2〉는 〈그림 1〉을 주요 국가의 통신업과 금융업에 적용하여 작성된 자료이다. 이에 대한 〈보기〉의 설명 중 옳은 것을 모두 고르면?

〈그림 1〉 1인당 실질부가가치와 취업자 수 증가율에 따른 국가 유형 구분

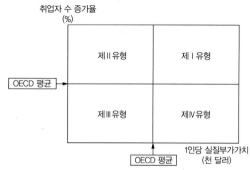

※ OECD 평균은 해당 업종의 OECD 회원국 평균을 나타냄

〈그림 2〉 주요 국가의 통신업 및 금융업의 1인당 실질부가가치와 취업자 수 증가율

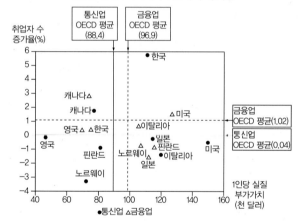

─── 〈보 기〉 ───
ㄱ. 한국과 일본의 통신업의 경우, 1인당 실질부가가치는 통신업의 OECD 평균보다 각각 높다.
ㄴ. 한국의 경우 통신업의 1인당 실질부가가치와 취업자 수 증가율은 각각 금융업의 1인당 실질부가가치와 취업자 수 증가율보다 크다.
ㄷ. 통신업의 제Ⅲ유형에 속한 국가의 수와 금융업의 제Ⅳ유형에 속한 국가의 수는 같다.
ㄹ. 국가 유형에 따라 구분한 결과 통신업 유형과 금융업 유형이 동일한 국가의 수는 4개이다.
ㅁ. 금융업에서 미국의 1인당 실질부가가치는 캐나다의 1인당 실질부가가치에 비하여 2배 이상이다.

① ㄱ, ㄴ, ㄹ
② ㄱ, ㄴ, ㅁ
③ ㄱ, ㄷ, ㄹ
④ ㄴ, ㄷ, ㅁ
⑤ ㄷ, ㄹ, ㅁ

07 ○△✕ · 15년 행시(인) 2번

다음 〈표〉는 18세기 부여 지역의 토지 소유 및 벼 추수 기록을 나타낸 자료이다. 이에 대한 〈보기〉의 설명 중 옳은 것만을 모두 고르면?

〈표〉 18세기 부여 지역의 토지 소유 및 벼 추수 기록

위치	소유주	작인	면적(두락)	계약량	수취량
도장동	송득매	주서방	8	4석	4석
도장동	자근노음	검금	7	4석	4석
불근보	이풍덕	막산	5	2석 5두	1석 3두
소삼	이풍덕	동이	12	7석 10두	6석
율포	송치선	주적	7	4석	1석 10두
부야	홍서방	주적	6	3석 5두	2석 10두
잠방평	쾌득	명이	7	4석	2석 1두
석을고지	양서방	수양	10	7석	4석 10두
계			62	36석 5두	26석 4두

※ 작인 : 실제로 토지를 경작한 사람

― 〈보 기〉 ―

ㄱ. '석'을 '두'로 환산하면 1석은 15두이다.

ㄴ. 계약량 대비 수취량의 비율이 가장 높은 토지의 위치는 '도장동', 가장 낮은 토지의 위치는 '불근보'이다.

ㄷ. 작인이 '동이', '명이', '수양'인 토지 중 두락당 계약량이 가장 큰 토지의 작인은 '수양'이고, 가장 작은 토지의 작인은 '동이'이다.

① ㄱ
② ㄴ
③ ㄱ, ㄷ
④ ㄴ, ㄷ
⑤ ㄱ, ㄴ, ㄷ

08 ○△✕ · 16년 행시(5) 32번

다음 〈표〉는 A지역 공무원 150명을 대상으로 설문조사를 실시한 뒤, 제출된 설문지의 문항별 응답 결과를 정리한 것이다. 〈표〉와 〈조건〉을 적용한 〈보기〉의 설명 중 옳은 것만을 모두 고르면?

〈표〉 설문지 문항별 응답 결과

(단위 : 명)

문항	응답 결과		문항	응답 결과	
	응답속성	응답수		응답속성	응답수
성	남자	63	소속 기관	고용센터	71
	여자	63		시청	3
연령	29세 이하	13		고용노동청	41
	30~39세	54	직급	5급 이상	4
	40~49세	43		6~7급	28
	50세 이상	15		8~9급	44
학력	고졸 이하	6	직무 유형	취업지원	34
	대졸	100		고용지원	28
	대학원 재학 이상	18		기업지원	27
근무 기간	2년 미만	19		실업급여 상담	14
	2년 이상 5년 미만	24		외국인 채용	8
	5년 이상 10년 미만	21		기획 총괄	5
	10년 이상	23		기타	8

― 〈조 건〉 ―

• 설문조사는 동일 시점에 조사 대상자별로 독립적으로 이루어졌다.

• 설문조사 대상자 1인당 1부의 동일한 설문지를 배포하였다.

• 설문조사 문항별로 응답 거부는 허용된 반면 복수 응답은 허용되지 않았다.

• 배포된 150부의 설문지 중 제출된 130부로 문항별 응답 결과를 정리하였다.

― 〈보 기〉 ―

ㄱ. 배포된 설문지 중 제출된 설문지 비율은 85% 이상이다.

ㄴ. 전체 설문조사 대상자의 학력 분포에서 '고졸 이하'의 비율이 가장 낮다.

ㄷ. 제출된 설문지의 문항별 응답률은 '직무유형'이 '소속기관'보다 높다.

ㄹ. '직급' 문항 응답자 중 '8~9급' 비율은 '근무기간' 문항 응답자 중 5년 이상이라고 응답한 비율보다 높다.

① ㄱ, ㄴ
② ㄱ, ㄹ
③ ㄴ, ㄷ
④ ㄱ, ㄷ, ㄹ
⑤ ㄴ, ㄷ, ㄹ

01 ○△✕   10년 행시(인) 34번

다음 〈표〉는 A 자치구가 관리하는 전체 13개 문화재 보수공사 추진현황을 정리한 자료이다. 이에 대한 설명 중 옳은 것은?

〈표〉 A 자치구 문화재 보수공사 추진현황

(단위 : 백만 원)

문화재 번호	공사내용	사업비				공사기간	공정
		국비	시비	구비	합		
1	정전 동문보수	700	300	0	1,000	2008. 1. 3 ~2008. 2.15	공사 완료
2	본당 구조보강	0	1,106	445	1,551	2006.12.16 ~2008.10.31	공사 완료
3	별당 해체보수	0	256	110	366	2007.12.28 ~2008.11.26	공사 중
4	마감공사	0	281	49	330	2008. 3. 4 ~2008.11.28	공사 중
5	담장보수	0	100	0	100	2008. 8.11 ~2008.12.18	공사 중
6	관리실 신축	0	82	0	82	계획중	
7	대문 및 내부담장 공사	17	8	0	25	2008.11.17 ~2008.12.27	공사 중
8	행랑채 해체보수	45	45	0	90	2008.11.21 ~2009. 6.19	공사 중
9	벽면보수	0	230	0	230	2008.11.10 ~2009. 9. 6	공사 중
10	방염공사	9	9	0	18	2008.11.23 ~2008.12.24	공사 중
11	소방·전기공사	0	170	30	200	계획중	
12	경관조명 설치	44	44	0	88	계획중	
13	단청보수	67	29	0	96	계획중	

※ 공사는 제시된 공사기간에 맞추어 완료하는 것으로 가정함

① 이 표가 작성된 시점은 2008년 11월 10일 이전이다.
② 전체 사업비 중 시비와 구비의 합은 전체 사업비의 절반 이하이다.
③ 사업비의 80% 이상을 시비로 충당하는 문화재 수는 전체의 50% 이상이다.
④ 공사중인 문화재 사업비 합은 공사완료된 문화재 사업비 합의 50% 이상이다.
⑤ 국비를 지원받지 못하는 문화재 수는 구비를 지원받지 못하는 문화재 수보다 적다.

02 ○△✕   12년 행시(인) 14번

다음 〈표〉는 농구대회의 중간 성적에 대한 자료이다. 이에 대한 설명 중 옳지 <u>않은</u> 것은?

〈표〉 농구대회 중간 성적(2012년 2월 25일 현재)

순위	팀	남은 경기수	전체		남은 홈 경기수	홈경기		최근 10경기		최근 연승연패
			승수	패수		승수	패수	승수	패수	
1	A	6	55	23	2	33	7	9	1	1패
2	B	6	51	27	4	32	6	6	4	3승
3	C	6	51	27	3	30	9	9	1	1승
4	D	6	51	27	3	16	23	5	5	1승
5	E	5	51	28	2	32	8	7	3	1패
6	F	6	47	31	3	28	11	7	3	1패
7	G	6	47	31	4	20	18	8	2	2승
8	H	6	46	32	3	23	16	6	4	2패
9	I	6	40	38	3	22	17	4	6	2승
10	J	6	39	39	6	17	23	3	7	3패
11	K	5	35	44	3	16	23	2	8	4패
12	L	6	27	51	3	9	30	2	8	6패
13	M	6	24	54	3	7	32	1	9	8패
14	N	6	17	61	3	7	32	5	5	1승
15	O	6	5	73	3	1	38	1	9	3패

※ 1) '최근 연승 연패'는 최근 경기까지 몇 연승(연속으로 이김), 몇 연패(연속으로 짐)를 했는지를 뜻함. 단, 연승 또는 연패하지 않은 경우 최근 1경기의 결과만을 기록함
　2) 각 팀은 홈과 원정 경기를 각각 42경기씩 총 84경기를 하며, 무승부는 없음
　3) 순위는 전체 경기 승률이 높은 팀부터 1위에서 15위까지 차례로 결정되며, 전체 경기 승률이 같은 경우 홈 경기 승률이 낮은 팀이 해당 순위보다 하나 더 낮은 순위로 결정됨
　4) 전체(홈 경기) 승률 = $\dfrac{\text{전체(홈 경기) 승수}}{\text{전체(홈 경기) 승수} + \text{전체(홈 경기) 패수}}$

① A팀은 최근에 치른 1경기만 지고 그 이전에 치른 9경기를 모두 이겼다.
② I팀의 최종 순위는 남은 경기 결과에 따라 8위가 될 수 있다.
③ L팀과 M팀은 각 팀이 치른 최근 5경기에서 서로 경기를 치르지 않았다.
④ 남은 경기 결과에 따라 1위 팀은 변경될 수 있다.
⑤ 2012년 2월 25일 현재 순위 1~3위인 팀의 홈 경기 승률은 각각 0.8 이상이다.

03 ◯△✕

다음 〈표〉는 2006~2007년 제조업의 1992년 각 동일 분기 대비 노동시간, 산출, 인건비의 비율에 대한 자료이다. 이에 대한 〈보기〉의 설명 중 옳은 것만을 모두 고르면?

〈표〉 1992년 각 동일 분기 대비 제조업의 노동시간, 산출, 인건비의 비율

(단위 : %)

연도	분기	노동시간 비율	노동시간당 산출 비율	노동시간당 인건비 비율	1인당 인건비 비율
2006	1	85.3	172.4	170.7	99.0
	2	85.4	172.6	169.5	98.2
	3	84.8	174.5	170.3	97.6
	4	84.0	175.4	174.6	98.3
2007	1	83.5	177.0	176.9	100.0
	2	83.7	178.7	176.4	98.7
	3	83.7	180.6	176.4	97.6
	4	82.8	182.5	179.7	98.5

―― 〈보 기〉 ――

ㄱ. 1992년 노동시간당 산출은 매 분기 증가하였다.
ㄴ. 2007년 2분기의 1인당 인건비는 2007년 1분기에 비해 감소하였다.
ㄷ. 2007년 각 분기별 노동시간당 산출은 2006년 동기에 비해 모두 증가하였다.
ㄹ. 2007년 3분기의 노동시간당 인건비는 2006년 동기에 비해 6.1% 증가하였다.

① ㄱ
② ㄷ
③ ㄱ, ㄴ
④ ㄴ, ㄹ
⑤ ㄷ, ㄹ

04 ◯△✕

다음 〈표〉는 A국 제조업체의 이익수준과 적자보고율에 대한 자료이다. 이에 대한 〈보기〉의 설명 중 옳은 것을 모두 고르면?

〈표〉 연도별 이익수준과 적자보고율

연도	조사 대상 기업수 (개)	이익수준					적자 보고율
		전체		구간			
		평균	표준 편차	하위 평균	중위 평균	상위 평균	
2002	520	0.0373	0.0907	0.0101	0.0411	0.0769	0.17
2003	540	0.0374	0.0923	0.0107	0.0364	0.0754	0.15
2004	580	0.0395	0.0986	0.0107	0.0445	0.0818	0.17
2005	620	0.0420	0.0975	0.0140	0.0473	0.0788	0.15
2006	530	0.0329	0.1056	0.0119	0.0407	0.0792	0.18
2007	570	0.0387	0.0929	0.0123	0.0414	0.0787	0.17

※ 1) 적자보고율 $= \dfrac{\text{적자로 보고한 기업수}}{\text{조사대상기업수}}$

2) 이익수준 $= \dfrac{\text{이익}}{\text{총자산}}$

―― 〈보 기〉 ――

ㄱ. 조사대상 기업 중에서 적자로 보고한 기업수는 2005년에 최대, 2003년에 최소이다.
ㄴ. 이익수준의 전체 평균 대비 하위 평균의 비율이 가장 큰 해와 이익수준의 전체 표준편차가 가장 큰 해는 동일하다.
ㄷ. 이익수준의 상위 평균이 가장 높은 해는 전체 평균이 가장 높은 2004년이다.
ㄹ. 2003년부터 2007년까지 적자보고율과 이익수준 상위 평균의 전년대비 증감 방향은 매년 일치한다.

① ㄱ, ㄷ
② ㄴ, ㄹ
③ ㄱ, ㄴ, ㄷ
④ ㄱ, ㄷ, ㄹ
⑤ ㄴ, ㄷ, ㄹ

05 ⊙△✕   07년 행시(인) 6번

다음 〈표〉는 1930년 각 도의 경작유형별 춘궁농가 호수와 춘궁농가 비율을 나타낸 것이다. 이에 대한 〈보기〉의 설명 중 옳은 것을 모두 고르면?

〈표〉 1930년 각 도의 경작유형별 춘궁농가 호수와 춘궁농가 비율

(단위 : 호, %)

구분	춘궁농가				춘궁농가 비율			
	경작유형			전체	경작유형			전체
	자작농	자소작농	소작농		자작농	자소작농	소작농	
경기도	2,407	22,233	97,001	121,641	13.1	33.3	69.8	54.3
충청북도	3,564	17,891	54,435	75,890	19.9	40.3	76.3	56.8
충청남도	4,438	24,104	83,764	112,306	30.9	45.2	89.6	69.7
경상북도	13,477	47,129	84,289	144,895	20.0	36.1	57.8	42.1
경상남도	8,354	33,892	87,626	129,872	21.2	37.2	63.1	48.2
전라북도	3,098	23,191	110,469	136,758	28.7	42.6	71.5	62.2
전라남도	14,721	52,028	103,588	170,337	23.2	46.9	81.2	56.4
황해도	4,159	22,017	75,511	101,687	12.2	34.0	63.0	46.5
평안남도	4,733	17,209	33,557	55,499	14.3	28.0	58.4	36.5
평안북도	3,279	9,001	36,015	48,295	8.8	19.4	42.1	28.5
강원도	10,363	26,885	45,895	83,143	20.5	37.9	76.9	45.9
함경남도	15,003	22,383	21,950	59,336	20.7	42.2	72.3	38.1
함경북도	4,708	5,507	3,411	13,626	10.5	35.6	55.2	20.5
전국	92,304	323,470	837,511	1,253,285	18.4	37.5	68.1	48.3

※ 1) 춘궁농가 비율(%)= $\frac{춘궁농가 호수}{농가호수} \times 100$

2) 경작유형별 춘궁농가 비율(%)= $\frac{해당유형 춘궁농가 호수}{해당유형 농가 호수} \times 100$

3) 1930년 당시 제주도는 행정구역상 전라남도에 소속되었음

──────── 〈보 기〉 ────────

ㄱ. 춘궁농가 비율이 가장 높은 도는 충청남도였으며 가장 낮은 도는 함경북도였다.

ㄴ. 모든 도에서 경작유형별 춘궁농가 비율은 소작농이 가장 높았다.

ㄷ. 경상북도는 전라남도에 비해 농가 호수가 더 많았다.

ㄹ. 경상남북도 춘궁농가 호수의 합은 전라남북도 춘궁농가 호수의 합보다 컸다.

ㅁ. 전국 농가의 절반 이상이 춘궁농가였다.

① ㄱ, ㄴ, ㄷ

② ㄱ, ㄴ, ㄹ

③ ㄱ, ㄷ, ㄹ

④ ㄴ, ㄹ, ㅁ

⑤ ㄷ, ㄹ, ㅁ

06 ⊙△✕   13년 행시(인) 10번

다음 〈표〉는 A무역회사 해외지사의 수출 상담실적에 관한 자료이다. 이에 대한 설명으로 옳지 않은 것은?

〈표〉 A무역회사 해외지사의 수출 상담실적

(단위 : 건, %)

연도 해외지사	2008	2009	2010	2011년 1~11월	
					전년동기 대비증감률
칠레	352	284	472	644	60.4
싱가포르	136	196	319	742	154.1
독일	650	458	724	810	22.4
태국	3,630	1,995	1,526	2,520	80.0
미국	307	120	273	1,567	526.8
인도	0	2,333	3,530	1,636	−49.4
영국	8	237	786	12,308	1,794.1
합계	5,083	5,623	7,630	20,227	197.3

① 2010년 12월 태국지사 수출 상담실적은 100건 이상이다.

② 전년대비 2010년 수출 상담실적 건수가 가장 많이 늘어난 해외지사는 인도지사이다.

③ 2009~2011년 동안 A무역회사 해외지사의 수출 상담실적 건수 합계는 매년 증가하였다.

④ 2008~2010년 동안 매년 싱가포르지사와 미국지사의 수출 상담실적 건수의 합은 독일지사의 수출 상담실적 건수보다 적다.

⑤ 2011년 12월 칠레지사 수출 상담실적이 256건이라면, 2011년 연간 칠레지사 수출 상담실적 건수는 전년대비 100% 이상 증가한다.

07 ⊙△⊗

다음 〈표〉는 성별, 연령대별 전자금융서비스 인증수단 선호도에 관한 자료이다. 이에 대한 설명으로 옳지 않은 것은?

〈표〉 성별, 연령대별 전자금융서비스 인증수단 선호도 조사결과

(단위 : %)

구분	인증수단	휴대폰 문자 인증	공인 인증서	아이핀	이메일	전화 인증	신용 카드	바이오 인증
성별	남성	72.2	69.3	34.5	23.1	22.3	21.1	9.9
	여성	76.6	71.6	27.0	25.3	23.9	20.4	8.3
연령대	10대	82.2	40.1	38.1	54.6	19.1	12.0	11.9
	20대	73.7	67.4	36.0	24.1	25.6	16.9	9.4
	30대	71.6	76.2	29.8	15.7	28.0	22.3	7.8
	40대	75.0	77.7	26.7	17.8	20.6	23.3	8.6
	50대	71.9	79.4	25.7	21.1	21.2	26.0	9.4
전체		74.3	70.4	30.9	24.2	23.1	20.8	9.2

※ 1) 응답자 1인당 최소 1개에서 최대 3개까지의 선호하는 인증수단을 선택했음
  2) 인증수단 선호도는 전체 응답자 중 해당 인증수단을 선호한다고 선택한 응답자의 비율임
  3) 전자금융서비스 인증수단은 제시된 7개로만 한정됨

① 연령대별 인증수단 선호도를 살펴보면, 30대와 40대 모두 아이핀이 3번째로 높다.

② 전체 응답자 중 선호 인증수단을 3개 선택한 응답자 수는 40% 이상이다.

③ 선호하는 인증수단으로, 신용카드를 선택한 남성 수는 바이오인증을 선택한 남성 수의 3배 이하이다.

④ 20대와 50대 간의 인증수단별 선호도 차이는 공인인증서가 가장 크다.

⑤ 선호하는 인증수단으로, 이메일을 선택한 20대 모두가 아이핀과 공인인증서를 동시에 선택했다면, 신용카드를 선택한 20대 모두가 아이핀을 동시에 선택한 것이 가능하다.

08 ⊙△⊗

다음 〈그림〉은 2003년과 2013년 대학 전체 학과수 대비 계열별 학과수 비율과 대학 전체 입학정원 대비 계열별 입학정원 비율을 나타낸 자료이다. 이에 대한 설명으로 옳은 것은?

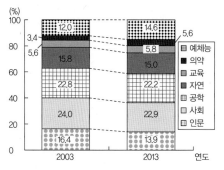

〈그림 1〉 대학 전체 학과수 대비 계열별 학과수 비율

※ 대학 전체 학과수는 2003년 9,500개, 2013년 11,000개임

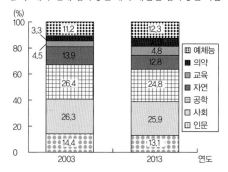

〈그림 2〉 대학 전체 입학정원 대비 계열별 입학정원 비율

※ 대학 전체 입학정원은 2003년 327,000명, 2013년 341,000명임

① 2013년 인문계열의 입학정원은 2003년 대비 5% 이상 감소하였다.

② 계열별 입학정원 순위는 2003년과 2013년에 동일하다.

③ 2003년 대비 2013년 학과수의 증가율이 가장 높은 계열은 예체능이다.

④ 2013년 예체능, 의약, 교육 계열 학과수는 2003년에 비해 각각 증가하였으나 나머지 계열의 학과수의 합계는 감소하였다.

⑤ 2003년과 2013년을 비교할 때, 계열별 학과수 비율의 증감방향과 계열별 입학정원 비율의 증감방향은 일치하지 않는다.

09 ☐△✕   16년 행시(5) 38번

다음 〈표〉는 A도시 주민 일일 통행 횟수의 통행목적에 따른 시간대별 비율을 정리한 자료이다. 이에 대한 〈보기〉의 설명 중 옳은 것만을 모두 고르면?

〈표〉 일일 통행 횟수의 통행목적에 따른 시간대별 비율

(단위 : %)

통행목적 시간대	업무	여가	쇼핑	전체통행
00:00~03:00	3.00	1.00	1.50	2.25
03:00~06:00	4.50	1.50	1.50	3.15
06:00~09:00	40.50	1.50	6.00	24.30
09:00~12:00	7.00	12.00	30.50	14.80
12:00~15:00	8.00	9.00	31.50	15.20
15:00~18:00	24.50	7.50	10.00	17.60
18:00~21:00	8.00	50.00	14.00	16.10
21:00~24:00	4.50	17.50	5.00	6.60
계	100.00	100.00	100.00	100.00

※ 1) 전체통행은 업무, 여가, 쇼핑의 3가지 통행목적으로만 구성되며, 각각의 통행은 하나의 통행목적을 위해서만 이루어짐
　2) 모든 통행은 각 시간대 내에서만 출발과 도착이 모두 이루어짐

─────────── 〈보 기〉 ───────────
ㄱ. 업무목적 통행 비율이 하루 중 가장 높은 시간대와 전체통행 횟수가 하루 중 가장 많은 시간대는 동일하다.
ㄴ. 일일 통행목적별 통행 횟수는 '업무', '쇼핑', '여가' 순으로 많다.
ㄷ. 여가목적 통행 비율이 하루 중 가장 높은 시간대의 여가목적 통행 횟수는 09:00~12:00시간대의 전체 통행 횟수보다 많다.
ㄹ. 쇼핑목적 통행 비율이 하루 중 가장 높은 시간대의 쇼핑목적 통행 횟수는 같은 시간대의 업무목적 통행 횟수의 2.5배 이상이다.

① ㄱ, ㄴ
② ㄱ, ㄷ
③ ㄱ, ㄴ, ㄷ
④ ㄱ, ㄴ, ㄹ
⑤ ㄴ, ㄷ, ㄹ

CHAPTER 02 표와 그림

1 유형의 이해

표와 그림 문제는 매년 3~5문제씩 꼭 출제되는 유형이다. 보통 표와 그래프가 함께 제시되지만, 때로는 완전히 새로운 형태이 그림이 제시되기도 한다. 유형 자체의 난도는 그렇게 높지 않지만, 낯선 형태의 그림을 어떻게 해결하느냐에 따라 풀이 시간이 확연히 달라질 수 있다. 다양한 문제를 풀어보고, 각 그림별로 어떻게 접근하는 것이 빠른지 분석하는 훈련이 필요하다.

2 발문 유형

- 다음 〈그림〉은 〈표〉를 그래프로 나타낸 것이다. 〈보기〉의 설명 중 옳은 것을 모두 고르면?
- 다음 〈표〉와 〈그림〉에 대한 설명으로 옳은 것은?

3 접근법

표와 그림이 같은 주제에 대한 서로 다른 정보를 병렬적으로 제시한 경우는 자료의 표현 형태만 다를 뿐 문제를 해결하는 방식은 일반적인 표 해석 문제와 다르지 않다. 표와 그림의 제목에 유의하여 각 선지에서 요구하는 내용이 어떤 자료에 있는지를 빠르게 찾도록 한다.

표와 그림이 연계되어 서로 보완하는 경우 이 점을 적극적으로 활용해야 한다. 가령 표가 복잡한 경우 그림의 시각적 정보를 활용하여 표의 내용을 빠르게 이해할 수 있다. 일부 정보가 하나의 자료에만 제시되어 있다면, 이를 통해 나머지 자료에 제시되지 않은 정보를 추론하는 연습도 필요하다.

4 생각해 볼 부분

표와 그림이 상호 보완적인 경우, 각 선지별로 표를 활용할 것인지 그림을 활용할 것인지를 판단해야 한다. 동일한 정보를 다른 방식으로 표현하고 있기 때문에 풀이 결과는 같지만, 속도에서 차이가 날 수 있다. 계산을 시작하기 전에 표와 그림을 모두 보고 어떤 자료가 계산이 적은지 생각해보자. 실력이 쌓일수록 표와 그림을 훑어만 보고도 어떤 자료를 보아야 하는지 감이 생길 것이다.

다음 〈표〉는 2012년 34개국의 국가별 1인당 GDP와 학생들의 수학성취도 자료이고, 〈그림〉은 〈표〉의 자료를 그래프로 나타낸 것이다. 이에 대한 〈보기〉의 설명 중 옳은 것만을 모두 고르면?

〈표〉 국가별 1인당 GDP와 수학성취도

(단위 : 천 달러, 점)

국가	1인당 GDP	수학성취도
룩셈부르크	85	490
카타르	77	( )
싱가포르	58	573
미국	47	481
노르웨이	45	489
네덜란드	42	523
아일랜드	41	501
호주	41	504
덴마크	41	500
캐나다	40	518
스웨덴	39	478
독일	38	514
핀란드	36	519
일본	35	536
프랑스	34	495
이탈리아	32	485
스페인	32	484
한국	29	554
이스라엘	27	466
포르투갈	26	487
체코	25	499
헝가리	21	477
폴란드	20	518
러시아	20	482
칠레	17	423
아르헨티나	16	388
터키	16	448
멕시코	15	413
말레이시아	15	421
불가리아	14	439
브라질	13	391
태국	10	427
인도네시아	5	( )
베트남	4	511

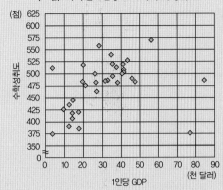

〈그림〉 국가별 1인당 GDP와 수학성취도

※ 국가별 학생 수는 동일하지 않고, 각 국가의 수학성취도는 해당국 학생 전체의 수학성취도 평균이며, 34개국 학생 전체의 수학성취도 평균은 500점임

〈보 기〉
ㄱ. 1인당 GDP가 체코보다 높은 국가 중에서 수학성취도가 체코보다 높은 국가의 수와 낮은 국가의 수는 같다.
ㄴ. 수학성취도 하위 7개 국가의 1인당 GDP는 모두 2만 달러 이하이다.
ㄷ. 1인당 GDP 상위 5개 국가 중에서 수학성취도가 34개국 학생 전체의 평균보다 높은 국가는 1개이다.
ㄹ. 수학성취도 상위 2개 국가의 1인당 GDP 차이는 수학성취도 하위 2개 국가의 1인당 GDP 차이보다 크다.

① ㄱ, ㄴ
② ㄱ, ㄷ
③ ㄴ, ㄷ
④ ㄴ, ㄹ
⑤ ㄱ, ㄷ, ㄹ

난도 중

풀이시간 2분 15초

합격생 가이드

이 문제에서는 표의 자료를 그림으로 그대로 옮겨 표현하고 있다. 따라서 카타르와 인도네시아의 수학성취도는 그림을 통해 빠르게 파악할 수 있다. 1인당 GDP가 77천 달러인 국가는 그림에서 하나뿐이며, 이 국가는 카타르이다. 카타르의 수학성취도는 375점이다. 한편 1인당 GDP가 5천 달러 부근인 국가는 그림에서 둘인데, 베트남의 수학성취도가 511점이므로 인도네시아의 수학성취도가 375점인 것을 알 수 있다.

대표문항으로 선정한 이유

표와 그림이 연계되어 제시된 아주 좋은 문제이다. 하나의 자료만 보고도 문제를 어느 정도 해결할 수는 있으나, 두 자료를 보완적으로 활용하면 훨씬 빠르게 문제를 풀 수 있다. 각 선지를 어떤 자료를 통해 해결할 것인지 판단하는 능력도 기를 수 있을 것이다.

정답해설
ㄱ. 옳다. 표는 1인당 GDP 순으로 정렬되어 있으므로, 체코보다 위에 위치한 국가들의 수학성취도를 확인하면 된다. 그림에서도 체코의 위치를 찾은 후 우상방에 위치한 점의 개수와 우하방에 위치한 점의 개수를 비교할 수도 있다. 다만 이 문제에서는 그림의 점의 위치가 모호하므로 표를 통해 확인하는 것이 바람직하다.
ㄷ. 옳다. 수학성취도 평균은 500점이라고 제시되어 있으므로, GDP 상위 5개 국가 중 수학성취도가 전체 평균보다 높은 국가는 싱가포르뿐이다.

오답해설
ㄴ. 옳지 않다. 그림을 통해 확인하면 빠르다. 수학성취도 하위 7개 국가 중 한 국가(카타르)의 1인당 GDP가 2만 달러보다 훨씬 크다.
ㄹ. 옳지 않다. 그림을 통해 확인하면 빠르다. 수학성취도 하위 2개 국가의 1인당 GDP 차이(그림에서의 거리)가 더욱 크다.

답 ②

01 ◯△✕   19년 행시(가) 3번

다음 〈그림〉과 〈표〉는 '갑'국의 재생에너지 생산 현황에 관한 자료이다. 이에 대한 〈보기〉의 설명 중 옳은 것만을 모두 고르면?

〈그림〉 2011~2018년 재생에너지 생산량

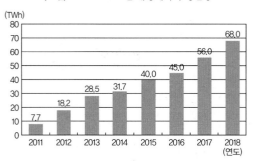

〈표〉 2016~2018년 에너지원별 재생에너지 생산량 비율

(단위 : %)

연도 에너지원	2016	2017	2018
폐기물	61.1	60.4	55.0
바이오	16.6	17.3	17.5
수력	10.3	11.3	15.1
태양광	10.9	9.8	8.8
풍력	1.1	1.2	3.6
계	100.0	100.0	100.0

───────────── 〈보 기〉 ─────────────

ㄱ. 2012~2018년 재생에너지 생산량은 매년 전년대비 10% 이상 증가하였다.

ㄴ. 2016~2018년 에너지원별 재생에너지 생산량 비율의 순위는 매년 동일하다.

ㄷ. 2016~2018년 태양광을 에너지원으로 하는 재생에너지 생산량은 매년 증가하였다.

ㄹ. 수력을 에너지원으로 하는 재생에너지 생산량은 2018년이 2016년의 3배 이상이다.

① ㄱ, ㄴ
② ㄱ, ㄷ
③ ㄱ, ㄹ
④ ㄴ, ㄷ
⑤ ㄴ, ㄹ

02 ◯△✕   06년 행시(용) 14번

정부는 낙도(落島) 보조항로를 지정하여 그 항로를 운행하는 사업자에 대하여 보조금을 지급하고 있다. 다음 〈표〉와 〈그림〉은 낙도 보조항로를 운행하는 선박에 대한 통계 자료이다. 이 자료에 대한 〈보기〉의 설명 중 옳은 것을 모두 고르면?

〈표〉 2004년도 지역별 낙도 보조항로 현황

구분 지역	선박수 (척)	총선박톤수 (톤)	총취항거리 (마일)	수송인원 일인당 보조금액(원)	수송인원 (명)
인천	3	221	80	161	41,489
대산	4	182	25	139	49,766
군산	4	438	80	160	70,136
목포	12	1,271	500	266	109,369
여수	1	51	20	250	678
마산	4	218	80	73	70,923
제주	1	36	10	51	31,524
전국 합계	29	2,417	795	—	373,885

〈그림〉 연도별 낙도 보조항로 총수송인원 변화추이

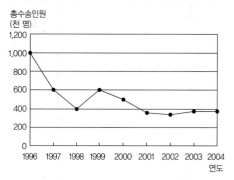

───────────── 〈보 기〉 ─────────────

ㄱ. 낙도 보조항로를 운행하는 선박 중에서 인천 지역 선박들의 평균 선박톤수는 대산 지역이나 마산 지역보다 크지만 전국 평균보다는 작다.

ㄴ. 수송인원 일인당 보조금액이 가장 적은 지역은 수송인원 일인당 취항거리도 가장 짧다.

ㄷ. 전년대비 가장 큰 비율로 총수송인원이 변한 때는 1997년이다.

ㄹ. 1999년 각 지역별 수송인원의 비율이 2004년과 동일했다면 1999년 마산 지역 수송인원은 10만 명 이상이었을 것이다.

① ㄱ, ㄴ
② ㄷ, ㄹ
③ ㄱ, ㄴ, ㄷ
④ ㄱ, ㄴ, ㄹ
⑤ ㄴ, ㄷ, ㄹ

03 ○△✕

다음 〈그림〉과 〈표〉는 2001~2006년 생활체육 참여 현황에 대한 자료이다. 이에 대한 설명 중 옳은 것은?

〈그림〉 생활체육 참여율

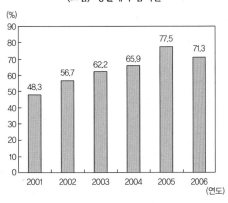

※ 1) 전국 만 18세 이상 남녀 1,000명을 대상으로 매년 12월 31일 조사함

2) 생활체육 참여율(%)= $\dfrac{\text{해당연도 생활체육 참여자수}}{\text{해당연도 전체 조사대상자수}} \times 100$

3) 해당연도 생활체육 참여자 : 해당연도에 월평균 2~3회 이상 생활체육에 참여한 사람

〈표 1〉 생활체육 참여자의 참여빈도 유형별 비중

(단위 : %)

참여빈도 유형 / 연도	주6~7회	주4~5회	주2~3회	주1회	월2~3회
2001	20.9	18.5	27.5	20.0	13.1
2002	30.5	7.9	27.9	19.8	13.9
2003	19.4	15.1	27.8	21.6	16.1
2004	14.5	10.8	25.3	24.0	25.4
2005	14.6	11.0	25.7	25.2	23.5
2006	11.4	16.8	33.6	19.5	18.7

〈표 2〉 참여종목 선호도

순위 / 연도	1순위	2순위	3순위	4순위	5순위	6순위
2001	줄넘기	축구	조깅	등산	농구	배드민턴
2002	조깅	줄넘기	등산	볼링	농구	테니스
2003	등산	농구	줄넘기	배드민턴	수영	볼링
2004	등산	줄넘기	농구	축구	보디빌딩	수영
2005	조깅	등산	보디빌딩	줄넘기	수영	축구
2006	등산	축구	조깅	배드민턴	보디빌딩	줄넘기

① 전년에 비해 2006년의 보디빌딩 참여자 수는 감소하였다.

② 2001년 이후 줄넘기, 테니스의 선호도 순위는 매년 하락하였다.

③ 2001년 이후 등산, 배드민턴, 축구의 선호도 순위는 매년 상승하였다.

④ 2002~2006년 사이 생활체육 참여율이 전년보다 증가한 해는 주2~3회 참여자 집단의 비중도 증가하였다.

⑤ 2006년의 생활체육 참여자의 '참여빈도 유형' 중 비중의 전년대비 증가율이 가장 높은 집단은 주4~5회 참여자이다.

04 ○△✕

다음 〈표〉와 〈그림〉은 볼거리 발병 환자 수에 관한 자료이다. 이에 대한 〈보기〉의 설명 중 옳은 것을 모두 고르면?

〈표〉 지역별 볼거리 발병 환자 수 추이

(단위 : 명)

지역	2001년	2002년	2003년	2004년	2005년	2006년	2007년	2008년 (1~2월)
서울	345	175	348	384	224	239	299	33
부산	72	22	25	23	42	221	191	5
대구	34	31	79	73	43	205	2,128	119
인천	222	41	137	262	194	182	225	23
광주	103	20	18	6	10	35	128	3
대전	54	9	6	45	66	9	65	1
울산	33	49	57	121	114	114	137	9
경기	344	175	272	389	701	569	702	36
강원	53	44	53	107	94	126	130	3
충북	36	27	118	110	217	94	152	12
충남	27	24	38	33	16	33	92	3
전북	127	22	23	34	18	47	36	0
전남	85	42	11	6	7	23	66	2
경북	33	38	227	63	33	45	111	4
경남	34	7	29	61	31	35	57	7
제주	20	40	80	26	38	29	23	1
계	1,622	766	1,521	1,743	1,848	2,006	4,542	261

※ 2008년의 자료는 2월말까지 집계된 환자 수임

〈그림〉 2007년 전국 볼거리 발병 환자 수의 월별 분포

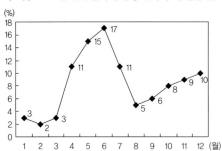

※ 소수점 아래 첫째자리에서 반올림한 값임

〈보 기〉

ㄱ. 2007년 대구 지역의 볼거리 발병 환자 수는 전년의 10배 이상이다.

ㄴ. 2007년에 볼거리 발병 환자 수가 전년대비 3배 이상인 지역은 대구, 광주, 대전이다.

ㄷ. 2008년 대구 지역 볼거리 발병 환자 수의 월별 분포가 2007년 전국 볼거리 발병 환자 수의 월별 분포와 같다면, 대구 지역에서는 2007년보다 2008년에 볼거리 발병 환자 수가 더 많다.

ㄹ. 2001년에 지역 인구당 볼거리 발병 환자 비율이 가장 낮은 지역은 제주이다.

① ㄱ, ㄴ

② ㄱ, ㄹ

③ ㄷ, ㄹ

④ ㄱ, ㄴ, ㄷ

⑤ ㄴ, ㄷ, ㄹ

05 ○△✕

13년 행시(인) 33번

다음 〈그림〉과 〈표〉는 2010년과 2011년 8개 기업 간의 직접거래관계와 직접거래액을 표시한 것이다. 이에 대한 〈보기〉의 설명 중 옳은 것을 모두 고르면?

〈그림 1〉 2010년 직접거래관계

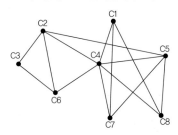

〈그림 2〉 2011년 직접거래관계

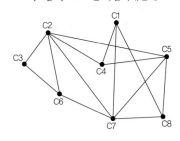

※ 1) 점 C1, C2, …, C8은 8개 기업을 의미함
2) 두 점 사이의 직선은 두 기업이 직접거래관계에 있음을 나타냄

〈표 1〉 2010년 직접거래액

(단위 : 억 원)

구분	C1	C2	C3	C4	C5	C6	C7	C8	합
C1		0	0	10	0	0	6	4	20
C2	0		6	5	6	5	0	0	22
C3	0	6		0	0	4	0	0	10
C4	10	5	0		3	5	7	2	32
C5	0	6	0	3		0	5	6	20
C6	0	5	4	5	0		0	0	14
C7	6	0	0	7	5	0		0	18
C8	4	0	0	2	6	0	0		12

〈표 2〉 2011년 직접거래액

(단위 : 억 원)

구분	C1	C2	C3	C4	C5	C6	C7	C8	합
C1		0	0	10	0	0	7	3	20
C2	0		6	7	7	6	2	0	28
C3	0	6		0	0	4	0	0	10
C4	10	7	0		3	0	0	0	20
C5	0	7	0	3		0	5	10	25
C6	0	6	4	0	0		4	0	14
C7	7	2	0	0	5	4		3	21
C8	3	0	0	0	10	0	3		16

〈보 기〉

ㄱ. 2010년에 비해 2011년 직접거래관계의 수가 가장 많이 증가한 기업은 C7이고, 가장 많이 감소한 기업은 C4이다.

ㄴ. 2010년에 비해 2011년 직접거래액의 합이 가장 많이 증가한 기업은 C2이고, 가장 많이 감소한 기업은 C4이다.

ㄷ. 2010년과 2011년 직접거래관계의 수가 동일한 기업은 총 4개이다.

ㄹ. 2010년에 비해 2011년 총 직접거래관계의 수와 총 직접거래액은 모두 증가하였다.

① ㄱ, ㄴ
② ㄱ, ㄷ
③ ㄴ, ㄷ
④ ㄱ, ㄴ, ㄹ
⑤ ㄴ, ㄷ, ㄹ

06 ○△× 10년 행시(인) 10번

다음 〈그림〉과 〈표〉는 2011~2020년 세계 에너지 부문 투자 관련 자료이다. 이에 대한 〈보기〉의 설명 중 옳지 <u>않은</u> 것을 모두 고르면?

〈그림〉 세계 에너지 부문별 투자 예상액

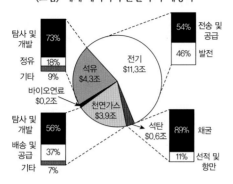

〈표〉 지역별 에너지 부문 투자 예상액

(단위 : 10억 달러)

구분		석탄	석유	천연가스	전기	합
OECD		156	1,149	1,745	4,241	7,291
	북미	80	856	1,189	1,979	4,104
	유럽	34	246	417	1,680	2,377
	태평양지역	42	47	139	582	810
구소련지역		33	639	589	590	1,851
	러시아	15	478	440	263	1,196
개발도상국		331	2,223	1,516	6,446	10,516
	아시아	298	662	457	4,847	6,264
	중국	238	351	124	3,007	3,720
	인도	38	48	55	967	1,108
	인도네시아	13	49	86	187	335
	중동	1	698	381	396	1,476
	아프리카	20	485	413	484	1,402
	라틴아메리카	12	378	265	719	1,374
	브라질	1	138	48	252	439
지역간 이전		45	256	76	–	377
계		565	4,267	3,926	11,277	20,196

※ 세계 합계에는 바이오연료 부문의 1,610억 달러가 포함된 것임

─── 〈보 기〉 ───

ㄱ. 전기 부문에 11조 달러 이상의 투자가 예상되며, 이는 전체 에너지 부문 투자의 60%가 넘는다.

ㄴ. 전기 부문 투자 예상액의 50% 이상이 전송 및 공급과 관련되어 있고 그 규모는 6.3조 달러를 넘는다.

ㄷ. 석유 부문 투자 예상액의 70% 이상이 석유의 탐사 및 개발에 책정되었다.

ㄹ. 에너지 부문 투자 예상액의 지역별 분포에 따르면 가장 많은 투자액이 예상되는 곳은 개발도상국이다.

ㅁ. 개발도상국에서 에너지분야에 가장 많은 투자가 예상되는 국가는 중국으로 약 3.7조 달러가 투자될 것으로 예상되며, 이는 전세계 에너지 분야 투자 예상액의 20% 이상을 차지한다.

① ㄱ, ㄴ, ㄹ ② ㄱ, ㄴ, ㅁ
③ ㄱ, ㄷ, ㄹ ④ ㄴ, ㄷ, ㅁ
⑤ ㄷ, ㄹ, ㅁ

07 ○△× 07년 행시(인) 34번

다음 〈표〉는 A국의 토지구성 변화를 나타내며, 〈그림〉은 A국 도시의 대지, 도로, 공장용지 비율의 변화를 나타낸다. 이에 대한 설명 중 옳지 <u>않은</u> 것은?

〈표〉 A국의 토지구성

(단위 : km²)

구분 연도	도시	산림	하천	농경지	기타	합
1979	360	5,890	550	2,780	550	10,130
1984	420	5,930	310	2,880	610	10,150
1989	490	5,850	330	2,830	620	10,120
1994	580	5,830	350	2,780	640	10,180
1999	730	5,720	400	2,630	670	10,150
2002	820	5,650	430	2,570	670	10,140

〈그림〉 A국 도시의 대지, 도로, 공장용지 비율

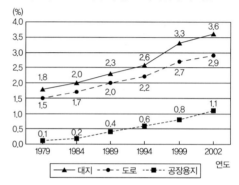

① 2002년 A국 도시의 도로 면적은 1979년 대비 약 240% 증가하였다.

② 1989년 A국 도시의 도로 면적은 1979년 A국 도시의 대지 면적보다 넓다.

③ 2002년 A국 도시의 공장용지 비율은 1979년 대비 1%p 증가하였다.

④ 1999년 A국 도시의 도로 면적은 1979년 대비 약 14km² 증가하였다.

⑤ 1999년 A국 도시의 대지 면적은 1999년 A국 하천 면적의 약 6%이다.

08 ⓞⓛⓧ

다음 〈그림〉과 〈표〉는 2010~2014년 '갑'국 상업용 무인기의 국내 시장 판매량 및 수출입량과 '갑'국 A사의 상업용 무인기 매출액에 대한 자료이다. 이에 대한 〈보기〉의 설명 중 옳은 것만을 모두 고르면?

〈그림〉 '갑'국 상업용 무인기의 국내 시장 판매량

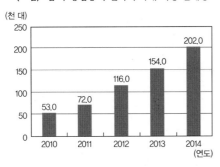

〈표 1〉 '갑'국 상업용 무인기 수출입량

(단위 : 천 대)

연도 구분	2010	2011	2012	2013	2014
수출량	1.2	2.5	18.0	67.0	240.0
수입량	1.1	2.0	3.5	4.2	5.0

※ 1) 수출량은 국내 시장 판매량에 포함되지 않음
　 2) 수입량은 당해 연도 국내 시장에서 모두 판매됨

〈표 2〉 '갑'국 A사의 상업용 무인기 매출액

(단위 : 백만 달러)

연도	2010	2011	2012	2013	2014
매출액	4.3	43.0	304.4	1,203.1	4,348.4

───── 〈보 기〉 ─────

ㄱ. 2014년 상업용 무인기의 국내 시장 판매량 대비 수입량의 비율은 3.0% 이하이다.

ㄴ. 2011~2014년 동안 상업용 무인기 국내 시장 판매량의 전년대비 증가율이 가장 큰 해는 2012년이다.

ㄷ. 2011~2014년 동안 상업용 무인기 수입량의 전년대비 증가율이 가장 작은 해에는 상업용 무인기 수출량의 전년대비 증가율이 가장 크다.

ㄹ. 2012년 '갑'국 상업용 무인기 수출량의 전년대비 증가율과 2012년 '갑'국 A사의 상업용 무인기 매출액의 전년대비 증가율의 차이는 30%p 이하이다.

① ㄱ, ㄴ
② ㄷ, ㄹ
③ ㄱ, ㄴ, ㄷ
④ ㄱ, ㄴ, ㄹ
⑤ ㄴ, ㄷ, ㄹ

01 ○△☓   17년 행시(가) 32번

다음 〈표〉와 〈그림〉은 2011~2015년 국가공무원 및 지방자치단체공무원 현황에 관한 자료이다. 이에 대한 설명으로 옳지 <u>않은</u> 것은?

〈표〉 국가공무원 및 지방자치단체공무원 현황

(단위 : 명)

구분＼연도	2011	2012	2013	2014	2015
국가공무원	621,313	622,424	621,823	634,051	637,654
지방자치단체공무원	280,958	284,273	287,220	289,837	296,193

〈그림〉 국가공무원 및 지방자치단체공무원 중 여성 비율

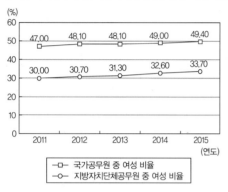

① 매년 국가공무원 중 여성 수는 지방자치단체공무원 중 여성 수의 3배 이상이다.
② 지방자치단체공무원 중 여성 수는 매년 증가하였다.
③ 매년 국가공무원 중 여성 수는 지방자치단체공무원 수보다 많다.
④ 국가공무원 중 남성 수는 2013년이 2012년보다 적다.
⑤ 국가공무원 중 여성 비율과 지방자치단체공무원 중 여성 비율의 차이는 매년 감소한다.

02 ○△☓   16년 행시(5) 21번

다음 〈표〉와 〈그림〉은 조선시대 A군의 조사시기별 가구 수 및 인구 수와 가구 구성비에 대한 자료이다. 이에 대한 〈보기〉의 설명 중 옳은 것만을 모두 고르면?

〈표〉 A군의 조사시기별 가구 수 및 인구 수

(단위 : 호, 명)

조사시기	가구 수	인구 수
1729년	1,480	11,790
1765년	7,210	57,330
1804년	8,670	68,930
1867년	27,360	144,140

〈그림〉 A군의 조사시기별 가구 구성비

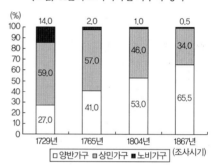

───── 〈보 기〉 ─────

ㄱ. 1804년 대비 1867년의 가구당 인구 수는 증가하였다.
ㄴ. 1765년 상민가구 수는 1804년 양반가구 수보다 적다.
ㄷ. 노비가구 수는 1804년이 1765년보다는 적고 1867년보다는 많다.
ㄹ. 1729년 대비 1765년에 상민가구 구성비는 감소하였고 상민가구 수는 증가하였다.

① ㄱ, ㄴ
② ㄱ, ㄷ
③ ㄴ, ㄹ
④ ㄱ, ㄷ, ㄹ
⑤ ㄴ, ㄷ, ㄹ

03 ○△✕

다음 〈표〉와 〈그림〉은 소나무재선충병 발생지역에 대한 자료이다. 이를 이용하여 계산할 때, 고사한 소나무 수가 가장 많은 발생지역은?

〈표〉 소나무재선충병 발생지역별 소나무 수

(단위 : 천 그루)

발생지역	소나무 수
거제	1,590
경주	2,981
제주	1,201
청도	279
포항	2,312

〈그림〉 소나무재선충병 발생지역별 감염률 및 고사율

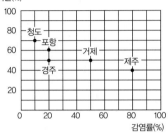

※ 1) 감염률(%)= $\dfrac{발생지역의\ 감염된\ 소나무\ 수}{발생지역의\ 소나무\ 수} \times 100$

  2) 고사율(%)= $\dfrac{발생지역의\ 고사한\ 소나무\ 수}{발생지역의\ 감염된\ 소나무\ 수} \times 100$

① 거제
② 경주
③ 제주
④ 청도
⑤ 포항

04 ○△✕

다음 〈그림〉과 〈표〉는 어느 나라의 이동통신시장 추이에 대한 자료이다. 이에 대한 〈보기〉의 설명 중 옳지 않은 것을 모두 고르면?

〈그림〉 이동통신 서비스 유형별 매출액

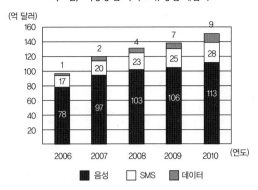

〈표 1〉 4대 이동통신사업자 매출액

(단위 : 백만 달러)

구분	A사	B사	C사	D사	합계
2008년	3,701	3,645	2,547	2,958	12,851
2009년	3,969	3,876	2,603	3,134	13,582
2010년	3,875	4,084	2,681	3,223	13,863
2011년 1~9월	2,709	3,134	1,956	2,154	9,953

〈표 2〉 이동전화 가입대수 및 보급률

(단위 : 백만 대, %)

구분	2006년	2007년	2008년	2009년	2010년
가입대수	52.9	65.9	70.1	73.8	76.9
보급률	88.8	109.4	115.5	121.0	125.3

※ 보급률(%)= $\dfrac{이동전화\ 가입대수}{전체\ 인구} \times 100$

── 〈보 기〉 ──

ㄱ. 2007~2010년 동안 이동통신 서비스 유형 중 데이터 매출액의 전년대비 증가율은 매년 50% 이상이다.

ㄴ. 2010년 이동전화 보급률은 가입대수의 증가와 전체 인구의 감소에 따라 125.3%에 달한다.

ㄷ. 2007~2010년 동안 이동전화 가입대수의 전년대비 증가율은 매년 감소한다.

ㄹ. 2011년 10~12월 동안 4대 이동통신사업자의 월별 매출액이 당해년도 1~9월까지의 월평균 매출액을 유지한다면 2011년 매출액 합계는 전년도보다 감소할 것이다.

① ㄱ, ㄴ
② ㄱ, ㄷ
③ ㄱ, ㄹ
④ ㄴ, ㄹ
⑤ ㄷ, ㄹ

05 ○△✕ 　　　　　　　　　　　　　　　　09년 행시(기) 19번

다음 〈그림〉과 〈표〉는 H 공기업의 부채 및 통행료 수입 등에 관한 자료이다. 〈보기〉의 내용 중 옳은 것을 모두 고르면?

〈그림〉 연도말 부채잔액 및 연간 차입 규모

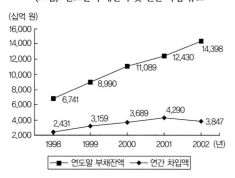

〈표〉 연간 부채 지급이자, 통행료 수입 및 유료도로 길이

(단위 : 십억 원, km)

연도 구분	1998	1999	2000	2001	2002
연간 부채 지급이자	603	748	932	926	953
통행료 수입	1,264	1,443	1,687	1,826	2,200
유료도로 길이	1,893	1,898	1,996	2,041	2,600

※ 1) 통행료는 H 공기업의 유일한 수입원이라고 가정함
　 2) 부채의 당해년도 원금상환액＝전년도말 부채잔액－당해년도말 부채잔액＋당해년도 연간 차입액

― 〈보 기〉 ―

ㄱ. 1999년도부터 2002년도까지 유료도로 1km당 통행료 수입은 매년 증가하고 있다.
ㄴ. 2002년도 연도말 부채잔액 대비 당해년도 지급이자 비율은 전년도에 비하여 낮아졌다.
ㄷ. 통행료 수입의 전년대비 증가율은 2000년도에 가장 높다.
ㄹ. 2002년도 부채 원리금상환액(부채 원금상환액＋부채 지급이자)은 당해년도 통행료 수입을 초과한다.

① ㄱ, ㄴ
② ㄱ, ㄷ
③ ㄴ, ㄷ
④ ㄴ, ㄹ
⑤ ㄷ, ㄹ

06 ○△✕ 　　　　　　　　　　　　　　　　07년 행시(인) 39번

다음 〈표〉와 〈그림〉은 주요 국가의 특허등록현황에 관한 자료이다. 이에 대한 설명으로 옳지 않은 것은?

〈표〉 주요 국가의 특허등록현황

순위	국가	해외특허등록		국내특허 등록건(B)	해외특허등록 비율(A/B)
		건(A)	점유율 (%)		
1	미국	106,353	26.7	85,071	1.3
2	일본	79,563	20.0	111,269	0.7
3	독일	59,858	15.0	16,901	3.5
4	프랑스	25,467	6.4	10,303	2.5
5	영국	20,269	5.1	4,170	4.9
6	스위스	13,929	3.5	1,345	10.4
7	이탈리아	11,415	2.9	4,726	2.4
8	네덜란드	11,100	2.8	2,820	3.9
9	스웨덴	8,847	2.2	2,082	4.2
10	캐나다	7,753	1.9	1,117	6.9
…	…	…	…	…	…
14	한국	7,117	1.8	22,943	0.3
…	…	…	…	…	…
	전체	398,220	100.0	316,685	1.3

〈그림〉 한국과 해외특허등록 상위 5개국의 관계

(단위 : 건)

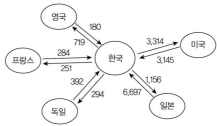

※ Ⓐ → Ⓑ : A국에서 B국으로의 해외특허등록을 의미함

① 해외특허등록 상위 5개국의 해외특허등록건수의 합은 전체 해외특허등록건수의 70% 이상이다.
② 해외특허등록 상위 10개국 중 국내특허등록건수와 해외특허등록건수의 차이가 가장 큰 나라는 독일이다.
③ 한국과 해외특허등록 상위 5개국의 관계에서 한국과 각 국가간 해외특허등록건수의 차이가 가장 큰 나라는 일본이다.
④ 한국의 해외특허등록건수의 80% 이상이 미국, 일본, 영국, 독일, 프랑스에 집중되어 있다.
⑤ 각 국의 국내특허등록건수는 일본이 1위이고, 미국이 2위, 독일이 3위를 차지하고 있다.

07 ○△✕

12년 행시(인) 17번

다음 〈표〉와 〈그림〉은 '가' 국의 수출입액 현황에 관한 자료이다. 이에 대한 〈보기〉의 설명 중 옳지 <u>않은</u> 것을 모두 고르면?

〈표〉 '가' 국의 대상 지역별 수출입액 현황(2010~2011년)

(단위 : 억 원, %)

구분	2010년			2011년			2011년 수출입액의 전년대비 증감률
	수출액	수입액	수출입액	수출액	수입액	수출입액	
아시아	939,383	2,320,247	3,259,630 (88.4)	900,206	2,096,471	2,996,677 (89.8)	-8.1
유럽	67,648	89,629	157,277 (4.3)	60,911	92,966	153,877 (4.6)	-2.2
미주	83,969	153,112	237,081 (6.4)	60,531	103,832	164,363 (4.9)	-30.7
아프리카	12,533	19,131	31,664 (0.9)	13,266	7,269	20,535 (0.7)	-35.1
전체	1,103,533	2,582,119	3,685,652 (100.0)	1,034,914	2,300,538	3,335,452 (100.0)	-9.5

※ 수출입액=수출액+수입액

〈그림 1〉 '가' 국의 대 유럽 수출입액 상위 6개(2010년)

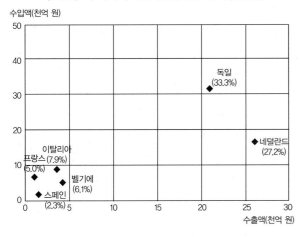

〈그림 2〉 '가' 국의 대 유럽 수출입액 상위 6개국(2011년)

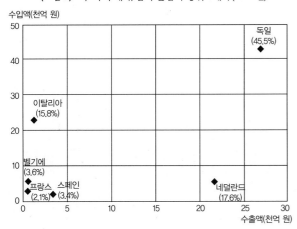

※ 1) '가' 국의 유럽에 대한 전체 수출입액 중 해당국이 차지하는 수출입액의 비중이 큰 순서에 따라 상위 6개국을 선정함
2) ( ) 안의 수치는 '가' 국의 유럽에 대한 전체 수출입액 중 해당국이 차지하는 수출입액의 비중을 나타냄

〈보 기〉

ㄱ. 2011년 '가' 국의 아시아에 대한 수출입액은 전년대비 1.4%p 증가하여 2011년 전체 수출입액의 89.8%를 차지하였다.

ㄴ. 2011년 '가' 국의 아시아, 유럽, 미주, 아프리카에 대한 수출입액은 각각 전년대비 감소하였다.

ㄷ. 2011년 '가' 국의 유럽에 대한 수출입액은 전년대비 2.2% 감소하였고, 수출액은 전년대비 5.9% 감소하였으나, 수입액은 전년대비 3.7% 증가하였다.

ㄹ. 2011년 '가' 국의 유럽에 대한 전체 수출입액 중 수출입액 상위 5개국이 차지하는 수출입액은 85.0% 이상이었다.

ㅁ. 2011년 '가' 국의 네덜란드에 대한 수입액 대비 수출액 비율은 전년에 비해 감소하였고, 네덜란드에 대한 수출입액은 유럽에 대한 전체 수출입액의 17.6%를 차지하였다.

① ㄱ, ㄴ, ㄹ
② ㄱ, ㄷ, ㄹ
③ ㄱ, ㄷ, ㅁ
④ ㄴ, ㄷ, ㅁ
⑤ ㄴ, ㄹ, ㅁ

01 ○△×　　　　　　　　　19년 행시(가) 16번

다음 〈표〉와 〈그림〉은 우리나라의 에너지 유형별 1차에너지 생산과 최종에너지 소비에 관한 자료이다. 이에 대한 〈보기〉의 설명으로 옳지 <u>않은</u> 것은?

〈표 1〉 2008～2012년 1차에너지의 유형별 생산량

(단위 : 천 TOE)

유형 \ 연도	석탄	수력	신재생	원자력	천연가스	합
2008	1,289	1,196	5,198	32,456	236	40,375
2009	1,171	1,213	5,480	31,771	498	40,133
2010	969	1,391	6,064	31,948	539	40,911
2011	969	1,684	6,618	33,265	451	42,987
2012	942	1,615	8,036	31,719	436	42,748

※ 국내에서 생산하는 1차에너지 유형은 제시된 5가지로만 구성됨

〈그림〉 2012년 1차에너지의 지역별 생산량 비중(TOE 기준)

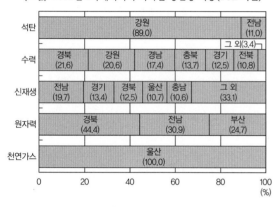

〈표 2〉 유형별 최종에너지 소비 추이(2008～2012년)와 지역별 최종에너지 소비(2012년)

(단위 : 천 TOE)

유형 \ 연도·지역	석탄	석유제품	천연 및 도시가스	전력	열	신재생	합
2008	26,219	97,217	19,765	33,116	1,512	4,747	182,576
2009	23,895	98,370	19,459	33,925	1,551	4,867	182,067
2010	29,164	100,381	21,640	37,338	1,718	5,346	195,587
2011	33,544	101,976	23,672	39,136	1,702	5,833	205,863
2012	31,964	101,710	25,445	40,127	1,751	7,124	208,121
서울	118	5,863	4,793	4,062	514	218	15,568
부산	62	3,141	1,385	1,777	－	104	6,469
대구	301	1,583	970	1,286	80	214	4,434
인천	54	6,798	1,610	1,948	－	288	10,698
광주	34	993	630	699	－	47	2,403
대전	47	945	682	788	－	51	2,513
울산	451	19,357	2,860	2,525	－	336	25,529
경기	335	10,139	5,143	8,625	1,058	847	26,147
강원	1,843	1,875	312	1,368	－	644	6,042
충북	1,275	2,044	752	1,837	59	471	6,438
충남	5,812	17,184	1,454	3,826	5	143	28,424
전북	27	2,177	846	1,846	－	337	5,233
전남	11,675	21,539	975	2,450	－	2,251	38,890
경북	9,646	3,476	1,505	3,853	－	879	19,359
경남	284	3,873	1,515	2,839	35	266	8,812
제주	－	721	13	332	－	28	1,094
기타	－	2	－	66	－	－	68

※ 국내에서 소비하는 최종에너지 유형은 제시된 6가지로만 구성됨

① 2008년 대비 2012년의 생산량 증가율이 가장 큰 1차에너지 유형은 천연가스이다.

② 2012년 1차에너지를 가장 많이 생산한 지역에서는 같은 해 최종에너지 중 석유제품을 가장 많이 소비하였다.

③ 2012년 석탄 1차에너지 생산량은 2012년 경기 지역의 신재생 1차에너지 생산량보다 적다.

④ 2012년에 1차에너지 생산량이 최종에너지 소비량의 합보다 많은 지역이 존재한다.

⑤ 2008년 대비 2012년의 소비량 증가율이 가장 큰 최종에너지 유형은 신재생이다.

02 ○△×　　　　　　　　　15년 행시(인) 38번

다음 〈표〉와 〈그림〉은 A시 30대와 50대 취업자의 최종학력, 직종 분포이다. 이에 대한 설명으로 옳은 것은?

〈표〉 A시 30대와 50대 취업자의 최종학력 분포

(단위 : %)

구분	최종학력	미취학	초등학교 졸업	중학교 졸업	고등학교 졸업	대학 졸업 이상
전체	30대	0.10	0.10	0.40	14.50	84.90
	50대	0.76	9.55	16.56	41.92	31.21
남성	30대	0.10	0.10	0.50	15.50	83.80
	50대	0.60	6.60	12.80	39.30	40.70
여성	30대	0.10	0.10	0.30	13.50	86.00
	50대	0.90	12.00	19.70	44.10	23.30

※ 주어진 값은 소수점 아래 셋째 자리에서 반올림한 값임

〈그림〉 A시 30대와 50대 취업자의 직종 분포

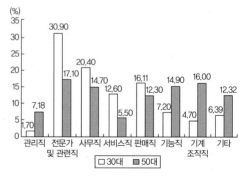

① 서비스직 취업자 수는 30대가 50대보다 많다.

② 30대 기능직 취업자 수가 최종학력이 고등학교 졸업인 30대 남성 취업자 수보다 많다.

③ 모든 30대 판매직 취업자의 최종학력은 고등학교 졸업 이하이다.

④ 최종학력이 중학교 졸업인 50대 취업자 수가 50대 기계조작직 취업자 수보다 적다.

⑤ 50대 취업자 수는 남성이 여성보다 적다.

03 ○△×   14년 행시(A) 34번

다음 〈표〉와 〈그림〉은 A항구의 수입·수출·환적·연안화물의 품목별 처리량 순위와 처리화물 현황에 대한 자료이다. 이에 대한 〈보기〉의 설명 중 옳지 않은 것만을 모두 고르면?

〈표〉 2012년 수입·수출·환적·연안화물의 품목별 처리량 순위

(단위 : 만 톤)

구분 순위	수입화물		수출화물		환적화물		연안화물	
	품목	처리량	품목	처리량	품목	처리량	품목	처리량
1	원유 석유류	8,192	원유 석유류	3,953	화학 제품	142	원유 석유류	1,518
2	화학 제품	826	차량 부품	1,243	원유 석유류	93	화학 제품	285
3	광석류	384	화학 제품	811	차량 부품	20	시멘트	183
4	철강 제품	255	시멘트	260	광석류	2	철강 제품	148
5위 이하		707		522		3		151
계	–	10,364	–	6,789	–	260	–	2,285

※ A항구의 처리화물은 수입화물, 수출화물, 환적화물, 연안화물로만 구성됨

〈그림〉 2009~2012년 처리화물 현황

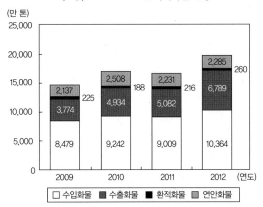

〈보 기〉
ㄱ. 2012년 광석류의 수입화물 처리량 대비 광석류의 수출화물 처리량은 80% 이하이다.
ㄴ. 수입화물 처리량은 매년 전체 처리량의 절반 이하이다.
ㄷ. 2011년 대비 2012년의 처리량 증가율은 수출화물이 수입화물보다 크다.
ㄹ. 2012년 차량부품의 전체 처리량은 화학제품의 전체 처리량보다 많다.

① ㄱ, ㄷ
② ㄱ, ㄹ
③ ㄴ, ㄹ
④ ㄱ, ㄴ, ㄷ
⑤ ㄴ, ㄷ, ㄹ

04 ○△×   13년 행시(인) 16번

다음 〈그림〉과 〈표〉는 창업보육센터의 현황에 대한 자료이다. 이에 대한 〈보기〉의 설명 중 옳지 않은 것을 모두 고르면?

〈그림〉 연도별 창업보육센터 수 및 지원금액

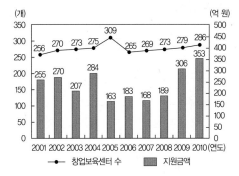

〈표〉 연도별 창업보육센터당 입주업체 수 및 매출액

(단위 : 개, 억 원)

구분 \ 연도	2008	2009	2010
창업보육센터당 입주업체 수	16.6	17.1	16.8
창업보육센터당 입주업체 매출액	85.0	91.0	86.7

※ 한 업체는 1개의 창업보육센터에만 입주함

〈보 기〉
ㄱ. 2010년 전년대비 창업보육센터 지원금액 증가율은 2010년 전년대비 창업보육센터 수 증가율의 5배 이상이다.
ㄴ. 2010년 창업보육센터의 전체 입주업체 수는 전년보다 적다.
ㄷ. 창업보육센터당 지원금액이 가장 적은 해는 2005년이며 가장 많은 해는 2010년이다.
ㄹ. 창업보육센터 입주업체의 전체 매출액은 2008년 이후 매년 증가하였다.

① ㄱ, ㄴ
② ㄱ, ㄷ
③ ㄴ, ㄷ
④ ㄴ, ㄹ
⑤ ㄷ, ㄹ

CHAPTER 03 복수의 표

1 유형의 이해

이 유형은 주어진 복수 표 간의 관계를 파악하는 능력을 평가한다. 표 간의 관계는 크게 ① 하나의 표가 다른 표의 구체적 내용 혹은 그와 관계된 내용을 담는 유형, ② 각 각의 표가 병렬적으로 이루어진 유형, ③ 표의 형태이나 사실은 특정 조건을 나타내는 유형의 3가지로 나타난다.

특히 표 간의 관계를 파악하는 것이 중요한데, 병렬적인 내용을 담는 ②의 경우라면 큰 문제가 되지 않으나, ①, ③ 유형의 경우 관계 파악을 하지 못하면 큰 실수를 범하게 되는 경우가 있다. 관계 파악을 위해선 표의 제목을 잘 보는 것이 매우 중요하다.

매년 꾸준히 나오는 유형이며, 표 3개 이상이 묶여 문제 난도를 높이는 역할도 종종하기 때문에, 표 간의 관계를 파악하는 연습을 미리 해두는 것이 중요하다.

2 발문 유형

- 다음 〈표〉에 대한 설명으로 옳지 않은 것은?
- 다음 〈표〉의 내용으로 옳은 것을 모두 고르면?

3 접근법

가장 중요한 것은 제목을 읽는 것이다. 이를 통해 관계를 찾는다면 큰 어려움이 없을 것이다. 특히 선지에서 물어보는 내용이 복수의 표 중 어느 곳에 있는지 역시, 표의 제목과 항들을 체크해 둔다면 쉽게 찾을 수 있어 시간이 단축된다.

4 생각해 볼 부분

①의 경우 표의 제목을 주의 깊게 보는 것이 중요하다. 특히 처음의 자료에서 복수의 연도 자료를 주고, 그 다음 표에서 특정 연도의 구체적 내용을 제시해주는 경우가 있다. 그리고 선지는 구체적 내용이 제시된 연도 외의 다른 연도의 구체적 내용을 알 수 있다고 나온다. 이러한 경우 당연히 해당 값은 우리가 알 수 없는 것으로 그 선지는 옳지 않은 것이 되나, 종종 이를 판단하기 어려운 경우가 있다. 따라서 이를 방지하기 위해 표의 제목을 주의 깊게 읽어야 한다. ② 유형은 그다지 각 표에 해당하는 선지를 찾아 지우면 되고 ③ 유형의 경우 조건과 공식에 해당하는 방식으로 풀면 된다. 이 경우에 각주가 있다면 반드시 이를 읽도록 한다.

다음 〈표〉는 2013~2017년 A~E국의 건강보험 진료비에 관한 자료이다. 이에 대한 〈보기〉의 설명 중 옳은 것만을 모두 고르면?

〈표 1〉 A국의 건강보험 진료비 발생 현황

(단위 : 억 원)

구분	연도	2013	2014	2015	2016	2017
의료기관	소계	341,410	360,439	390,807	419,353	448,749
	입원	158,365	160,791	178,911	190,426	207,214
	외래	183,045	199,648	211,896	228,927	241,534
약국	소계	120,969	117,953	118,745	124,897	130,844
	처방	120,892	117,881	118,678	124,831	130,775
	직접조제	77	72	66	66	69
계		462,379	478,392	509,552	544,250	579,593

〈표 2〉 A국의 건강보험 진료비 부담 현황

(단위 : 억 원)

구분	연도	2013	2014	2015	2016	2017
공단부담		345,652	357,146	381,244	407,900	433,448
본인부담		116,727	121,246	128,308	136,350	146,145
계		462,379	478,392	509,552	544,250	579,593

〈표 3〉 국가별 건강보험 진료비의 전년대비 증가율

(단위 : %)

국가	연도	2013	2014	2015	2016	2017
B		16.3	3.6	5.2	4.5	5.2
C		10.2	8.6	7.8	12.1	7.3
D		4.5	3.5	1.8	0.3	2.2
E		5.4	−0.6	7.6	6.3	5.5

─────〈보 기〉─────

ㄱ. 2016년 건강보험 진료비의 전년대비 증가율은 A국이 C국보다 크다.

ㄴ. 2014~2017년 동안 A국의 건강보험 진료비 중 약국의 직접조제 진료비가 차지하는 비중은 전년대비 매년 감소한다.

ㄷ. 2013~2017년 동안 A국 의료기관의 입원 진료비 중 공단부담 금액은 매년 3조 8천억 원 이상이다.

ㄹ. B국의 2012년 대비 2014년 건강보험 진료비의 비율은 1.2 이상이다.

① ㄱ, ㄴ

② ㄴ, ㄷ

③ ㄷ, ㄹ

④ ㄱ, ㄴ, ㄹ

⑤ ㄴ, ㄷ, ㄹ

난도 중

풀이시간 2분 내

합격생 가이드

이 문제의 경우 〈표 2〉가 〈표 1〉의 A국 건강보험 진료비의 부담을 보여주고, 〈표 3〉은 〈표 1, 2〉에 나타난 A국 외의 다른 국가들의 건강보험 진료비의 증가율을 보여주는 바, ① 유형에 해당한다.

이런 유형의 경우 표의 제목들을 먼저 읽고, 각 표의 관계를 파악하는 것이 우선이다. 그리고 표의 항목 내용을 파악한다. 표의 제목과 항목의 내용을 통해 표 간의 관계 파악이 완료된 뒤 선지를 보게 되면 표의 내용을 잘못 해석한 경우나 표에서 알 수 없는 경우를 쉽게 파악할 수 있다. 해당 문항의 경우 구체적인 계산이 그다지 필요하지 않음에 유의해야 한다.

대표문항으로 선정한 이유

해당 문제는 위에서 제시한 것과 같이 구체적 값을 사용한 낚시는 등장하지 않으나, A국과 그 외의 국에서 전년대비 증가율을 구하는 방식이 다른 것이 특이한 문제다. 문제에서 나타나진 않았지만 이런 표를 주고 B~E국의 건강보험 진료비 공단부담, 본인부담 비율을 묻는 문제가 나온다면 이는 읽을 필요도 없이 틀렸다고 체크하고 넘어가면 된다.

정답해설

표들의 제목과 항목을 통해 〈표 1〉은 A국 건강보험 진료비의 발생지와 발생원인, 〈표 2〉는 A국 건강보험 진료비의 부담 주체별 금액, 〈표 3〉은 A국 외 다른 국가들의 건강보험 진료비 전년대비 증가율을 보여줌을 알 수 있다. 특히 직접적으로 나타나진 않으나 〈표 1〉의 정보를 통해 A국의 건강보험 진료비 증가율을 파악할 수 있고 이를 〈표 3〉의 자료와 비교할 수 있음을 인지하고 있어야 한다.

ㄴ. 옳다. 분모인 건강보험 진료비는 매년 증가하는데 분자에 해당하는 약국의 직접조제 진료비는 15년까지는 매년 감소해 15년까지는 선지의 표현이 맞음을 쉽게 확인 가능하다. 16년도 분자가 그대로이므로 감소한 것이 확실하다. 17년의 경우는 분자는 5%도 증가하지 않은 반면, 분모는 5% 넘게 증가하여 역시 감소하였음을 알 수 있다.

ㄷ. 옳다. 의료기관 입원으로 인한 건강보험 진료비의 공단부담의 최솟값은 〈의료기관 입원으로 인한 건강보험 진료비 - 본인부담 건강보험 진료비〉의 값에 해당한다. 따라서 본인부담에 38,000억 원을 더해서 간단하게 대소비교가 가능하다.

ㄹ. 옳다. 13년에 16.3% 증가하고 14년에 3.6% 한 번 더 증가한 상황이다. 100에서 16.3 증가한 것과 3.60이 증가한 것을 각각 더해도 19.9인데, 이 경우 116.3에서 3.6% 증가한 것이므로 당연히 120이 넘을 것을 유추할 수 있다. 불안하다면 116의 3%가 3.48인 것을 빠르게 계산하여 풀 수 있다.

오답해설

ㄱ. 옳지 않다. C국의 16년 건강보험 진료비는 작년에 비해 12.1% 증가한 반면, A국은 10%도 증가하지 않은 것을 바로 알 수 있다.

답 ⑤

01 ⬜△✕

다음 〈표〉는 2013~2015년 A국의 13대 수출 주력 품목에 관한 자료이다. 이에 대한 〈보기〉의 설명 중 옳은 것만을 모두 고르면?

〈표 1〉 전체 수출액 대비 13대 수출 주력 품목의 수출액 비중

(단위 : %)

연도 품목	2013	2014	2015
가전	1.83	2.35	2.12
무선통신기기	6.49	6.42	7.28
반도체	8.31	10.04	11.01
석유제품	9.31	8.88	6.09
석유화학	8.15	8.35	7.11
선박류	10.29	7.09	7.75
섬유류	2.86	2.81	2.74
일반기계	8.31	8.49	8.89
자동차	8.16	8.54	8.69
자동차부품	4.09	4.50	4.68
철강제품	6.94	6.22	5.74
컴퓨터	2.25	2.12	2.28
평판디스플레이	5.22	4.59	4.24
계	82.21	80.40	78.62

〈표 2〉 13대 수출 주력 품목별 세계수출시장 점유율

(단위 : %)

연도 품목	2013	2014	2015
가전	2.95	3.63	2.94
무선통신기기	6.77	5.68	5.82
반도체	8.33	9.39	8.84
석유제품	5.60	5.20	5.18
석유화학	8.63	9.12	8.42
선박류	24.55	22.45	21.21
섬유류	2.12	1.96	1.89
일반기계	3.19	3.25	3.27
자동차	5.34	5.21	4.82
자동차부품	5.55	5.75	5.50
철강제품	5.47	5.44	5.33
컴퓨터	2.23	2.11	2.25
평판디스플레이	23.23	21.49	18.50

───── 〈보 기〉 ─────
ㄱ. 13대 수출 주력 품목 중 2014년 수출액이 큰 품목부터 차례대로 나열하면 반도체, 석유제품, 자동차, 일반기계, 석유화학, 선박류 등의 순이다.
ㄴ. 13대 수출 주력 품목 중 2013년에 비해 2015년에 전체 수출액 대비 수출액 비중이 상승한 품목은 총 7개이다.
ㄷ. 13대 수출 주력 품목 중 세계수출시장 점유율 상위 5개 품목의 순위는 2013년과 2014년이 동일하다.

① ㄱ
② ㄴ
③ ㄱ, ㄴ
④ ㄴ, ㄷ
⑤ ㄱ, ㄴ, ㄷ

02 ⬜△✕

다음 〈표〉는 2008~2012년 한국을 포함한 OECD 주요국의 공공복지예산에 관한 자료이다. 이에 대한 〈보기〉의 설명 중 옳은 것만을 모두 고르면?

〈표 1〉 2008~2012년 한국의 공공복지예산과 분야별 GDP 대비 공공복지예산 비율

(단위 : 십억 원, %)

구분 연도	공공복지예산	분야별 GDP 대비 공공복지예산 비율					
		노령	보건	가족	실업	기타	합
2008	84,466	1.79	3.28	0.68	0.26	1.64	7.65
2009	99,856	1.91	3.64	0.74	0.36	2.02	8.67
2010	105,248	1.93	3.74	0.73	0.29	1.63	8.32
2011	111,090	1.95	3.73	0.87	0.27	1.52	8.34
2012	124,824	2.21	3.76	1.08	0.27	1.74	9.06

〈표 2〉 2008~2012년 OECD 주요국의 GDP 대비 공공복지예산 비율

(단위 : %)

연도 국가	2008	2009	2010	2011	2012
한국	7.65	8.67	8.32	8.34	9.06
호주	17.80	17.80	17.90	18.20	18.80
미국	17.00	19.20	19.80	19.60	19.70
체코	18.10	20.70	20.80	20.80	21.00
영국	21.80	24.10	23.80	23.60	23.90
독일	25.20	27.80	27.10	25.90	25.90
핀란드	25.30	29.40	29.60	29.20	30.00
스웨덴	27.50	29.80	28.30	27.60	28.10
프랑스	29.80	32.10	32.40	32.00	32.50

───── 〈보 기〉 ─────
ㄱ. 2011년 한국의 실업 분야 공공복지예산은 4조 원 이상이다.
ㄴ. 한국의 공공복지예산 중 보건 분야 예산이 차지하는 비중은 2011년과 2012년에 전년대비 감소한다.
ㄷ. 매년 한국의 노령 분야 공공복지예산은 가족 분야 공공복지예산의 2배 이상이다.
ㄹ. 2009~2012년 동안 OECD 주요국 중 GDP 대비 공공복지예산 비율이 가장 높은 국가와 가장 낮은 국가 간의 비율 차이는 전년대비 매년 증가한다.

① ㄱ, ㄹ
② ㄴ, ㄷ
③ ㄴ, ㄹ
④ ㄱ, ㄴ, ㄷ
⑤ ㄱ, ㄷ, ㄹ

03 ○△× 15년 행시(인) 23번

다음 〈표〉는 수자원 현황에 대한 자료이다. 이를 바탕으로 작성한 〈보고서〉의 내용 중 옳은 것만을 모두 고르면?

〈표 1〉 지구상 존재하는 물의 구성

구분		부피(백만km³)	비율(%)
총량		1,386.1	100.000
해수(바닷물)		1,351.0	97.468
담수	빙설(빙하, 만년설 등)	24.0	1.731
	지하수	11.0	0.794
	지표수(호수, 하천 등)	0.1	0.007

〈표 2〉 세계 각국의 강수량

구분	한국	일본	미국	영국	중국	캐나다	세계평균
연평균 강수량 (mm)	1,245	1,718	736	1,220	627	537	880
1인당 강수량 (m³/년)	2,591	5,107	25,022	4,969	4,693	174,016	19,635

〈표 3〉 주요 국가별 1인당 물사용량

국가	독일	덴마크	프랑스	영국	일본	이탈리아	한국	호주
1인당 물사용량 (ℓ/일)	132	246	281	323	357	383	395	480

― 〈보고서〉 ―

급격한 인구증가와 지구온난화로 인하여 인류가 사용할 수 있는 물의 양이 줄어들면서 물 부족 문제가 심화되고 있다. ㉠ 지구상에 존재하는 물의 97% 이상이 해수이고, 나머지는 담수의 형태로 존재한다. ㉡ 담수의 3분의 2 이상은 빙하, 만년설 등의 빙설이고, 나머지도 대부분 땅속에 있어 손쉽게 이용 가능한 지표수는 매우 적다.

최근 들어 강수량 및 확보 가능한 수자원이 감소되고 있는 실정이다. UN 조사에 따르면 이러한 상황이 지속될 경우 20년 후 세계 인구의 3분의 2는 물 스트레스 속에서 살게 될 것으로 전망된다. ㉢ 한국의 경우, 연평균 강수량은 세계평균의 1.4배 이상이지만, 1인당 강수량은 세계평균의 12% 미만이다. 또한 연강수량의 3분의 2가 여름철에 집중되어 수자원의 계절별, 지역별 편중이 심하다.

이와 같이 수자원 확보의 어려움에 직면하고 있으나 ㉣ 한국의 1인당 물사용량은 독일의 2.5배 이상이며, 프랑스의 1.4배 이상으로 오히려 다른 나라에 비해 높은 편이다.

① ㄱ, ㄴ   ② ㄱ, ㄷ
③ ㄷ, ㄹ   ④ ㄱ, ㄴ, ㄹ
⑤ ㄴ, ㄷ, ㄹ

04 ○△× 14년 행시(A) 4번

다음 〈표〉는 각각 3명의 아동이 있는 A와 B가구의 11월 학원등록 현황에 대한 자료이다. 이에 대한 설명으로 옳지 않은 것은?

〈표 1〉 A가구 아동의 11월 학원등록 현황

아동 \ 학원	갑	을	병
송이	○	○	−
세미	○	−	−
휘경	−	○	○

〈표 2〉 B가구 아동의 11월 학원등록 현황

아동 \ 학원	갑	을	병
민준	○	○	○
재경	−	○	−
유라	−	−	○

※ 1) ○ : 학원에 등록한 경우, − : 학원에 등록하지 않은 경우
2) 표에 나타나지 않은 학원에는 등록하지 않음
3) A, B가구 아동의 12월 학원등록 현황은 11월과 동일함

〈표 3〉 11월 학원별 1개월 수강료

(단위 : 원)

학원	갑	을	병
수강료	80,000	60,000	90,000

※ 1) 학원등록은 매월 1일에 1개월 단위로만 가능함
2) 별도의 가정이 없으면, 12월의 학원별 1개월 수강료는 11월과 동일함

① 11월 가구별 총 수강료는 B가구가 A가구보다 1만 원 더 많다.
② 총 수강료가 가장 많은 아동의 11월 수강료는 총 수강료가 가장 적은 아동의 11월 수강료의 3배 이상이다.
③ 학원 '을'이 12월 수강료를 10% 인상한다면 A가구의 12월 총 수강료는 11월에 비해 12,000원 증가한다.
④ 학원 '갑', '을', '병'이 한 가구에서 아동 2명 이상 등록 시 12월 수강료를 20% 할인한다면 11월과 12월 총 수강료 차이는 B가구가 A가구보다 크다.
⑤ 학원 '을'과 '병'이 12월 수강료를 10% 할인한다면 12월 총 수강료는 A가구보다 B가구가 18,000원 더 많다.

05 ☐△✕   13년 행시(인) 21번

다음 〈표〉는 2010년 지역별 등산사고 발생현황에 대한 자료이다. 이에 대한 〈보기〉의 설명 중 옳지 <u>않은</u> 것을 모두 고르면?

〈표 1〉 2010년 월별 등산사고 발생현황

(단위 : 건)

월 지역	1	2	3	4	5	6	7	8	9	10	11	12	합
서울	133	135	72	103	134	104	112	112	124	125	126	74	1,354
부산	3	0	0	4	0	2	0	3	3	0	6	5	26
대구	6	5	3	4	3	4	5	2	5	5	6	5	53
인천	19	11	6	11	22	5	8	16	12	20	11	6	147
광주	2	4	3	4	2	2	3	3	10	9	8	7	57
대전	13	9	4	8	13	9	9	11	6	13	9	4	108
울산	9	6	5	6	10	10	17	16	17	15	23	6	140
경기	7	14	9	20	20	15	14	26	23	30	13	7	198
강원	36	19	12	16	38	38	42	27	51	43	24	12	358
충북	3	7	7	13	11	2	2	5	15	24	13	4	106
충남	1	1	2	1	2	2	0	0	0	3	0	2	14
전북	18	13	10	12	32	12	17	15	9	22	22	6	188
전남	13	12	11	14	15	8	18	16	18	31	24	3	183
경북	0	2	1	0	0	1	0	1	1	1	0	0	7
경남	11	7	2	9	11	10	11	15	32	18	20	20	166
제주	2	1	0	0	2	0	2	1	0	0	0	1	9
전체	276	246	147	225	315	224	260	269	326	359	305	162	3,114

〈표 2〉 2010년 발생원인별 등산사고 발생현황

(단위 : 건)

발생 원인 지역	조난	개인 질환	실족· 추락	안전 수칙 불이행	기타	합
서울	232	124	497	0	501	1,354
부산	4	4	10	2	6	26
대구	18	7	6	15	7	53
인천	30	6	31	0	80	147
광주	0	7	50	0	0	57
대전	13	22	36	1	36	108
울산	0	18	43	0	79	140
경기	12	13	120	21	32	198
강원	91	36	109	18	104	358
충북	22	14	40	7	23	106
충남	0	4	4	0	6	14
전북	8	5	116	10	49	188
전남	28	11	33	65	46	183
경북	2	2	2	0	1	7
경남	25	19	15	21	86	166
제주	0	0	9	0	0	9
전체	485	292	1,121	160	1,056	3,114

※ 등산사고 1건당 발생원인은 1개로 한정함

─── 〈보 기〉 ───

ㄱ. 2010년 3월, 9월, 10월에 발생한 등산사고건수의 합은 전체 등산사고건수의 30% 이상이다.

ㄴ. 2010년 서울에서 발생한 등산사고건수는 2월에 가장 많으며, 12월에 가장 적다.

ㄷ. 2010년 등산사고 발생원인 중 조난이 해당지역 전체 등산사고건수의 25% 이상인 지역의 수는 3개이다.

ㄹ. 기타를 제외하고, 2010년 발생원인별 전체 등산사고건수는 실족·추락이 가장 많고 안전수칙불이행이 가장 적다.

ㅁ. 2010년 매월 등산사고가 발생한 지역의 수는 13개이다.

① ㄱ, ㄴ, ㄷ   ② ㄱ, ㄴ, ㅁ
③ ㄱ, ㄹ, ㅁ   ④ ㄴ, ㄷ, ㄹ
⑤ ㄷ, ㄹ, ㅁ

06 ⬜△✕

다음 〈표〉는 미국의 942개 기업의 임원 9,950명에 대해 조사한 자료이다. 이에 대한 설명으로 옳지 <u>않은</u> 것은?

〈표 1〉 기업 내 여성임원 수에 따른 기업 수 분포

기업 내 여성임원 수(명)	기업 수(개)	비율(%)
0	450	( )
1	276	29.30
2	148	15.71
3	44	4.67
4	12	1.27
5	6	0.64
6	4	0.42
7	1	0.11
8	1	0.11
계	942	100.00

〈표 2〉 기업의 성별 임원 근무 현황

구분		평균	최솟값	최댓값
남성	연령(세)	51.07	26	91
	회사근속기간(년)	10.70	0	72
	현직위 근무기간(년)	3.45	0	53
	기업당 임원 수(명)	9.69	2	50
여성	연령(세)	46.70	29	78
	회사근속기간(년)	8.08	0	46
	현직위 근무기간(년)	2.62	0	17
	기업당 임원 수(명)	0.87	0	8

〈표 3〉 임원직급별 인원 수 현황

임원직급	직급별 인원 수(명)			임원의 직급별 비중(%)	
	전체	남성	여성	남성	여성
1	1,119	1,112	7	12.18	0.85
2	424	417	7	4.57	0.85
3	2,955	2,766	189	30.30	23.02
4	3,385	3,032	353	33.21	43.00
5	1,719	1,499	220	16.42	26.80
6	326	287	39	3.14	4.75
7	22	16	6	0.18	0.73
계	9,950	9,129	821	100.00	100.00

※ 임원직급은 '1'이 최상위직급이며, '7'이 최하위직급임

① 여성임원이 없는 기업 수는 조사대상 기업 수의 절반 이하이다.
② 조사대상 기업 중 임원 수가 가장 적은 기업은 임원이 2명이다.
③ 조사대상 임원 중에서 가장 연령이 낮은 임원은 남성이지만, 평균 연령은 남성임원이 여성임원보다 높다.
④ 각 직급에서 직급별 전체임원 수 대비 여성임원 수 비율이 가장 높은 직급은 7급이며, 가장 낮은 직급은 1급이다.
⑤ 임원의 직급별 비중은 남녀 모두 4급이 가장 크다.

07 ⬜△✕

다음 〈표〉는 A~D광역시의 경찰지구대 수 및 교통안전 준수율과 교통안전 문화 조사에 대한 자료이다. 이에 대한 설명 중 옳은 것은?

〈표 1〉 경찰지구대 수 및 교통안전 준수율 현황(2007~2008년)

(단위 : 개, %)

광역시	경찰지구대 수		이륜차 승차자 안전모 착용률		안전띠 착용률		횡단보도 정지선 준수율	
	2007년	2008년	2007년	2008년	2007년	2008년	2007년	2008년
A	24	26	66.59	70.04	68.37	68.21	63.03	73.27
B	53	51	71.05	72.66	64.32	66.08	64.65	71.65
C	86	86	68.51	70.52	61.97	63.34	66.03	73.53
D	69	69	80.14	83.03	79.80	78.94	64.44	71.00

〈표 2〉 2008년 교통안전문화 조사영역, 조사항목 및 조사방법

조사영역	조사항목	조사방법
운전행태	• 횡단보도정지선 준수율 • 안전띠 착용률	아래와 같이 1일 3회를 격일로 실시 • 오전 07:30~09:00 • 오후 13:00~14:00 • 야간 18:00~19:30
	이륜차 승차자 안전모 착용률	아래와 같이 1일 2회를 격일로 실시 • 오전 10:00~11:30 • 오후 15:00~16:30
보행행태	횡단보도 신호 준수율	아래와 같이 1일 2회를 격일로 실시 • 오전 10:00~11:30 • 오후 15:00~16:30
어린이 안전	등하교길 안전도	아래와 같이 1일 2회를 격일로 실시 • 오전 08:00~09:00 • 오후 15:00~16:00

※ 교통안전문화 조사는 월~일요일까지 조사방법에 따라 이루어짐

① 2008년 횡단보도 신호 준수율 조사는 한 주에 최대 12시간 이루어진다.
② 2008년 경찰지구대 수가 두 번째로 많은 광역시는 2008년 이륜차 승차자 안전모 착용률, 안전띠 착용률, 횡단보도 정지선 준수율이 모두 다른 광역시에 비해 가장 높다.
③ 2008년 안전띠 착용률의 전년대비 증감폭이 가장 큰 광역시는 C이다.
④ 2008년 안전띠 착용률이 전년보다 감소한 광역시의 2008년 경찰지구대 수의 합은 90개 이하이다.
⑤ 2008년 이륜차 승차자 안전모 착용률의 전년대비 증감폭이 가장 작은 광역시가 2008년 횡단보도 정지선 준수율의 전년대비 증감폭도 가장 작다.

08 ◯△✕

10년 행시(인) 26번

다음 〈표〉는 서울 및 수도권 지역의 가구를 대상으로 난방방식 현황 및 난방연료 사용현황에 대해 조사한 자료이다. 이에 대한 〈보기〉의 설명 중 옳은 것을 모두 고르면?

〈표 1〉 난방방식 현황

(단위 : %)

종류	서울	인천	경기남부	경기북부	전국평균
중앙난방	22.3	13.5	6.3	11.8	14.4
개별난방	64.3	78.7	26.2	60.8	58.2
지역난방	13.4	7.8	67.5	27.4	27.4

〈표 2〉 난방연료 사용현황

(단위 : %)

종류	서울	인천	경기남부	경기북부	전국평균
도시가스	84.5	91.8	33.5	66.1	69.5
LPG	0.1	0.1	0.4	3.2	1.4
등유	2.4	0.4	0.8	3.0	2.2
열병합	12.6	7.4	64.3	27.1	26.6
기타	0.4	0.3	1.0	0.6	0.3

─── 〈보 기〉 ───

ㄱ. 경기북부 지역의 경우, 도시가스를 사용하는 가구수가 등유를 사용하는 가구수의 20배 이상이다.

ㄴ. 서울과 인천 지역에서는 다른 난방연료보다 도시가스를 사용하는 비율이 높다.

ㄷ. 지역난방을 사용하는 가구수는 서울이 인천의 2배 이하이다.

ㄹ. 경기 지역은 남부가 북부보다 지역난방을 사용하는 비율이 낮다.

① ㄱ, ㄴ
② ㄱ, ㄷ
③ ㄱ, ㄹ
④ ㄴ, ㄹ
⑤ ㄷ, ㄹ

09 ◯△✕

07년 행시(인) 7번

다음 〈표〉는 제2차 세계대전 주요참전국의 인구, 산업잠재력, 군사비지출에 관한 자료이다. 이에 대한 〈보기〉의 설명 중 옳지 않은 것을 모두 고르면?

〈표 1〉 주요참전국의 인구

(단위 : 백만 명)

연도\국가	1890	1900	1910	1913	1920	1928	1938
A	116.8	135.6	159.3	175.1	126.6	150.4	180.6
B	62.6	75.9	91.9	97.3	105.7	119.1	138.3
C	49.2	56.0	64.5	66.9	42.8	55.4	68.5
D	39.9	43.8	49.1	51.3	55.9	62.1	72.2
E	38.3	38.9	39.5	39.7	39.0	41.0	41.9
F	37.4	41.1	44.9	45.6	44.4	45.7	47.6
G	30.0	32.2	34.4	35.1	37.7	40.3	43.8

〈표 2〉 주요참전국의 산업잠재력

연도\국가	1880	1900	1913	1928	1938
A	24.5	47.5	76.6	72.0	152.0
B	46.9	127.8	298.1	533.0	528.0
C	27.4	71.2	137.7	158.0	214.0
D	7.6	13.0	25.1	45.0	88.0
E	25.1	36.8	57.3	82.0	74.0
F	73.3	100.0	127.2	135.0	181.0
G	8.1	13.6	22.5	37.0	46.0

※ 산업잠재력은 1900년 F국의 산업잠재력을 100으로 하여 계산한 수치임

〈표 3〉 주요참전국의 군사비지출

(단위 : 백만 달러)

연도\국가	1930	1934	1938
A	722	3,479	5,429
B	699	803	1,131
C	162	709	7,415
D	218	292	1,740
E	498	707	919
F	512	540	1,863
G	266	455	746

─── 〈보 기〉 ───

ㄱ. 1913년에 비해 1920년에 A, C, E, F, G국의 인구는 모두 감소한 반면, B, D국의 인구는 모두 증가하였다.

ㄴ. 1920년에 비해 1938년에 주요참전국의 인구는 모두 증가하였다.

ㄷ. 1880~1938년 동안 A국을 제외한 주요참전국의 산업잠재력은 모두 지속적으로 증가하였다.

ㄹ. 1930년 대비 1938년의 군사비지출 증가율이 가장 높은 국가는 C국이고, 가장 낮은 국가는 B국이다.

ㅁ. 1938년을 기준으로 볼 때, 제2차 세계대전 승전동맹(A, B, E, F국)의 산업잠재력의 합과 군사비지출의 합은 패전동맹(C, D, G국)에 비해 모두 더 컸다.

① ㄱ, ㄴ, ㄷ
② ㄱ, ㄷ, ㄹ
③ ㄱ, ㄷ, ㅁ
④ ㄴ, ㄹ, ㅁ
⑤ ㄷ, ㄹ, ㅁ

10 ⊙△✕

다음 〈표〉는 2001년과 2002년 디지털콘텐츠 시장조사에 대한 자료이다. 이에 대한 〈보기〉의 설명 중 옳은 것을 모두 고르면?

〈표 1〉 디지털콘텐츠 시장규모

(단위 : 백만 원, %)

구분	2001년	2002년	성장률
제작분야	1,907,759	2,548,469	33.6
유통분야	354,424	541,458	52.8
지원분야	405,199	603,222	48.9
전체	2,667,382	3,693,149	38.5

〈표 2〉 제작분야의 영역별 매출 현황

(단위 : 백만 원, %)

구분	정보	출판	영상	음악	캐릭터	애니메이션	게임	기타	계
2001년	208,823 (10.9)	130,553 (6.8)	98,379 (5.2)	91,095 (4.8)	54,762 (2.9)	240,971 (12.6)	1,069,543 (56.1)	13,633 (0.7)	1,907,759 (100.0)
2002년	331,418 (13.0)	193,660 (7.6)	245,687 (9.6)	117,401 (4.6)	86,191 (3.4)	247,697 (9.7)	1,309,667 (51.4)	16,748 (0.7)	2,548,469 (100.0)

〈표 3〉 제작분야의 영역별 업체당 평균매출 현황

(단위 : 백만 원)

구분	정보	출판	영상	음악	캐릭터	애니메이션	게임	기타	전체평균
2001년	331	1,268	553	1,265	676	1,975	3,056	257	1,200
2002년	525	1,880	1,380	1,631	1,064	2,030	3,742	316	1,603

〈표 4〉 정보영역의 세부영역별 매출 현황

(단위 : 백만 원, %)

구분	교육	금융/경제	생활	기타	계
2001년	76,671 (36.7)	57,504 (27.5)	54,889 (26.3)	19,759 (9.5)	208,823 (100.0)
2002년	117,998 (35.6)	89,043 (26.9)	79,880 (24.1)	44,497 (13.4)	331,418 (100.0)

─── 〈보 기〉 ───

ㄱ. 2001년에 비해 2002년의 디지털콘텐츠 전체 시장규모는 38.5% 성장하였고 유통분야가 가장 높은 성장률을 나타내었다.

ㄴ. 2002년 제작분야의 영역별 매출액 비중은 게임영역이 가장 크고 전년대비 성장률은 영상영역이 가장 높다.

ㄷ. 2002년 제작분야의 영역별 업체당 평균매출액은 게임영역이 가장 많고 캐릭터영역이 가장 적다.

ㄹ. 2001년에 비해 2002년에는 정보영역의 매출액이 50% 이상 증가하였으나 정보영역 전체 매출액 중 세부영역별 매출액의 비중은 기타를 제외하고 모두 감소하였다.

① ㄱ, ㄴ
② ㄱ, ㄷ
③ ㄴ, ㄷ
④ ㄷ, ㄹ
⑤ ㄱ, ㄴ, ㄹ

01 ☐Ⓞ△✕

다음 〈표〉는 2016년과 2017년 추석교통대책기간 중 고속도로 교통현황에 관한 자료이다. 이에 대한 〈보고서〉의 내용 중 옳은 것만을 모두 고르면?

〈표 1〉 일자별 고속도로 이동인원 및 교통량

(단위 : 만 명, 만 대)

연도	2016		2017	
구분 일자	이동인원	교통량	이동인원	교통량
D−5	−	−	525	470
D−4	−	−	520	439
D−3	−	−	465	367
D−2	590	459	531	425
D−1	618	422	608	447
추석 당일	775	535	809	588
D+1	629	433	742	548
D+2	483	346	560	433
D+3	445	311	557	440
D+4	−	−	442	388
D+5	−	−	401	369
계	3,540	2,506	6,160	4,914

※ 2016년, 2017년 추석교통대책기간은 각각 6일(D−2~D+3), 11일(D−5~D+5)임

〈표 2〉 고속도로 구간별 최대 소요시간 현황

연도	서울−대전		서울−부산		서울−광주		서서울−목포		서울−강릉	
	귀성	귀경	귀성	귀경	귀성	귀경	귀성	귀경	귀성	귀경
2016	4:15	3:30	7:15	7:20	7:30	5:30	8:50	6:10	5:00	3:40
2017	4:00	4:20	7:50	9:40	7:00	7:50	7:00	9:50	4:50	5:10

※ 'A:B'에서 A는 시간, B는 분을 의미함. 예를 들어, 4:15는 4시간 15분을 의미함

―――〈보고서〉―――

⊙ 2017년 추석교통대책기간 중 총 고속도로 이동인원은 6,160만 명으로 전년대비 70% 이상 증가하였으나, ⓒ 1일 평균 이동인원은 560만 명으로 전년대비 10% 이상 감소하였다. 2017년 추석 당일 고속도로 이동인원은 사상 최대인 809만 명으로 전년대비 약 4.4% 증가하였다. 2017년 추석연휴기간의 증가로 나들이 차량 등이 늘어 추석교통대책기간 중 1일 평균 고속도로 교통량은 약 447만 대로 전년대비 6% 이상 증가하였다. 특히 ⓒ 추석 당일 고속도로 교통량은 588만 대로 전년대비 9% 이상 증가하였다. ⓔ 2017년 고속도로 최대 소요시간은 귀성의 경우, 제시된 구간에서 전년보다 모두 감소하였으며, 특히 서서울−목포 7시간, 서울−광주 7시간이 걸려 전년대비 각각 1시간 50분, 30분 감소하였다. 반면 귀경의 경우, 서서울−목포 9시간 50분, 서울−부산 9시간 40분으로 전년대비 각각 3시간 40분, 2시간 20분 증가하였다.

① ㄱ, ㄴ ② ㄱ, ㄷ
③ ㄴ, ㄷ ④ ㄴ, ㄹ
⑤ ㄷ, ㄹ

02 ☐Ⓞ△✕

다음 〈표〉는 서울시 10개구의 대기 중 오염물질 농도 및 오염물질별 대기환경지수 계산식에 관한 것이다. 이에 대한 〈보기〉의 설명 중 옳은 것만을 모두 고르면?

〈표 1〉 대기 중 오염물질 농도

오염물질 지역	미세먼지 ($\mu g/m^3$)	초미세먼지 ($\mu g/m^3$)	이산화질소 (ppm)
종로구	46	36	0.018
중구	44	31	0.019
용산구	49	35	0.034
성동구	67	23	0.029
광진구	46	10	0.051
동대문구	57	25	0.037
중랑구	48	22	0.041
성북구	56	21	0.037
강북구	44	23	0.042
도봉구	53	14	0.022
평균	51	24	0.033

〈표 2〉 오염물질별 대기환경지수 계산식

계산식 오염물질	조건	계산식
미세먼지 ($\mu g/m^3$)	농도가 51 이하일 때	0.9×농도
	농도가 51 초과일 때	1.0×농도
초미세먼지 ($\mu g/m^3$)	농도가 25 이하일 때	2.0×농도
	농도가 25 초과일 때	1.5×(농도−25)+51
이산화질소 (ppm)	농도가 0.04 이하일 때	1,200×농도
	농도가 0.04 초과일 때	800×(농도−0.04)+51

※ 통합대기환경지수는 오염물질별 대기환경지수 중 최댓값임

―――〈보 기〉―――

ㄱ. 용산구의 통합대기환경지수는 성동구의 통합대기환경지수보다 작다.
ㄴ. 강북구의 미세먼지 농도와 초미세먼지 농도는 각각의 평균보다 낮고, 이산화질소 농도는 평균보다 높다.
ㄷ. 중랑구의 통합대기환경지수는 미세먼지의 대기환경지수와 같다.
ㄹ. 세 가지 오염물질 농도가 각각의 평균보다 모두 높은 구는 2개 이상이다.

① ㄱ, ㄴ
② ㄱ, ㄷ
③ ㄷ, ㄹ
④ ㄱ, ㄴ, ㄹ
⑤ ㄴ, ㄷ, ㄹ

03 ☐△✕   16년 행시(5) 33번

다음 〈표〉는 A국 전체 근로자의 회사 규모 및 근로자 직급별 출퇴근 소요
시간 분포와 유연근무제도 유형별 활용률에 관한 자료이다. 이에 대한 설
명으로 옳은 것은?

〈표 1〉 회사 규모 및 근로자 직급별 출퇴근 소요시간 분포

(단위 : %)

규모 및 직급	출퇴근 소요시간	30분 이하	30분 초과 60분 이하	60분 초과 90분 이하	90분 초과 120분 이하	120분 초과 150분 이하	150분 초과 180분 이하	180분 초과	전체
규모	중소기업	12.2	34.6	16.2	17.4	8.4	8.5	2.7	100.0
	중견기업	22.8	35.7	16.8	16.3	3.1	3.4	1.9	100.0
	대기업	21.0	37.7	15.3	15.6	4.7	4.3	1.4	100.0
직급	대리급 이하	20.5	37.3	15.4	13.8	5.0	5.3	2.6	100.0
	과장급	16.9	31.6	16.7	19.9	5.6	7.7	1.7	100.0
	차장급 이상	12.6	36.3	18.3	19.3	7.3	4.2	1.9	100.0

〈표 2〉 회사 규모 및 근로자 직급별 유연근무제도 유형별 활용률

(단위 : %)

규모 및 직급	유연근무제도 유형	재택 근무제	원격 근무제	탄력 근무제	시차 출퇴근제
규모	중소기업	10.4	54.4	15.6	41.7
	중견기업	29.8	11.5	39.5	32.0
	대기업	8.6	23.5	19.9	27.0
직급	대리급 이하	0.7	32.0	23.6	29.0
	과장급	30.2	16.3	27.7	28.7
	차장급 이상	14.2	26.4	25.1	33.2

① 출퇴근 소요시간이 60분 이하인 근로자 수는 출퇴근 소요 시간이
60분 초과인 근로자 수보다 모든 직급에서 많다.

② 출퇴근 소요시간이 90분 초과인 대리급 이하 근로자 비율은 탄력
근무제를 활용하는 대리급 이하 근로자 비율보다 낮다.

③ 출퇴근 소요시간이 120분 이하인 과장급 근로자 중에는 원격근무
제를 활용하는 근로자가 있다.

④ 원격근무제를 활용하는 중소기업 근로자 수는 탄력근무제와 시차
출퇴근제 중 하나 이상을 활용하는 중소기업 근로자 수보다 적다.

⑤ 출퇴근 소요시간이 60분 이하인 차장급 이상 근로자 수는 원격근
무제와 탄력근무제 중 하나 이상을 활용하는 차장급 이상 근로자
수보다 적다.

04 ☐△✕   16년 행시(5) 17번

다음 〈표〉는 A국의 2008년과 2012년 의원 유형별, 정당별 전체 의원 및
여성 의원에 관한 자료이다. 이에 대한 〈보기〉의 설명 중 옳은 것만을 모두
고르면?

〈표 1〉 2008년 의원 유형별, 정당별 전체 의원 및 여성 의원

(단위 : 명)

의원 유형	정당 구분	가	나	다	라	기타	전체
비례대표 의원	전체 의원 수	44	38	16	20	70	188
	여성 의원 수	21	18	6	10	25	80
지역구 의원	전체 의원 수	230	209	50	51	362	902
	여성 의원 수	16	21	2	7	17	63

〈표 2〉 2012년 의원 유형별, 정당별 전체 의원 및 여성 의원

(단위 : 명, %)

의원 유형	정당 구분	가	나	다	라	기타	전체
비례대표 의원	전체 의원 수	34	42	18	17	74	185
	여성 의원 비율	41.2	54.8	27.8	35.3	40.5	42.2
지역구 의원	전체 의원 수	222	242	60	58	344	926
	여성 의원 비율	7.2	12.4	10.0	13.8	4.1	8.0

※ 1) 의원 유형은 비례대표의원과 지역구의원으로만 구성됨
2) 비율은 소수점 둘째 자리에서 반올림한 값임

─────〈보 기〉─────

ㄱ. 2012년 A국 전체 의원 중 여성 의원의 비율은 15% 이하이다.

ㄴ. 2008년 정당별 지역구의원 중 여성 의원 비율은 '기타'를 제외하고
'라' 정당이 가장 높다.

ㄷ. 2008년 대비 2012년의 '가' 정당 여성 의원 비율은 비례대표의원
유형과 지역구의원 유형에서 모두 감소하였다.

ㄹ. 2008년 대비 2012년에 여성 지역구의원 수는 '가'~'라' 정당에서
모두 증가하였다.

① ㄱ, ㄴ

② ㄱ, ㄷ

③ ㄴ, ㄷ

④ ㄴ, ㄹ

⑤ ㄱ, ㄴ, ㄹ

05 ⊙△×

14년 행시(A) 35번

다음 〈표〉는 조선시대 부산항의 1881~1890년 무역현황에 대한 자료이다. 이에 대한 설명으로 옳지 <u>않은</u> 것은?

〈표 1〉 부산항의 연도별 무역규모

(단위 : 천 원)

연도	수출액(A)	수입액(B)	무역규모(A+B)
1881	1,158	1,100	2,258
1882	1,151	784	1,935
1883	784	731	1,515
1884	253	338	591
1885	184	333	517
1886	205	433	638
1887	394	659	1,053
1888	412	650	1,062
1889	627	797	1,424
1890	1,908	1,433	3,341

〈표 2〉 부산항의 연도별 수출액 비중 상위(1~3위) 상품 변화 추이

(단위 : %)

연도	1위	2위	3위
1881	쌀(32.8)	우피(15.1)	대두(14.3)
1882	대두(25.1)	우피(16.4)	면포(9.0)
1883	대두(24.6)	우피(21.2)	금(7.7)
1884	우피(31.9)	금(23.7)	대두(17.9)
1885	우피(54.0)	대두(12.4)	해조(8.5)
1886	우피(52.9)	대두(23.4)	쌀(5.8)
1887	대두(44.2)	우피(28.5)	쌀(15.5)
1888	대두(44.2)	우피(23.3)	생선(7.3)
1889	대두(45.3)	우피(14.4)	쌀(8.1)
1890	쌀(61.7)	대두(20.8)	생선(3.0)

※ ( ) 안의 수치는 해당년도의 부산항 전체 수출액에서 상품별 수출액이 차지하는 비중을 나타냄

〈표 3〉 부산항의 연도별 수입액 비중 상위(1~3위) 상품 변화 추이

(단위 : %)

연도	1위	2위	3위
1881	금건(44.7)	한냉사(30.3)	구리(6.9)
1882	금건(65.6)	한냉사(26.8)	염료(5.7)
1883	금건(33.3)	한냉사(24.3)	구리(12.2)
1884	금건(34.0)	한냉사(9.9)	쌀(7.5)
1885	금건(58.6)	한냉사(8.1)	염료(3.2)
1886	금건(53.4)	쌀(15.0)	한냉사(5.3)
1887	금건(55.4)	면려(10.1)	소금(5.0)
1888	금건(36.1)	면려(24.1)	쌀(5.1)
1889	금건(43.3)	면려(9.5)	쌀(6.7)
1890	금건(38.0)	면려(16.5)	가마니(3.7)

※ ( ) 안의 수치는 해당년도의 부산항 전체 수입액에서 상품별 수입액이 차지하는 비중을 나타냄

① 각 연도의 무역규모에서 수입액이 차지하는 비중이 50% 이상인 연도의 횟수는 총 6번이다.

② 1884년의 우피 수출액은 1887년 쌀의 수출액보다 적다.

③ 수출액 비중 상위(1~3위) 내에 포함된 횟수가 가장 많은 상품은 대두이다.

④ 1882년 이후 수출액의 전년대비 증감방향과 무역규모의 전년대비 증감방향은 매년 동일하다.

⑤ 무역규모 중 한냉사 수입액이 차지하는 비중은 1887년에 1884년보다 감소하였다.

06 ▢△✕

다음 〈표〉는 2012년 ○○방송 A개그프로그램의 코너별 시청률과 시청률 순위에 관한 자료이다. 이에 대한 설명으로 옳은 것은?

〈표 1〉 코너별 시청률 및 시청률 순위(7월 마지막 주)

코너명	시청률(%)		시청률 순위	
	금주	전주	금주	전주
체포왕자	27.6	–	1	–
세가지	27.5	22.2	2	13
멘붕학교	27.2	23.2	3	10
생활의 문제	26.9	30.7	4	1
비겁한 녀석들	26.5	26.3	5	4
아이들	26.4	30.4	6	2
편한 진실	25.8	25.5	7	6
비극배우들	25.7	24.5	8	7
엄마와 딸	25.6	23.9	9	8
김여사	24.7	23.6	10	9
예술성	19.2	27.8	11	3
어색한 친구	17.7	–	12	–
좋지 아니한가	16.7	22.7	13	11
합기도	14.6	18.8	14	14

〈표 2〉 코너별 시청률 및 시청률 순위(10월 첫째 주)

코너명	시청률(%)		시청률 순위	
	금주	전주	금주	전주
험담자	27.4	–	1	–
생활의 문제	27.0	19.6	2	7
김여사	24.9	21.9	3	3
엄마와 딸	24.5	20.4	4	5
돼지의 품격	23.4	23.2	5	1
비극배우들	22.7	22.5	6	2
편한 진실	21.6	21.1	7	4
체포왕자	21.4	16.5	8	12
멘붕학교	21.4	19.6	8	7
비겁한 녀석들	21.1	19.1	10	9
어색한 친구	20.7	19.0	11	10
세가지	19.8	19.9	12	6
아이들	18.2	17.8	13	11
합기도	15.1	12.6	14	14

※ 1) A개그프로그램은 매주 14개의 코너로 구성됨
　 2) '–'가 있는 코너는 금주에 신설된 코너를 의미함

① 7월 마지막 주~10월 첫째 주 동안 신설된 코너는 3개이다.
② 신설 코너를 제외하고, 10월 첫째 주에는 전주보다 시청률이 낮은 코너가 없다.
③ 7월 마지막 주와 10월 첫째 주 시청률이 모두 20% 미만인 코너는 '합기도' 뿐이다.
④ 신설된 코너와 폐지된 코너를 제외하고, 7월 마지막 주와 10월 첫째 주의 전주 대비 시청률 상승폭이 가장 큰 코너는 동일하다.
⑤ 시청률 순위 상위 5개 코너의 시청률 산술평균은 10월 첫째 주가 7월 마지막 주보다 높다.

07 ▢△✕

다음 〈표〉는 대학생 1,000명을 대상으로 성형수술에 대해 설문조사한 결과이다. 이에 대한 설명으로 옳은 것은?

〈표 1〉 성형수술 희망 응답자의 성별 비율

(단위 : %)

남성	여성	전체
30.0	37.5	33.0

※ 설문조사 대상자 중 미응답자는 없음

〈표 2〉 희망 성형수술 유형별 비율

(단위 : %)

성형수술 유형 ＼ 성별	남성	여성
코 성형	40	44
눈 성형	50	62
치아교정	25	30
피부 레이저 시술	25	30
지방흡입	15	22
기타	5	10

※ 성형수술을 희망하는 사람만 희망 성형수술 유형에 대해 응답하였음(복수응답 가능)

① 성형수술을 희망하는 여성응답자 수가 성형수술을 희망하는 남성응답자 수보다 많다.
② 설문조사에 참여한 여성응답자 수가 남성응답자 수보다 많다.
③ 치아교정을 희망하는 응답자는 피부 레이저 시술도 희망한다.
④ 코 성형을 희망하는 남성응답자 수가 코 성형을 희망하는 여성응답자 수보다 많다.
⑤ 치아교정을 희망하는 여성응답자 수가 피부 레이저 시술을 희망하는 남성응답자 수보다 많다.

01 ☐△✕

다음 〈표〉는 2014~2018년 '갑'국의 예산 및 세수 실적과 2018년 세수항목별 세수 실적에 관한 자료이다. 이에 대한 설명으로 옳지 않은 것은?

〈표 1〉 2014~2018년 '갑'국의 예산 및 세수 실적

(단위 : 십억 원)

연도 \ 구분	예산액	징수결정액	수납액	불납결손액
2014	175,088	198,902	180,153	7,270
2015	192,620	211,095	192,092	8,200
2016	199,045	208,745	190,245	8
2017	204,926	221,054	195,754	2,970
2018	205,964	237,000	208,113	2,321

〈표 2〉 2018년 '갑'국의 세수항목별 세수 실적

(단위 : 십억 원)

세수항목 \ 구분	예산액	징수결정액	수납액	불납결손액
총 세수	205,964	237,000	208,113	2,321
내국세	183,093	213,585	185,240	2,301
교통·에너지·환경세	13,920	14,110	14,054	10
교육세	5,184	4,922	4,819	3
농어촌특별세	2,486	2,674	2,600	1
종합부동산세	1,281	1,709	1,400	6

※ 1) 미수납액=징수결정액−수납액−불납결손액

2) 수납비율(%)=$\dfrac{수납액}{예산액} \times 100$

① 미수납액이 가장 큰 연도는 2018년이다.

② 수납비율이 가장 높은 연도는 2014년이다.

③ 2018년 내국세 미수납액은 총 세수 미수납액의 95% 이상을 차지한다.

④ 2018년 세수항목 중 수납비율이 가장 높은 항목은 종합부동산세이다.

⑤ 2018년 교통·에너지·환경세 미수납액은 교육세 미수납액보다 크다.

02 ☐△✕

다음 〈보고서〉와 〈표〉는 2015년 '갑'국의 수출입 현황에 대한 자료이다. 이에 대한 설명으로 옳지 않은 것은?

─── 〈보고서〉 ───

• 2015년 '갑'국의 총 수출액에서 전자제품은 29.9%, 석유제품은 16.2%, 기계류는 11.2%, 농수산물은 6.3%를 차지한다.

• 2015년 '갑'국의 총 수입액에서 전자제품은 23.7%, 농수산물은 12.5%, 기계류는 11.2%, 플라스틱은 3.8%를 차지한다.

〈표 1〉 '갑'국의 수출입액 상위 10개 국가 현황

(단위 : 억 달러, %)

순위	수출			수입		
	국가명	수출액	'갑'국의 총 수출액에 대한 비율	국가명	수입액	'갑'국의 총 수입액에 대한 비율
1	싱가포르	280	14.0	중국	396	18.0
2	중국	260	13.0	싱가포르	264	12.0
3	미국	188	9.4	미국	178	8.1
4	일본	180	9.0	일본	161	7.3
5	태국	114	5.7	태국	121	5.5
6	홍콩	100	5.0	대만	106	4.8
7	인도	82	4.1	한국	97	4.4
8	인도네시아	76	3.8	인도네시아	86	3.9
9	호주	72	3.6	독일	70	3.2
10	한국	64	3.2	베트남	62	2.8

※ 무역수지는 수출액에서 수입액을 뺀 값으로, 이 값이 양(+)이면 흑자, 음(−)이면 적자임

〈표 2〉 '갑'국의 대(對) '을'국 수출입액 상위 5개 품목 현황

(단위 : 백만 달러, %)

순위	수출			수입		
	품목명	금액	전년대비 증가율	품목명	금액	전년대비 증가율
1	천연가스	2,132	33.2	농수산물	1,375	305.2
2	집적회로반도체	999	14.5	집적회로반도체	817	19.6
3	농수산물	861	43.0	평판디스플레이	326	45.6
4	개별소자반도체	382	40.6	기타정밀화학원료	302	6.6
5	컴퓨터부품	315	14.9	합성고무	269	5.6

① 2015년 '갑'국의 수출액 상위 10개 국가 중 2015년 '갑'국과의 교역에서 무역수지 흑자를 기록한 국가는 4개국이다.

② 2014년 '갑'국의 대(對) '을'국 집적회로반도체 수출액은 수입액보다 크다.

③ 2015년 '갑'국의 무역수지는 적자이다.

④ 2015년 '갑'국의 전체 농수산물 수출액에서 '을'국에 대한 농수산물 수출액이 차지하는 비율은 2015년 '갑'국의 전체 농수산물 수입액에서 '을'국으로부터의 농수산물 수입액이 차지하는 비율보다 작다.

⑤ 2015년 '갑'국의 전자제품 수출액은 수입액보다 크다.

03 ○△✕　　　　　　　　　　　　　　　　　　17년 행시(가) 35번

다음 〈표〉는 A~D지역으로만 이루어진 '갑'국의 2015년 인구 전입 · 전출과 관련한 자료이다. 이에 대한 〈보고서〉의 내용 중 옳은 것만을 모두 고르면?

〈표 1〉 2015년 인구 전입 · 전출

(단위 : 명)

전출지＼전입지	A	B	C	D
A		190	145	390
B	123		302	260
C	165	185		110
D	310	220	130	

※ 1) 전입 · 전출은 A~D지역 간에서만 이루어짐
　2) 2015년 인구 전입 · 전출은 2015년 1월 1일부터 12월 31일까지 발생하며, 동일인의 전입 · 전출은 최대 1회만 가능함
　3) 예시 : 〈표 1〉에서 '190'은 A지역에서 190명이 전출하여 B지역으로 전입하였음을 의미함

〈표 2〉 2015, 2016년 지역별 인구

(단위 : 명)

지역＼연도	2015	2016
A	3,232	3,105
B	3,120	3,030
C	2,931	( )
D	3,080	( )

※ 1) 인구는 매년 1월 1일 0시를 기준으로 함
　2) 인구변화는 전입 · 전출에 의해서만 가능함

── 〈보고서〉 ──

　'갑'국의 지역 간 인구 이동을 파악하기 위해 2015년의 전입 · 전출을 분석한 결과 총 2,530명이 주소지를 이전한 것으로 파악되었다. '갑'국의 4개 지역 가운데 ㉠ 전출자 수가 가장 큰 지역은 A이다. 반면, ㉡ 전입자 수가 가장 큰 지역은 A, B, D 지역으로부터 총 577명이 전입한 C 이다. 지역 간 인구 이동은 지역경제 활성화에 따른 일자리 수요와 밀접하게 연관된다. 2015년 인구이동 결과, ㉢ 2016년 인구가 가장 많은 지역은 D이며, ㉣ 2015년과 2016년의 인구 차이가 가장 큰 지역은 A 이다.

① ㄱ, ㄴ
② ㄱ, ㄷ
③ ㄴ, ㄹ
④ ㄷ, ㄹ
⑤ ㄱ, ㄷ, ㄹ

04 ○△✕　　　　　　　　　　　　　　　　　　14년 행시(A) 10번

다음 〈표〉는 '갑' 아파트 '가' 세대의 관리비 부과내역, 전기, 수도, 온수 사용량과 세대별 일반관리비 산출근거를 나타낸 자료이다. 이에 대한 설명으로 옳지 않은 것은?

〈표 1〉 2013년 8월, 9월 '가' 세대의 관리비 상세 부과내역

(단위 : 원)

항목	8월	9월
전기료	93,618	52,409
수도료	17,595	27,866
일반관리비	33,831	36,187
경비비	30,760	33,467
장기수선충당금	20,502	20,502
급탕비	15,816	50,337
청소비	11,485	12,220
기타	18,413	17,472
합계	242,020	250,460

〈표 2〉 '가' 세대의 관리비 부과액 및 전기, 수도, 온수 사용량 추이

연월	관리비(원)	전기(kWh)	수도(톤)	온수(톤)
2012년 9월	211,040	269	34	9
2012년 10월	231,380	241	29	12
2012년 11월	352,700	316	33	18
2012년 12월	469,260	379	30	16
2013년 1월	494,550	340	32	18
2013년 2월	464,080	336	35	21
2013년 3월	387,820	290	37	21
2013년 4월	301,640	306	34	20
2013년 5월	265,010	349	34	19
2013년 6월	252,160	316	35	16
2013년 7월	251,430	374	35	15
2013년 8월	242,020	483	29	8
2013년 9월	250,460	391	42	15
합 계	4,173,550	4,390	439	208

〈표 3〉 세대별 관리비 상세 부과내역 중 일반관리비 산출근거 자료

세대유형	세대별 면적(m²)	세대 수	세대유형 총 면적(m²)
A	76.3	390	( )
B	94.9	90	( )
C	104.8	210	( )
D	118.9	90	10,701
E	146.4	180	( )
합계	–	960	97,359

※ 1) 세대유형 총 면적(m²)＝(해당 세대유형)세대별 면적×(해당 세대유형)세대 수
　2) 단위면적당 일반관리비(원/m²)＝$\dfrac{아파트일반관리비\ 총액}{세대유형\ 총\ 면적의\ 합계}$
　3) 세대별 일반관리비(원)＝단위면적당 일반관리비×세대별 면적
　4) 세대별 면적은 소수점 아래 둘째 자리에서 반올림함

① 2013년 8월 '가' 세대 관리비 전체에서 전기료가 차지하는 비중은 40% 이하이다.

② 2013년 9월 '갑' 아파트 일반관리비 총액이 24,065,198원이면, '가' 세대의 세대유형은 D이다.

③ 2013년 2월부터 8월까지 '가' 세대의 관리비는 매월 감소한다.

④ '가' 세대의 2012년 10월부터 2013년 9월까지의 월평균 온수 사용량보다 온수 사용량이 많은 달은 6개이다.

⑤ C의 세대유형 총 면적은 세대유형 총 면적의 합계의 25% 이하이다.

05 ◯△✕

11년 행시(인) 5번

다음 〈표〉는 불법조업 검거현황에 관한 자료이다. 이에 대한 설명 중 옳지 않은 것은?

〈표 1〉 한국수역 내 중국어선의 불법조업 검거현황

(단위 : 척, 명, 백만 원)

연도 \ 구분	검거어선	검거인원	벌금
2001	174	1,742	1.9
2002	176	176	2.5
2003	240	249	1.9
2004	443	558	4.0
2005	584	687	5.0
2006	522	656	5.4
2007	494	4,795	4.9
2008	432	4,536	6.3

〈표 2〉 외국수역 내 한국어선의 불법조업 검거현황

(단위 : 척, 명, 백만 원)

연도 \ 수역 구분	일본수역			중국수역		러시아수역	
	검거어선	검거인원	벌금	검거어선	벌금	검거어선	벌금
2001	24	183	218.6	0	0.0	1	4.5
2002	32	251	288.8	1	48.0	2	6.9
2003	27	214	256.5	0	0.0	0	0.0
2004	19	137	185.2	2	0.0	1	24.3
2005	15	138	283.5	0	0.0	1	18.0
2006	10	91	104.6	1	5.2	0	0.0
2007	15	117	75.2	1	0.0	0	0.0
2008	18	148	144.6	0	0.0	0	0.0

※ 위 수역 이외에서는 검거된 경우가 없다고 가정함

① 일본수역에서 검거된 한국어선의 1척당 벌금은 2004년에 비해 2006년이 더 적다.

② 한국수역에서 검거된 중국어선의 검거인원 1명당 벌금은 2005년에 비해 2006년이 더 많다.

③ 2001년부터 2008년까지 외국수역에서 검거된 한국어선보다 2008년 한국수역에서 검거된 중국어선이 더 많다.

④ 2007년 한국수역에서 검거된 중국어선 1척당 검거인원은 2007년 일본수역에서 검거된 한국어선 1척당 검거인원보다 많다.

⑤ 2001년부터 2008년까지 일본수역에서 검거된 한국어선의 검거인원보다 2004년부터 2005년까지 한국수역에서 검거된 중국어선의 검거인원이 더 적다.

06 ○△× 　　　　　　　　　　　　　11년 행시(인) 28번

다음 〈표〉는 A시의 주택재정비사업대상지구의 거주세대 현황 및 주택공급계획에 대한 자료이다. 아래 〈A시 주택재정비사업시행에 관한 조례〉에 따를 때, 〈보기〉의 설명 중 옳은 것을 모두 고르면?

〈표 1〉 사업대상지구 거주세대 현황

(단위 : 세대)

사업대상 지구	사업대상 구역	거주세대		
		전체	자가	세입
'갑'지구	갑1구역	1,323	602	721
	갑2구역	2,470	1,200	1,270
	소계	3,793	1,802	1,991
'을'지구	을1구역	1,545	287	1,258
	을2구역	603	254	349
	을3구역	1,832	452	1,380
	소계	3,980	993	2,987
총계		7,773	2,795	4,978

〈표 2〉 주택재정비사업을 통한 주택공급계획

(단위 : 호)

사업대상 지구	사업대상 구역	전용면적별 공급호수			
		전체	60m² 이하	60m² 초과 85m² 이하	85m² 초과
'갑'지구	갑1구역	4,660	1,560	1,387	1,713
	갑2구역	5,134	1,373	2,176	1,585
	소계	9,794	2,933	3,563	3,298
'을'지구	을1구역	1,705	508	857	340
	을2구역	1,136	359	557	220
	을3구역	2,101	317	122	1,662
	소계	4,942	1,184	1,536	2,222
총계		14,736	4,117	5,099	5,520

※ 공급되는 주택에는 호당 한 세대씩 입주함

──── 〈A시 주택재정비사업시행에 관한 조례〉 ────

- 제1조 : 각 사업대상구역별로 주택 공급호수의 10분의 1 이상을 '임대주택'으로 공급하여야 한다. 단, 1,500호 미만을 공급하는 사업대상구역은 제외한다.
- 제2조 : 2,000호 미만을 공급하는 사업대상구역에서는 전용면적 85m² 초과인 주택을 해당 사업대상구역 공급호수의 5분의 1 미만으로 공급하여야 한다.
- 제3조 : 모든 사업대상구역에서는 사업 완료 이후 기존 세입세대가 모두 재정착할 수 있는 만큼의 공급량 이상을 전용면적 60m² 이하의 주택에 배정하여야 한다.

──── 〈보 기〉 ────

ㄱ. '을'지구에 공급되는 '임대주택'의 조례상 최소 공급량은 495호이다.

ㄴ. 갑2구역에는 해당 사업대상구역 거주세대 수의 3배 이상의 주택 공급이 계획되어 있다.

ㄷ. 모든 사업대상지구의 주택공급계획에는 조례 제2조에 위배되는 사업대상구역이 없다.

ㄹ. 조례 제3조에 따라 주택공급계획을 수정해야 하는 사업대상구역은 2개이다.

ㅁ. 각 사업대상구역의 거주세대 중 세입세대 비율은 모두 50% 이상이다.

① ㄱ, ㄷ
② ㄴ, ㄹ
③ ㄹ, ㅁ
④ ㄱ, ㄴ, ㅁ
⑤ ㄷ, ㄹ, ㅁ

07 ⟨○△×⟩ 08년 행시(열) 27번

다음 〈표〉는 정부지원 과제의 연구책임자 현황에 대한 자료이다. 이에 대한 설명으로 옳지 <u>않은</u> 것은?

〈표 1〉 연령대 및 성별 연구책임자 분포

(단위 : 명, %)

연령대	2003년			2004년			2005년		
	연구책임자수	남자	여자	연구책임자수	남자	여자	연구책임자수	남자	여자
21~30세	88 (0.4)	64 (0.4)	24 (1.3)	187 (0.9)	97 (0.5)	90 (4.1)	415 (1.9)	164 (0.9)	251 (10.7)
31~40세	3,708 (18.9)	3,107 (17.5)	601 (32.0)	4,016 (18.9)	3,372 (17.7)	644 (29.1)	4,541 (21.1)	3,762 (19.7)	779 (33.3)
41~50세	10,679 (54.4)	9,770 (55.0)	909 (48.4)	11,074 (52.2)	10,012 (52.7)	1,062 (48.0)	10,791 (50.3)	9,813 (51.3)	978 (41.8)
51~60세	4,334 (22.1)	4,046 (22.8)	288 (15.4)	5,075 (23.9)	4,711 (24.8)	364 (16.4)	4,958 (23.1)	4,659 (24.3)	299 (12.8)
61세 이상	824 (4.2)	770 (4.3)	54 (2.9)	875 (4.1)	821 (4.3)	54 (2.4)	768 (3.6)	736 (3.8)	32 (1.4)
계	19,633 (100.0)	17,757 (100.0)	1,876 (100.0)	21,227 (100.0)	19,013 (100.0)	2,214 (100.0)	21,473 (100.0)	19,134 (100.0)	2,339 (100.0)

〈표 2〉 2005년 전공별 연구책임자 현황

(단위: 명, %)

연구책임자 전공	합		남자		여자	
	연구책임자수	비율	연구책임자수	비율	연구책임자수	비율
이학	3,534	16.5	2,833	14.8	701	30.0
공학	12,143	56.5	11,680	61.0	463	19.8
농학	1,453	6.8	1,300	6.8	153	6.5
의학	1,548	7.2	1,148	6.0	400	17.1
인문사회	2,413	11.2	1,869	9.8	544	23.3
기타	382	1.8	304	1.6	78	3.3
계	21,473	100.0	19,134	100.0	2,339	100.0

① 31~40세의 연구책임자수와 51~60세의 연구책임자수의 차이는 2003년이 2005년보다 크다.

② 2005년 41~60세의 여자 연구책임자 중 적어도 193명 이상이 이학 또는 인문사회 전공이다.

③ 2003~2005년 사이 전체 연구책임자수는 지속적으로 증가하였다.

④ 2004~2005년 사이 21~30세의 연구책임자수는 여자가 남자보다 더 많이 증가하였다.

⑤ 2005년 공학 전공인 남자 연구책임자의 경우, 41~50세의 남자가 적어도 2,359명 이상이다.

CHAPTER
04 빈칸형

1 유형의 이해

매년 적게는 1문제, 많게는 5문제까지 출제되는 유형이다. 단일 표에서 빈칸이 뚫려 출제되는 경우가 많고, 조금 더 정확하고 많은 양의 산수를 요하는 유형이다.

2 발문 유형

- 이에 대한 설명으로 옳은 것은?
- 이에 대한 〈보기〉의 설명 중 옳은 것만을 모두 고르면?

3 접근법

이 유형은 합, 평균, 조건 등을 이용하여 빈칸에 들어갈 데이터를 추론할 수 있는지를 평가한다. 그림보다는 표로서 데이터가 주어지는 경우가 대부분이며, 앞선 유형들과 비슷하지만 빈칸이 뚫려있어 필연적으로 계산스킬을 요구한다. 복잡한 계산이 수반되는 문제가 출제되기도 하지만 일반적으로는 적당한 수준의 계산을 요구하며 문제의 난도는 무난한 수준이다. 유형에 따른 특별한 풀이법보다는 전체적으로 적용되는 일반적인 스킬적용이 중요하다.

4 생각해 볼 부분

모든 빈칸을 채우려고 해서는 안 되며, 정답을 찾는 데 필요한 빈칸만을 선별적으로 계산하여야 한다. 따라서 어떤 빈칸을 먼저 채워야 하는지 판단하는 것이 문제풀이에서 가장 중요하다. 이 계산 역시도 정확함이 필수라기보다는 단지 정오를 판별할 수 있는 수준에서 계산하여도 충분하다.
표의 '제목'과 행과 열의 의미를 먼저 파악하는 것이 중요하다. 그 후 선지를 따라가며 문제풀이에 필요한 '빈칸'을 풀어내야 한다. 즉 어떤 빈칸이 문제풀이에 필수적인지를 파악하고 그 빈칸부터 해결해나가야 하며, 필요한 경우가 아니라면 시간 절약을 위해 완벽한 계산은 하지 않아야 한다.

다음 〈표〉는 가정용 정화조에서 수집한 샘플의 수중 질소 성분 농도를 측정한 자료이다. 이에 대한 〈보기〉의 설명 중 옳은 것만을 모두 고르면?

〈표〉 수집한 샘플의 수중 질소 성분 농도

(단위 : mg/L)

샘플＼항목	총질소	암모니아성 질소	질산성 질소	유기성 질소	TKN
A	46.24	14.25	2.88	29.11	43.36
B	37.38	6.46	( )	25.01	( )
C	40.63	15.29	5.01	20.33	35.62
D	54.38	( )	( )	36.91	49.39
E	41.42	13.92	4.04	23.46	37.38
F	( )	( )	5.82	( )	34.51
G	30.73	5.27	3.29	22.17	27.44
H	25.29	12.84	( )	7.88	20.72
I	( )	5.27	1.12	35.19	40.46
J	38.82	7.01	5.76	26.05	33.06
평균	39.68	( )	4.34	( )	35.34

※ 1) 총질소 농도＝암모니아성 질소 농도＋질산성 질소 농도＋유기성 질소 농도
　　2) TKN 농도＝암모니아성 질소 농도＋유기성 질소 농도

─── 〈보 기〉 ───

ㄱ. 샘플 A의 총질소 농도는 샘플 I의 총질소 농도보다 높다.
ㄴ. 샘플 B의 TKN 농도는 30mg/L 이상이다.
ㄷ. 샘플 B의 질산성 질소 농도는 샘플 D의 질산성 질소 농도보다 낮다.
ㄹ. 샘플 F는 암모니아성 질소 농도가 유기성 질소 농도보다 높다.

① ㄱ, ㄴ
② ㄱ, ㄷ
③ ㄴ, ㄷ
④ ㄱ, ㄷ, ㄹ
⑤ ㄴ, ㄷ, ㄹ

난도 중

풀이시간 1분 45초

합격생 가이드

ㄱ을 풀기 위해서는 샘플 I의 총질소 빈칸만 계산하면 충분하다. 이 때 샘플 I의 총질소 농도는 5+1+35≈41 정도로 A의 총질소 농도보다는 확연히 작다. 이럴 때 소수점 둘째자리까지 정확한 계산을 하는 것은 시간낭비에 불과하다. 이후 ㄴ 역시 샘플 B의 TKN 농도가 30 이상인 것은 암산으로 파악이 가능한데, ㄱ과 ㄴ이 옳다는 것이 확인되면 다른 보기의 풀이 없이도 빠르게 정답을 고를 수 있다. 즉 대부분의 빈칸은 계산하지 않아도 답을 찾는 데에는 아무런 지장이 없다.

대표문항으로 선정한 이유

기본적이고 일반적인 빈칸형 문제이면서 난도가 아주 없지는 않은 문제를 선정하였다. 시간 단축을 위한 풀이가 용이하게 적용되며 최근 문제라는 점 역시 대표문항 선정에 고려되었다.

정답해설

ㄱ. 옳다. 샘플 I의 총질소 농도는 자연수 부분만 계산했을 때 41mg/L이므로 최대 44mg/L를 넘을 수가 없다. 즉 샘플 A의 총질소 농도보다 작을 수밖에 없다. 정확하게 계산하면 샘플 I의 총질소 농도는 41.58mg/L로 샘플 A의 총질소 농도인 46.24mg/L보다 작다.

ㄴ. 옳다. 샘플 B의 TKN 농도는 자연수만 계산해도 31mg/L로 30mg/L보다는 무조건 크다. 정확한 수치는 31.47mg/L로, 30mg/L 이상이다.

오답해설

ㄷ. 옳지 않다. 질산성 질소 농도는 정의에 의해 '총질소 농도－TKN 농도'로 계산된다. 샘플 B의 질산성 질소 농도는 5.91mg/L로 샘플 D의 질산성 질소 농도인 4.99mg/L보다 높다.

ㄹ. 옳지 않다. 주어진 빈칸을 모두 해석해도, 샘플 F의 암모니아성 질소 농도와 유기성 질소 농도는 파악할 수 없다.

답 ①

01 ◻△✕

19년 행시(가) 25번

다음 〈표〉는 수면제 A~D를 사용한 불면증 환자 '갑'~'무'의 숙면시간을 측정한 결과이다. 이에 대한 〈보기〉의 설명 중 옳은 것만을 모두 고르면?

〈표〉 수면제별 숙면시간

(단위 : 시간)

환자 수면제	갑	을	병	정	무	평균
A	5.0	4.0	6.0	5.0	5.0	5.0
B	4.0	4.0	5.0	5.0	6.0	4.8
C	6.0	5.0	4.0	7.0	( )	5.6
D	6.0	4.0	5.0	5.0	6.0	( )

─── 〈보 기〉 ───

ㄱ. 평균 숙면시간이 긴 수면제부터 순서대로 나열하면 C, D, A, B 순이다.

ㄴ. 환자 '을'과 환자 '무'의 숙면시간 차이는 수면제 C가 수면제 B보다 크다.

ㄷ. 수면제 B와 수면제 D의 숙면시간 차이가 가장 큰 환자는 '갑'이다.

ㄹ. 수면제 C의 평균 숙면시간보다 수면제 C의 숙면시간이 긴 환자는 2명이다.

① ㄱ, ㄴ
② ㄱ, ㄷ
③ ㄴ, ㄹ
④ ㄱ, ㄴ, ㄷ
⑤ ㄴ, ㄷ, ㄹ

02 ◻△✕

13년 행시(인) 5번

어느 기업에서 3명의 지원자(종현, 유호, 은진)에게 5명의 면접위원(A, B, C, D, E)이 평가점수와 순위를 부여하였다. 비율점수법과 순위점수법을 적용한 결과가 〈표〉와 같을 때, 이에 대한 설명으로 옳은 것은?

〈표 1〉 비율점수법 적용 결과

(단위 : 점)

면접위원 지원자	A	B	C	D	E	전체합	중앙3합
종현	7	8	6	6	1	28	19
유호	9	7	6	3	8	( )	( )
은진	5	8	7	2	6	( )	( )

※ 중앙3합은 5명의 면접위원이 부여한 점수 중 최곳값과 최젓값을 제외한 3명의 점수를 합한 값임

〈표 2〉 순위점수법 적용 결과

(단위 : 순위, 점)

면접위원 지원자	A	B	C	D	E	순위점수 합
종현	2	1	2	1	3	11
유호	1	3	3	2	1	( )
은진	3	2	1	3	2	( )

※ 순위점수는 1순위에 3점, 2순위에 2점, 3순위에 1점을 부여함

① 순위점수합이 가장 큰 지원자는 '종현'이다.

② 비율점수법 중 중앙3합이 가장 큰 지원자는 순위점수합도 가장 크다.

③ 비율점수법 적용 결과에서 평가점수의 전체합과 중앙3합이 큰 값부터 등수를 정하면 지원자의 등수는 각각 같다.

④ 비율점수법 적용 결과에서 평가점수의 전체합이 가장 큰 지원자는 '은진'이다.

⑤ 비율점수법 적용 결과에서 중앙3합이 높은 값부터 등수를 정하면 2등은 '유호'이다.

03 ◯△✕

다음 〈표〉는 연령집단별 인구구성비 변화에 대한 자료이다. 이에 대한 〈보기〉의 설명 중 옳은 것을 모두 고르면?

〈표〉 연령집단별 인구구성비 변화

(단위 : %)

연령집단	연도							
	1960	1970	1980	1985	1990	1995	2000	2005
15세 미만	42.9	42.1	( )	( )	25.7	23.0	21.0	19.1
15~65세 미만	53.8	54.6	62.3	65.8	( )	( )	( )	( )
65세 이상	( )	( )	3.9	4.3	5.0	5.9	7.3	9.3
계	100.0	100.0	100.0	100.0	100.0	100.0	100.0	100.0

─── 〈보 기〉 ───

ㄱ. 1990, 1995, 2000, 2005년 해당년도 전체 인구에서 15~65세 미만 인구 비율은 각각 70% 이상이다.

ㄴ. 2000년 15세 미만 인구 100명당 65세 이상 인구는 30명 이상이다.

ㄷ. 2005년 65세 이상 인구는 1985년 65세 이상 인구의 2배 이상이다.

ㄹ. 1980년 이후 조사년도마다 전체 인구에서 15세 미만 인구의 비율은 감소하고 전체 인구에서 65세 이상 인구의 비율은 증가한다.

① ㄱ, ㄴ
② ㄱ, ㄷ
③ ㄴ, ㄷ
④ ㄴ, ㄹ
⑤ ㄷ, ㄹ

04 ◯△✕

다음 〈표〉는 세조 재위기간 중 지역별 흉년 현황을 나타낸 것이다. 이에 대한 설명으로 옳지 <u>않은</u> 것은?

〈표〉 세조 재위기간 중 지역별 흉년 현황

지역 재위년	경기	황해	평안	함경	강원	충청	경상	전라	흉년 지역 수
세조1	✕	✕	✕	✕	✕	◯	✕	✕	1
세조2	◯	✕	✕	✕	✕	◯	◯	✕	3
세조3	◯	✕	✕	✕	◯	◯	◯	◯	4
세조4	◯	( )	( )	( )	✕	( )	✕	( )	4
세조5	◯	( )	◯	◯	◯	✕	✕	✕	( )
세조8	✕	✕	✕	✕	✕	◯	✕	✕	1
세조9	✕	◯	✕	( )	✕	✕	✕	✕	2
세조10	◯	✕	✕	◯	◯	◯	✕	✕	4
세조12	◯	◯	◯	✕	◯	◯	✕	✕	5
세조13	◯	✕	( )	✕	✕	✕	✕	( )	3
세조14	◯	◯	✕	✕	◯	( )	( )	✕	4
흉년 빈도	8	5	( )	2	7	6	( )	1	

※ 1) ◯(✕) : 해당 재위년 해당 지역이 흉년임(흉년이 아님)을 의미함
　 2) 〈표〉에 제시되지 않은 재위년에는 흉년인 지역이 없음

① 흉년 빈도가 네 번째로 높은 지역은 평안이다.
② 흉년 지역 수는 세조5년이 세조4년보다 많다.
③ 경기, 황해, 강원 3개 지역의 흉년 빈도 합은 흉년 빈도 총합의 55% 이상이다.
④ 충청의 흉년 빈도는 경상의 2배이다.
⑤ 흉년 지역 수가 5인 재위년의 횟수는 총 2번이다.

05 ☐△✕

다음 〈표〉는 조선 후기 출발지에서 목적지로 항해하는 선박이 일본으로 표류한 횟수를 나타낸 자료이다. 이에 대한 〈보기〉의 설명 중 옳은 것을 모두 고르면?

〈표〉 항해 중 일본으로 표류한 횟수

목적지\출발지	A	B	C	D	E	F	G	합
A	5	( )	5	58	2	1	0	136
B	( )	65	22	16	2	0	1	( )
C	22	30	( )	1	13	9	1	( )
D	6	24	0	7	2	0	0	39
E	11	6	11	2	7	2	3	42
F	0	0	4	0	2	0	7	13
G	0	2	1	1	9	4	1	18
계	71	192	136	( )	37	16	13	( )

※ 일본과의 지리적 거리 : A<B<C<D<E<F<G

─── 〈보 기〉 ───

ㄱ. 출발지를 기준으로 할 때, 출발지가 F인 선박이 일본으로 표류한 횟수의 합이 가장 적다.

ㄴ. 선박의 출발지가 일본과 지리적으로 가까울수록 일본으로 표류한 횟수의 합이 많다.

ㄷ. 목적지를 기준으로 할 때, 일본으로 표류한 횟수의 합이 5번째로 많은 곳이 D이다.

ㄹ. 출발지를 기준으로 할 때, 일본으로 표류한 횟수의 합이 가장 많은 곳이 C이다.

ㅁ. 출발지와 목적지가 같은 선박이 일본으로 표류한 횟수를 모두 합하면, 출발지가 B인 선박이 일본으로 표류한 횟수의 합보다 많다.

① ㄱ, ㅁ
② ㄱ, ㄷ, ㄹ
③ ㄱ, ㄹ, ㅁ
④ ㄴ, ㄷ, ㄹ
⑤ ㄴ, ㄷ, ㅁ

06 ☐△✕

다음 〈표〉는 ○○시의 시장선거에서 응답자의 종교별 후보지지 설문조사 결과이다. 〈표〉에 대한 〈보기〉의 설명 중 옳은 것을 모두 고르면?

〈표〉 응답자의 종교별 후보지지 현황

(단위 : 명)

응답자의 종교\후보	불교	개신교	가톨릭	기타	합
A	130	(가)	60	300	( )
B	260	( )	30	350	740
C	( )	(나)	45	300	( )
D	65	40	15	( )	( )
계	650	400	150	1,000	2,200

※ 1) (가)와 (나)의 응답자 수는 같음
2) 후보는 4명이며, 복수응답 및 무응답은 없음

─── 〈보 기〉 ───

ㄱ. A후보 지지율이 C후보 지지율보다 높다.

ㄴ. C후보 지지율과 D후보 지지율의 합은 B후보 지지율보다 높다.

ㄷ. A후보 지지자 중에는 개신교 신자가 불교 신자보다 많다.

ㄹ. 개신교 신자의 A후보 지지율은 가톨릭 신자의 C후보 지지율보다 높다.

① ㄱ, ㄴ
② ㄱ, ㄷ
③ ㄴ, ㄷ
④ ㄴ, ㄹ
⑤ ㄷ, ㄹ

07 ☐△✕   14년 행시(A) 5번

다음 〈표〉는 A지역에서 판매된 가정용 의료기기의 품목별 판매량에 관한 자료이다. 이에 대한 〈보기〉의 설명 중 옳은 것만을 모두 고르면?

〈표〉 가정용 의료기기 품목별 판매량 현황

(단위 : 천 개)

판매량 순위	품목	판매량	국내산	국외산
1	체온계	271	228	43
2	부항기	128	118	10
3	혈압계	100	( )	( )
4	혈당계	84	61	23
5	개인용 전기자극기	59	55	4
6위 이하		261	220	41
전체		( )	( )	144

─── 〈보 기〉 ───

ㄱ. 전체 가정용 의료기기 판매량 중 국내산 혈압계가 차지하는 비중은 8% 미만이다.

ㄴ. 전체 가정용 의료기기 판매량 중 국내산이 차지하는 비중은 80% 이상이다.

ㄷ. 가정용 의료기기 판매량 상위 5개 품목 중 국외산 대비 국내산 비율이 가장 큰 품목은 개인용 전기자극기이다.

ㄹ. 국외산 가정용 의료기기 중 판매량이 네 번째로 많은 의료기기는 부항기이다.

① ㄱ, ㄴ
② ㄱ, ㄷ
③ ㄴ, ㄷ
④ ㄴ, ㄹ
⑤ ㄷ, ㄹ

08 ☐△✕   15년 행시(인) 17번

다음 〈표〉는 조선시대 화포인 총통의 종류별 제원에 관한 자료이다. 이에 대한 설명으로 옳지 <u>않은</u> 것은?

〈표〉 조선시대 총통의 종류별 제원

제원＼종류		천자총통	지자총통	현자총통	황자총통
전체길이(cm)		129.0	89.5	79.0	50.4
약통길이(cm)		35.0	25.1	20.3	13.5
구경	내경(cm)	17.6	10.5	7.5	4.0
	외경(cm)	22.5	15.5	13.2	9.4
사정거리		900보 ( )	800보 (1.01km)	800보 (1.01km)	1,100보 (1.39km)
사용되는 화약무게		30냥 (1,125g)	22냥 (825g)	16냥 (600g)	12냥 (450g)
총통무게		452근 8냥 (271.5kg)	155근 (93.0kg)	89근 (53.4kg)	36근 ( )
제조년도		1555	1557	1596	1587

① 전체길이가 짧은 총통일수록 사용되는 화약무게가 가볍다.

② 황자총통의 총통무게는 21.0kg 이하이다.

③ 제조년도가 가장 늦은 총통이 내경과 외경의 차이가 가장 크다.

④ 전체길이 대비 약통길이의 비율이 가장 큰 총통은 지자총통이다.

⑤ 천자총통의 사정거리는 1.10km 이상이다.

01 ○△☓

한 학생의 종합능력은 서로 다른 시험 과목 A, B, C에 대하여 원점수의 총점 Q_1 또는 표준점수의 총점 Q_2로 측정된다. 표준점수는 해당 학생의 해당 과목에서의 상대적인 능력을 나타낸다. 3학년 1반 학생에 대한 아래의 〈표〉를 토대로 한 〈보기〉의 설명 중 옳은 것을 모두 고른 것은?

〈표 1〉 3학년 1반 전체 원점수의 평균 및 표준편차

과목	평균	표준편차
과목 A	15	4
과목 B	30	8
과목 C	10	4

〈표 2〉 3학년 1반 세 학생의 원점수 및 표준점수

과목	원점수			표준점수		
	영희	철수	종미	영희	철수	종미
과목 A	19	19	11	+1.0	+1.0	( )
과목 B	34	26	38	+0.5	-0.5	+1.0
과목 C	6	( )	( )	-1.0	+1.5	+1.0

※ 표준점수 = $\dfrac{원점수 - 평균}{표준편차}$

― 〈보 기〉 ―

ㄱ. Q_1은 종미가 철수보다 더 높다.

ㄴ. 학생별로 각 과목에서의 상대적 능력을 평가할 때, 철수와 영희는 세 과목 중에서 과목 B를 가장 잘했고, 종미는 과목 A를 가장 못했다.

ㄷ. Q_2는 철수가 가장 높고, 그 다음은 종미, 영희의 순이다.

① ㄱ
② ㄴ
③ ㄱ, ㄴ
④ ㄱ, ㄷ
⑤ ㄴ, ㄷ

02 ○△☓

다음 〈표〉는 학생 6명의 A~E과목 시험 성적 자료의 일부이다. 이에 대한 〈보기〉의 설명 중 옳은 것만을 모두 고르면?

〈표〉 학생 6명의 A~E과목 시험 성적

(단위 : 점)

과목\학생	A	B	C	D	E	평균
영희	( )	14	13	15	( )	( )
민수	12	14	( )	10	14	13.0
수민	10	12	9	( )	18	11.8
은경	14	14	( )	17	( )	( )
철민	( )	20	19	17	19	18.6
상욱	10	( )	16	( )	16	( )
계	80	( )	( )	84		
평균	( )	14.5	14.5	( )	( )	( )

※ 1) 과목별 시험 점수 범위는 0~20점이고, 모든 과목 시험에서 결시자는 없음
　　2) 학생의 성취도수준은 5개 과목 시험 점수의 산술평균으로 결정함
　　　– 시험 점수 평균이 18점 이상 20점 이하 : 수월수준
　　　– 시험 점수 평균이 15점 이상 18점 미만 : 우수수준
　　　– 시험 점수 평균이 12점 이상 15점 미만 : 보통수준
　　　– 시험 점수 평균이 12점 미만 : 기초수준

― 〈보 기〉 ―

ㄱ. 영희의 성취도수준은 E과목 시험 점수가 17점 이상이면 '우수수준'이 될 수 있다.

ㄴ. 은경의 성취도수준은 E과목 시험 점수에 따라 '기초수준'이 될 수 있다.

ㄷ. 상욱의 시험 점수는 B과목은 13점, D과목은 15점이므로, 상욱의 성취도수준은 '보통수준'이다.

ㄹ. 민수의 C과목 시험 점수는 철민의 A과목 시험 점수보다 높다.

① ㄱ, ㄴ
② ㄱ, ㄷ
③ ㄱ, ㄹ
④ ㄴ, ㄷ
⑤ ㄴ, ㄹ

03 ⊙△✕ 11년 행시(인) 33번

다음은 어느 부처의 2009년 인사부문 업무평가현황과 〈지표별 달성목표〉이다. 이에 대한 설명으로 옳지 <u>않은</u> 것은?

〈표 1〉 부서별 탄력근무제 활용현황

(단위 : 명, %)

구분 부서	대상자 (a)	실시인원 (b)	탄력근무제 활용지표 (b/a×100)
운영지원과	17	2	11.8
감사팀	14	1	7.1
총무과	12	2	16.7
인사과	15	1	6.7
전략팀	19	2	10.5
심사1팀	46	8	17.4
심사2팀	35	1	2.9
심사3팀	27	6	( )
정보관리팀	15	2	13.3

〈표 2〉 부서별 연가사용현황

(단위 : 일, %)

구분 부서	연가가능일수 (a)	연가사용일수 (b)	연가사용지표 (b/a×100)
운영지원과	192	105	54.7
감사팀	185	107	( )
총무과	249	137	55.0
인사과	249	161	64.7
전략팀	173	94	54.3
심사1팀	624	265	( )
심사2팀	684	359	52.5
심사3팀	458	235	51.3
정보관리팀	178	104	58.4

〈표 3〉 부서별 초과근무 사전승인현황

(단위 : 건, %)

구분 부서	총승인건수 (a)	사전승인건수 (b)	초과근무 사전승인지표 (b/a×100)
운영지원과	550	335	60.9
감사팀	369	327	( )
총무과	321	169	52.6
인사과	409	382	( )
전략팀	1,326	1,147	86.5
심사1팀	2,733	2,549	93.3
심사2팀	1,676	1,486	88.7
심사3팀	1,405	1,390	( )
정보관리팀	106	93	87.7

─── 〈지표별 달성목표〉 ───

• 탄력근무제 활용지표 : 7% 이상
• 연가사용지표 : 50% 이상
• 초과근무 사전승인지표 : 80% 이상

※ 각각의 지표는 개별적으로 평가함

① 감사팀은 모든 지표에서 목표를 달성하였다.
② 목표를 달성하지 못한 지표가 있는 부서는 총 5개이다.
③ 초과근무 사전승인지표가 가장 높은 부서는 심사3팀이다.
④ 목표를 달성하지 못한 지표가 두 개 이상인 부서가 있다.
⑤ 탄력근무제 활용지표가 두 번째로 높은 부서는 연가사용지표가 목표미달이다.

04 ⊙△✕ 17년 행시(가) 6번

다음 〈표〉는 2016년 1~6월 월말종가기준 A, B사의 주가와 주가지수에 대한 자료이다. 이에 대한 〈보기〉의 설명 중 옳은 것만을 모두 고르면?

〈표〉 A, B사의 주가와 주가지수(2016년 1~6월)

구분		1월	2월	3월	4월	5월	6월
주가 (원)	A사	5,000	( )	5,700	4,500	3,900	( )
	B사	6,000	( )	6,300	5,900	6,200	5,400
주가지수		100.00	( )	109.09	( )	91.82	100.00

※ 1) 주가지수 = $\frac{해당\ 월\ A사의\ 주가 + 해당\ 월\ B사의\ 주가}{1월\ A사의\ 주가 + 1월\ B사의\ 주가} \times 100$

2) 해당 월의 주가 수익률(%) = $\frac{해당\ 월의\ 주가 - 전월의\ 주가}{전월의\ 주가} \times 100$

─── 〈보 기〉 ───

ㄱ. 3~6월 중 주가지수가 가장 낮은 달에 A사와 B사의 주가는 모두 전월 대비 하락하였다.
ㄴ. A사의 주가는 6월이 1월보다 높다.
ㄷ. 2월 A사의 주가가 전월 대비 20% 하락하고 B사의 주가는 전월과 동일하면, 2월의 주가지수는 전월 대비 10% 이상 하락한다.
ㄹ. 4~6월 중 A사의 주가 수익률이 가장 낮은 달에 B사의 주가는 전월 대비 하락하였다.

① ㄱ, ㄴ   ② ㄱ, ㄷ
③ ㄴ, ㄷ   ④ ㄴ, ㄹ
⑤ ㄷ, ㄹ

05 ○△×

다음 〈표〉는 1908년 대한제국의 내각 직원 수에 관한 자료이다. 〈조건〉의 설명에 근거하여 〈보기〉의 내용 중 옳은 것만을 모두 고르면?

〈표〉 1908년 대한제국의 내각 직원 수

(단위 : 명)

구분			직원 수
본청	경비국		(A)
	대신관방	문서과	7
		비서과	3
		회계과	4
		소계	14
	법제국	총무과	1
		관보과	3
		기록과	(B)
		법제과	5
		소계	( )
	외사국	총무과	(C)
		번역과	3
		외사과	3
		소계	7
법전조사국	경비과		(D)
	서무과		(E)
	회계과		5
	조사과		12
	소계		( )
표훈원	경비과		1
	제장과		6
	서무과		4
	소계		( )
문관전고소			9
전 체			99

※ 내각은 본청, 법전조사국, 표훈원, 문관전고소만으로 구성되어 있음

─────〈조 건〉─────

• 본청 경비국 직원 수(A)는 법전조사국 서무과 직원 수(E)의 1.5배이다.
• 법전조사국 경비과 직원 수(D)는 본청 경비국 직원 수(A)에 본청 법제국 기록과 직원 수(B)를 합한 것과 같다.
• 법전조사국 경비과 직원 수(D)는 본청 법제국 기록과 직원 수(B)의 3배와 본청 외사국 총무과 직원 수(C)를 합한 것과 같다.
• 법전조사국 서무과 직원 수(E)는 본청 외사국 총무과 직원 수(C)의 2배와 본청 법제국 기록과 직원 수(B)를 합한 것과 같다.

─────〈보 기〉─────

ㄱ. 표훈원 직원 수는 내각 전체 직원 수의 $\frac{1}{9}$이다.

ㄴ. 법전조사국 서무과 직원 수와 표훈원 서무과 직원 수의 합은 법전조사국 조사과 직원 수보다 크다.

ㄷ. 법전조사국 직원 수는 내각 전체 직원 수의 30% 미만이다.

ㄹ. A+B+C+D의 값은 27이다.

① ㄱ, ㄴ
② ㄱ, ㄷ
③ ㄱ, ㄹ
④ ㄴ, ㄷ
⑤ ㄴ, ㄹ

01 ○△× 19년 행시(가) 11번

다음 〈표〉는 2014~2018년 '갑'국의 범죄 피의자 처리 현황에 대한 자료이다. 이에 대한 설명으로 옳은 것은?

〈표〉 범죄 피의자 처리 현황

(단위 : 명)

구분 연도	처리	처리 결과		기소 유형	
		기소	불기소	정식재판 기소	약식재판 기소
2014	33,654	14,205	( )	( )	12,239
2015	26,397	10,962	15,435	1,972	( )
2016	28,593	12,287	( )	( )	10,050
2017	31,096	12,057	19,039	2,619	( )
2018	38,152	( )	( )	3,513	10,750

※ 1) 모든 범죄 피의자는 당해년도에 처리됨

2) 범죄 피의자에 대한 처리 결과는 기소와 불기소로만 구분되며, 기소 유형은 정식재판 기소와 약식재판기소로만 구분됨

3) 기소율(%)=$\dfrac{\text{기소 인원}}{\text{처리 인원}} \times 100$

① 2015년 이후 처리 인원이 전년대비 증가한 연도에는 기소 인원도 전년대비 증가한다.

② 2018년 기소 인원과 기소율은 2014년보다 모두 증가하였다.

③ 2017년 불기소 인원은 2018년보다 많다.

④ 2014년 불기소 인원은 정식재판기소 인원의 10배 이상이다.

⑤ 처리 인원 중 정식재판기소 인원과 약식재판기소 인원의 합이 차지하는 비율은 매년 50% 미만이다.

02 ○△× 09년 행시(기) 29번

다음 〈표〉는 코스닥 IT 기업의 실적을 분석한 자료이다. 이에 대한 〈보기〉의 설명 중 옳지 <u>않은</u> 것을 모두 고르면?

〈표 1〉 코스닥 전체기업과 코스닥 IT 기업의 매출액 비교

(단위 : 조 원, %)

구분	2005년	2006년	2007년
코스닥 전체기업 매출액(a)	62.7	68.2	73.6
전년대비 증가율	6.7	8.8	7.9
코스닥 IT 기업 매출액(b)	29.5	32.4	34.6
전년대비 증가율	7.3	9.8	( )
성장기여율	51.3	( )	40.7
(b/a)×100	( )	47.5	47.0

〈표 2〉 코스닥 IT 기업의 업종별 매출액 추이

(단위 : 조 원)

구분	2005년	2006년	2007년
제조업	18.7	19.5	19.6
전자부품, 영상 및 통신장비	15.1	15.9	( )
컴퓨터 및 사무용 기기	1.4	1.3	1.2
반도체 제조기계	1.8	1.9	1.7
기타	0.4	0.4	0.4
서비스 및 유통업	10.8	12.9	15.0
정보처리 및 컴퓨터 운영 관련업	4.8	6.1	7.3
통신업	5.4	6.2	( )
도매 및 상품중개업	0.6	( )	0.7
코스닥 IT 기업 매출액	29.5	32.4	34.6

※ 성장기여율(%)=$\dfrac{\text{특정부문의 매출 증가액}}{\text{전체 매출 증가액}} \times 100$

〈보 기〉

ㄱ. 2006년 코스닥 전체기업에 대한 코스닥 IT 기업의 성장기여율은 50% 이상이었다.

ㄴ. 전년대비 2007년 서비스 및 유통업 각 부문의 매출액 증가율은 전년대비 2007년 코스닥 전체기업 매출액 증가율의 2배 이상이었다.

ㄷ. 2005~2007년 동안 코스닥 전체기업 매출액에 대한 코스닥 IT 기업 매출액의 비율은 지속적으로 감소하였다.

ㄹ. 2007년에 코스닥 전체기업에 대한 성장기여율은 서비스 및 유통업이 제조업보다 더 크다.

① ㄱ, ㄴ

② ㄴ, ㄷ

③ ㄷ, ㄹ

④ ㄱ, ㄴ, ㄹ

⑤ ㄴ, ㄷ, ㄹ

03 ⊡△☒ 13년 행시(인) 26번

다음 〈표〉는 A~E 마을 주민의 재산상황을 나타낸 자료이다. 이에 대한 〈보기〉의 설명 중 옳은 것을 모두 고르면?

〈표〉 A~E 마을 주민의 재산상황

(단위 : 가구, 명, ha, 마리)

마을	가구 수	주민 수	재산유형					
			경지		젖소		돼지	
			면적	가구당 면적	개체 수	가구당 개체 수	개체 수	가구당 개체 수
A	244	1,243	( )	6.61	90	0.37	410	1.68
B	130	572	1,183	9.10	20	0.15	185	1.42
C	58	248	( )	1.95	20	0.34	108	1.86
D	23	111	( )	2.61	12	0.52	46	2.00
E	16	60	( )	2.75	8	0.50	20	1.25
전체	471	2,234	( )	6.40	150	0.32	769	1.63

※ 소수점 아래 셋째 자리에서 반올림한 값임

― 〈보 기〉 ―

ㄱ. C 마을의 경지면적은 D 마을과 E 마을 경지면적의 합보다 크다.

ㄴ. 가구당 주민 수가 가장 많은 마을은 가구당 돼지 수도 가장 많다.

ㄷ. A 마을의 젖소 수가 80% 감소한다면, A~E 마을 전체 젖소 수는 A~E 마을 전체 돼지 수의 10% 이하가 된다.

ㄹ. 젖소 1마리당 경지면적과 돼지 1마리당 경지면적은 모두 D 마을이 E 마을보다 좁다.

① ㄱ, ㄴ
② ㄱ, ㄷ
③ ㄱ, ㄹ
④ ㄴ, ㄷ
⑤ ㄷ, ㄹ

04 ⊡△☒ 18년 행시(나) 38번

다음 〈표〉는 '갑'국의 인구 구조와 노령화에 대한 자료이다. 이에 대한 〈보기〉의 설명 중 옳은 것만을 모두 고르면?

〈표 1〉 인구 구조 현황 및 전망

(단위 : 천 명, %)

연도	총인구	유소년인구 (14세 이하)		생산가능인구 (15~64세)		노인인구 (65세 이상)	
		인구수	구성비	인구수	구성비	인구수	구성비
2000	47,008	9,911	21.1	33,702	71.7	3,395	7.2
2010	49,410	7,975	( )	35,983	72.8	5,452	11.0
2016	51,246	( )	( )	( )	( )	8,181	16.0
2020	51,974	( )	( )	( )	( )	9,219	17.7
2030	48,941	5,628	11.5	29,609	60.5	( )	28.0

※ 2020년, 2030년은 예상치임

〈표 2〉 노년부양비 및 노령화지수

(단위 : %)

구분 \ 연도	2000	2010	2016	2020	2030
노년부양비	10.1	15.2	( )	25.6	46.3
노령화지수	34.3	68.4	119.3	135.6	243.5

※ 1) 노년부양비(%) $= \dfrac{노인인구}{생산가능인구} \times 100$

2) 노령화지수(%) $= \dfrac{노인인구}{유소년인구} \times 100$

― 〈보 기〉 ―

ㄱ. 2020년 대비 2030년의 노인인구 증가율은 55% 이상으로 예상된다.

ㄴ. 2016년에는 노인인구가 유소년인구보다 많다.

ㄷ. 2016년 노년부양비는 20% 이상이다.

ㄹ. 2020년 대비 2030년의 생산가능인구 감소폭은 600만 명 이상일 것으로 예상된다.

① ㄱ, ㄷ
② ㄴ, ㄷ
③ ㄴ, ㄹ
④ ㄱ, ㄴ, ㄷ
⑤ ㄴ, ㄷ, ㄹ

05 ⓞ△✕   16년 행시(5) 25번

다음 〈표〉와 〈보고서〉는 2012~2013년 '갑'국의 철도사고 및 운행장애 발생 현황과 원인분석에 관한 자료이다. 이를 근거로 아래의 (가)~(마)에 알맞은 수를 바르게 나열한 것은?

〈표 1〉 철도사고 및 운행장애 발생 현황

(단위 : 건)

구분 \ 연도			2012	2013	전년대비 증감
철도 사고	철도교통 사고	열차사고	0	0	0
		철도교통 사상사고	(가)	( )	+4
	철도안전 사고	철도화재 사고	0	0	0
		철도안전 사상사고	(나)	( )	-1
		철도시설 파손사고	0	0	0
운행 장애	위험사건		0	0	0
	지연운행		5	3	-2
	기타		0	0	0

〈표 2〉 철도안전사상사고 피해자 유형별 사고 건수 및 피해 정도별 피해자 수

(단위 : 건, 명)

구분 \ 연도	피해자 유형별 사고 건수			피해정도별 피해자 수		
	승객	비승객 일반인	직원	사망	중상	경상
2012	( )	( )	( )	1	4	4
2013	( )	( )	8	1	(다)	4

〈표 3〉 사고원인별 운행장애 발생 현황

(단위 : 건)

사고원인 \ 연도	차량 탈선	규정 위반	급전 장애	신호 장애	차량 고장	기타
2012	( )	( )	( )	(라)	2	( )
2013	( )	( )	( )	( )	( )	(마)
전년대비 증감	+1	-1	-1	-1	-2	+2

───── 〈보고서〉 ─────

• 2013년 철도교통사상사고는 전년대비 4건이 증가하였으며, 이 중 '투신자살'이 27건으로 전체 철도교통 사상사고 건수의 90%를 차지함

• 2013년 철도안전사상사고 1건당 피해자 수는 1명으로 전년과 동일하였고, 피해 유형은 모두 '직원'임

• 2013년에는 '규정위반', '급전장애', '신호장애', '차량고장'을 제외한 원인으로 모두 3건의 운행장애가 발생함

	(가)	(나)	(다)	(라)	(마)
①	26	9	2	1	1
②	26	9	3	1	2
③	26	10	2	2	2
④	27	9	2	2	1
⑤	27	10	3	2	2

06 ⓞ△✕   09년 행시(기) 20번

다음 〈표〉는 A시의 제조업 주요 업종별 현황에 관한 자료이다. 이에 대한 〈보기〉의 설명 중 옳은 것을 모두 고르면?

〈표 1〉 2004~2005년 제조업 주요 업종별 생산액 현황

(단위 : 십억 원, %)

제조업 업종 구분	2004년 생산액			2005년 생산액		
	전국 (a)	A시 (b)	A시의 비율 (b/a× 100)	전국 (c)	A시 (d)	A시의 비율 (d/c× 100)
제조업 전체	702,487	24,374	3.47	868,318	28,989	3.34
음식료품	42,330	1,602	3.78	42,895	1,472	( )
섬유제품	24,915	1,617	( )	24,405	( )	7.13
가죽·가방 및 신발	4,739	953	20.11	3,858	773	20.04
화합물 및 화학제품	65,360	698	1.07	70,332	739	( )
자동차 및 트레일러	66,545	2,855	( )	91,925	3,375	3.67
기타 운송장비	25,907	1,087	4.20	35,730	1,867	5.23
재생용 가공원료	902	32	3.55	1,677	69	4.11

〈표 2〉 2004~2005년 A시의 제조업 주요 업종별 입지상계수

제조업 업종 구분	2004년 LQ	2005년 LQ
제조업 전체	1.00	1.00
음식료품	1.09	1.03
섬유제품	1.87	( )
가죽·가방 및 신발	( )	6.00
화합물 및 화학제품	0.31	0.31
자동차 및 트레일러	1.24	1.10
기타 운송장비	1.21	1.57
재생용 가공원료	1.02	1.23

※ 1) 입지상계수(LQ : Location Quotient)는 지역의 특정 업종이 전국에 비해 특화되어 있는 정도를 나타내는 지표임

2) $LQ = \dfrac{S_{jk}/S_k}{S_j/S}$

S=전국 제조업 전체 생산액, S_j=전국 j업종 생산액
S_k=k지역 제조업 전체 생산액, S_{jk}=k지역 j업종 생산액

3) LQ>1 : 특화산업, LQ=1 : 자급산업, LQ<1 : 비특화산업

───── 〈보 기〉 ─────

ㄱ. 2005년 음식료품 업종의 전국 생산액에서 A시가 차지하는 비율은 전년에 비하여 증가하였다.

ㄴ. 2004년 LQ 값이 가장 큰 업종은 해당 업종의 전국 생산액에서 A시가 차지하는 비율도 가장 크다.

ㄷ. 2005년 LQ 값이 전년에 비해 증가한 업종은 해당 업종의 전국 생산액에서 A시가 차지하는 비율도 증가한다.

ㄹ. 섬유제품 업종의 2005년 LQ 값은 2.0 이상이다.

① ㄱ, ㄴ
② ㄱ, ㄷ
③ ㄴ, ㄷ
④ ㄴ, ㄹ
⑤ ㄷ, ㄹ

CHAPTER
05 매칭형

1 유형의 이해

이 유형은 주어진 조건들과 자료를 활용하여 드러나지 않은 대상과 자료를 연결하는 능력을 요구한다. 이 문제를 접근할 때 중요한 것은 모든 조건을 일일이 풀어서 정답을 내는 것을 지양해야 함을 명심하는 것이다. 모든 조건들을 일일이 풀어서 해당사항을 찾아 낸다면 이는 너무 많은 시간을 필요로 한다. 따라서 해당 유형은 하나의 조건을 읽고 바로 보기로 넘어가서 해당하지 않는 것들을 소거해 나가는 방식으로 접근할 필요가 있다.

이 유형 역시 매년 나오는 유형이며, 익숙해진다면 시간 단축에 큰 도움이 되는 유형이다. 다만 간혹 유형 파악을 복수의 표와 연계 하여 난도를 높이는 경우도 있으므로, 문제 선별에 유의해야 한다. 특히 매칭 후 사실 판단 정오를 묻는 문제는 보통 난도가 높은 경 우가 많다.

2 발문 유형

- 다음 〈표〉와 〈조건〉에 근거하여 A∼D에 해당하는 것을 바르게 나열한 것은?
- 다음 〈표〉와 〈조건〉을 근거로, A∼D에 대한 설명 중 옳지 않은 것은?

3 접근법

각각을 모두 매칭한다는 생각을 버리는 것이 좋다. 우리의 목적은 답을 찾는 것이므로, 하나의 조건을 사용한 후, 해당하지 않는 선 지를 지우는 것이 먼저다. 선지를 지운 뒤, 해당하는 것들 중에서만 답을 찾는다면 더 쉽게 찾을 수 있다. 즉 계속 매칭 – 소거를 반 복하는 것이다. 그리고 확정적인 정보가 있거나 쉽게 찾을 수 있는 정보가 있다면 이를 먼저 검토해서 선지를 소거하는 것이 더 현 명한 방법이다.

4 생각해 볼 부분

처음에는 익숙하지 않아서 소거 방법이 불편할 수 있으나, 노력을 통해 익숙해진다면 해당 유형은 시간을 단축하는 데 큰 도움이 된 다. 매칭형은 소거법이란 것을 반드시 기억할 필요가 있다. 또한 각주는 반드시 읽어야 한다. 이는 문제를 푸는 큰 힌트로 작용하기 때문이다.

위에도 언급했지만, 단순 매칭의 경우 시간 단축에 큰 도움이 된다. 우리가 주의해야 할 것은 매칭 후 정오를 판단하거나 매칭 후 추 가적인 계산을 요구하는 문제들이다. 이 경우에는 쉽게 매칭이 될 것 같은지 파악한 후, 포기하든지, 풀든지 선택할 필요가 있다. 우 리의 적은 시간이란 것을 명심하도록 하자.

다음 〈표〉는 ○○지역의 해수욕장 수질기준 및 해수욕장별 수질 조사 결과이다. 〈조건〉을 이용하여 〈표 3〉의 A~D에 해당하는 해수욕장을 바르게 나열한 것은?

난도 중

풀이시간 1분 40초 내

합격생 가이드

대장균군수와 같이 다른 조건과 관계 없이 탈락시키는 조건은 먼저 적용하여 계산 대상을 줄이는 것이 좋다.

대표문항으로 선정한 이유

가장 먼저 적용해야 하는 조건을 분명히 보여준다. 대장균 조건의 경우 다른 조건과 무관하게 무조건적으로 선택 가능성을 제거하기 때문이다. 실전에서도 이런 조건을 먼저 적용해 선택의 범위를 좁히도록 하자.
그리고 항상 단위에 신경써서 실수를 줄이는 것도 매우 중요하다.

〈표 1〉 해수욕장 수질기준

(단위 : 점)

총점	4~8	9~12	13~16
수질기준	적합	관리요망	부적합

※ 1) 수질기준 총점은 조사항목별 점수의 합을 의미함
　 2) 대장균군수가 1,000MPN/100mL 이상인 경우 수질기준 총점과 관계없이 '부적합'으로 봄

〈표 2〉 해수욕장 수질 조사항목별 점수

(단위 : mg/L)

점수	조사항목			
	부유 물질량	화학적 산소요구량	암모니아 질소	총인
1	10 이하	1 이하	0.15 이하	0.03 이하
2	10 초과 20 이하	1 초과 2 이하	0.15 초과 0.3 이하	0.03 초과 0.05 이하
3	20 초과 30 이하	2 초과 4 이하	0.3 초과 0.5 이하	0.05 초과 0.09 이하
4	30 초과	4 초과	0.5 초과	0.09 초과

〈표 3〉 해수욕장별 수질 조사 결과

해수욕장	부유 물질량 (mg/L)	화학적 산소요구량(mg/L)	암모니아 질소 (mg/L)	총인 (mg/L)	대장균 군수 (MPN/100mL)
A	27.4	3.7	0.144	0.084	1,432
B	9.2	1.4	0.021	0.021	33
박재	32.3	4.3	0.038	0.097	884
C	31.0	1.7	0.187	0.037	16
D	2.9	0.9	0.019	0.016	2

── 〈조 건〉 ──

• 수질기준이 '적합'인 해수욕장은 '서지'와 '호민'이다.
• 부유물질량의 항목점수가 총인의 항목점수보다 큰 해수욕장은 '남현'이다.
• 수질기준이 '부적합'인 해수욕장은 '박재'와 '수련'이다.
• '수련' 해수욕장 수질기준 총점은 '서지' 해수욕장 수질기준 총점의 두 배이다.

	A	B	C	D
①	수련	서지	호민	남현
②	수련	호민	남현	서지
③	남현	호민	수련	서지
④	서지	수련	남현	호민
⑤	수련	서지	남현	호민

정답해설

첫 번째 조건에서 수질기준이 적합인 것이 서지와 호민이기 때문에, 각주의 조건을 적용할 때 대장균이 100MPN/100ml 이상인 A는 서지나 호민이 될 수 없다. 따라서 ④가 소거된다. 또한 〈표 3〉을 볼 때 A 외에 눈에 띄게 부유 물질량과 암모니아 질소의 단위가 다른 C는 빠르게 계산시 관리요망에 해당함을 쉽게 알 수 있다. 따라서 B와 D가 서지 혹은 호민이며, 다른 부분에 서지와 호민이 들어간 ①도 소거된다. 부유물질량의 점수가 총인의 점수보다 큰 것은 C이므로 ③도 제거된다. 부적합을 받은 것이 박재와 수련이므로 A가 수련이다. B 계산 시 5점이고 A는 10점이므로 B가 서지가 된다. ②가 소거되며 답은 ⑤가 된다.

답 ⑤

01 ⊙△✕　　　　　　　　　　　　　　　19 행시(가) 8번

다음 〈표〉는 1996~2015년 생명공학기술의 기술분야별 특허건수와 점유율에 관한 자료이다. 〈표〉와 〈조건〉에 근거하여 A~D에 해당하는 기술분야를 바르게 나열한 것은?

〈표〉 1996~2015년 생명공학기술의 기술분야별 특허건수와 점유율

(단위 : 건, %)

구분\기술분야	전세계 특허건수	미국 점유율	한국 특허건수	한국 점유율
생물공정기술	75,823	36.8	4,701	6.2
A	27,252	47.6	1,880	( )
생물자원탐색기술	39,215	26.1	6,274	16.0
B	170,855	45.6	7,518	( )
생물농약개발기술	8,122	42.8	560	6.9
C	20,849	8.1	4,295	( )
단백질체기술	68,342	35.1	3,622	5.3
D	26,495	16.8	7,127	( )

※ 해당국의 점유율(%)＝$\dfrac{\text{해당국의 특허건수}}{\text{전세계 특허건수}}\times100$

── 〈조 건〉 ──

• '발효식품개발기술'과 '환경생물공학기술'은 미국보다 한국의 점유율이 높다.
• '동식물세포배양기술'에 대한 미국 점유율은 '생물농약개발기술'에 대한 미국 점유율보다 높다.
• '유전체기술'에 대한 한국 점유율과 미국 점유율의 차이는 41%p 이상이다.
• '환경생물공학기술'에 대한 한국의 점유율은 25% 이상이다.

	A	B	C	D
①	동식물세포배양기술	유전체기술	발효식품개발기술	환경생물공학기술
②	동식물세포배양기술	유전체기술	환경생물공학기술	발효식품개발기술
③	발효식품개발기술	유전체기술	동식물세포배양기술	환경생물공학기술
④	유전체기술	동식물세포배양기술	발효식품개발기술	환경생물공학기술
⑤	유전체기술	동식물세포배양기술	환경생물공학기술	발효식품개발기술

02 ⊙△✕　　　　　　　　　　　　　　　19년 행시(가) 32번

다음 〈표〉는 2016~2018년 '갑'국 매체 A~D의 종사자 현황 자료이다. 이와 〈조건〉을 근거로 2018년 전체 종사자가 많은 것부터 순서대로 나열하면?

〈표〉 매체 A~D의 종사자 현황

(단위 : 명)

연도	매체	정규직 여성	정규직 남성	정규직 소계	비정규직 여성	비정규직 남성	비정규직 소계
2016	A	6,530	15,824	22,354	743	1,560	2,303
	B	3,944	12,811	16,755	1,483	1,472	2,955
	C	3,947	7,194	11,141	900	1,650	2,550
	D	407	1,226	1,633	31	57	88
2017	A	5,957	14,110	20,067	1,017	2,439	3,456
	B	2,726	11,280	14,006	1,532	1,307	2,839
	C	3,905	6,338	10,243	1,059	2,158	3,217
	D	370	1,103	1,473	41	165	206
2018	A	6,962	17,279	24,241	966	2,459	3,425
	B	4,334	13,002	17,336	1,500	1,176	2,676
	C	6,848	10,000	16,848	1,701	2,891	4,592
	D	548	1,585	2,133	32	593	625

── 〈조 건〉 ──

• 2017년과 2018년 '통신'의 비정규직 종사자는 전년대비 매년 증가하였다.
• 2017년 여성 종사자가 가장 많은 매체는 '종이신문'이다.
• 2018년 '방송'의 정규직 종사자 수 대비 비정규직 종사자수의 비율은 20% 미만이다.
• 2016년에 비해 2017년에 남성 종사자가 감소했고 여성 종사자가 증가한 매체는 '인터넷신문'이다.

① 종이신문－방송－인터넷신문－통신
② 종이신문－인터넷신문－방송－통신
③ 통신－종이신문－인터넷신문－방송
④ 통신－인터넷신문－종이신문－방송
⑤ 인터넷신문－방송－종이신문－통신

03 ○△✕

다음 〈표〉는 2010~2012년 남아공, 멕시코, 브라질, 사우디, 캐나다, 한국의 이산화탄소 배출량에 대한 자료이다. 다음 〈조건〉을 근거로 하여 A~D에 해당하는 국가를 바르게 나열한 것은?

〈표〉 2010~2012년 국가별 이산화탄소 배출량

(단위 : 천만 톤, 톤/인)

국가	연도 구분	2010	2011	2012
한국	총배출량	56.45	58.99	59.29
	1인당 배출량	11.42	11.85	11.86
멕시코	총배출량	41.79	43.25	43.58
	1인당 배출량	3.66	3.74	3.75
A	총배출량	37.63	36.15	37.61
	1인당 배출량	7.39	7.01	7.20
B	총배출량	41.49	42.98	45.88
	1인당 배출량	15.22	15.48	16.22
C	총배출량	53.14	53.67	53.37
	1인당 배출량	15.57	15.56	15.30
D	총배출량	38.85	40.80	44.02
	1인당 배출량	1.99	2.07	2.22

※ 1인당 배출량(톤/인) = $\dfrac{총배출량}{인구}$

―― 〈조 건〉 ――

• 1인당 이산화탄소 배출량이 2011년과 2012년 모두 전년대비 증가한 국가는 멕시코, 브라질, 사우디, 한국이다.
• 2010~2012년 동안 매년 인구가 1억 명 이상인 국가는 멕시코와 브라질이다.
• 2012년 인구는 남아공이 한국보다 많다.

	A	B	C	D
①	남아공	사우디	캐나다	브라질
②	남아공	브라질	캐나다	사우디
③	캐나다	사우디	남아공	브라질
④	캐나다	브라질	남아공	사우디
⑤	캐나다	남아공	사우디	브라질

04 ○△✕

다음 〈표〉는 스마트폰 기종별 출고가 및 공시지원금에 대한 자료이다. 〈조건〉과 〈정보〉를 근거로 A~D에 해당하는 스마트폰 기종 '갑'~'정'을 바르게 나열한 것은?

〈표〉 스마트폰 기종별 출고가 및 공시지원금

(단위 : 원)

기종 구분	출고가	공시지원금
A	858,000	210,000
B	900,000	230,000
C	780,000	150,000
D	990,000	190,000

―― 〈조 건〉 ――

• 모든 소비자는 스마트폰을 구입할 때 '요금할인' 또는 '공시지원금' 중 하나를 선택한다.
• 사용요금은 월정액 51,000원이다.
• '요금할인'을 선택하는 경우의 월 납부액은 사용요금의 80%에 출고가를 24(개월)로 나눈 월 기기값을 합한 금액이다.
• '공시지원금'을 선택하는 경우의 월 납부액은 출고가에서 공시지원금과 대리점보조금(공시지원금의 10%)을 뺀 금액을 24(개월)로 나눈 월 기기값에 사용요금을 합한 금액이다.
• 월 기기값, 사용요금 이외의 비용은 없고, 10원 단위 이하 금액은 절사한다.
• 구입한 스마트폰의 사용기간은 24개월이고, 사용기간 연장이나 중도해지는 없다.

―― 〈정 보〉 ――

• 출고가 대비 공시지원금의 비율이 20% 이하인 스마트폰 기종은 '병'과 '정'이다.
• '공시지원금'을 선택하는 경우의 월 납부액보다 '요금할인'을 선택하는 경우의 월 납부액이 더 큰 스마트폰 기종은 '갑' 뿐이다.
• '공시지원금'을 선택하는 경우 월 기기값이 가장 작은 스마트폰 기종은 '정'이다.

	A	B	C	D
①	갑	을	정	병
②	을	갑	병	정
③	을	갑	정	병
④	병	을	정	갑
⑤	정	병	갑	을

05 ☐△✕   14년 행시(A) 3번

다음 〈표〉는 2010~2012년 농림수산식품 수출액 순위 상위 10개 품목에 대한 자료이다. 다음 〈조건〉을 근거로 하여 A~E에 들어갈 5개 품목(궐련, 김, 라면, 면화, 사과)을 바르게 나열한 것은?

〈표〉 농림수산식품 수출액 순위 상위 10개 품목

(단위 : 천 톤, 백만 불)

순위	2010년			2011년			2012년		
	품목	수출물량	수출액	품목	수출물량	수출액	품목	수출물량	수출액
1	배	10.5	24.3	인삼	0.7	37.8	인삼	0.5	22.3
2	인삼	0.4	23.6	배	7.7	19.2	배	6.5	20.5
3	(A)	7.3	15.2	유자차	5.7	12.6	(C)	1.6	18.4
4	김치	37.5	15.0	(C)	0.6	8.1	유자차	7.0	14.6
5	유자차	4.8	9.7	비스킷	1.8	7.9	비스킷	2.4	8.8
6	비스킷	1.8	7.2	(B)	3.5	7.4	(E)	0.5	8.7
7	(B)	5.4	6.9	(A)	2.1	6.2	고등어	4.7	7.0
8	(C)	0.4	5.7	(D)	2.0	6.0	(B)	4.9	6.7
9	(D)	1.8	5.2	(E)	0.4	5.9	(D)	1.8	5.3
10	(E)	0.4	4.8	펄프	8.4	5.4	(A)	1.0	3.7

──── 〈조 건〉 ────

• 궐련과 김은 매년 수출액이 증가하였다.
• 2011년 면화의 수출물량은 전년보다 감소하였으나 수출액은 전년보다 증가하였다.
• 사과의 수출액은 매년 감소하였다.
• 2010년에는 김이 라면보다 수출액이 적었으나, 2012년에는 김이 라면보다 수출액이 많았다.

	A	B	C	D	E
①	라면	궐련	면화	사과	김
②	라면	사과	면화	김	궐련
③	사과	라면	궐련	면화	김
④	사과	면화	김	라면	궐련
⑤	사과	면화	궐련	라면	김

06 ☐△✕   10년 행시(인) 31번

다음 〈보고서〉에 언급된 A, B, C국과 〈표〉의 '가', '나', '다'국을 가장 바르게 짝지은 것은?

──── 〈보고서〉 ────

• A국의 2006년 4분기 소매판매 증가율과 수출 증가율은 3분기보다 감소하여 경제성장이 둔화되는 모습을 보이고 있다. A국 중앙은행은 정책기준금리를 두 차례 연속 동결하였다. 이는 에너지가격 상승세 둔화, 인플레이션 기대심리 진정, 금리인상 효과에 따라 인플레이션 압력이 점차 완화될 것으로 예상되기 때문이다.
• B국의 2006년 4분기 산업생산 증가율은 3분기보다 감소하였다. B국의 수출 증가율은 2005년에는 2분기 이후 매분기 감소하였으나 2006년에는 매분기 증가하였다.
• C국의 2006년 4분기 산업생산 증가율과 소매판매 증가율은 수출 확대와 2006년 3분기 지표 부진에 대한 반등효과로 인해 증가하였다. 하지만 시장에서는 성장을 중시하는 새 총리의 취임으로 추가 금리 인상이 순조롭지는 않을 것으로 전망하고 있다.

〈표〉 2005~2006년 '가', '나', '다'국 경제동향

(단위 : %)

구분	연도 분기	2005년				2006년			
		1/4	2/4	3/4	4/4	1/4	2/4	3/4	4/4
'가'국	실질GDP	2.6	1.1	0.5	1.0	0.8	0.2	−	−
	산업생산	1.1	0.0	−0.5	2.7	0.6	0.9	−0.9	1.9
	소매판매	1.1	0.5	1.5	0.1	1.8	0.4	−1.6	2.0
	수출	7.3	4.3	7.4	13.4	17.6	14.7	14.2	17.7
'나'국	실질GDP	3.2	3.3	4.1	1.7	5.6	2.6	−	−
	산업생산	3.3	1.6	1.4	5.3	5.1	6.6	0.4	−0.1
	소매판매	7.2	2.4	1.9	0.5	3.2	0.8	1.4	0.2
	수출	3.1	2.9	3.3	3.1	2.8	3.0	2.5	1.6
'다'국	실질GDP	10.2	10.1	9.8	9.9	10.3	11.3	−	−
	산업생산	7.2	3.1	4.2	2.1	2.8	3.4	0.6	0.5
	소매판매	16.4	16.5	16.2	16.4	15.9	18.0	16.7	15.7
	수출	15.0	14.2	13.1	12.9	13.8	14.3	15.2	17.1

※ 표 안의 수치는 전분기 대비 증가율임

	'가'국	'나'국	'다'국
①	B	A	C
②	C	A	B
③	A	B	C
④	C	B	A
⑤	A	C	B

07 ☐○△☒

다음 〈표〉와 〈보기〉는 경기도, 충청도, 전라도, 경상도, 강원도의 종교인 구성비를 나타낸 자료이다. C와 E에 해당하는 지역을 바르게 나열한 것은?

〈표〉 지역별 종교인 구성비

(단위 : %)

지역＼종교	(가)	(나)	(다)
A	32	34	34
B	51	32	17
C	19	32	49
D	32	36	32
E	17	30	53

― 〈보 기〉 ―

• 강원도의 (가)종교인 비율과 충청도의 (다)종교인 비율을 합하면, 경기도의 (나)종교인 비율과 같다.
• 강원도의 (가)종교인 비율과 경기도의 (가)종교인 비율을 합하면, 전라도의 (다)종교인 비율과 같다.

	C	E
①	강원도	경기도
②	충청도	전라도
③	전라도	강원도
④	경상도	충청도
⑤	전라도	경기도

08 ☐○△☒

다음 〈표〉는 루마니아, 불가리아, 세르비아, 체코, 헝가리 등 5개국의 GDP 대비 산업 생산액 비중에 관한 자료이다. 〈보기〉의 설명을 참고하여 B, E에 해당하는 국가를 바르게 나열한 것은?

〈표〉 국가별 GDP 대비 산업 생산액 비중

(단위 : %)

국가＼산업	농업	제조업	서비스업	합
A	14	54	32	100
B	5	35	60	100
C	4	36	60	100
D	3	29	68	100
E	1	25	74	100

― 〈보 기〉 ―

• 세르비아와 루마니아 각국의 GDP 대비 제조업 생산액 비중을 합하면 헝가리의 GDP 대비 제조업 생산액 비중과 같다.
• 세르비아와 불가리아 각국의 GDP 대비 농업 생산액 비중을 합하면 체코의 GDP 대비 농업 생산액 비중과 같다.

	B	E
①	체코	세르비아
②	세르비아	불가리아
③	불가리아	세르비아
④	불가리아	루마니아
⑤	체코	루마니아

01 ○△✕　　　　　　　　　　　　　　15년 행시(인) 15번

다음 〈표〉는 2006~2010년 국내 버스운송업의 업체 현황에 관한 자료이다. 〈표〉와 〈보기〉를 근거로 A, B, D에 해당하는 유형을 바르게 나열한 것은?

〈표〉 국내 버스운송업의 유형별 업체수, 보유대수, 종사자수

(단위 : 개, 대, 명)

유형	구분	2006	2007	2008	2009	2010
A	업체수	10	10	8	8	8
	보유대수	2,282	2,159	2,042	2,014	1,947
	종사자수	5,944	5,382	4,558	4,381	4,191
B	업체수	99	98	96	92	90
	보유대수	2,041	1,910	1,830	1,730	1,650
	종사자수	3,327	3,338	3,341	3,353	3,400
C	업체수	105	95	91	87	84
	보유대수	7,907	7,529	7,897	7,837	7,901
	종사자수	15,570	14,270	14,191	14,184	14,171
D	업체수	325	339	334	336	347
	보유대수	29,239	30,036	30,538	30,732	32,457
	종사자수	66,191	70,253	70,404	71,126	74,427

〈보 기〉

• 시내버스와 농어촌버스의 종사자수는 각각 매년 증가한 반면, 시외일반버스와 시외고속버스 종사자수는 각각 매년 감소하였다.
• 2010년 업체당 종사자수가 2006년에 비해 감소한 유형은 시외고속버스이다.
• 농어촌버스의 업체당 보유대수는 매년 감소하였다.

	A	B	D
①	농어촌버스	시외고속버스	시내버스
②	농어촌버스	시내버스	시외고속버스
③	시외일반버스	농어촌버스	시내버스
④	시외고속버스	시내버스	농어촌버스
⑤	시외고속버스	농어촌버스	시내버스

02 ○△✕　　　　　　　　　　　　　　14년 행시(A) 32번

다음 〈표〉는 어느 해 12월말 기준 '가' 지역의 개설 및 등록 의료기관 수에 대한 자료이다. 〈표〉와 〈조건〉을 근거로 하여 A~D에 해당하는 의료기관을 바르게 나열한 것은?

〈표〉 '가' 지역의 개설 및 등록 의료기관 수

(단위 : 개소)

의료기관	개설 의료기관 수	등록 의료기관 수
A	2,784	872
B	( )	141
C	1,028	305
D	( )	360

※ 등록률(%) = 등록 의료기관 수 / 개설 의료기관 수 × 100

〈조 건〉

• 등록률이 30% 이상인 의료기관은 '종합병원'과 '치과'이다.
• '종합병원' 등록 의료기관 수는 '안과' 등록 의료기관 수의 2.5배 이상이다.
• '치과' 등록 의료기관 수는 '한방병원' 등록 의료기관 수보다 작다.

	A	B	C	D
①	한방병원	종합병원	안과	치과
②	한방병원	종합병원	치과	안과
③	종합병원	치과	안과	한방병원
④	종합병원	치과	한방병원	안과
⑤	종합병원	안과	한방병원	치과

03 ⊙□△✕

다음 〈표〉와 〈그림〉은 조선총독부자료와 박은식의 『한국독립운동지혈사』에서 발췌한 3·1 운동 관련 자료이다. 이에 대해 〈조건〉을 적용할 때, 각 지역에 대한 설명으로 옳은 것은?

〈표〉 지역별 3·1 운동 현황(조선총독부자료)

(단위 : 회, 명)

지역	횟수	3·1 운동 참여자 중 사상자		3·1 운동 관련 일제관헌 사상자	
		사망	부상	사망	부상
가	225	72	240	2	22
나	26	14	17	0	0
다	102	67	171	0	28
라	134	231	515	6	26
마	131	79	205	0	31

〈그림〉 지역별 3·1 운동 참여자 및 사망자 현황
(박은식, 『한국독립운동지혈사』)

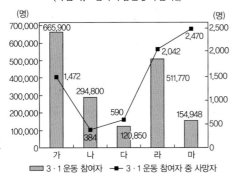

■ 3·1 운동 참여자　■ 3·1 운동 참여자 중 사망자

─── 〈조 건〉 ───

• 『한국독립운동지혈사』에 따르면 경기도의 3·1 운동 참여자 수는 충청도의 5배 이상이다.
• 『한국독립운동지혈사』에 따르면 '3·1 운동 참여자' 수 대비 '3·1 운동 참여자 중 사망자' 수의 비율은 경상도가 평안도보다 크다.
• 조선총독부자료의 '3·1 운동 참여자 중 사상자' 수와 『한국독립운동지혈사』의 '3·1 운동 참여자 중 사망자' 수의 차이는 경상도가 전라도보다 크다.
• 조선총독부자료에 따르면 3·1 운동 관련 일제관헌 사망자가 발생한 곳은 경기도와 평안도이다.

① 조선총독부자료에 따르면 가장 많은 횟수의 3·1 운동이 일어난 지역은 경상도이다.
② 『한국독립운동지혈사』에 따르면 3·1 운동 참여자 수가 두 번째로 적은 지역은 전라도이다.
③ 조선총독부자료에 따르면 일제관헌 부상자가 가장 많이 발생한 지역은 경기도이다.
④ 조선총독부자료에 따르면 일제관헌 사상자 수가 가장 많은 지역은 평안도이다.
⑤ 『한국독립운동지혈사』에 따르면 충청도의 3·1 운동 참여자 수 대비 사망자 수의 비율은 0.5%를 초과한다.

04 ⊙□△✕

다음 〈그림〉은 4개 지역(오그덴, 프리토리아, 르망, 펠로타스)의 3가지 곡물(옥수수, 귀리, 밀) 경지면적 비중을 나타낸 것이다. 다음 〈조건〉에 따라 〈그림〉에 제시된 지역이 결정된다고 할 때 옳지 않은 것은?

〈그림〉 4개 지역의 곡물 경지면적 비중

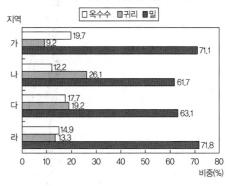

※ 위 지역에서는 세 가지 곡물 외 다른 곡물은 재배하지 않음

─── 〈조 건〉 ───

• 밀 경지면적의 비중을 지역별로 비교하면 오그덴이 가장 크다.
• 밀 경지면적의 비중은 프리토리아가 르망보다 크다.
• 옥수수 경지면적의 비중은 르망이 펠로타스보다 크다.
• 옥수수 경지면적의 비중은 프리토리아가 펠로타스보다 크다.

① 밀 경지면적의 비중은 르망이 펠로타스보다 크다.
② 프리토리아의 옥수수 경지면적 비중은 18% 이상이다.
③ 귀리 경지면적의 비중을 지역별로 비교했을 때, 가장 큰 지역은 펠로타스이다.
④ 옥수수 경지면적의 비중을 지역별로 비교했을 때, 가장 큰 지역은 르망이다.
⑤ 만약 오그덴의 전체 곡물 경지면적 규모가 펠로타스의 전체 곡물 경지면적 규모의 2배라면, 오그덴의 귀리 경지면적은 펠로타스의 귀리 경지면적보다 넓다.

05 ☐△✕　　　　　　　10년 행시(인) 28번

다음 〈보고서〉에 부합하는 유아집단을 고르면?

― 〈보고서〉 ―

어느 국가에서 사교육의 효과를 알아보기 위해, 사교육 경험이 없는 4세 유아들을 대상으로 언어논리적 사고능력과 창의적 사고능력을 측정하였다. 그리고 이 유아들을 두 집단으로 나누어 한 집단에는 사교육을 실시하고 다른 집단에는 사교육을 실시하지 않은 후, 6세 때 다시 두 능력을 측정하였다.

그 결과, 연령과 사교육의 유무에 따라 다음과 같은 점들이 발견되었다. 첫째, 언어논리적 사고능력과 창의적 사고능력 둘 다 사교육 경험 유무와 상관없이 연령의 증가에 따라 평가점수가 높아졌다. 둘째, 6세 유아들의 언어논리적 사고능력은 사교육 유무에 따라 차이가 나타났다. 즉, 언어논리적 사고능력의 평가점수는 사교육 경험이 있는 6세 유아들이 그렇지 않은 6세 유아들보다 높았다. 셋째, 4세에서 6세 사이 사교육 경험 유무에 따른 언어논리적 사고능력의 증가율 차이는 50%p 이상이었으나, 같은 시기 사교육 경험 유무에 따른 창의적 사고능력의 증가율 차이는 1%p 미만이었다. 본 조사에 따르면, 언어논리적 사고능력의 발달은 사교육에 따른 형식적 훈련에 영향을 받으나 창의적 사고능력은 사교육에 근거한 형식적 교육보다는 연령의 증가에 따른 일상적 경험으로 자연스럽게 발달한다는 것을 알 수 있다.

〈표〉 사교육 경험 유무에 따른 연령별 사고능력 평가점수

(단위 : 점)

사교육 경험		없음 → 없음				없음 → 있음			
사고능력 종류		언어논리력		창의력		언어논리력		창의력	
연령		4세	6세	4세	6세	4세	6세	4세	6세
유아 집단	ㄱ	39	45	48	69	40	71	47	68
	ㄴ	38	70	46	66	38	41	49	70
	ㄷ	45	54	46	80	40	48	47	77
	ㄹ	40	60	45	85	35	70	48	72
	ㅁ	36	51	59	51	35	49	45	73

① ㄱ

② ㄴ

③ ㄷ

④ ㄹ

⑤ ㅁ

LEVEL III 상급

01 ◎△× 18년 행시(나) 15번

다음 〈표〉와 〈그림〉은 2015년과 2016년 '갑'～'무'국의 경상수지에 관한 자료이다. 이와 〈조건〉을 이용하여 A～E에 해당하는 국가를 바르게 나열한 것은?

〈표〉 국가별 상품수출액과 서비스수출액

(단위 : 백만 달러)

국가	연도 항목	2015	2016
A	상품수출액	50	50
	서비스수출액	30	26
B	상품수출액	30	40
	서비스수출액	28	34
C	상품수출액	60	70
	서비스수출액	40	46
D	상품수출액	70	62
	서비스수출액	55	60
E	상품수출액	50	40
	서비스수출액	27	33

〈그림 1〉 국가별 상품수지와 서비스수지

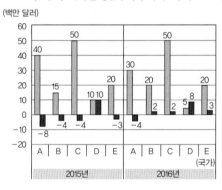

※ 상품(서비스)수지＝상품(서비스)수출액－상품(서비스)수입액

〈그림 2〉 국가별 본원소득수지와 이전소득수지

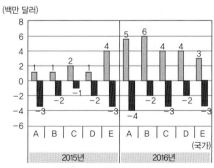

〈조 건〉

• 2015년 대비 2016년의 상품수입액 증가폭이 동일한 국가는 '을'국과 '정'국이다.
• 2015년과 2016년의 서비스수입액이 동일한 국가는 '을'국, '병'국, '무'국이다.
• 2015년 본원소득수지 대비 상품수지 비율은 '병'국이 '무'국의 3배이다.
• 2016년 '갑'국과 '병'국의 이전소득수지는 동일하다.

	A	B	C	D	E
①	을	병	정	갑	무
②	을	무	갑	정	병
③	정	갑	을	무	병
④	정	병	을	갑	무
⑤	무	을	갑	정	병

02 ◎△× 18년 행시(나) 18번

다음 〈표〉는 특별·광역·특별자치시의 도로현황이다. 이를 바탕으로 〈조건〉을 모두 만족하는 두 도시 A, B를 비교한 것으로 옳은 것은?

〈표〉 특별·광역·특별자치시의 도로현황

구분	면적 (km²)	인구 (천 명)	도로 연장 (km)	포장 도로 (km)	도로 포장률 (%)	면적당 도로 연장 (km/km²)	인구당 도로 연장 (km/천 명)	자동차 대수 (천 대)	자동차 당 도로 연장 (km/천 대)	도로 보급률
서울	605	10,195	8,223	8,223	100.0	13.59	0.81	2,974	2.76	3.31
부산	770	3,538	3,101	3,022	97.5	4.03	0.88	1,184	2.62	1.88
대구	884	2,506	2,627	2,627	100.0	2.97	1.05	1,039	2.53	1.76
인천	1,041	2,844	2,743	2,605	95.0	2.63	0.96	1,142	2.40	1.59
광주	501	1,469	1,806	1,799	99.6	3.60	1.23	568	3.18	2.11
대전	540	1,525	2,077	2,077	100.0	3.85	1.36	606	3.43	2.29
울산	1,060	1,147	1,760	1,724	98.0	1.66	1.53	485	3.63	1.60
세종	465	113	412	334	81.1	0.89	3.65	53	7.77	1.80
전국	100,188	50,948	106,440	87,798	82.5	1.06	2.09	19,400	5.49	1.49

〈조 건〉

• 자동차당 도로연장은 A시와 B시 모두 전국보다 짧다.
• A시 인구는 B시 인구의 2배 이상이다.
• A시는 B시에 비해 면적이 더 넓다.
• A시는 B시에 비해 도로포장률이 더 높다.

① 자동차 대수 : A＜B
② 도로보급률 : A＜B
③ 면적당 도로연장 : A＞B
④ 인구당 도로연장 : A＞B
⑤ 자동차당 도로연장 : A＞B

03 ○△✕

다음 〈표〉는 2011년 국내 6개 유망 벤처기업의 매출액과 CEO 연봉에 대한 자료이다. 〈표〉와 〈보기〉를 근거로 하여 (A)~(E)에 해당하는 벤처기업을 바르게 나열한 것은?

〈표〉 2011년 국내 6개 유망 벤처기업의 매출액과 CEO 연봉

(단위 : 억 원)

벤처기업	매출액	CEO 연봉
(A)	( )	9.5
(B)	155	7.5
(C)	445	( )
(D)	600	( )
(E)	290	8.5
TB기술	185	5.0

─── 〈보 기〉 ───

ㄱ. GF환경의 매출액은 6개 기업 중 매출액 하위 3개 기업의 매출액 합과 동일하다.

ㄴ. GF환경 CEO는 매출액의 2.5%를 연봉으로 받는다.

ㄷ. 과천파밍 CEO 연봉은 TB기술 CEO 연봉의 2배이다.

ㄹ. OH케미컬 CEO는 블루테크 CEO보다 매출액 대비 연봉이 높다.

ㅁ. KOREDU와 TB기술의 매출액 합은 과천파밍의 매출액과 동일하다

	(A)	(B)	(C)	(D)	(E)
①	KOREDU	OH케미컬	과천파밍	GF환경	블루테크
②	KOREDU	과천파밍	GF환경	블루테크	OH케미컬
③	KOREDU	블루테크	과천파밍	GF환경	OH케미컬
④	OH케미컬	블루테크	GF환경	과천파밍	KOREDU
⑤	OH케미컬	블루테크	GF환경	KOREDU	과천파밍

04 ○△✕

다음 〈표〉는 2009년 주요 환경영향인자별 등급을 정하기 위한 자료이다. 아래 〈등급산정방식〉에 따라 등급을 산정할 때, 각 〈표〉의 (A)~(C)를 바르게 짝지은 것은?

─── 〈등급산정방식〉 ───

• '전문가순위값'은 전문가들의 투표를 거쳐 득표 수가 많은 인자 순서대로 1부터 7까지 부여한다.

• '평균중요도 순위값'은 인자별 4년(2005~2008년)간 중요도의 평균값이 큰 순서대로 1부터 7까지 부여한다.

• '최종등급'은 인자별로 '종합순위값'을 구한 후, 작은 값부터 1부터 7까지 차례로 등급을 부여하되, '종합순위값'이 동일하면 '평균중요도 순위값'이 작은 인자부터 등급을 부여한다.

※ 종합순위값 = 전문가순위값 + 평균중요도순위값 − 7

〈표 1〉 환경영향인자별 전문가 투표 결과

인자	득표 수	전문가순위값
수질	25	( )
지형·지질	11	( )
대기질	13	( )
(A)	27	1
자연경관	6	7
소음	10	( )
(B)	8	( )
합계	100	

〈표 2〉 환경영향인자별 연도별 중요도

인자	연도				평균중요도 순위값
	2005	2006	2007	2008	
지형·지질	70	50	70	60	1
동식물상	30	30	20	30	( )
자연경관	50	70	50	70	( )
대기질	60	40	60	40	( )
수질	40	60	40	50	( )
소음	20	20	30	10	( )
문화재	10	10	10	20	7

〈표 3〉 환경영향인자별 최종등급

인자	최종등급
지형·지질	1
동식물상	( )
자연경관	( )
대기질	(C)
수질	( )
소음	6
문화재	( )

	(A)	(B)	(C)
①	동식물상	문화재	2
②	문화재	동식물상	2
③	동식물상	문화재	3
④	문화재	동식물상	3
⑤	동식물상	문화재	4

05 ○△☒

다음 〈조건〉, 〈그림〉, 〈경기 결과〉에 근거하여 A~C에 해당하는 팀 (나)~(라)를 바르게 연결한 것은?

─〈조 건〉─

• 가산점을 포함한 3개 종목의 획득 점수(종합 점수)가 가장 높은 팀 이 종합 우승, 다음으로 높은 팀이 종합 준우승을 차지한다.

• 종합 점수가 같은 팀이 2개 이상일 때는 공동 수상한다.

• 각 종목별 경기에서 우승과 준우승은 1회의 토너먼트로 결정되며, 공동 우승과 공동 준우승은 없다.

• 경기종목은 축구, 야구, 농구 3개이며, 종목별 우승팀에게는 70점, 준우승팀에게는 50점의 점수가 주어진다.

• 경기에 참가한 (가)~(라)팀의 3개 종목 토너먼트 대진표는 동일하다.

〈그림〉 토너먼트 대진표

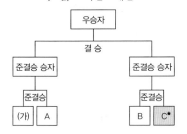

※ C*에 배정된 팀에게 종목별로 10점의 가산점이 주어짐

─〈경기 결과〉─

• 두 종목 이상에서 우승한 팀은 없었다.

• (가)는 축구에서 우승하였다.

• (나)와 (다)는 야구에서 결승에 진출하였다.

• (라)는 농구에서 준우승하였다.

• (나)는 종합 우승하고 (다)와 (라)는 공동으로 종합 준우승하였다.

	A	B	C
①	(나)	(다)	(라)
②	(나)	(라)	(다)
③	(다)	(나)	(라)
④	(다)	(라)	(나)
⑤	(라)	(나)	(다)

06 ○△☒

다음 〈그림〉은 다양한 직급의 구성원으로 이루어진 어느 회사의 개인 간 관계를 도식화한 것이며, '관계 차별성'은 〈정의〉와 같이 규정된다. 아래 직급의 조합 중, A와 C의 관계 차별성과 B와 D의 관계 차별성이 같은 것은?

〈그 림〉

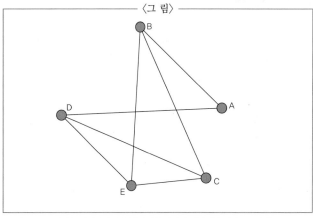

※ 점 A~E는 개인을 나타내며, 하나의 직선은 하나의 직접적인 관계를 의미함

─〈정 의〉─

• 관계 차별성 : 두 개인이 공통적으로 직접적인 관계를 맺고 있는 사람(들)의 직급 종류 수

– 예를 들어 P, Q, R, S 4명으로 구성된 조직의 개인 간 관계가 다음과 같을 때, P와 Q의 관계 차별성은 1임

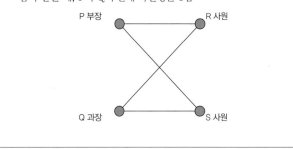

	A	B	C	D	E
①	부장	차장	사원	사원	과장
②	과장	과장	차장	부장	부장
③	과장	사원	부장	사원	과장
④	사원	과장	부장	과장	차장
⑤	사원	과장	과장	차장	사원

CHAPTER 06 전환형

1 유형의 이해

전환형 유형은 보고서(줄글), 그림, 표 등 상이한 형태의 자료를 서로 전환할 수 있는지 평가한다. 보통 하나의 자료를 글, 그림 등 다른 형태로 전환했을 때 옳지 않은 것을 찾도록 한다. 2개의 자료를 제시하는 것이 일반적이지만, 때로는 보고서와 표, 그림이 모두 섞여 있는 경우도 있다. 유형 자체의 난도는 그렇게 높지는 않으나 계산이 복잡해서 자칫 많은 시간이 소요될 수 있다. 매년 2~4문제씩 출제되고 있다.

2 발문 유형

- 다음 〈표〉를 이용하여 작성한 그래프로 옳지 않은 것은?
- 다음 〈표〉를 정리한 것으로 옳지 않은 것은?

3 접근법

첫째, 해결하기 쉬운 선지부터 접근해야 한다. 전환형 문제는 각 선지가 일정 수준의 계산을 요구하는 경우가 많다. 그렇다면 어떤 선지부터 해결해 나갈지 선택하는 것이 매우 중요하다. 단순 확인, 덧셈과 뺄셈, 곱셈과 나눗셈 순으로 선지를 소거해 나가자.

둘째, 어림산을 통한 해결해야 한다. 5급 공채 PSAT에서는 오답을 명확하게 제시한다. 잘못 전환된 자료의 수치가 실제에 비해 지나치게 작거나 지나치게 크다. 가령, 실제 증가율이 5%라면 오답은 10~15% 정도로 현저히 다르게 제시되며, 6~7%정도로 제시하는 경우는 없다. 따라서 정확하게 계산을 하기보다는 변화 경향이나 어림산을 통해 해결하면 된다.

셋째, 각 선지를 확실하게 해결해야 한다. 다른 유형도 마찬가지이지만, 전환형의 경우 하나의 선지를 잘못 판단하고(정답인데 아닌 것으로 판단하고) 다음 선지로 넘어갈 경우 엄청난 시간이 소요된다. 각 선지에 제시된 정보량이 많기 때문이다. 따라서 조금 시간이 걸리더라도 확실히 짚고 넘어가야 한다.

4 생각해 볼 부분

전환형은 오답이 매우 명확하기에 정답을 앞에 배치하지 않는다. 실제로 기출문제 중 ①이 정답인 경우는 단 한번이었다. 따라서 선지를 볼 때 앞에서부터 풀기보다는 ④-⑤-③-②-① 순으로 확인하는 것이 시간 단축에 도움이 된다.

다음 〈표〉는 2010~2016년 '갑'국의 신설법인 현황에 대한 자료이다. 〈표〉를 이용하여 작성한 그래프로 옳지 <u>않은</u> 것은?

〈표〉 2010~2016년 '갑'국의 신설법인 현황

(단위 : 개)

연도＼업종	농림수산업	제조업	에너지공급업	건설업	서비스업	전체
2010	1,077	14,818	234	6,790	37,393	60,312
2011	1,768	15,557	299	6,593	40,893	65,110
2012	2,067	17,733	391	6,996	46,975	74,162
2013	1,637	18,721	711	7,069	47,436	75,574
2014	2,593	19,509	1,363	8,145	53,087	84,697
2015	3,161	20,155	967	9,742	59,743	93,768
2016	2,391	19,037	1,488	9,825	63,414	96,155

① 2016년 신설법인의 업종별 구성비

(단위 : %)

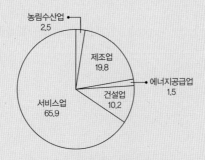

② 2011~2016년 제조업 및 서비스업 신설법인 수 추이

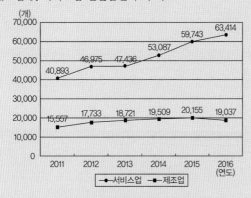

③ 2011~2016년 건설업 신설법인 수의 전년대비 증가율 추이

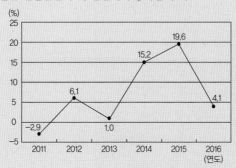

④ 2011~2016년 신설법인 중 서비스업 신설법인 비율

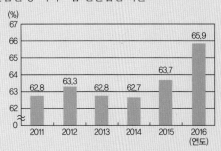

⑤ 2011~2016년 전체 신설법인 수의 전년대비 증가율 추이

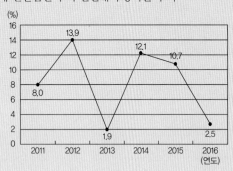

난도 중

풀이시간 2분 15초

합격생 가이드

문제를 하나하나 풀면서 함정이 어디에 있는지 확인해보자. 이를 통해 각 선지에서 어느 부분이 의심스러운가를 판단할 수 있게 된다. 특히 의심스러운 부분을 먼저 계산해 보면 시간을 확실히 단축할 수 있을 것이다.

대표문항으로 선정한 이유

전환형 문제는 유형의 큰 변화 없이 꾸준히 출제되고 있다. 이 문제는 표를 그림으로 전환하는 가장 전형적인 유형이다. 복잡한 것처럼 보이는 계산도 어떻게 접근해야 할지 이 문제를 풀면서 생각해보자.

정답해설

③ 옳지 않다. 2016년 건설업 신설법인 수는 9,825개이므로, 전년대비 증가율은 (9,825−9,742)÷9,742=0.8%이다. 정확한 비율을 계산할 필요는 없고, 각 연도별로 증감 정도를 어림하여 계산하면 된다.

오답해설

① 옳다. 2016년 신설법인의 업종별 현황을 살펴보면, 전체 69,155개 중 건설업이 9,825개, 제조업이 19,037개이다. 구성비를 일일이 계산하는 것보다는 각 업종의 비율을 서로 비교하는 것이 빠르다. 가령 제조업이 건설업의 2배에 약간 미치지 못하므로, 그림에서 제시된 비중이 옳다고 판단할 수 있다.

② 옳다. 표의 자료를 단순히 그래프에 옮겨 표현했다. 다만 서비스업과 제조업이 바뀌어 있는지만 확인하면 된다.

④ 옳다. 정확하게 계산하기보다는 전체 신설법인 수 증가율과 서비스업 신설법인 수 증가율을 비교하면서 비율 증감을 확인하면 충분하다. 가령 2012년의 경우 전체 신설법인 증가율은 9%에 미치지 못하지만, 서비스업 신설법인 증가율은 명확히 9%를 넘는다. 따라서 서비스업 신설법인 비율이 높아졌다고 판단할 수 있다. 선지 ⑤를 활용할 수도 있다.

⑤ 옳다. 어림산으로 대략적인 증가율만 확인하자. 꺾은선 그래프의 함정은 대부분 그래프의 꼭짓점에 있으므로 2013년 자료를 먼저 확인하는 것도 좋은 방법이다.

답 ③

01 ○△×

다음 〈보고서〉는 2005~2013년 신고 접수된 노(老)–노(老)학대 현황에 관한 자료이다. 〈보고서〉의 내용과 부합하지 <u>않는</u> 것은?

―〈보고서〉―

노(老)–노(老)학대란 노인인 학대행위자가 노인을 학대하는 것을 의미한다. 노(老)–노(老)학대는 주로 고령 부부 간의 배우자 학대, 고령 자녀 및 며느리에 의한 부모 학대, 그리고 노인이 본인 스스로를 돌보지 않는 자기방임 유형의 학대로 나타난다.

신고 접수된 노(老)–노(老)학대행위 건수는 2005~2013년 동안 매년 증가하였다. 2013년에 신고 접수된 노(老)–노(老)학대행위 건수는 총 1,374건으로, 이 건수는 학대행위자 수와 동일하였다. 또한 2013년 신고 접수된 노(老)–노(老)학대 행위 건수는 2005년 신고 접수된 노(老)–노(老)학대행위 건수의 300% 이상 증가하였다.

2013년 신고 접수된 노(老)–노(老)학대행위의 가구형태별 비율을 살펴보면, '노인단독' 가구형태가 36.3%로 가장 높고, '노인부부' 가구형태가 33.0%, '자녀동거' 가구형태가 17.4%의 비율을 나타내고 있다. 노(老)–노(老)학대의 가구형태 중에는 '자녀, 손자녀 동거', '손자녀 동거'와 같이 손자녀가 포함된 가구도 있다.

2013년 노(老)–노(老)학대의 학대행위자 유형별 학대행위 건수를 살펴보면, '아들'에 의한 학대가 '딸'에 의한 학대의 3배 이상이고 '며느리'에 의한 학대가 '사위'에 의한 학대의 4배 이상이다. '손자녀'에 의한 학대는 한 건도 없다.

2013년 노(老)–노(老)학대의 학대행위자 직업 유형을 살펴보면 '무직'이 70.0% 이상으로 가장 많은 비율을 차지하고 있다. '공무원', '전문직', '사무종사자' 합은 '무직'을 제외한 직업 유형에 속한 학대행위자의 10.0% 미만이다.

2013년 노(老)–노(老)학대를 신고한 신고자 유형을 살펴보면, 비신고의무자의 신고 건수가 전체 신고 건수의 75.0% 이상이다. 비신고의무자의 세부유형을 신고 건수가 많은 것부터 순서대로 나열하면 '관련기관', '학대피해노인 본인', '친족', '친족 외 타인', '학대행위자 본인' 순이다.

① 2005~2013년 노(老)–노(老)학대행위 건수

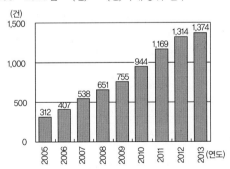

② 2013년 노(老)–노(老)학대행위의 가구형태별 비율

(단위 : %)

가구형태	노인단독	노인부부	자녀동거	자녀, 손자녀동거	손자녀동거	기타	계
비율	36.3	33.0	17.4	3.9	2.2	7.2	100.0

③ 2013년 노(老)–노(老)학대의 학대행위자 유형별 학대행위 건수

(단위 : 건)

| 학대행위자 유형 | 피해자 본인 | 친족 | | | | | | | | 친족 외 타인 | 기관 | 계 |
		배우자	아들	며느리	딸	사위	손자녀	친척	소계			
건수	370	530	198	29	53	6	0	34	850	122	32	1,374

④ 2013년 노(老)–노(老)학대의 학대행위자 직업 유형

(단위 : 명)

직업 유형	인원수
공무원	5
전문직	30
기술공	9
사무종사자	9
판매종사자	36
농·어·축산업 종사자	99
기능종사자	11
기계조작원	2
노무종사자	79
자영업자	72
기타	7
무직	1,015
계	1,374

⑤ 2013년 노(老)–노(老)학대의 신고자 유형별 신고 건수

(단위 : 건)

신고자 유형	세부유형	건수
신고의무자	의료인	15
	노인 복지시설 종사자	70
	장애인 복지시설 종사자	0
	가정폭력관련 종사자	41
	사회복지전담 공무원	122
	사회복지관, 부랑인 및 노숙인 보호시설 관련 종사자	11
	구급대원	4
	재가 장기요양기관 종사자	13
	건강가정지원센터 종사자	0
	소계	276
비신고의무자	학대피해노인 본인	327
	학대행위자 본인	5
	친족	180
	친족 외 타인	113
	관련기관	473
	소계	1,098
합계		1,374

02 ○△✕

다음 〈보고서〉는 국내 스마트폰 이용 행태를 조사한 자료이다. 〈보고서〉의 내용과 부합하지 <u>않는</u> 것은?

<보고서>

　전체 응답자 중 스마트폰 이용자는 3,701명, 스마트폰 비이용자는 2,740명이었다. 각 응답자는 모든 문항에 응답하였다.

　스마트폰 이용자의 연령대별 비율을 살펴본 결과, 가장 높은 비율을 차지하는 연령대의 비율과 가장 낮은 비율을 차지하는 연령대의 비율 차이는 25.5%p이다. 그리고 스마트폰 비이용자 중 40대 이상의 비율이 84.0%이다.

　스마트폰 이용자와 비이용자의 TV 시청빈도를 살펴본 결과, 스마트폰 이용자 중 매일 TV를 시청하는 사람은 2,000명 이상이다. TV를 시청하지 않는 스마트폰 비이용자가 TV를 시청하지 않는 스마트폰 이용자보다 적다.

　스마트폰 선택 시 고려하는 요소를 응답 비율이 높은 것부터 순서대로 나열하면 '단말기 브랜드', '이동통신사', '가격', '디자인', '운영체제' 순이다. '단말기 브랜드'와 '이동통신사'를 모두 고려한다는 응답 비율은 전체 응답의 55.9%이다.

　스마트폰 이용자의 콘텐츠별 이용 상황 비율을 살펴본 결과, 'TV 프로그램', '라디오 프로그램', '영화', '기타' 각각에서 '이동 중' 이용의 비율이 가장 높다. 그리고 '영화' 콘텐츠를 '이동 중'에만 이용하는 사람의 비율은 최소 20.8%, 최대 51.5%이다.

　한편, 스마트폰 비이용자의 스마트폰 비이용 이유를 살펴본 결과, '불필요해서'를 선택한 사람과 '이용요금이 비싸서'를 선택한 사람의 합은 1,800명 이상이다. 또한 '관심이 없어서'라고 응답한 사람의 비율은 15.7%이다.

① 연령대별 스마트폰 이용자와 비이용자

(단위 : %)

연령대	비율	스마트폰 이용자	스마트폰 비이용자
10대 이하	11.6	15.3	6.5
20대	15.3	24.9	2.3
30대	18.9	27.6	7.2
40대	19.8	21.4	17.8
50대	15.9	8.7	25.7
60대 이상	18.5	2.1	40.5
계	100.0	100.0	100.0

② 스마트폰 이용자와 비이용자의 TV 시청 빈도별 비율

(단위 : %)

TV시청 빈도 \ 구분	매일	1주일에 5~6일	1주일에 3~4일	1주일에 1~2일	시청 안 함	합
스마트폰 이용자	61.1	14.3	9.4	8.7	6.5	100.0
스마트폰 비이용자	82.0	7.4	3.9	3.4	3.3	100.0

③ 스마트폰 선택 시 고려 요소

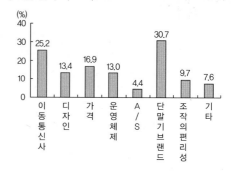

	이동통신사	디자인	가격	운영체제	A/S	단말기브랜드	조작의편리성	기타
(%)	25.2	13.4	16.9	13.0	4.4	30.7	9.7	7.6

※ 복수응답 가능

④ 스마트폰 이용자의 콘텐츠별 이용 상황

(단위 : %)

콘텐츠 \ 이용 상황	이동 중	약속 대기 중	집에서	회사 및 학교에서	기타
TV 프로그램	50.3	32.2	26.4	16.8	2.8
라디오 프로그램	57.9	32.7	22.6	15.9	3.4
영화	51.5	34.3	30.0	11.1	3.8
기타	42.3	32.0	37.3	20.4	5.2

※ 복수응답 가능

⑤ 스마트폰 비이용자의 스마트폰 비이용 이유

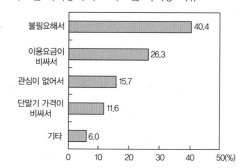

	(%)
불필요해서	40.4
이용요금이 비싸서	26.3
관심이 없어서	15.7
단말기 가격이 비싸서	11.6
기타	6.0

※ 복수응답 없음

03 ○△✕

다음 〈보고서〉는 2017년과 2018년 청소년활동 참여 실태에 관한 자료이다. 〈보고서〉의 내용과 부합하는 자료만을 〈보기〉에서 모두 고르면?

─────〈보고서〉─────

2018년 청소년활동 9개 영역 중 '건강·보건활동'의 참여경험(93.6%)이 가장 높게 나타났고, 다음으로 '문화예술활동'(85.2%), '모험개척활동'(57.8%) 순으로 높게 나타났다. 반면, 2017년과 2018년 모두 '교류활동'의 참여경험 비율이 가장 낮게 나타났다. 이와 더불어 2018년 향후 가장 참여를 희망하는 청소년활동으로는 '문화예술활동'(22.5%), '진로탐색·직업체험활동'(21.5%)의 순으로 높게 조사되었다.

2018년 청소년활동 참여형태에 대한 9개 항목 중 '학교에서 단체로 참여'라는 응답(46.0%)이 가장 높게 나타났으며, 다음으로 '교내 동아리활동으로 참여', '개인적으로 참여'의 순으로 높게 나타났다. 2018년 청소년활동을 가장 희망하는 시간대는 '학교 수업시간 중'(43.7%)으로 조사되었고, '기타'를 제외하고는 '방과 후'가 가장 낮은 비율로 조사되었다.

2018년 청소년활동에 대한 '전반적 만족도'는 3.37점으로 2017년보다 상승한 것으로 확인되었고, '지도자 만족도'가 '활동내용 만족도'보다 더 높은 것으로 나타났다. 또한, 2018년 청소년활동 정책 인지도 점수는 최소 1.15점에서 최대 1.42점으로 나타났다.

─────〈보 기〉─────

ㄱ. 청소년활동 영역별 참여경험 및 향후 참여희망 비율(2017~2018년)

(단위 : %)

구분	영역 / 연도	건강·보건활동	과학정보활동	교류활동	모험개척활동	문화예술활동	봉사활동	진로탐색·직업체험활동	환경보존활동	자기계발활동
참여경험	2017	93.7	53.6	26.5	55.7	79.7	55.4	63.8	42.4	41.3
	2018	93.6	61.2	33.9	57.8	85.2	62.9	72.5	48.8	50.8
향후참여희망	2017	9.7	11.6	3.6	16.4	21.1	5.0	21.0	1.7	4.7
	2018	8.2	11.1	3.0	17.0	22.5	5.4	21.5	1.8	3.5

ㄴ. 청소년활동 희망시간대(2018년)

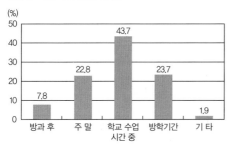

ㄷ. 청소년활동 참여형태(2017~2018년)

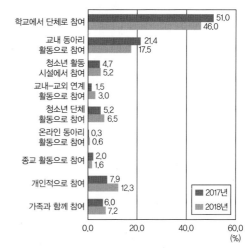

형태	2017년	2018년
학교에서 단체로 참여	51.0	46.0
교내 동아리 활동으로 참여	21.4	17.5
청소년 활동 시설에서 참여	4.7	5.2
교내~교외 연계 활동으로 참여	1.5	3.0
청소년 단체 활동으로 참여	5.2	6.5
온라인 동아리 활동으로 참여	0.3	0.6
종교 활동으로 참여	2.0	1.6
개인적으로 참여	7.9	12.3
가족과 함께 참여	6.0	7.2

ㄹ. 청소년활동 정책 인지도 점수(2017~2018년)

(단위 : 점)

항목 \ 연도	2017	2018
청소년수련활동인증제	1.24	1.27
국제청소년성취포상제	1.14	1.15
청소년어울림마당	1.40	1.42
청소년특별회의	1.28	1.30
청소년참여위원회	1.35	1.37
청소년운영위원회	1.41	1.44
청소년활동정보서비스	1.31	1.32
대한민국청소년박람회	1.29	1.28
청소년수련활동신고제	1.18	1.20

※ 점수가 높을수록 인지도가 높음

① ㄴ, ㄷ
② ㄴ, ㄹ
③ ㄷ, ㄹ
④ ㄱ, ㄴ, ㄷ
⑤ ㄱ, ㄷ, ㄹ

04 ○△✕

14년 행시(A) 31번

다음 〈보고서〉는 2009~2012년 A국의 근로장려금에 관한 조사 결과이다. 〈보고서〉의 내용과 부합하지 **않는** 자료는?

─── 〈보고서〉 ───

정부는 2009년부터 근로자 가구를 대상으로 부양자녀 수와 총급여액에 따라 산정된 근로장려금을 지급함으로써 근로유인을 제고하고 실질소득을 지원하고 있다.

2009년 이후 근로장려금 신청가구 중에서 수급가구가 차지하는 비율은 매년 80% 이상을 기록하여 신청한 가구의 대부분이 혜택을 받고 있는 것으로 조사되었다.

수급가구를 가구구성별로 부부가구와 단독가구로 구분할 때, 수급가구 중 부부가구가 차지하는 비중은 2009년 이후 계속 70%대를 유지하다가 2012년 80%를 돌파하였다.

2012년부터 지급대상이 확대되어 60대 이상 1인 가구도 근로장려금 신청이 가능해졌다. 이에 따라 2012년 60대 이상 수급가구는 전년의 25배 이상이 되었다.

근로형태별 근로장려금 수급가구는 상용근로자 수급가구보다 일용근로자 수급가구가 더 많았으며, 일용근로자 수급가구가 전체 수급가구에서 차지하는 비율은 2009년부터 매년 65% 이상을 차지했다.

2009년에는 수급가구 중 자녀 2인 가구의 비율이 가장 높았으나 2010년과 2011년에는 자녀 1인 가구의 비율이 가장 높았던 것으로 조사되었다.

① 연도별 근로장려금 신청 및 수급가구 현황

(단위 : 천 가구)

구분	2009년	2010년	2011년	2012년
신청가구	724	677	667	913
수급가구	591	566	542	735
미수급가구	133	111	125	178

② 가구구성별 근로장려금 수급가구 분포

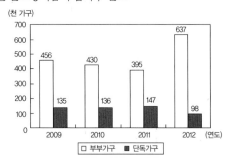

③ 연령대별 근로장려금 수급가구 분포

(단위 : 천 가구)

구분	합	30대 미만	30대	40대	50대	60대 이상
2009년	591	44	243	260	41	3
2010년	566	39	223	254	46	4
2011년	542	34	207	249	48	4
2012년	735	23	178	270	160	104

④ 근로형태별 근로장려금 수급가구 분포

(단위 : 천 가구)

구분	합	상용근로자	일용근로자
2009년	591	235	356
2010년	566	228	338
2011년	542	222	320
2012년	735	259	476

⑤ 부양자녀수별 근로장려금 수급가구 비중

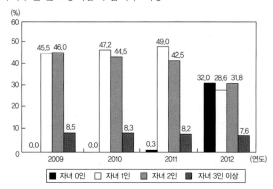

05 ○△✕

다음 〈보고서〉는 일제강점기 경기도 인구 변화에 관한 것이다. 〈보기〉에서 아래 〈보고서〉를 작성하는 데 있어서 잘못 인용된 자료를 모두 고르면?

─〈보고서〉─

• 일제강점기 경기도 인구는 1910년 142만 3,051명, 1931년 206만 160명, 1942년 322만 3,856명으로 조사 연도마다 매번 증가하였다. 경기도 인구가 전국 인구에서 차지하는 비중은 1910년 13% 미만에서 1942년에는 15% 이상으로 증가하였다.

• 1910~1942년 동안 5차례 실시된 인구조사 결과에 따르면 각 조사 연도마다 전국 인구는 증가추세였으나, 남녀인구는 각각 1,500만 명에는 이르지 못하였다. 조사 연도 대부분 남성인구가 여성인구에 비해 많았으나 1942년 조사에서 여성인구가 남성인구를 초과하였다.

• 경기도 내 일본인 수는 1910년 5만 4,760명, 1931년 10만 323명, 1942년 20만 6,627명으로, 1910년 대비 1942년의 경기도 전체 인구의 증가율보다 경기도 내 일본인의 증가율이 더 큰 것으로 나타났다. 1942년 경기도 내 일본인의 인구는 경기도 내 중국인의 인구와 비교할 때 2배 이상으로 조사되었다.

• 1912년, 1931년, 1942년 경기도 내 조선인들이 가장 많이 종사하였던 업종은 농축산업이었으며, 1912년 대비 1942년의 공업종사자 수는 9배 이상이었다.

─〈보 기〉─

ㄱ. 일제강점기 경기도 인구 변화

(단위 : 명)

구분	1910년	1931년	1942년
경기도 인구	1,423,051	2,060,160	3,223,856
전국 인구	13,313,017	20,262,958	26,361,401

ㄴ. 일제강점기 전국 인구 및 성별인구 변화

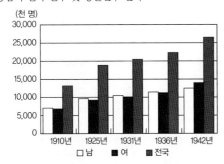

ㄷ. 일제강점기 경기도 내 일본인과 중국인 인구 변화

(단위 : 명)

구분	1910년	1931년	1942년
경기도 내 일본인	54,760	100,323	206,627
경기도 내 중국인	70,342	94,206	100,756
경기도 인구	1,423,051	2,060,160	3,223,856

ㄹ. 일제강점기 경기도 내 업종별 조선인 종사자 수

(단위 : 명)

구분	1912년	1931년	1942년
농축산업	1,096,971	1,282,133	1,483,718
공업	31,933	81,646	310,895
상업	150,328	226,319	492,545
광업	0	0	28,972
기타	126,286	148,783	333,236
계	1,405,518	1,738,881	2,649,366

① ㄱ
② ㄱ, ㄴ
③ ㄱ, ㄹ
④ ㄴ, ㄷ
⑤ ㄴ, ㄷ, ㄹ

06 ○△×

11년 행시(인) 38번

다음 〈표〉는 국내 주류 출고현황이다. 이를 바탕으로 정리한 것 중 옳지 않은 것은?

〈표 1〉 연도별 주류별 출고현황

(단위 : kl)

구분 연도	탁주	약주	맥주	청주	과실주	소주	위스키	브랜디
2004	161,666	49,919	1,991,549	23,249	18,125	927,919	9,919	270
2005	166,319	45,033	1,837,655	22,023	39,412	929,414	32,705	1,377
2006	170,165	42,873	1,880,049	20,638	45,046	959,061	31,513	1,491
2007	172,370	33,288	1,982,697	20,312	61,127	963,064	34,741	1,626
국내분	172,342	33,288	1,947,984	19,164	28,872	961,585	10,985	2
수입분	28	0	34,713	1,148	32,255	1,479	23,756	1,624
2008	176,398	27,374	2,058,550	19,296	56,015	1,004,099	31,059	1,350
국내분	176,398	27,374	2,016,409	17,860	27,091	1,003,568	7,303	10
수입분	0	0	42,141	1,436	28,924	531	23,756	1,340

※ 대중주 : 맥주, 소주, 탁주

〈표 2〉 2008년 국내 지역별 주류별 출고현황

(단위 : kl)

구분 지역	탁주	약주	맥주	청주	과실주	소주	위스키	브랜디
서울	63,661	158	1,349	0	0	0	0	0
인천	4,631	252	0	0	0	0	3,822	0
경기	25,054	6,027	317,773	2	547	277,228	3,480	0
강원	8,891	15,017	498,405	0	450	105,841	0	0
대전	626	10	127	0	0	34,457	0	0
충북	4,038	261	428,473	0	6,672	253,913	0	10
충남	3,785	983	0	0	41	0	0	0
광주	3,755	0	68,819	0	316	0	0	0
전북	3,248	317	356,464	17,266	5,032	16,781	0	0
전남	5,328	230	18	0	8,865	57,833	1	0
대구	12,778	0	240	0	199	87,764	0	0
경북	7,132	2,972	43	423	3,342	4	0	0
부산	23,400	565	628	169	0	79,161	0	0
울산	3,399	0	112	0	0	0	0	0
경남	4,757	581	343,927	0	1,448	77,737	0	0
제주	1,915	1	31	0	179	12,849	0	0

① 연도별 맥주, 소주, 탁주의 출고현황

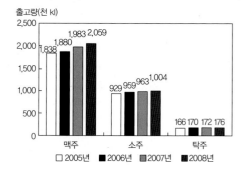

※ 출고량 수치는 1,000kl 단위로 환산하여 소수점 아래 첫째자리에서 반올림한 값임

② 2008년 주류별 국내 최대 출고지역

구분	탁주	약주	맥주	청주	과실주	소주	위스키	브랜디
지역	서울	강원	강원	전북	전남	경기	인천	충북

③ 연도별 대중주 출고현황

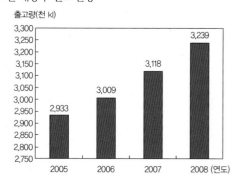

※ 출고량 수치는 1,000kl 단위로 환산하여 소수점 아래 첫째자리에서 반올림한 값임

④ 연도별 과실주 국내분 출고현황

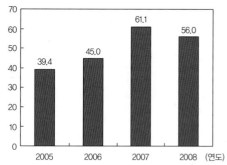

※ 출고량 수치는 1,000kl 단위로 환산하여 소수점 아래 둘째자리에서 반올림한 값임

⑤ 2008년 맥주, 소주, 브랜디 수입분의 전년대비 증가율

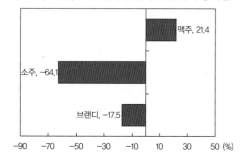

※ 증가율은 소수점 아래 둘째자리에서 반올림한 값임

07 ○△× 10년 행시(인) 18번

다음 〈표〉는 2008년 A, B, C 지역의 기후자료이다. 이 자료에 근거하여 작성한 그래프로 옳지 <u>않은</u> 것은?

〈표〉 A, B, C 지역의 기후자료

지역	기후요소	겨울 1월	2월	봄 3월	4월	5월	여름 6월	7월	8월	9월	가을 10월	11월	겨울 12월	연간합계
A	평균기온(℃)	-0.2	1.8	6.8	12.9	17.5	21.6	25.2	25.6	20.8	14.6	8.0	1.8	-
	최고기온(℃)	6.6	8.7	13.7	20.1	24.5	27.4	29.8	30.6	26.8	22.2	15.3	9.3	-
	최저기온(℃)	-6.0	-4.4	0.3	5.7	10.7	16.6	21.4	21.5	15.8	8.2	1.8	-4.0	-
	강수량(mm)	22	30	54	105	104	201	242	230	136	50	43	17	1,234
	강수일수(일)	3	4	5	7	7	9	11	10	7	4	4	2	73
B	평균기온(℃)	1.6	3.2	7.4	13.1	17.6	21.1	25.0	25.7	21.2	15.9	9.6	4.0	-
	최고기온(℃)	7.0	8.5	12.7	18.7	23.2	25.7	28.9	29.8	25.8	21.6	15.5	9.9	-
	최저기온(℃)	-2.7	-1.3	2.7	7.7	12.3	17.1	21.7	22.3	17.4	11.0	4.8	-0.7	-
	강수량(mm)	38	42	72	108	101	185	195	233	166	61	51	24	1,276
	강수일수(일)	4	5	6	8	9	10	12	11	8	5	4	3	85
C	평균기온(℃)	-1.3	0.8	5.7	12.3	17.2	21.2	24.9	25.1	19.8	13.6	6.9	0.9	-
	최고기온(℃)	4.8	7.1	12.4	19.4	24.3	27.1	29.5	30.2	26.0	21.3	14.0	7.6	-
	최저기온(℃)	-6.5	-4.7	-0.3	5.1	10.1	16.0	20.6	20.9	14.8	7.3	1.0	-4.6	-
	강수량(mm)	24	27	49	76	79	141	200	204	129	41	38	15	1,023
	강수일수(일)	3	4	5	5	6	8	10	9	7	3	3	2	65

① A 지역의 월별 강수량 분포

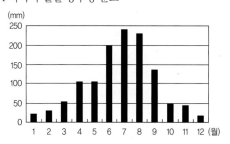

② B 지역의 월별 최고기온과 최저기온의 차이

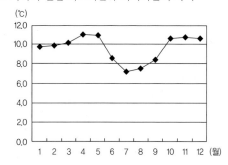

③ B 지역과 C 지역의 계절별 강수일수

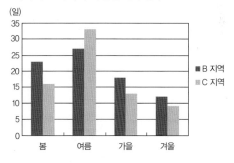

④ A 지역의 계절별 강수량 분포

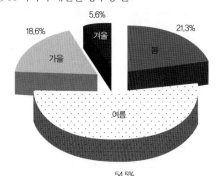

⑤ C 지역의 월별 평균기온 분포

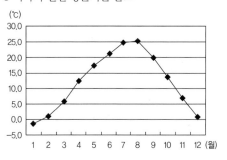

08 ○△×

다음은 일제강점기의 기아, 변사자, 자살자에 대한 〈보고서〉의 일부이다. 〈보고서〉를 작성하는 데 있어서 올바르게 인용된 자료는?

― 〈보고서〉 ―

기아(棄兒:버려진 아이), 변사자(뜻밖의 재난으로 죽은 자), 자살자 등은 한 사회에서 살아가는 사람들의 사회경제적인 불평·불만을 보여 주는 지표가 될 수 있다. 일제강점기에는 일반 민중들의 경제적 처지가 곤란해졌을 뿐만 아니라 가뭄·홍수 등의 자연재해까지 잦았기 때문에 생계대책이 막막한 가운데 기아가 속출했다. 또한 변사자와 자살자의 수도 증가하게 되었다.

기아는 1910년 이후 매년 증가하여 1932년에는 여아가 200명이 넘었으며 남아도 150명을 넘어 심각한 사회문제로 대두되었다. 1925년 이후에는 매년 기아 중 여아가 남아보다 많았다.

변사자는 1910년 2천여 명 정도에 지나지 않았으나 1915년 6천여 명으로 증가했고 1930년 이후에는 1만 명을 넘어섰다. 이를 민족별로 분석하면 1910년부터 변사자 중 조선인이 90% 이상을 차지했다. 또한 외국인 변사자는 지속적으로 늘어난 반면 일본인 변사자는 1930년을 제외하고는 1910년보다 항상 적었다. 변사자의 성별 비율은 매년 남자가 여자보다 높았으며 남녀의 격차도 매년 증가했다.

자살자는 1910년 500명을 넘지 않았으나 1915년에는 1,000명을 넘었으며 1935년 3,000명을 초과했다. 연령별 자살자 수를 5년마다 조사한 결과, 1910년을 제외하고는 30세 이상 60세 미만의 자살자가 가장 많았다. 성별에 따른 자살자의 비율은 매년 남자가 여자보다 높았다.

① 자살자의 연령별 추이

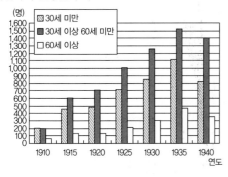

② 자살자의 성별 추이

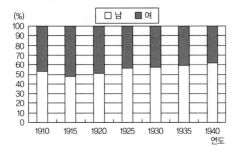

③ 변사자의 민족별 추이

(단위 : 명)

연도 \ 민족	조선인	일본인	외국인	합
1910	1,760	293	22	2,075
1915	5,873	230	40	6,143
1920	5,381	229	43	5,653
1925	7,879	266	32	8,177
1930	11,056	390	62	11,508
1935	11,469	285	75	11,829
1940	11,343	221	87	11,651

④ 변사자의 성별 추이

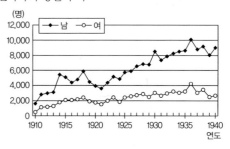

⑤ 기아의 성별 추이

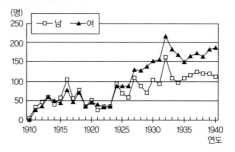

01 ⬜△✗

13년 행시(인) 31번

다음 〈표〉는 블로그 이용자와 트위터 이용자를 대상으로 설문조사한 결과이다. 이를 정리한 〈보기〉의 그림 중 옳은 것을 모두 고르면?

〈표〉 블로그 이용자와 트위터 이용자 대상 설문조사 결과

(단위 : %)

구분		블로그 이용자	트위터 이용자
성	남자	53.4	53.2
	여자	46.6	46.8
연령	15~19세	11.6	13.1
	20~29세	23.3	47.9
	30~39세	27.4	29.5
	40~49세	25.0	8.4
	50~59세	12.7	1.1
교육수준	중졸 이하	2.0	1.6
	고졸	23.4	14.7
	대졸	66.1	74.4
	대학원 이상	8.5	9.3
소득수준	상	5.5	3.6
	중	74.2	75.0
	하	20.3	21.4

※ 15세 이상 60세 미만의 1,000명의 블로그 이용자와 2,000명의 트위터 이용자를 대상으로 하여 동일시점에 각각 독립적으로 조사하였으며 무응답과 응답자의 중복은 없음

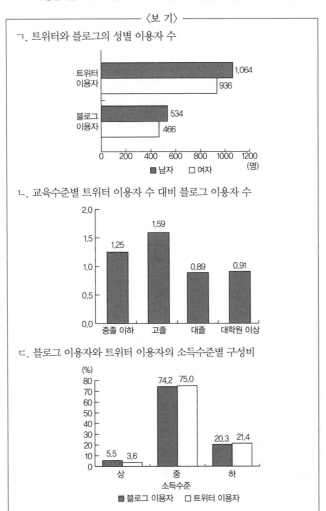

〈보 기〉

ㄱ. 트위터와 블로그의 성별 이용자 수

ㄴ. 교육수준별 트위터 이용자 수 대비 블로그 이용자 수

ㄷ. 블로그 이용자와 트위터 이용자의 소득수준별 구성비

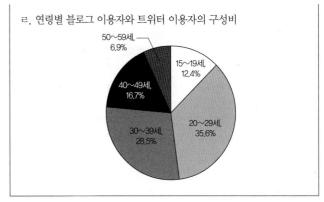

ㄹ. 연령별 블로그 이용자와 트위터 이용자의 구성비

① ㄱ, ㄴ   ② ㄱ, ㄷ
③ ㄴ, ㄷ   ④ ㄴ, ㄹ
⑤ ㄷ, ㄹ

02 ⊙△✕

다음은 외국인 노동자와 국제결혼에 관한 〈보고서〉이다. 아래 〈보고서〉에 제시된 내용과 부합하지 <u>않는</u> 것은?

―〈보고서〉――

유럽의 국가들이 이삼백년에 걸쳐 산업화가 진행되었던 반면, 우리나라는 반세기라는 비교적 짧은 시간동안 산업화를 이룩하면서 빠른 성장을 거듭해 왔다. 이러한 빠른 경제성장 가운데 생활수준 역시 빠른 속도로 향상되었으며, 더불어 내국인 노동자의 인건비 역시 상승하였다. 결국 부가가치가 낮은 산업에서의 내국인 노동자의 인건비는 그 경쟁력을 잃어버리는 추세에 있으며, 기업들은 상대적으로 인건비가 낮은 외국인 노동자들을 선호하게 되었다.

이러한 까닭으로 우리나라에도 외국인 노동자의 유입이 증가하고 있는 실정이다. 2005년부터 2008년까지의 지역별 외국인등록인구를 보면, 경기도를 제외하고는 매년 전년대비 증가하고 있으며, 경기도 역시 2006년부터 2008년까지 전년대비 증가하는 추세를 보이고 있다. 한국국적을 신규로 취득한 전체 외국인수 역시 2007년에 비하여 2008년에 증가하였으며, 그중에서 동북아시아 출신 외국인수는 900명 이상 증가하였다.

2008년 국제결혼 이주자수의 경우에는 아시아 지역이 90% 이상을 차지하고 있으며, 그중에서도 특히 동북아시아 지역이 아시아 지역의 80% 이상을 차지하고 있다. 국제결혼이 증가함에 따라 국제결혼가정의 자녀수 역시 2007년에 비해 2008년에 두 배 이상이 되었다. 2008년 국제결혼가정 자녀의 연령층별 구성을 보면, 연령층이 높아질수록 그 수가 감소하였다.

① 2008년 국제결혼가정 부모의 출신지역별 자녀의 연령분포

(단위 : 명)

출신지역 / 연령층	동북아시아	동남아시아	남부아시아	중앙아시아	미국	유럽	기타	합
6세 이하	18,210	8,301	281	532	880	171	714	29,089
7~12세	10,922	4,011	130	121	829	87	491	16,591
13~15세	4,207	2,506	30	28	391	24	132	7,318
16세 이상	3,070	1,494	13	26	306	21	79	5,009

② 출신지역별 한국국적 신규취득 외국인수

(단위 : 명)

출신지역 / 연도	동북아시아	동남아시아	남부아시아	중앙아시아	미국	유럽	기타	합
2007	18,412	14,411	9,307	4,097	23,137	3,919	31,059	104,342
2008	19,374	12,737	8,906	5,283	24,428	4,468	29,448	104,644

③ 출신지역별 국제결혼가정 자녀수

(단위 : 명)

출신지역 / 연도	동북아시아	동남아시아	남부아시아	중앙아시아	미국	유럽	기타	합
2007	17,477	8,224	288	550	852	263	652	28,306
2008	36,409	16,312	454	707	2,406	303	1,416	58,007

④ 2008년 출신지역별 국제결혼 이주자수

(단위 : 명)

출신지역	동북아시아	동남아시아	남부아시아	중앙아시아	미국	유럽	기타	합
이주자수	65,139	17,805	1,179	1,173	1,794	835	2,564	90,489

⑤ 연도별 지역별 외국인등록인구

(단위 : 명)

연도 / 지역	2004	2005	2006	2007	2008
경기도	165,922	155,942	200,798	234,030	256,827
강원도	7,265	7,989	10,252	11,994	12,892
충청북도	11,665	12,871	17,326	20,731	22,700
충청남도	19,147	19,849	26,411	30,553	35,254
전라북도	8,932	10,165	13,475	16,151	18,749
전라남도	7,819	9,260	11,903	15,126	19,690
경상북도	22,696	23,409	29,721	33,721	35,731
경상남도	24,920	26,679	35,953	42,389	51,707
제주도	1,873	2,178	3,199	4,130	4,902

03 ㅇ△✕

다음 〈표〉는 2002년부터 2006년까지 우리나라가 미국, 호주와 유럽에 투자한 금융자산과 환율을 나타낸 자료이다. 〈표〉를 정리한 것 중 옳지 <u>않은</u> 것은?

〈표 1〉 지역별 금융자산 투자규모

지역 연도	미국(억 US$)	호주(억 AU$)	유럽(억 €)
2002	80	70	70
2003	100	65	75
2004	105	60	85
2005	120	80	90
2006	110	85	100

〈표 2〉 외국 통화에 대한 환율

환율 연도	₩/US$	₩/AU$	₩/€
2002	1,000	900	800
2003	950	950	850
2004	900	1,000	900
2005	850	950	1,100
2006	900	1,000	1,000

※ ₩/US$는 1미국달러당 원화, ₩/AU$는 1호주달러당 원화, ₩/€는 1유로당 원화

① AU$/US$의 변화 추이

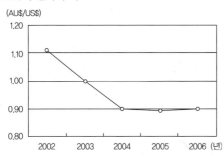

② 원화로 환산한 대호주 금융자산 투자규모 추이

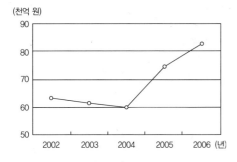

③ 원화로 환산한 2006년 각 지역별 금융자산 투자비중

④ 원화로 환산한 대미 금융자산 투자규모 추이

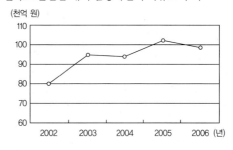

⑤ €/AU$의 변화 추이

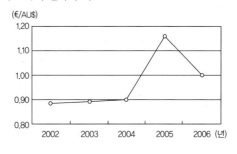

04 ○△✕

다음 〈보고서〉는 2015년 A국의 노인학대 현황에 관한 것이다. 〈보고서〉의 내용과 부합하는 자료만을 〈보기〉에서 모두 고르면?

─── 〈보고서〉 ───

2015년 1월 1일부터 12월 31일까지 한 해 동안 전국 29개 지역의 노인보호전문기관에 신고된 전체 11,905건의 노인학대 의심사례 중에 학대 인정사례는 3,818건으로 나타났다. 이는 전년대비 학대 인정사례 건수가 8% 이상 증가한 것이다.

학대 인정사례 3,818건을 신고자 유형별로 살펴보면 신고의무자에 의해 신고된 학대 인정사례는 707건, 비신고의무자에 의해 신고된 학대 인정사례는 3,111건이었다. 신고의무자에 의해 신고된 학대 인정사례 중 사회복지전담 공무원의 신고에 의한 학대 인정사례가 40% 이상으로 나타났다. 비신고의무자에 의해 신고된 학대 인정사례 중에서는 관련기관 종사자의 신고에 의한 학대 인정사례가 48% 이상으로 가장 높았고, 학대 행위자 본인의 신고에 의한 학대 인정사례의 비율이 가장 낮았다.

또한 3,818건의 학대 인정사례를 발생장소별로 살펴보면 기타를 제외하고 가정 내 학대가 85.8%로 가장 높게 나타났으며, 다음으로 생활시설 5.4%, 병원 2.3%, 공공장소 2.1%의 순으로 나타났다. 학대 인정사례 중 병원에서의 학대 인정사례 비율은 2012~2015년 동안 매년 감소한 것으로 나타났다.

한편, 학대 인정사례를 가구형태별로 살펴보면 2012~2015년 동안 매년 학대 인정사례 건수가 가장 많은 가구형태는 노인단독가구였다.

─── 〈보 기〉 ───

ㄱ. 2015년 신고자 유형별 노인학대 인정사례 건수

(단위 : 건)

신고자 유형		건수
신고의무자		707
	의료인	44
	노인복지시설 종사자	178
	장애노인시설 종사자	16
	가정폭력 관련 종사자	101
	사회복지전담 공무원	290
	노숙인 보호시설 종사자	31
	구급대원	9
	재가장기요양기관 종사자	38
비신고의무자		3,111
	학대피해노인 본인	722
	학대행위자 본인	8
	친족	567
	타인	320
	관련기관 종사자	1,494

ㄴ. 2014년과 2015년 노인보호전문기관에 신고된 노인 학대 의심사례 신고 건수와 구성비

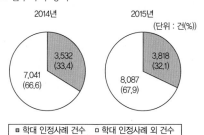

※ 구성비는 소수점 아래 둘째 자리에서 반올림한 값임

ㄷ. 발생장소별 노인학대 인정사례 건수와 구성비

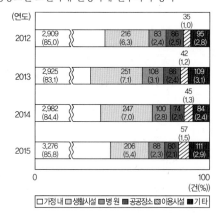

※ 구성비는 소수점 아래 둘째 자리에서 반올림한 값임

ㄹ. 가구형태별 노인학대 인정사례 건수

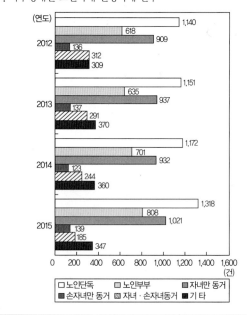

① ㄱ, ㄹ

② ㄴ, ㄷ

③ ㄱ, ㄴ, ㄷ

④ ㄱ, ㄴ, ㄹ

⑤ ㄴ, ㄷ, ㄹ

05 ○△✕ 15년 행시(인) 11번

다음 〈표〉는 25~54세 기혼 비취업여성 현황과 기혼여성의 경력단절 사유에 관한 자료이다. 이를 이용하여 작성한 그래프로 옳지 않은 것은?

〈표 1〉 연령대별 기혼 비취업여성 현황

(단위 : 천 명)

연령대	기혼여성	기혼 비취업여성	실업자	비경제활동인구
25~29세	570	306	11	295
30~34세	1,403	763	20	743
35~39세	1,818	862	23	839
40~44세	1,989	687	28	659
45~49세	2,010	673	25	648
50~54세	1,983	727	20	707
계	9,773	4,018	127	3,891

※ 기혼여성은 취업여성과 비취업여성으로 분류됨

〈표 2〉 기혼 경력단절여성의 경력단절 사유 분포

(단위 : 천 명)

연령대	개인·가족 관련 이유				육아	가사	합
	결혼	임신·출산	자녀교육	기타			
25~29세	179	85	68	1	25	58	9	246
30~34세	430	220	137	10	63	189	21	640
35~39세	457	224	107	29	97	168	55	680
40~44세	339	149	38	24	128	71	74	484
45~49세	322	113	14	12	183	32	80	434
50~54세	323	88	10	7	218	20	78	421
계	2,050	879	374	83	714	538	317	2,905

※ 1) 기혼 경력단절여성은 기혼 비취업여성 중에서 개인·가족 관련 이유, 육아, 가사 등의 이유로 인해 직장을 그만둔 상태에 있는 여성임
  2) 경력단절 사유에 복수로 응답한 경우는 없음

① 연령대별 기혼여성 중 경제활동인구

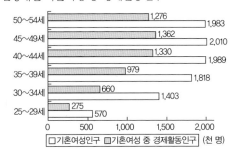

※ 경제활동인구＝취업자＋실업자

② 연령대별 기혼여성 중 비취업여성과 경력단절여성

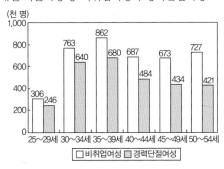

③ 25~54세 기혼 취업여성의 연령대 구성비

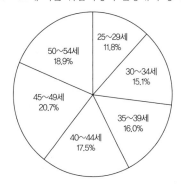

④ 30~39세 기혼 경력단절여성의 경력단절 사유 분포

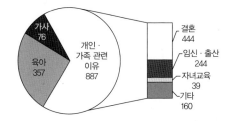

⑤ 25~54세 기혼 경력단절여성의 연령대 구성비

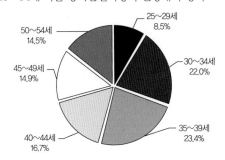

06 ○△✕

다음 〈표〉는 '갑'국 국회의원의 SNS(소셜네트워크서비스) 이용자 수 현황에 대한 자료이다. 이를 이용하여 작성한 그래프로 옳지 않은 것은?

〈표〉 '갑'국 국회의원의 SNS 이용자 수 현황

(단위 : 명)

구분	정당	당선 횟수별				당선 유형별		성별	
		초선	2선	3선	4선 이상	지역구	비례 대표	남자	여자
여당	A	82	29	22	12	126	19	123	22
야당	B	29	25	13	6	59	14	59	14
	C	7	3	1	1	7	5	10	2
합계		118	57	36	19	192	38	192	38

① 국회의원의 여야별 SNS 이용자 수

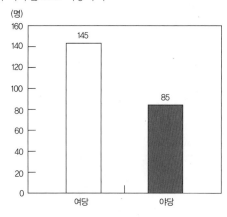

② 남녀 국회의원의 여야별 SNS 이용자 구성비

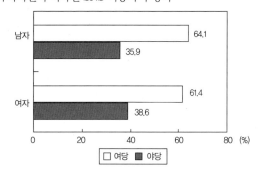

※ 소수점 아래 둘째 자리에서 반올림함

③ 여당 국회의원의 당선 유형별 SNS 이용자 구성비

※ 소수점 아래 둘째 자리에서 반올림함

④ 야당 국회의원의 당선 횟수별 SNS 이용자 구성비

※ 소수점 아래 둘째 자리에서 반올림함

⑤ 2선 이상 국회의원의 정당별 SNS 이용자 수

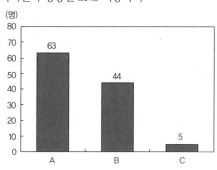

07 ○△×   09년 행시(기) 18번

다음 〈표〉는 1997년도부터 2007년도까지 A국의 주식시장의 현황을 나타낸 자료이다. 이를 바탕으로 작성한 그래프 중 옳지 않은 것은?

〈표〉 A국 주식시장 현황

연도	주가지수	수익률(%)	종목수(종목)	주식수(억 주)	시가총액(조원)	거래량(억 주)	거래대금(조원)	거래건수(백만건)
1997	376	−	958	90	71	121	162	15
1998	562	49.5	925	114	138	285	193	33
1999	1,028	82.8	916	173	350	694	867	108
2000	505	−50.9	902	196	188	738	627	106
2001	694	37.4	884	196	256	1,164	491	90
2002	628	−9.5	861	265	259	2,091	742	111
2003	811	29.1	856	237	355	1,339	548	87
2004	896	10.5	844	234	413	929	556	83
2005	1,379	53.9	858	232	655	1,164	786	96
2006	1,434	4.0	885	250	705	689	848	107
2007	1,897	32.3	906	282	952	895	1,363	181

① 당해년도 초과수익률

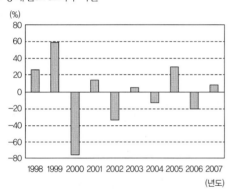

※ 1) 당해년도 초과수익률(%)=당해년도 수익률(%)−연평균 수익률(%)
   2) 연평균 수익률은 23.9%임

② 종목당 평균 주식수

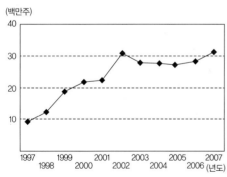

※ 종목당 평균 주식수=$\dfrac{주식수}{종목수}$

③ 시가총액회전율과 주가지수의 관계

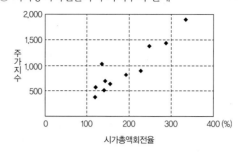

※ 시가총액회전율(%)=$\dfrac{거래대금}{시가총액}$×100

④ 1거래당 거래량

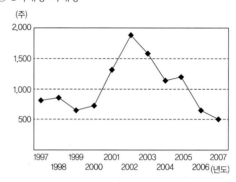

※ 1거래당 거래량=$\dfrac{거래량}{거래건수}$

⑤ 주식 1주당 평균가격

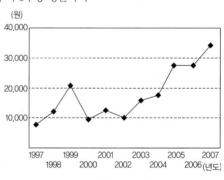

※ 주식 1주당 평균가격=$\dfrac{시가총액}{주식수}$

01 ○△✕　　　　　　　　08년 행시(열) 28번

다음 〈표〉는 1921～1930년 우리나라의 대일무역 현황을 나타낸 자료이다. 이를 바탕으로 작성한 그래프 중 옳지 <u>않은</u> 것은?

〈표〉 우리나라의 대일무역 현황 및 국내총생산

연도	대일수출액 (천 엔)	대일수입액 (천 엔)	대일무역총액 (천 엔)	대일무역총액지수	국내총생산 (천 엔)
1921	197	156	353	100	1,299
1922	197	160	357	101	1,432
1923	241	167	408	116	1,435
1924	306	221	527	149	1,573
1925	317	234	551	156	1,632
1926	338	248	586	166	1,601
1927	330	269	599	170	1,606
1928	333	295	628	178	1,529
1929	309	315	624	177	1,483
1930	240	278	518	147	1,158

※ 대일무역총액지수 = $\dfrac{\text{당해연도 대일무역총액}}{\text{1921년 대일무역총액}} \times 100$

① 당해년도 국내총생산 대비 당해년도 대일무역총액

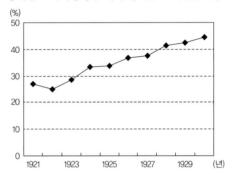

② 연도별 대일무역수지(대일수출액－대일수입액)

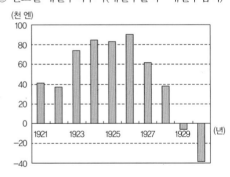

③ 전년대비 대일수출액 증감률

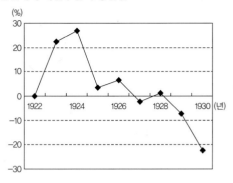

④ 전년대비 대일무역총액지수 증감률

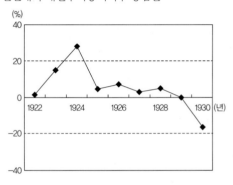

⑤ 당해년도 국내총생산 대비 당해년도 대일수입액

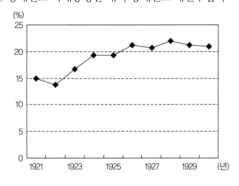

02 ○△✕

12년 행시(인) 30번

다음 〈보고서〉는 우리나라 광물자원 현황에 관한 내용이다. 〈보고서〉의 내용과 부합하지 <u>않는</u> 것을 〈보기〉에서 모두 고르면?

─〈보고서〉─

2006년 말 우리나라 광물자원 매장량을 살펴보면 비금속광이 국내 광물자원 매장량의 85.0% 이상을 차지하고 있다. 비금속광 중에는 5대 광종의 매장량이 비금속광 매장량의 95.0% 이상을 점유하고 있다.

주요 비금속광 중 석회석, 백운석, 대리석은 매장량 가운데 가채매장량이 차지하는 비중이 각각 70.0%를 초과하고 있다. 백운석의 가채매장량은 석회석 가채매장량의 5.0%에 미달하고 있다.

이들 광물 매장량의 지역별 분포를 살펴보면 석회석의 경우 강원도에 매장량의 79.5%가 집중되어 있다. 강원도에 이어 석회석이 많이 매장된 지역은 충북이며, 그 다음은 경북이다. 백운석과 대리석의 지역별 매장량도 각각 강원, 충북, 경북 순으로 많았다.

이와 같이 석회석 자원이 지역적으로 편재되어 있어 광산도 강원도에 집중되어 있다. 석회석 광산 수는 강원도가 전체 석회석 광산 수의 50.0%를 초과하고 품위 별로도 강원도가 고품위, 저품위 광산 수의 50.0%를 각각 초과한다.

※ 가채매장량 : 매장량(확정매장량＋추정매장량) 중 채굴할 수 있는 매장량

─〈보기〉─

ㄱ. 2006년 말 국내 광물자원 매장량 및 가채매장량 현황

(단위 : 백만 톤, %)

구분		매장량		가채매장량	
			구성비		구성비
금속광		115	0.9	90	1.0
비금속광	5대 광종	11,548	87.7	8,671	94.4
	기타	132	1.0	96	1.0
	소계	11,680	88.7	8,767	95.4
석탄광		1,367	10.4	331	3.6
계		13,162	100.0	9,188	100.0

ㄴ. 2006년 말 국내 석회석, 백운석, 대리석 매장량 및 가채매장량 현황

(단위 : 천 톤)

구분	매장량			가채매장량
	확정	추정		
석회석	515,815	8,941,163	9,456,978	7,146,062
백운석	2,353	448,574	450,927	340,136
대리석	0	65,709	65,709	47,566
계	518,168	9,455,446	9,973,614	7,533,764

ㄷ. 2006년 말 석회석, 백운석, 대리석의 지역별 매장량 현황

(단위 : 천 톤, %)

구분	석회석			백운석	대리석	합	구성비
	고품위	저품위	소계				
강원	1,346,838	6,343,016	7,689,854	212,315	29,080	7,931,249	79.5
경기	0	410	410	13,062	2,970	16,442	0.2
경북	129,833	34,228	164,061	118,626	420	283,107	2.8
전남	0	2,492	2,492	0	0	2,492	0.0
전북	9,563	7,992	17,555	11,566	0	29,121	0.3
충남	12,740	5,866	18,606	6,952	598	26,156	0.3
충북	163,006	1,400,994	1,564,000	88,406	32,641	1,685,047	16.9
계	1,661,980	7,794,998	9,456,978	450,927	65,709	9,973,614	100.0

ㄹ. 2006년 말 석회석의 품위별 지역별 광산 수 현황

(단위 : 개)

품위	지역	광산 수
고품위	강원	48
	경북	14
	전북	5
	충남	6
	충북	25
	소계	98
저품위	경기	1
	강원	47
	경북	8
	전남	4
	전북	5
	충남	3
	충북	18
	소계	86
전체		184

① ㄱ
② ㄴ
③ ㄷ
④ ㄴ, ㄹ
⑤ ㄷ, ㄹ

03 ○△×

다음 〈그림〉은 2013~2017년 '갑' 기업의 '가', '나' 사업장의 연간 매출액에 대한 자료이고, 다음 〈보고서〉는 2018년 '갑' 기업의 '가', '나' 사업장의 직원 증원에 대한 내부 검토 내용이다. 〈그림〉과 〈보고서〉를 근거로 2018년 '가', '나' 사업장의 증원인원별 연간 매출액을 추정한 결과로 옳은 것은?

〈그림〉 2013~2017년 '갑' 기업 사업장별 연간 매출액

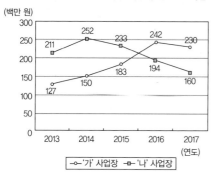

〈보고서〉

• 2018년 '가', '나' 사업장은 각각 0~3명의 직원을 증원할 계획임
• 추정 결과, 직원을 증원하지 않을 경우 '가', '나' 사업장의 2017년 대비 2018년 매출액 증감률은 각각 10% 이하일 것으로 예상됨
• 직원 증원이 없을 때와 직원 3명을 증원할 때의 2018년 매출액 차이는 '나' 사업장이 '가' 사업장보다 클 것으로 추정됨
• '나' 사업장이 2013~2017년 중 최대 매출액을 기록했던 2014년보다 큰 매출액을 기록하기 위해서는 2018년에 최소 2명의 직원을 증원해야 함

① (백만 원)

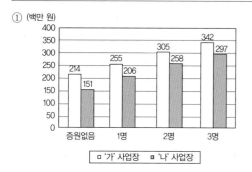

② (백만 원)

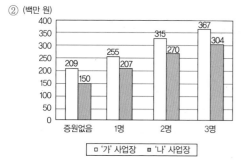

③ (백만 원)

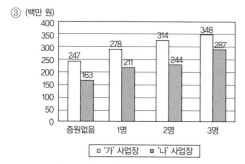

④ (백만 원)

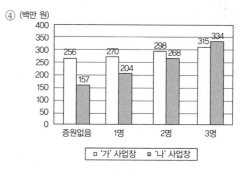

⑤ (백만 원)

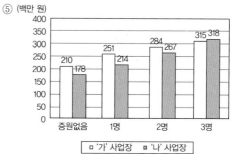

04 ○△✕ 13년 행시(인) 20번

다음 〈표〉는 2007~2011년 A 연구기관의 직종별 인력 현황에 관한 자료이다. 이를 정리한 것으로 옳지 않은 것은?

〈표〉 A 연구기관의 직종별 인력 현황

구분	연도	2007	2008	2009	2010	2011
정원 (명)	연구 인력	80	80	85	90	95
	지원 인력	15	15	18	20	25
	계	95	95	103	110	120
현원 (명)	연구 인력	79	79	77	75	72
	지원 인력	12	14	17	21	25
	계	91	93	94	96	97
박사 학위 소지자 (명)	연구 인력	52	53	51	52	55
	지원 인력	3	3	3	3	3
	계	55	56	54	55	58
평균 연령 (세)	연구 인력	42.1	43.1	41.2	42.2	39.8
	지원 인력	43.8	45.1	46.1	47.1	45.5
평균 연봉 지급액 (만 원)	연구 인력	4,705	5,120	4,998	5,212	5,430
	지원 인력	4,954	5,045	4,725	4,615	4,540

① 연도별 지원 인력의 충원율

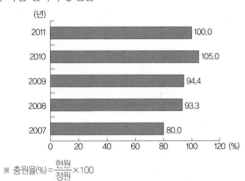

※ 충원율(%)=$\frac{현원}{정원}$×100

② 직종별 현원의 구성비율

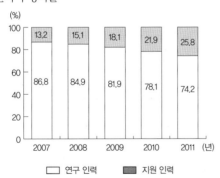

③ 지원 인력(현원) 중 박사 학위 소지자 비율

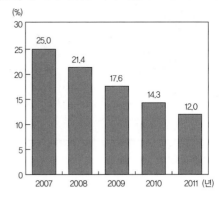

④ 직종별 현원의 평균 연령

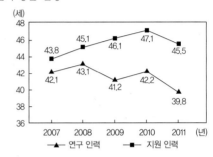

⑤ 연봉 지급 총액(현원)의 직종별 구성비율

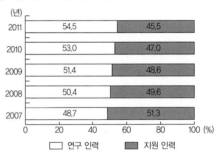

CHAPTER 07 추가로 필요한 자료

1 유형의 이해

이 유형은 표, 그림 등의 자류와 이를 토대로 작성한 보고서를 제시하고, 이외에 추가적으로 필요한 자료가 무엇인지를 찾도록 한다. 즉 보고서에는 나타나 있으나 문제에 제시되지 않은 자료를 파악해야 한다.

보통 매년 1문제 정도 출제되는데, 자료의 내용에 따라 문제의 난도가 크게 상승할 수 있다. 특히 보기에 제시된 자료 제목이 서로 비슷해서 자칫 오답을 고를 수 있다. 다만 문제를 구성하는 방식이 반복되므로, 연습을 통해 시간을 단축할 수 있을 것이다.

2 발문 유형

• 다음 〈표〉를 이용하여 〈보고서〉를 작성하였을 때, 제시된 〈표〉 이외에 추가로 필요한 자료만을 〈보기〉에서 모두 고르면?

3 접근법

이 유형의 문제는 우선 보고서의 내용을 훑으며 하나씩 소거해 나가야 한다. 표의 제목과 보기만 읽은 뒤 바로 보고서를 읽자. 표에 제시된 부분은 지워가면서 남은 부분을 보기에서 고르면 된다. 다만 표에 제시된 내용으로 추론이 가능한 경우, '추가적으로 필요한 자료'에 해당하지 않는다는 것을 유의하자.

또한 이 유형은 전혀 계산을 요하지 않는다는 것을 명심하자. 이 유형에서는 정확한 수치를 묻는 것이 아니라, 자료가 필요한지 유무를 묻는다. 따라서 자료의 수치가 올바르게 사용되었는지는 전혀 고려하지 않아도 된다. 마찬가지의 이유에서 표의 내용을 세세하게 살피지 않고, 표의 제목과 범주만 확인해도 무방하다.

4 생각해 볼 부분

문제를 풀면서 헷갈릴 수 있는 부분은 크게 2가지이다. 첫째, 이미 주어진 자료를 통해 충분히 추론할 수 있다면 추가로 필요한 자료가 아니다. 가령 A=50, B=30임이 주어져 있다면, A+B=800이라는 자료는 필요하지 않다.

반면 선지를 통해 보고서의 내용을 간접적으로 추론할 수 있는 경우 추가로 필요한 자료이다. 가령 기존 자료에 A+B=800이라고 제시되어 있다면, B=500이라는 자료를 통해 A=30임을 추론할 수 있다.

다음 〈표〉를 이용하여 〈보고서〉를 작성하였다. 제시된 〈표〉 이외에 추가로 필요한 자료만을 〈보기〉에서 모두 고르면?

〈표 1〉 2011년 우리나라의 지역별 도서 현황

구분 / 지역	도서 수(개)			도서 인구밀도 (명/km²)	도서 면적(km²)
	합	유인도서	무인도서		
부산	45	3	42	3,613.8	41.90
인천	150	39	111	215.2	119.95
울산	3	0	3	0.0	0.03
경기	46	5	41	168.5	4.65
강원	32	0	32	0.0	0.24
충남	255	34	221	102.5	164.26
전북	103	25	78	159.1	37.00
전남	2,219	296	1,923	104.2	867.10
경북	49	4	45	146.6	73.00
경남	537	76	461	110.4	125.91
제주	63	8	55	300.5	15.56
전국	3,502	490	3,012	-	1,449.60

※ 도서 인구밀도는 해당 지역 유·무인도서 전체를 기준으로 계산한 값임

〈표 2〉 연도별 도서 지역 여객선 수송 현황

(단위 : 천 명, %)

연도	2005	2006	2007	2008	2009	2010	2011
수송인원	11,100	11,574	12,634	14,162	14,868	14,308	14,264
전년대비 증가율	4.2	4.3	9.2	12.1	5.0	-3.8	-0.3

── 〈보고서〉 ──

2011년 기준 전국 도서 수는 총 3,502개로, 이 중 유인도서는 14.0%인 490개, 무인도서는 86.0%인 3,012개이다. 반면 도서 면적을 기준으로 보면 유인도서가 전국 총 도서 면적의 96.9%로 대부분을 차지하고 있다.

지역별 분포를 보면 전남에 속한 도서는 2,219개로 전국 도서의 63.4%를 차지하고 있으며, 전북은 전남, 경남, 충남, 인천에 이어 다섯 번째로 많은 도서를 보유하고 있으나, 도서 면적은 경북, 부산보다 작다.

전국 도서인구는 2011년 기준 약 32만 명으로, 부산의 도서인구가 가장 많고 지역별 인구대비 도서인구 비율은 전남이 10.2%로 가장 많다.

2011년 여객선을 이용한 도서 지역 총 수송인원은 약 1,426만 명으로, 2009년 이후 매년 수송인원이 감소하고 있는 반면, 관광객, 귀성객 등 도서 지역 거주민이 아닌 수송인원은 같은 기간 연평균 15% 증가한 것으로 나타났다.

─────── 〈보 기〉 ───────

ㄱ. 2011년 전국 무인도서 면적
ㄴ. 2011년 전국 도서인구 수
ㄷ. 2011년 지역별 인구 수
ㄹ. 2009~2011년 도서 지역 여객선 수송인원 중 도서 지역 거주민 비율
ㅁ. 2009~2011년 도서 지역 관광객 수

① ㄱ, ㄴ, ㄷ
② ㄱ, ㄴ, ㄹ
③ ㄱ, ㄷ, ㄹ
④ ㄱ, ㄷ, ㅁ
⑤ ㄴ, ㄷ, ㅁ

난도 상

풀이시간 2분 20초

합격생 가이드

이 유형의 문제가 고난도로 출제될 경우, '주어진 자료에서 추론할 수 있는 자료'와 '얼핏 보기에는 관련이 없지만 이를 활용하여 보고서의 내용을 도출할 수 있는 자료'가 보기에 제시된다. 이 문제의 ㄱ이 후자의 경우이다. 단지 자료의 제목만 보고 곧바로 소거했다가는 오답을 고를 수 있다.

대표문항으로 선정한 이유

이 문제는 해당 유형을 처음 접하는 수험생에게 어려운 편에 속한다. 얼핏 보기에 관련이 없는 자료도 곰곰이 생각해보면 추가로 필요한 자료에 해당할 수 있으니, 천천히 살펴보도록 하자.

정답해설

ㄱ. 옳다. 〈보고서〉에서는 유인도서 면적이 전체 96.9%를 차지한다고 제시하고 있다. 〈표 1〉에서 전체 도서 면적이 제시되어 있으므로, 무인도서 면적을 통해 유인도서 면적을 추론할 수 있다.

ㄷ. 옳다. 〈보고서〉 세 번째 문단의 '지역별 인구대비 도서인구 비율'을 계산하기 위해 지역별 인구에 대한 자료가 필요하다.

ㄹ. 옳다. 〈표 2〉에서 연도별 도서 지역 여객선 수송인원 수가 제시되어 있으므로, 〈보고서〉 마지막 문단의 '관광객, 귀성객 등 도서 지역 거주민이 아닌 수송인원'의 증감을 계산하기 위해서는 도서 지역 거주민 비율을 알아야 한다.

오답해설

ㄴ. 옳지 않다. 〈보고서〉에서 도서 인구수를 제시하고 있으나, 이는 〈표 1〉의 도서 인구밀도와 도서 면적을 통해 계산할 수 있다.

ㅁ. 옳지 않다. 〈보고서〉에서는 도서지역 여객선 수송인원을 다루고 있을 뿐, 단순 도서 지역 관광객 수는 활용하고 있지 않다.

目 ③

01 ○△✕

다음 〈표〉와 〈보고서〉는 A시 대기오염과 그 영향에 관한 자료이다. 제시된 〈표〉 이외에 〈보고서〉를 작성하기 위해 추가로 필요한 자료만을 〈보기〉에서 모두 고르면?

〈표 1〉 A시 연평균 미세먼지 농도

(단위 : $\mu g/m^3$)

연도	2012	2013	2014	2015	2016	2017	2018	평균
농도	61.30	55.37	54.04	49.03	46.90	41.08	44.57	50.32

〈표 2〉 A시 연평균 기온 및 상대습도

(단위 : ℃, %)

구분＼연도	2012	2013	2014	2015	2016	2017	2018	평균
기온	13.28	12.95	12.95	12.14	12.07	12.27	12.56	12.60
상대습도	62.25	59.45	61.10	62.90	59.54	56.63	60.02	60.27

〈보고서〉

A시 부설연구원은 2012~2018년 A시 사망자를 대상으로 대기오염으로 인한 사망영향을 연구하였다. 2012~2018년 연평균 미세먼지 농도는 평균 50.32$\mu g/m^3$이었다. 연도별로는 2012년에 가장 높은 61.30$\mu g/m^3$이었고, 2013년부터 지속적으로 감소하여 2017년 가장 낮은 41.08$\mu g/m^3$을 나타내었다. 2018년에는 2017년에 비해 다소 증가하여 44.57$\mu g/m^3$이었다.

연구대상 기간 동안 전체 연령집단, 65세 미만 연령집단, 65세 이상 연령집단의 연간 일일 사망자 수는 각각 평균 96.65명, 27.35명, 69.30명이었다. 전체 연령집단의 연간 일일 사망자 수는 2012년 93.61명에서 2018년 102.97명으로 증가하였다. 65세 미만 연령 집단의 연간 일일 사망자 수는 2012년 29.13명에서 2018년 26.09명으로 감소하였다. 65세 이상 연령집단의 연간 일일 사망자 수는 2012년 64.48명에서 2018년 76.88명으로 증가하였다.

2012~2018년 A시의 연평균 기온은 평균 12.60℃이었고, 2012년은 13.28℃로 다소 높았으며, 2016년은 12.07℃로 다소 낮은 기온을 나타내었다. 연구대상 기간 동안 연평균 상대습도는 평균 60.27%이었으며, 전체적으로 56.63~62.90% 수준이었다.

〈보 기〉

ㄱ. A시 연간 일일 사망자 수

(단위 : 명)

연도	2012	2013	2014	2015	2016	2017	2018	평균
사망자 수	93.61	92.24	92.75	96.59	97.21	101.19	102.97	96.65

ㄴ. A시 연간 미세먼지 경보발령일수

(단위 : 일)

연도	2012	2013	2014	2015	2016	2017	2018
일수	37	32	33	25	26	30	29

ㄷ. A시 연간 심혈관계 응급환자 수

(단위 : 명)

연도	2012	2013	2014	2015	2016	2017	2018
환자수	36,775	34,972	34,680	35,112	35,263	36,417	37,584

ㄹ. A시 65세 이상 연령집단의 연간 일일 사망자 수

(단위 : 명)

연도	2012	2013	2014	2015	2016	2017	2018	평균
사망자 수	64.48	64.40	65.19	68.72	70.35	75.07	76.88	69.30

① ㄱ, ㄴ
② ㄱ, ㄷ
③ ㄱ, ㄹ
④ ㄴ, ㄷ
⑤ ㄷ, ㄹ

02 ◯△✕

다음 〈표〉를 이용하여 조선시대의 지진 발생에 관한 〈보고서〉를 작성하였다. 〈보고서〉를 작성하기 위해 추가로 필요한 자료를 〈보기〉에서 모두 고르면?

〈표 1〉 조선시대 단계별 지진 발생 통계

(단위 : 년, 회, %)

구분 \ 단계	1단계 (1392~1535년)	2단계 (1536~1665년)	3단계 (1666~1765년)	4단계 (1766~1863년)	합
기간	144	130	100	98	472
지진 발생 횟수 (비율)	203 (46.0)	44 (10.0)	189 (42.9)	5 (1.1)	441 (100.0)
연평균 발생 횟수	1.41	0.34	1.89	0.05	0.93

〈표 2〉 행정구역별 조선시대 지진 발생 통계

(단위 : 회, %)

구분 \ 지역	제주	전남	전북	경남	경북	충남	충북	서울
지진 발생 횟수 (비율)	2 (0.4)	24 (5.3)	45 (10.0)	51 (11.4)	94 (20.9)	59 (13.1)	31 (6.9)	17 (3.8)

구분 \ 지역	경기	강원	황해	평남	평북	함남	함북	계
지진 발생 횟수 (비율)	28 (6.2)	26 (5.8)	24 (5.3)	27 (6.0)	14 (3.1)	4 (0.9)	3 (0.7)	449 (100.0)

※ 1) 〈표 2〉의 합(449회)이 〈표 1〉의 전체 지진 발생 횟수(441회)보다 더 많이 나타나는 이유는 여러 도에 걸쳐서 발생한 지진이 있었기 때문임
2) 행정구역은 2010년 현재의 행정구역을 기준으로 함
3) 비율은 소수점 아래 둘째자리에서 반올림한 값임

─── 〈보고서〉 ───

조선시대(1392~1863년)의 지진 발생 현황을 조사한 결과, 472년 동안 지진은 총 441회 발생하였으며, 이는 연평균 0.93회 발생한 것이다. 이 결과는 최근 자료(1978~2010년)의 연평균 20.4회보다 작은 수치이다. 이처럼 큰 차이가 나는 주된 이유는 최근의 지진 측정 기술이 조선시대 보다 훨씬 발전했기 때문으로 볼 수 있다.

조선시대 단계별로 살펴보면, 1단계인 1392~1535년에 발생 횟수가 가장 많으며 이는 조선시대 1~4단계 기간의 30.5%를 차지하는 1단계가 지진 발생 횟수 비율로는 46.0%를 차지한다는 점에서 더욱 두드러진다. 또한 행정구역을 기준으로 조선시대의 지진 발생 현황을 분석해 본 결과 경북지역에서 전체의 20.9%에 해당하는 94회의 지진이 기록되었다. 반면에 제주, 함남, 함북의 경우는 각각 전체에서 차지하는 비율이 1%도 되지 않았다. 그리고 단계별로 보았을 때 서울과 경기 지역은 2단계에서 지진이 많이 발생하였다.

─── 〈보 기〉 ───

ㄱ. 1978년부터 2010년까지의 연도별 지진 발생 횟수
ㄴ. 1864년부터 1977년까지의 단계별 지진 발생 횟수
ㄷ. 행정구역별 조선시대 단계별 지진 발생 횟수
ㄹ. 조선시대 지진에 의한 사상자 수 통계

① ㄱ, ㄴ
② ㄱ, ㄷ
③ ㄱ, ㄹ
④ ㄴ, ㄹ
⑤ ㄷ, ㄹ

03 ◯△✕

다음 〈표〉는 '갑'국 맥주 수출 현황에 관한 자료이다. 〈보고서〉를 작성하기 위해 〈표〉 이외에 추가로 필요한 자료만을 〈보기〉에서 모두 고르면?

〈표〉 주요 국가에 대한 '갑'국 맥주 수출액 및 증가율

(단위 : 천 달러, %)

구분	2013년	전년 대비 증가율	2014년	전년 대비 증가율	2015년	전년 대비 증가율	2016년 상반기	전년 동기간 대비 증가율
맥주 수출 총액	72,251	6.5	73,191	1.3	84,462	15.4	48,011	3.7
일본	33,007	12.4	32,480	−1.6	35,134	8.2	19,017	0.8
중국	8,482	35.9	14,121	66.5	19,364	37.1	11,516	21.8
이라크	2,881	35.3	4,485	55.7	7,257	61.8	4,264	−15.9
싱가포르	8,641	21.0	3,966	−54.1	6,790	71.2	2,626	−31.3
미국	3,070	3.6	3,721	21.2	3,758	1.0	2,247	26.8
호주	3,044	4.2	3,290	8.1	2,676	−18.7	1,240	−25.1
타이	2,119	9.9	2,496	17.8	2,548	2.1	1,139	−12.5
몽골	5,465	−16.4	2,604	−52.4	1,682	−35.4	1,005	−27.5
필리핀	3,350	−49.9	2,606	−22.2	1,558	−40.2	2,257	124.5
러시아	740	2.4	886	19.7	771	−13.0	417	−10.6
말레이시아	174	144.0	710	308.0	663	−6.6	1,438	442.2
베트남	11	−	60	445.5	427	611.7	101	−57.5

─── 〈보고서〉 ───

중국으로의 수출 증가에 힘입어 2015년 '갑'국의 맥주 수출액이 맥주 수출을 시작한 1992년 이래 역대 최고치를 기록하였다. 또한 2016년 상반기도 역대 동기간 대비 최고치를 기록하고 있다. 2015년 맥주 수출 총액은 약 8천 4백만 달러로 전년대비 15.4% 증가하였다. 2013년 대비 2015년 맥주 수출 총액은 16.9% 증가하여, 같은 기간 '갑'국 전체 수출액이 5.9% 감소한 것에 비하면 주목할 만한 성과이다. 2016년 상반기 맥주 수출 총액은 약 4천 8백만 달러로 전년 동기간 대비 3.7% 증가하였다.

2015년 '갑'국의 주요 맥주 수출국은 일본(41.6%), 중국(22.9%), 이라크(8.6%), 싱가포르(8.0%), 미국(4.4%) 순으로, 2012년부터 '갑'국의 맥주 수출액이 가장 큰 상대 국가는 일본이다. 2015년 일본으로의 맥주 수출액은 약 3천 5백만 달러로 전년대비 8.2% 증가하였다. 특히 중국으로의 맥주 수출액은 2013년부터 2015년까지 매년 두 자릿수 증가율을 기록하여, 2014년부터 중국이 싱가포르를 제치고 '갑'국 맥주 수출 대상국 중 2위로 자리매김하였다. 또한, 베트남으로의 맥주 수출액은 2013년 대비 2015년에 약 39배로 증가하여 베트남이 새로운 맥주 수출 시장으로 부상하고 있다.

─── 〈보 기〉 ───

ㄱ. 1992~2012년 연도별 '갑'국의 연간 맥주 수출 총액
ㄴ. 1992~2015년 연도별 '갑'국의 상반기 맥주 수출액
ㄷ. 2015년 상반기 '갑'국의 국가별 맥주 수출액
ㄹ. 2013~2015년 연도별 '갑'국의 전체 수출액

① ㄱ, ㄴ
② ㄱ, ㄷ
③ ㄴ, ㄹ
④ ㄱ, ㄴ, ㄹ
⑤ ㄴ, ㄷ, ㄹ

04 ○△✕

다음 〈그림〉은 2012년 주요 곡물(쌀, 밀, 옥수수, 콩)의 국가별 생산량 비율에 대한 자료이다. 〈그림〉을 이용하여 보고서를 작성할 때, 추가로 필요한 자료를 〈보기〉에서 모두 고르면?

〈그림〉 주요 곡물의 국가별 생산량 비율

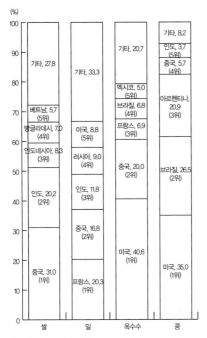

※ 기타는 상위 5개국 이외의 국가 집합임

〈보고서〉

- 쌀 생산량 상위 5개국은 모두 아시아 국가이며, 쌀 수출량 상위 3개국도 모두 아시아 국가이다.
- 밀 생산량 상위 5개국의 밀 평균 가격은 해당 국가들의 쌀 평균 가격보다 낮다.
- 미국의 옥수수 생산량은 세계 생산량의 40.6%이며, 바이오연료용 옥수수 수요량은 지속적으로 증가하고 있다.
- 주요 곡물 중 생산량 상위 5개국 비중의 합이 가장 큰 것은 콩이다.

〈보 기〉

ㄱ. 아시아 국가별 주요 곡물 수요량
ㄴ. 주요 곡물의 국가별 수출량
ㄷ. 국가별 주요 곡물의 가격
ㄹ. 국가별 바이오연료용 곡물의 수요량 추이

① ㄱ, ㄴ 　　　　　② ㄴ, ㄷ
③ ㄷ, ㄹ 　　　　　④ ㄴ, ㄷ, ㄹ
⑤ ㄱ, ㄴ, ㄷ, ㄹ

01 ⊡⊡⊠

다음 〈표〉를 이용하여 국가별 초등학교 교직원 수 현황에 관한 〈보고서〉를 작성하였다. 〈보고서〉를 작성하기 위해 추가로 이용한 자료를 〈보기〉에서 모두 고르면?

〈표〉 2005년 국가별 초등학생 1,000명당 교직원 수

(단위 : 명)

| 구분 | 교사 | | 전문 학생 지원직 | 행정관리직 | | 기능직 | 전체 교직원 |
	학급 교사	보조교사 및 조교		행정직	관리직		
미국	64.5	13.6	8.9	3.8	10.4	22.8	124.0
일본	60.2	0.0	5.3	5.4	4.9	6.3	82.1
핀란드	70.1	5.5	2.0	2.4	8.2	14.1	102.3
프랑스	70.2	0.0	24.6	7.2	4.1	14.0	120.1
한국	43.8	0.6	1.2	2.6	3.8	11.4	63.4
OECD 평균	72.8	4.3	6.4	5.3	7.3	17.9	114.0

――――〈보고서〉――――

　2005년 국가별 초등학교 교직원 수 현황을 비교한 결과 한국은 조사대상 5개국 중 초등학생 1,000명당 학급교사, 전문 학생지원직, 관리직의 교직원 수가 가장 적은 것으로 나타났다. 초등학생 1,000명당 보조교사 및 조교 수가 한국보다 적은 국가는 일본과 프랑스였다. 프랑스는 OECD 회원국가 중 초등학생 1,000명당 전문 학생지원직을 가장 많이 고용하고 있는 것으로 나타났다. 조사대상 5개국 중 미국은 초등학생 1,000명당 기능직 직원이 가장 많았다. 2005년 한국의 초등학생 1,000명당 전체 교직원 수는 2004년에 비해 20.3% 증가했지만, OECD 회원국가 중 가장 적었다.

――――〈보 기〉――――

ㄱ. 2004년 한국의 초등학생 1,000명당 전체 교직원 수
ㄴ. 2005년 전체 OECD 회원국의 국가별 초등학생 1,000명당 전체 교직원 수
ㄷ. 2005년 전체 OECD 회원국의 국가별 초등학생 1,000명당 학급 교사 수
ㄹ. 2005년 전체 OECD 회원국의 국가별 초등학생 1,000명당 전문 학생지원직 교직원 수

① ㄱ, ㄴ
② ㄱ, ㄹ
③ ㄱ, ㄴ, ㄷ
④ ㄱ, ㄴ, ㄹ
⑤ ㄴ, ㄷ, ㄹ

02 ⊡⊡⊠

다음 〈표〉는 2010학년도 학교폭력 심의 현황 및 피해·가해학생 조치 현황에 관한 자료이다. 〈보고서〉를 작성하기 위해 〈표〉 이외에 추가로 필요한 자료만을 〈보기〉에서 모두 고르면?

〈표 1〉 2010학년도 학교폭력 심의 현황

(단위 : 건, 명)

구분 학교급	심의건수	피해학생수	가해학생수
초등학교	231	294	657
중학교	5,376	10,363	14,179
고등학교	2,216	3,091	5,113
계	7,823	13,748	19,949

〈표 2〉 2010학년도 피해학생 조치 현황

(단위 : 명)

구분 학교급	심리 상담	일시 보호	치료 요양	학급 교체	전학 권고	안정 조치	기타 조치
초등학교	240	4	14	2	2	5	27
중학교	8,063	521	327	11	28	436	977
고등학교	2,264	110	249	10	43	167	248
계	10,567	635	590	23	73	608	1,252

〈표 3〉 2010학년도 가해학생 조치 현황

(단위 : 명)

구분 학교급	서면 사과	접촉 금지	교내 봉사	사회 봉사	특별 교육	출석 정지	기타 조치
초등학교	222	70	150	24	102	13	76
중학교	1,176	547	5,444	2,393	2,366	1,157	1,096
고등학교	451	199	1,617	1,071	969	225	581
계	1,849	816	7,211	3,488	3,437	1,395	1,753

※ 피해(가해)학생에 대한 조치는 중복되지 않는 것으로 함

――――〈보고서〉――――

　2010학년도 학교폭력 현황을 살펴보면 학교폭력 심의건수는 중학교가 가장 많아 중학교에 대한 집중교육이 요구된다. 중학교의 학교폭력 심의건수는 5,376건으로 전년대비 40.5% 증가하였다. 2010학년도 학교폭력 가해학생수는 피해학생수보다 많아, 여러 학생이 한 학생에게 폭력을 행사하는 경우가 많음을 알 수 있다.

　2010학년도 학교폭력 피해학생에 대한 조치를 보면 심리상담이 가장 많고, 일시보호가 그 다음으로 많은 것으로 나타났다. 가해학생에 대한 조치를 보면 초등학교는 서면사과가 가장 많고, 중학교는 교내봉사가 가장 많았다. 고등학교의 경우 가해학생에 대한 조치는 교내봉사, 사회봉사, 특별교육의 순으로 많았으며, 기타조치 중 퇴학조치보다는 전학조치가 많았다. 가해학생에 대한 전체 조치 중 교내봉사와 사회봉사의 합은 절반 이상을 차지하고 있다.

――――〈보 기〉――――

ㄱ. 2009학년도 피해학생수와 가해학생수
ㄴ. 2009학년도 피해학생 조치 유형의 구성비
ㄷ. 2009학년도 학교급별 학교폭력 심의건수
ㄹ. 2010학년도 학교폭력 심의건당 평균 피해학생수
ㅁ. 2010학년도 학교급별 가해학생에 대한 전학 및 퇴학조치수

① ㄱ, ㄷ
② ㄴ, ㄹ
③ ㄷ, ㅁ
④ ㄱ, ㄴ, ㅁ
⑤ ㄷ, ㄹ, ㅁ

03 ◻△✕ 15년 행시(인) 21번

다음 〈표〉를 이용하여 〈보고서〉를 작성하였다. 제시된 〈표〉 이외에 〈보고서〉를 작성하기 위해 추가로 필요한 자료만을 〈보기〉에서 모두 고르면?

〈표 1〉 2010~2011년 '갑' 지역 구별 지역내 총생산

(단위 : 억 원)

연도 \ 구	A	B	C	D	E	F
2010	3,046	3,339	2,492	1,523	5,442	8,473
2011	2,834	3,253	2,842	1,579	5,660	8,642

※ '갑' 지역은 A~F구로 구성됨

〈표 2〉 2010~2011년 '갑' 지역 경제활동부문별 지역내 총생산

(단위 : 억 원)

연도 \ 부문	제조업	도소매업	임대업	건설업	서비스업	금융업	기타
2010	6,873	3,737	3,070	1,687	2,531	2,320	4,397
2011	7,221	3,603	3,137	1,581	2,585	2,383	4,300

── 〈보고서〉 ──

2011년 '갑' 지역의 지역내 총생산은 2조 4,810억 원으로 전년대비 2.0% 증가하였지만, 2011년 국가 경제 성장률인 3.3%보다 낮았다.

구별로는 4개 구의 2011년 지역내 총생산이 전년대비 증가하였으나, A구와 B구에서는 감소한 것으로 나타났다. 2011년 구별 지역내 총생산은 F구가 8,642억 원으로 규모가 가장 컸고, D구가 1,579억 원으로 가장 작았다.

2010~2011년 '갑' 지역 경제활동부문별 지역내 총생산을 보면, 제조업이 성장을 주도한 것으로 나타났다. 2011년 제조업의 지역내 총생산의 전년대비 증가율은 2010년에 비해 감소하였으나 5% 이상이었다. 그리고 2011년에는 서비스업과 금융업 등이 전년대비 플러스(+) 성장한 반면, 같은 기간 도소매업과 건설업은 마이너스(−) 성장으로 부진한 것으로 나타났다.

── 〈보 기〉 ──

ㄱ. '갑' 지역의 2009년 경제활동부문별 지역내 총생산
ㄴ. 2011년 국가 경제성장률
ㄷ. 2010~2011년 '갑' 지역 구별 제조업부문 지역내 총생산
ㄹ. 2009년 '갑' 지역의 구별 지역내 총생산

① ㄱ, ㄴ
② ㄱ, ㄷ
③ ㄴ, ㄷ
④ ㄴ, ㄹ
⑤ ㄷ, ㄹ

04 ◻△✕ 18년 행시(나) 5번

다음 〈표〉는 방한 중국인 관광객에 관한 자료이다. 〈보고서〉를 작성하기 위해 〈표〉 이외에 추가로 필요한 자료만을 〈보기〉에서 모두 고르면?

〈표 1〉 2016~2017년 월별 방한 중국인 관광객수

(단위 : 만 명)

년 \ 월	1	2	3	4	5	6	7	8	9	10	11	12	계
2016	60	47	80	80	78	95	87	102	107	106	55	54	951
2017	15	15	18	17	20	15	21	13	19	12	13		195

※ 2017년 자료는 추정값임

〈표 2〉 2016년 방한 중국인 관광객 1인당 관광 지출액

(단위 : 달러)

구분	쇼핑	숙박 · 교통	식음료	기타	총지출
개별	1,430	422	322	61	2,235
단체	1,296	168	196	17	1,677
전체	1,363	295	259	39	1,956

※ 전체는 방한 중국인 관광객 1인당 관광 지출액임

── 〈보고서〉 ──

2017년 3월부터 7월까지 5개월간 전년 동기간 대비 방한 중국인 관광객수는 300만 명 이상 감소한 것으로 추정된다. 해당 규모에 2016년 기준 전체 방한 중국인 관광객 1인당 관광 지출액인 1,956달러를 적용하면 중국인의 한국 관광 포기로 인한 지출 감소액은 약 65.1억 달러로 추정된다.

2017년 전년대비 연간 추정 방한 중국인 관광객 감소 규모는 약 756만 명이며, 추정 지출 감소액은 약 147.9억 달러로 나타난다. 이는 각각 2016년 중국인 관광객을 제외한 연간 전체 방한 외국인 관광객수의 46.3%, 중국인 관광객 지출액을 제외한 전체 방한 외국인 관광객 총 지출액의 55.8% 수준이다.

2017년 산업부문별 추정 매출 감소액을 살펴보면, 도소매업의 매출액 감소가 전년대비 108.9억 달러로 가장 크고, 다음으로 식음료업, 숙박업 순으로 나타났다.

── 〈보 기〉 ──

ㄱ. 2016년 방한 외국인 관광객의 국적별 1인당 관광 지출액
ㄴ. 2016년 전체 방한 외국인 관광객수 및 지출액 현황
ㄷ. 2016년 산업부문별 매출액 규모 및 구성비
ㄹ. 2017년 산업부문별 추정 매출액 규모 및 구성비

① ㄱ, ㄷ
② ㄴ, ㄷ
③ ㄴ, ㄹ
④ ㄱ, ㄴ, ㄹ
⑤ ㄴ, ㄷ, ㄹ

01 ◯△✕

다음 〈그림〉과 〈표〉를 이용하여 〈보고서〉를 작성하였다. 제시된 〈그림〉과 〈표〉 이외에 추가로 필요한 자료만을 〈보기〉에서 모두 고르면?

〈그림〉 박사학위 취득자의 성별, 전공계열별 고용률 현황

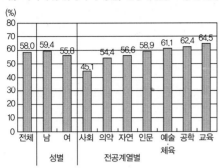

〈표〉 박사학위 취득자 중 취업자의 고용형태별 직장유형 구성 비율

(단위 : %)

고용형태 / 직장유형	전체	정규직	비정규직
대학	54.2	9.3	81.1
민간기업	24.9	64.3	1.2
공공연구소	10.3	8.5	11.3
민간연구소	3.3	6.4	1.5
정부·지자체	1.9	2.4	1.7
기타	5.4	9.1	3.2
계	100.0	100.0	100.0

〈보고서〉

　박사학위 취득자의 전체 고용률은 58.0%이었다. 전공 계열 중 교육계열의 고용률이 가장 높고 그 다음으로 공학계열, 예술·체육계열, 인문계열의 순으로 나타났으며, 사회계열, 의약계열과 자연계열의 고용률은 상대적으로 낮았다.

　박사학위 취득자 중 취업자의 직장유형 구성비율을 살펴보면 대학이 가장 높았고, 그 다음으로 민간기업, 공공연구소 등의 순이었다.

　박사학위 취득자 중 취업자의 고용형태를 살펴보면, 여성 취업자 중 비정규직 비율은 75% 이상이었다. 전공계열별로는 인문계열의 비정규직 비율이 가장 높고, 그 다음으로 예술·체육계열, 의약계열, 사회계열, 자연계열, 교육계열, 공학계열 순으로 나타났다. 정규직은 과반수가 민간기업에 소속된 반면, 비정규직은 80% 이상이 대학에 소속된 것으로 나타났다.

　박사학위 취득자 중 취업자의 고용형태에 따라 평균 연봉 차이가 큰 것으로 나타났다. 정규직 취업자의 직장 유형을 기타를 제외하고 평균 연봉이 높은 것부터 순서대로 나열하면 민간기업, 민간연구소, 공공연구소, 대학, 정부·지자체 순이었다. 또한, 비정규직 내에서도 직장유형별 평균 연봉의 편차가 크게 나타났다.

〈보 기〉

ㄱ. 박사학위 취득자 중 취업자의 전공계열별 고용형태
ㄴ. 박사학위 취득자 중 취업자의 성별, 전공계열별 평균 연봉
ㄷ. 박사학위 취득자 중 취업자의 고용형태별, 직장유형별 평균 연봉
ㄹ. 박사학위 취득자 중 취업자의 성별 고용형태
ㅁ. 박사학위 취득자 중 비정규직 여성 취업자의 전공계열별 평균 근속기간

① ㄱ, ㄴ, ㄷ
② ㄱ, ㄷ, ㄹ
③ ㄱ, ㄷ, ㅁ
④ ㄴ, ㄷ, ㄹ
⑤ ㄴ, ㄹ, ㅁ

02 ○△☓

K 사무관은 다음 〈보기〉 중 세 자료와 〈표〉를 이용하여 의료기기 수출입 현황에 관한 〈보고서〉를 작성하였다. 제시된 〈표〉 이외에 추가로 이용한 자료를 〈보기〉에서 모두 고르면?

〈표 1〉 우리나라의 연도별 의료기기 수출입 현황

(단위 : 억 원, %)

구분	1999	2000	2001	2002	2003	2004
수출	3,263 (8.3)	5,238 (60.5)	5,616 (7.2)	5,792 (3.1)	6,147 (6.1)	5,919 (-3.7)
수입	6,873 (29.1)	9,202 (33.9)	11,139 (21.0)	11,753 (5.5)	13,593 (15.7)	13,352 (-1.8)
무역수지	-3,610	-3,964	-5,523	-5,961	-7,446	-7,433

※ ( ) 안의 수치는 전년 대비 증감률임

〈표 2〉 우리나라의 주요 국가별 의료기기 수출입 현황 (2004년)

(단위 : 억 원, %)

순위	수출			수입		
	국가명	수출액	비중	국가명	수입액	비중
1	미국	1,367	23.1	미국	4,420	33.1
2	일본	846	14.3	일본	2,283	17.1
3	독일	604	10.2	독일	1,990	14.9
4	프랑스	503	8.5	네덜란드	801	6.0
5	중국	314	5.3	아일랜드	601	4.5
	소계	3,634	61.4	소계	10,095	75.6

〈보고서〉

2004년 의료기기 수출액은 5,919억 원으로 전년대비 3.7% 감소하였고, 수입액도 1조 3,352억 원으로 전년대비 1.8% 감소하였다. 같은 해 전년대비 의료기기 수출·수입 실적은 달러 기준으로는 증가하였으나, 환율 변동으로 인해 원화 기준으로는 각각 감소하였다. 2004년 우리나라의 의료기기 수출 상위 5개국은 미국, 일본, 독일, 프랑스, 중국인 것으로 나타났고 이들 5개국에 대한 수출 비중은 전체 의료기기 수출액의 61.4%를 차지하였다. 이들 5개국으로부터의 의료기기 수입액 또한 전체 의료기기 수입액의 70.8%를 차지하고 있어 수입 비중 역시 높은 것으로 나타났다. 의료기기의 무역수지 적자는 2003년 7,446억 원에서 2004년 7,433억 원으로 감소한 것으로 나타났으나 무역적자액은 의료기기 수출액을 상회하는 액수였다. 1999년부터 2003년까지 의료기기 무역수지 적자폭이 확대된 것은 단순·저가제품의 수출과 고가 의료기기의 수입 증가에 따른 결과이다.

〈보 기〉

ㄱ. 2003년과 2004년의 원달러 환율
ㄴ. 2003년과 2004년의 우리나라 의료기기 국내생산액
ㄷ. 우리나라의 연도별 가격대별 의료기기 수출입 현황
ㄹ. 2003년 우리나라의 주요 국가별 의료기기 수출입 현황
ㅁ. 2004년 우리나라의 국가별 의료기기 수출입 현황

① ㄱ, ㄴ, ㄷ
② ㄱ, ㄷ, ㅁ
③ ㄱ, ㄹ, ㅁ
④ ㄴ, ㄷ, ㄹ
⑤ ㄷ, ㄹ, ㅁ

CHAPTER 08 공식·조건

1 유형의 이해

해당 유형은 문제에서 특정한 공식을 주고 해당하는 값을 구하게 하거나, 여러 조건을 주고 그 조건에 맞는 풀이를 요구한다. 주어진 조건을 적용하는 능력을 보는 것이므로 매우 다양한 유형이 존재하며 다른 유형들에 비해 난도가 높은 편이다.

조건과 공식을 주는 방식이 다양하여 일괄적으로 유형화하기 어렵지만, 일반적으로 해당 유형을 풀 때는 특정한 규칙을 찾거나 공식의 의미를 찾는 것이 중요하다. 예를 들어 특정한 값이 교차적으로 나온다던가, 일정 간격을 두고 순환을 한다던가, 주어진 규칙이 익숙한 값의 역수인 경우 등이 이에 해당된다. 주의할 점은 해당 문제를 풀기 위해 너무 많은 시간을 소요해선 안 되며, 완전한 답을 내기 보단 규칙 혹은 반례를 찾아 빠르게 문제를 푸는 것이 중요하다.

해당 유형은 매년 나오며, 항상 문제의 난도를 높이는 주범이다. 한눈에 보기에 공식의 이해가 어려울 것 같다면, 이를 넘기고 다른 문제를 먼저 푸는 것도 좋은 방법이다.

2 발문 유형

- 다음 〈조건〉에 부합하는 것은?
- 다음 〈조건〉을 적용할 때 선출되는 것은?
- 다음 〈표〉를 통해 볼 때 알맞은 것은?

3 접근법

공식이 주어질 경우 해당 공식들이 어떤 관계가 있는지 볼 필요가 있다. 가장 많이 제시되는 것은 역수 관계이며, 연속적인 곱셈 과정에서 분모 분자가 소거되어 사실은 매우 쉽게 계산되는 관계가 많다.

도형이나 표가 제시되는 경우 대칭이거나 반복적인 요소가 있는 경우가 있다. 만약 잘 모르겠다면, 혹시 이런 관계가 아닐지 생각해보고, 이에 대입해보는 것도 좋은 방법이다.

4 생각해 볼 부분

도형이나 관계도가 나올 경우, 해당 도형, 혹은 관계도가 가지는 특성이 없는지 파악하는 것이 중요하다. 대부분의 경우 대칭이라던가, 시행 횟수에 따라 값의 대소가 일정하게 변한다던가 하는 규칙을 가지고 있다.

조건의 경우에는 다른 조건들과 무관하게, 하나만 불만족하더라도 선정에서 제외되는 중요한 조건들이 종종 있다. 이들을 먼저 파악하고, 적용한다면 오답 소거에 걸리는 시간을 단축할 수 있다.

공식이 나올 경우 높은 확률로 공식들 사이의 관계에 의해 계산을 간단하게 바꿀 수 있다. 혹은 해당 공식의 특성상 답에 큰 영향을 미치는 항목이 존재하는 경우가 있다. 예를 들면, 공식 속 한 항목의 계수가 크기 때문에, 순위를 결정할 때 다른 것들보다 그 항목의 영향이 지대한 경우가 있다.

위에도 언급했지만, 이러한 규칙을 찾지 못한다면 해당 유형은 후순위로 미루는 것이 효과적이다. 괜히 시간을 3분 이상 낭비하는 일이 없도록 하자.

아래 〈그림〉은 마을 A~E 간의 가능 이동로를 보여주며, 〈표〉는 주어진 〈조건〉에 따라 '갑'이 매회차 이동 후 각 마을에 숨어있을 확률을 구한 자료이다. 이에 대한 〈보기〉의 설명 중 옳은 것만을 모두 고르면?

〈그림〉 마을 A~E 간 가능 이동로

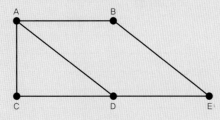

─── 〈조 건〉 ───

- 1회차 이동 후 '갑'이 각 마을(A~E)에 숨어있을 확률은 각각 $\frac{1}{5}$로 동일하다.

- '갑'은 2회차부터 매회차, 숨어있던 마을에서 인접한 마을로 반드시 이동하며, 이때 인접한 마을 이란 다른 마을을 경유하지 않고 가능 이동로만으로 이동할 수 있는 마을을 의미한다. 예를 들어 B와 인접한 마을은 A, E이다.

- '갑'이 인접한 마을로 이동 시 각 마을로 이동할 확률은 동일하다.

〈표〉 매회차 이동 후 '갑'이 각 마을에 숨어있을 확률

이동차수 ＼ 마을	A	B	C	D	E
1회차	$\frac{1}{5}$	$\frac{1}{5}$	$\frac{1}{5}$	$\frac{1}{5}$	$\frac{1}{5}$
2회차	$\frac{4}{15}$	$\frac{1}{6}$	$\frac{2}{15}$	$\frac{4}{15}$	$\frac{1}{6}$
3회차	$\frac{43}{180}$	$\frac{31}{180}$	( )	$\frac{43}{180}$	$\frac{31}{180}$
4회차	$\frac{55}{216}$	( )	( )	( )	( )

※ 예) 3회차 이동 후 '갑'이 B에 숨어있을 확률
= (2회차 이동 후 A에 숨어있을 확률×A에서 B로 이동할 확률)+(2회차 이동 후 E에 숨어있을 확률×E에서 B로 이동할 확률)
= $\left(\frac{4}{15}×\frac{1}{3}\right)+\left(\frac{1}{6}×\frac{1}{2}\right)=\frac{31}{180}$

─── 〈보 기〉 ───

ㄱ. '갑'이 A에 숨어있을 확률은 1회차 이동 후부터 3회차 이동 후까지 매회차 증가하였다.
ㄴ. '갑'이 C에 숨어있을 확률은 3회차 이동 후보다 4회차 이동 후가 더 낮다.
ㄷ. 4회차 이동 후 '갑'이 B에 숨어있을 확률과 E에 숨어있을 확률은 동일하다.
ㄹ. 3회차 이동 후 '갑'이 숨어있을 확률이 가장 낮은 곳은 C이다.

① ㄱ, ㄴ　　　　　　② ㄱ, ㄷ
③ ㄴ, ㄷ　　　　　　④ ㄴ, ㄹ
⑤ ㄷ, ㄹ

정답해설
ㄴ. 3회차에 C에 숨어있을 확률＝1−(A, B, D, E에 숨을 확률)＝8/45
4회차에 C에 숨어있을 확률＝(2/3)×(43/180)＝43/270
(8/45)＞(43/270)
ㄷ. 옳다. 구조적으로 똑같이 생겼기 때문에 같을 수밖에 없다. 둘 다 (179/1080)이다.

오답해설
ㄱ. 옳지 않다. (4/15)＞(43/180)
ㄹ. 옳지 않다. 가장 낮은 곳은 31/180인 B, E이다.

답 ③

난도 중

풀이시간 2분 30초

합격생 가이드

처음 문제를 보면 이해하는 데 상당한 시간 이 소요될 수 있다. 이 때 〈표〉를 본다면 C를 중심으로 각 마을의 확률이 대칭을 이룸을 발견할 수 있다. 실제로 〈그림〉의 마을 모양 은 C를 중심으로 A와 D, B와 E가 각각 대칭 을 이루고 있기 때문에 이러한 현상이 나타 나는 것이다. 대칭 유형은 자료해석에서 자 주 등장한 바, 규칙을 찾는다면 보다 쉽게 문제를 풀 수 있을 것이다.

ㄱ. 간단한 분수 비교 시 3회차에서 감소함 을 알 수 있다.
ㄴ. C에 숨어있을 확률은 1에서 A, B, D, E에 있을 확률을 뺀 것이다. 따라서 3회차의 경우 32/180이 그 확률이 된다. 이는 8/45에 해당한다. 1, 2, 3회차를 살펴보 면 그 확률이 2회차 때 감소, 3회차 때 증가했음을 알 수 있다. 해당 문제가 도 형의 형태에 관련되어 있는 바 이 규칙 성이 4회차 때도 이어질 것이므로 4회차 때는 C에 있을 확률이 줄어든다.
ㄷ. 둘은 대칭이므로 항상 동일하다.
ㄹ. 3회차에 C에 숨어 있을 확률은 8/45이 므로 B, E의 경우보다 크다.

대표문항으로 선정한 이유

해당 문제는 이 유형의 극단적인 예시를 보 여준다. 형태가 대칭이란 점을 깨닫는다면 사실 1분 안에 충분히 풀 수 있다. 그러나 이 를 파악하지 못한다면, 각 값을 계산하느라 너무 많은 시간이 흘러가게 된다.
실제로 해당 유형은 이처럼 파악하면 시간 이 짧게 걸리나, 이를 파악하지 못할 때 드 는 비용이 매우 높은 유형이다. 다만 반복되 어 출제되는 공식, 유형이 있으니 이를 연습 한다면 실전에 큰 도움이 될 것이다.

01 ☐△✕

다음 〈표〉는 A~E 리조트의 1박 기준 일반요금 및 회원할인율에 관한 자료이다. 이에 대한 〈보기〉의 설명 중 옳은 것만을 모두 고르면?

〈표 1〉 비수기 및 성수기 일반요금(1박 기준)

(단위 : 천 원)

구분＼리조트	A	B	C	D	E
비수기 일반요금	300	250	200	150	100
성수기 일반요금	500	350	300	250	200

〈표 2〉 비수기 및 성수기 회원할인율(1박 기준)

(단위 : %)

구분	회원유형＼리조트	A	B	C	D	E
비수기 회원할인율	기명	50	45	40	30	20
	무기명	35	40	25	20	15
성수기 회원할인율	기명	35	30	30	25	15
	무기명	30	25	20	15	10

※ 회원할인율(%)= $\dfrac{일반요금-회원요금}{일반요금} \times 100$

── 〈보 기〉 ──

ㄱ. 리조트 1박 기준, 성수기 일반요금이 낮은 리조트일수록 성수기 무기명 회원요금이 낮다.

ㄴ. 리조트 1박 기준, B 리조트의 회원요금 중 가장 높은 값과 가장 낮은 값의 차이는 125,000원이다.

ㄷ. 리조트 1박 기준, 각 리조트의 기명 회원요금은 성수기가 비수기의 2배를 넘지 않는다.

ㄹ. 리조트 1박 기준, 비수기 기명 회원요금과 비수기 무기명 회원요금 차이가 가장 작은 리조트는 성수기 기명 회원요금과 성수기 무기명 회원요금 차이도 가장 작다.

① ㄱ, ㄴ

② ㄱ, ㄷ

③ ㄷ, ㄹ

④ ㄱ, ㄴ, ㄹ

⑤ ㄴ, ㄷ, ㄹ

02 ☐△✕

다음 〈표〉는 A~F로만 구성된 '갑'반 학생의 일대일채팅방 참여 현황을 표시한 자료이다. 〈보기〉의 설명 중 〈표〉와 〈규칙〉에 근거하여 옳은 것만을 모두 고르면?

〈표〉 '갑'반의 일대일채팅방 참여 현황

학생	F	E	D	C	B
A	0	1	0	0	1
B	1	1	0	1	
C	1	0	1		
D	0	1			
E	0				

※ 학생들이 참여할 수 있는 모든 일대일채팅방의 참여 여부를 '0'과 '1'로 표시함

── 〈규 칙〉 ──

• 서로 다른 두 학생이 동일한 일대일채팅방에 참여하고 있으면 '1'로, 그 이외의 경우에는 '0'으로 나타내며, 그 값을 각 학생이 속한 행 또는 열이 만나는 곳에 표시한다.

• 학생 수가 n일 때 학생들이 참여할 수 있는 모든 일대일채팅방의 개수는 $\dfrac{n(n-1)}{2}$ 이다.

• 일대일채팅방 밀도= $\dfrac{학생들이\ 참여하고\ 있는\ 일대일채팅방의\ 개수}{학생들이\ 참여할\ 수\ 있는\ 모든\ 일대일채팅방의\ 개수}$

── 〈보 기〉 ──

ㄱ. 참여하고 있는 일대일채팅방의 수가 가장 많은 학생은 B이다.

ㄴ. A는 C와 일대일채팅방에 참여하고 있지 않지만, A는 B와, B는 C와 일대일채팅방에 참여하고 있다.

ㄷ. '갑'반의 일대일채팅방 밀도는 0.6 이상이다.

ㄹ. '갑'반으로 전학 온 새로운 학생 G가 C, D와만 각각 일대일채팅방에 참여한다면, '갑'반의 일대일채팅방 밀도는 낮아진다.

① ㄱ, ㄴ　　　　　　② ㄱ, ㄷ

③ ㄴ, ㄹ　　　　　　④ ㄷ, ㄹ

⑤ ㄱ, ㄴ, ㄹ

03 ○△✕

식물학자 '갑'은 2016년 2월 14일 A지역에 위치한 B지점에 X식물을 파종하였다. 다음 〈조건〉과 〈표〉를 근거로 산정한 X식물의 발아예정일로 옳은 것은?

─ 〈조 건〉 ─

• A지역 기온측정 기준점의 고도는 해발 110m이고, B지점의 고도는 해발 710m이다.
• A지역의 날씨는 지점에 관계없이 동일하나, 기온은 고도에 의해서 변한다. 지점의 고도가 10m 높아질 때마다 기온은 0.1℃씩 낮아진다.
• 발아예정일 산정방법
  1) 파종 후, 일 최고기온이 3℃ 이상인 날이 연속 3일 이상 존재한다.
  2) 1)을 만족한 날 이후, 일 최고기온이 0℃ 이하인 날이 1일 이상 존재한다.
  3) 2)를 만족한 날 이후, 일 최고기온이 3℃ 이상인 날이 존재한다.
  4) 발아예정일은 3)을 만족한 최초일에 6일을 더한 날이다. 단, 1)을 만족한 최초일 다음날부터 3)을 만족한 최초일 사이에 일 최고기온이 0℃ 이상이면서 비가 온 날이 있다면 그 날 수만큼 발아예정일이 앞당겨진다.

〈표〉 2016년 A지역의 날씨 및 기온측정 기준점의 일 최고기온

날짜	일 최고기온 (℃)	날씨	날짜	일 최고기온 (℃)	날씨
2월 15일	3.8	맑음	3월 6일	7.9	맑음
2월 16일	3.3	맑음	3월 7일	8.0	비
2월 17일	2.7	흐림	3월 8일	5.8	비
2월 18일	4.0	맑음	3월 9일	6.5	맑음
2월 19일	4.9	흐림	3월 10일	5.3	흐림
2월 20일	5.2	비	3월 11일	4.8	맑음
2월 21일	8.4	맑음	3월 12일	6.8	맑음
2월 22일	9.1	맑음	3월 13일	7.7	흐림
2월 23일	10.1	맑음	3월 14일	8.7	맑음
2월 24일	8.9	흐림	3월 15일	8.5	비
2월 25일	6.2	비	3월 16일	6.1	흐림
2월 26일	3.8	흐림	3월 17일	5.6	맑음
2월 27일	0.2	흐림	3월 18일	5.7	비
2월 28일	0.5	맑음	3월 19일	6.2	흐림
2월 29일	7.6	맑음	3월 20일	7.3	맑음
3월 1일	7.8	맑음	3월 21일	7.9	맑음
3월 2일	9.6	맑음	3월 22일	8.6	흐림
3월 3일	10.7	흐림	3월 23일	9.9	맑음
3월 4일	10.9	맑음	3월 24일	8.2	흐림
3월 5일	9.2	흐림	3월 25일	11.8	맑음

① 2016년 3월 7일
② 2016년 3월 8일
③ 2016년 3월 19일
④ 2016년 3월 27일
⑤ 2016년 3월 29일

04 ○△✕

다음 〈표〉는 A제품을 생산·판매하는 '갑'사의 1~3주차 A제품 주문량 및 B부품 구매량에 관한 자료이다. 〈조건〉에 근거하여 매주 토요일 판매완료 후 남게 되는 A제품의 재고량을 주차별로 바르게 나열한 것은?

〈표〉 A제품 주문량 및 B부품 구매량

(단위 : 개)

구분 \ 주	1주차	2주차	3주차
A제품 주문량	0	200	450
B부품 구매량	500	900	1,100

※ 1) 1주차 시작 전 A제품과 B부품의 재고는 없음
   2) 한 주의 시작은 월요일임

─ 〈조 건〉 ─

• A제품은 매주 월요일부터 금요일까지 생산하고, A제품 1개 생산 시 B부품만 2개가 사용된다.
• B부품은 매주 일요일에 일괄구매하고, 그 다음 주 A제품 생산에 남김없이 모두 사용된다.
• 생산된 A제품은 매주 토요일에 해당주차 주문량만큼 즉시 판매되고, 남은 A제품은 이후 판매하기 위한 재고로 보유한다.

	1주차	2주차	3주차
①	0	50	0
②	0	50	50
③	50	50	50
④	250	0	0
⑤	250	50	50

05 ◯△✕   15년 행시(인) 19번

교수 A~C는 주어진 〈조건〉에서 학생들의 보고서를 보고 공대생 여부를 판단하는 실험을 했다. 아래 〈그림〉은 각 교수가 공대생으로 판단한 학생의 집합을 나타낸 벤다이어그램이며, 〈표〉는 실험 결과에 따라 교수 A~C의 정확도와 재현도를 계산한 것이다. 이에 대한 〈보기〉의 설명 중 옳은 것만을 모두 고르면?

─────── 〈조 건〉 ───────
- 학생은 총 150명이며, 이 중 100명만 공대생이다.
- 학생들은 모두 1인당 1개의 보고서를 제출했다.
- 실험에 참가하는 교수 A~C는 150명 중 공대생의 비율을 알지 못한다.

〈그림〉 교수 A~C가 공대생으로 판단한 학생들의 집합
(단위 : 명)

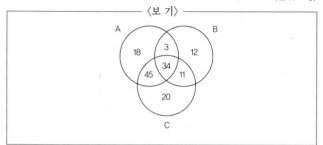

〈표〉 교수 A~C의 정확도와 재현도

교수	정확도	재현도
A	( )	( )
B	1	( )
C	$\frac{8}{11}$	$\frac{4}{5}$

※ 1) 정확도 = $\dfrac{공대생으로\ 판단한\ 학생\ 중에서\ 공대생\ 수}{공대생으로\ 판단한\ 학생\ 수}$

2) 재현도 = $\dfrac{공대생으로\ 판단한\ 학생\ 중에서\ 공대생\ 수}{전체\ 공대생\ 수}$

─────── 〈보 기〉 ───────
ㄱ. A, B, C 세 교수 모두가 공대생이 아니라고 공통적으로 판단한 학생은 7명이다.

ㄴ. A, C 두 교수 모두가 공대생이라고 공통적으로 판단한 학생들 중에서 공대생의 비율은 60% 이상이다.

ㄷ. A 교수의 재현도는 $\frac{1}{2}$ 이상이다.

① ㄱ
② ㄴ
③ ㄱ, ㄴ
④ ㄴ, ㄷ
⑤ ㄱ, ㄴ, ㄷ

---

06 ◯△✕   14년 행시(A) 6번

다음 〈표〉는 3개 부처(A~C)의 인재선발 기준, 전공적합점수, 지원자(갑~기)의 성적, 전공 및 지원 부처를 나타낸 것이다. 〈선발 방식〉에 따라 B부처에 선발된 지원자는?

〈표 1〉 각 부처별 선발인원 및 인재선발 기준 가중치

부처	선발인원 (명)	가중치		
		연수원 성적	면접 성적	전공적합점수
A	2	0.5	0.4	0.1
B	2	0.4	0.6	0.0
C	2	0.5	0.5	0.0

〈표 2〉 전공적합점수
(단위 : 점)

전공	경영	경제	행정	기타
점수	100	100	50	0

〈표 3〉 지원자 성적, 전공 및 지원 부처
(단위 : 점)

지원자	연수원 성적	면접 성적	전공	지원 부처
갑	70	80	정치외교	A, B
을	90	60	경영	A, B
병	80	80	경제	B, C
정	70	50	행정	A, C
무	90	50	경영	A, C
기	70	50	경제	B, C

─────── 〈선발 방식〉 ───────
- 각 부처는 해당 부처에 지원한 지원자 중에서 선발함
- A부처가 2명을 먼저 선발한 후 B부처가 남은 지원자 중 2명을 선발하며, 마지막으로 C부처가 남은 지원자 2명을 선발함
- 각 부처는 지원자의 연수원 성적, 면접 성적, 전공적합점수에 가중치를 부여하여 계산한 점수의 합이 높은 지원자부터 순서대로 선발함
  예 A부처 기준 '갑'의 점수의 합은 70점×0.5+80점×0.4+0점×0.1=67점

① 갑, 을
② 갑, 병
③ 갑, 기
④ 을, 병
⑤ 을, 기

07 ⃞⃞⃞

다음 〈표〉는 연간 유지보수 비용을 산정하기 위한 TMP(Total Maintenance Point) 계산 기준과 유지보수 대상 시스템(A~D)의 특성 및 소프트웨어 개발비에 대한 자료이다. 이 〈표〉와 〈공식〉에 근거하여 연간 유지보수 비용이 높은 시스템부터 순서대로 바르게 나열한 것은?

〈표 1〉 TMP 계산 기준

구분 유지보수 대상 시스템의 특성	기준	점수(점)
연간 유지보수 횟수	5회 미만	0
	5회 이상 12회 미만	20
	12회 이상	35
연간 자료처리 건수	10만 건 미만	0
	10만 건 이상 50만 건 미만	10
	50만 건 이상	25
타 시스템 연계 수	없음	0
	1개	5
	2개 이상	10
실무지식 필요 정도	별도 지식 불필요	0
	기초지식 필요	5
	전문실무능력 필요	10
분산처리 유형	실시 않음	0
	통합 하의 분산 처리	10
	순수 분산 처리	20

〈표 2〉 유지보수 대상 시스템의 특성 및 소프트웨어 개발비

시스템	연간 유지보수 횟수	연간 자료처리 건수	타 시스템 연계 수	실무지식 필요 정도	분산처리 유형	소프트웨어 개발비 (백만 원)
A	3회	30만 건	없음	별도 지식 불필요	통합 하의 분산 처리	200
B	4회	20만 건	3개	별도 지식 불필요	통합 하의 분산 처리	100
C	2회	8만 건	없음	별도 지식 불필요	실시 않음	210
D	13회	60만 건	3개	전문실무 능력 필요	순수 분산 처리	100

— 〈공식〉 —

- TMP는 유지보수 대상 시스템의 각 특성별 점수의 합
- 유지보수 난이도 $= \left(10 + \dfrac{TMP}{20}\right) \times \dfrac{1}{100}$
- 연간 유지보수 비용 = 유지보수 난이도 × 소프트웨어 개발비

① A, C, B, D
② A, C, D, B
③ B, C, D, A
④ B, D, C, A
⑤ B, D, A, C

08 ⃞⃞⃞

다음 〈표〉는 6건의 거래에 대한 판매상품 목록이다. 아래 〈정의〉를 적용했을 때, 이에 대한 설명으로 옳지 않은 것은?

〈표〉 거래일자별 판매상품 목록

거래일자	판매상품
2월 1일	소주, 콜라, 맥주 각 1병
2월 2일	소주, 콜라, 와인 각 1병
2월 3일	소주, 주스 각 1병
2월 4일	콜라, 맥주 각 1병
2월 5일	소주, 콜라, 맥주, 와인 각 1병
2월 6일	주스 1병

— 〈정 의〉 —

- 서로 다른 두 상품 A와 B에 대해, 'A의 B에 대한 지지도'는 $s(A \rightarrow B)$로 표기하고, 다음과 같이 정의됨.

$$s(A \rightarrow B) = \frac{\text{상품 A와 상품 B가 동시에 포함된 거래수}}{\text{전체 거래수}}$$

  예를 들어, $s(\text{소주} \rightarrow \text{콜라}) = \dfrac{3}{6}$ 임

- 서로 다른 두 상품 A와 B에 대해, 'A의 B에 대한 신뢰도'는 $r(A \rightarrow B)$로 표기하고, 다음과 같이 정의됨.

$$r(A \rightarrow B) = \frac{\text{상품 A와 상품 B가 동시에 포함된 거래수}}{\text{상품 A가 포함된 거래수}}$$

  예를 들어, $r(\text{소주} \rightarrow \text{콜라}) = \dfrac{3}{4}$ 임

① $s(A \rightarrow B)$는 $s(B \rightarrow A)$와 항상 같다.
② $r(A \rightarrow B)$는 $r(B \rightarrow A)$보다 항상 크거나 같다.
③ $r(A \rightarrow B)$가 $r(A \rightarrow C)$보다 크면, $s(A \rightarrow B)$는 $s(A \rightarrow C)$보다 크다.
④ 콜라에 대한 지지도가 0.5 이상인 상품 중에서 콜라에 대한 신뢰도가 가장 큰 상품은 맥주이다.
⑤ '콜라가 포함된 거래수 대비 콜라와 맥주가 동시에 포함된 거래수의 비율'은 '전체 거래수 대비 맥주가 포함된 거래수의 비율'의 1.5배이다.

09 ◯△✕

다음 〈모형〉은 작물의 재배범위를 결정하기 위한 것이다. 〈모형〉과 〈표〉를 참고하여 시장과의 거리(5km 미만)에 따른 작물의 재배범위를 바르게 설명한 것은?

───── 〈모 형〉 ─────

• 작물재배이윤＝시장가격－생산비－운송비
• 운송비＝단위거리당 운송비×시장과의 거리
• 해당 지점에서 작물재배이윤이 가장 높은 작물을 생산함. 단, 작물 재배이윤이 같은 경우에는 시장가격이 높은 작물을 생산함

〈표〉 작물별 시장가격과 비용

구분 작물	시장가격(원)	생산비(원)	단위거리당 운송비(원/km)
A	1,200	200	400
B	1,000	200	200
C	900	400	100

※ 작물재배이윤, 시장가격, 생산비, 단위거리당 운송비는 1kg을 기준으로 함.

① 시장에서 1km 이하 지점까지는 A, 1km 초과 5km 미만 지점까지는 B를 생산한다.
② 시장에서 1km 이하 지점까지는 A, 1km 초과 3km 이하 지점까지는 B, 3km 초과 5km 미만 지점까지는 C를 생산한다.
③ 시장에서 1km 이하 지점까지는 A, 1km 초과 4km 이하 지점까지는 B, 4km 초과 5km 미만 지점까지는 C를 생산한다.
④ 시장에서 2km 이하 지점까지는 A, 2km 초과 3km 이하 지점까지는 B, 3km 초과 5km 미만 지점까지는 C를 생산한다.
⑤ 시장에서 2km 이하 지점까지는 A, 2km 초과 5km 미만 지점까지는 C를 생산한다.

10 ◯△✕

다음 〈표〉는 '갑'은행의 고객 신용등급 변화 확률 자료이다. 이에 대한 〈보기〉의 설명 중 옳지 않은 것을 모두 고르면?

〈표〉 고객 신용등급 변화 확률

구분		t+1년			
		A	B	C	D
t년	A	0.70	0.20	0.08	0.02
	B	0.14	0.65	0.16	0.05
	C	0.05	0.15	0.55	0.25

※ 1) 고객 신용등급은 매년 1월 1일 0시에 연 1회 산정되며, A등급이 가장 높고 B, C, D순임
2) 한 번 D등급이 되면 고객 신용등급은 5년 동안 D등급을 유지함
3) 고객 신용등급 변화 확률은 매년 동일함

───── 〈보 기〉 ─────

ㄱ. 2010년에 B등급 고객이 2012년까지 D등급이 될 확률은 0.08 이상이다.
ㄴ. 2010년에 C등급 고객의 신용등급이 2013년까지 변화할 수 있는 경로는 모두 40가지이다.
ㄷ. B등급 고객의 신용등급이 1년 뒤에 하락할 확률은 C등급 고객의 신용등급이 1년 뒤에 상승할 확률보다 낮다.

① ㄱ
② ㄴ
③ ㄷ
④ ㄱ, ㄴ
⑤ ㄴ, ㄷ

11 ⭕△✕

다음 〈표〉는 연료별 탄소배출량 및 수종(樹種)별 탄소흡수량을 나타낸다. 다음 〈조건〉에서 푸르미네 가족의 월간 탄소배출량과 나무의 월간 탄소흡수량을 같게 하기 위한 나무의 올바른 조합을 〈보기〉에서 고르면?

─── 〈조 건〉 ───

- 푸르미네 전기 소비량은 420kWh/월이다.
- 푸르미네 상수도 사용량은 40m³/월이다.
- 푸르미네 주방용 도시가스 사용량은 60m³/월이다.
- 푸르미네 자동차 가솔린 소비량은 160l/월이다.

〈표 1〉 연료별 탄소배출량

연료	탄소배출량
전기	0.1kg/kWh
상수도	0.2kg/m³
주방용 도시가스	0.3kg/m³
가솔린	0.5kg/l

〈표 2〉 수종별 탄소흡수량

수종	탄소흡수량
소나무	14kg/그루 · 월
벚나무	6kg/그루 · 월

─── 〈보 기〉 ───

ㄱ. 소나무 4그루와 벚나무 12그루
ㄴ. 소나무 6그루와 벚나무 9그루
ㄷ. 소나무 7그루와 벚나무 10그루
ㄹ. 소나무 8그루와 벚나무 6그루
ㅁ. 소나무 9그루와 벚나무 4그루

① ㄱ
② ㄴ
③ ㄷ
④ ㄹ
⑤ ㅁ

12 ⭕△✕

다음 〈그림〉과 〈표〉는 세계 초고층 건물의 층수와 실제높이를 나타낸 것이다. 건물의 층수에 따른 예상높이를 계산하는 식이 '예상높이(m)=2×층수+200'과 같이 주어질 때, 예상높이와 실제높이의 차이가 가장 작은 건물과 가장 큰 건물이 바르게 짝지어진 것은?

〈그림〉 세계 초고층 건물 층수와 실제높이의 관계

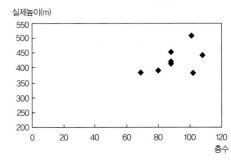

〈표〉 세계 초고층 건물 층수 및 실제높이

건물 이름	층수	실제높이(m)
시어스 타워	108	442
엠파이어 스테이트 빌딩	102	383
타이페이 101	101	509
페트로나스 타워	88	452
진 마오 타워	88	421
국제금융 빌딩	88	415
CITIC 플라자	80	391
선힝스퀘어	69	384

	차이가 가장 작은 건물	차이가 가장 큰 건물
①	시어스 타워	타이페이 101
②	엠파이어 스테이트 빌딩	타이페이 101
③	엠파이어 스테이트 빌딩	페트로나스 타워
④	CITIC 플라자	국제금융 빌딩
⑤	시어스 타워	선힝스퀘어

01 ▢△✕　　　　　　　　　　　　　18년 행시(나) 39번

다음 〈그림〉은 '갑' 노선(A~E역)의 무궁화호 운행 다이어그램이고, 〈정보〉는 무궁화호, 새마을호, 고속열차의 운행에 관련된 자료이다. 이에 대한 〈보기〉의 설명 중 옳은 것만을 모두 고르면?

〈그림〉 '갑' 노선의 무궁화호 운행 다이어그램

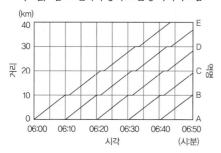

〈정　보〉

- 무궁화호, 새마을호, 고속열차는 시발역인 A역을 출발한 후 모든 역에 정차하며, 각 역에서 정차 시간은 1분이다.
- 새마을호의 역간 속력은 120km/시간이고 고속열차의 역간 속력은 240km/시간이다. 각 열차의 역간 속력은 일정하다.
- A역에서 06시 00분에 첫 무궁화호가 출발하고, 06시 05분에 첫 새마을호와 첫 고속열차가 출발한다.
- 무궁화호, 새마을호, 고속열차는 동일노선의 각각 다른 선로와 플랫폼을 이용하며 역간 운행 거리는 동일하다.
- 열차의 길이는 무시한다.

〈보　기〉

ㄱ. 첫 무궁화호가 C역에 도착하기 6분 전에 첫 고속열차는 D역에 정차해 있다.
ㄴ. 첫 새마을호의 D역 출발 시각과 06시 10분에 A역을 출발한 무궁화호의 C역 도착 시각은 같다.
ㄷ. 고속열차가 C역을 출발하여 E역에 도착하는 데 6분이 소요된다.

① ㄱ
② ㄴ
③ ㄷ
④ ㄱ, ㄷ
⑤ ㄱ, ㄴ, ㄷ

02 ▢△✕　　　　　　　　　　　　　17년 행시(가) 33번

'갑'은 2017년 1월 전액 현금으로만 다음 〈표〉와 같이 지출하였다. 만약 '갑'이 2017년 1월에 A~C신용카드 중 하나만을 발급받아 할인 전 금액이 〈표〉와 동일하도록 그 카드로만 지출하였다면, 〈신용카드별 할인혜택〉에 근거한 할인 후 예상청구액이 가장 적은 카드부터 순서대로 나열한 것은?

〈표〉 2017년 1월 지출내역

(단위 : 만 원)

분류	세부항목		금액	합
교통비	버스 · 지하철 요금		8	20
	택시 요금		2	
	KTX 요금		10	
식비	외식비	평일	10	30
		주말	5	
	카페 지출액		5	
	식료품 구입비	대형마트	5	
		재래시장	5	
의류구입비	온라인		15	30
	오프라인		15	
여가 및 자기계발비	영화관람표(1만 원/회×2회)		2	30
	도서구입비 (2만 원/권×1권, 1만 5천 원/권×2 권, 1만 원/권×3권)		8	
	학원수강료		20	

〈신용카드별 할인혜택〉

- A신용카드
  - 버스 · 지하철, KTX 요금 20% 할인(단, 할인액의 한도는 월 2만 원)
  - 외식비 주말 결제액 5% 할인
  - 학원 수강료 15% 할인
  - 최대 총 할인한도액은 없음
  - 연회비 1만 5천 원이 발급 시 부과되어 합산됨
- B신용카드
  - 버스 · 지하철, KTX 요금 10% 할인(단, 할인액의 한도는 월 1만 원)
  - 온라인 의류구입비 10% 할인
  - 도서구입비 권당 3천 원 할인(단, 권당 가격이 1만 2천 원 이상인 경우에만 적용)
  - 최대 총 할인한도액은 월 3만 원
  - 연회비 없음
- C신용카드
  - 버스 · 지하철, 택시 요금 10% 할인(단, 할인액의 한도는 월 1만 원)
  - 카페 지출액 10% 할인
  - 재래시장 식료품 구입비 10% 할인
  - 영화관람료 회당 2천 원 할인(월 최대 2회)
  - 최대 총 할인한도액은 월 4만 원
  - 연회비 없음

※ 1) 할부나 부분청구는 없음
　　2) A~C신용카드는 매달 1일부터 말일까지의 사용분에 대하여 익월 청구됨

① A － B － C
② A － C － B
③ B － A － C
④ B － C － A
⑤ C － A － B

03 ⬜△✕

다음 〈표〉는 2014년 정부3.0 우수사례 경진대회에 참가한 총 5개 부처에 대한 심사결과 자료이다. 〈조건〉을 적용하여 최종심사점수를 계산할 때 다음 설명 중 옳은 것은?

〈표〉 부처별 정부3.0 우수사례 경진대회 심사결과

구분 \ 부처	A	B	C	D	E
서면심사 점수(점)	73	79	83	67	70
현장평가단 득표수(표)	176	182	172	145	137
최종심사 점수(점)	( )	( )	90	( )	55

※ 현장평가단 총 인원수는 200명임

〈조 건〉

• 최종심사점수=(서면심사 최종반영점수)+(현장평가단 최종반영점수)
• 서면심사 최종반영점수

점수순위	1위	2위	3위	4위	5위
최종반영 점수(점)	50	45	40	35	30

※ 점수순위는 서면심사점수가 높은 순서임

• 현장평가단 최종반영점수

득표율	90% 이상	80% 이상 90% 미만	70% 이상 80% 미만	60% 이상 70% 미만	60% 미만
최종반영 점수(점)	50	40	30	20	10

※ 득표율(%)= $\dfrac{\text{현장평가단 득표수}}{\text{현장평가단 총 인원수}} \times 100$

① 현장평가단 최종반영점수에서 30점을 받은 부처는 E이다.
② E만 현장평가단으로부터 3표를 더 받는다면 최종심사점수의 순위가 바뀌게 된다.
③ A만 서면심사점수를 5점 더 받는다면 최종심사점수의 순위가 바뀌게 된다.
④ 서면심사점수가 가장 낮은 부처는 최종심사점수도 가장 낮다.
⑤ 서면심사 최종반영점수와 현장평가단 최종반영점수 간의 차이가 가장 큰 부처는 C이다.

04 ⬜△✕

다음 〈표〉는 A국 5개 산(가~마) 시작고도의 일 최저기온과 해당 산의 고도에 관한 자료이다. 〈규칙〉에 따라 단풍 절정기 시작날짜를 정할 때, 〈표 1〉의 날짜 중 단풍 절정기 시작날짜가 가장 늦은 산은?

〈표 1〉 A국 5개 산 시작고도의 일 최저기온

(단위 : ℃)

날짜 \ 산	가	나	다	라	마
10월 11일	8.5	8.7	10.9	10.1	10.1
10월 12일	8.7	9.2	9.7	9.1	9.5
10월 13일	7.5	8.5	8.5	9.5	8.4
10월 14일	7.1	7.2	7.7	8.7	7.9
10월 15일	8.1	7.9	7.5	7.6	7.5
10월 16일	8.9	8.5	9.7	10.1	9.7
10월 17일	7.1	7.5	9.5	10.1	9.0
10월 18일	6.5	7.0	8.7	9.0	7.7
10월 19일	6.0	6.9	8.7	8.9	7.4
10월 20일	5.4	6.4	7.3	7.9	8.4
10월 21일	4.5	6.3	7.5	7.1	7.3
10월 22일	5.7	6.1	8.1	6.5	7.1
10월 23일	6.4	5.7	7.2	6.4	6.9
10월 24일	4.5	5.7	6.9	6.2	6.5
10월 25일	3.2	4.5	6.3	5.8	6.8
10월 26일	2.8	3.1	6.5	5.6	5.3
10월 27일	2.1	2.4	5.9	5.5	4.5
10월 28일	1.4	1.5	4.1	5.2	3.7
10월 29일	0.7	0.8	3.2	4.7	4.0

※ 각 산의 동일한 고도에서는 기온이 동일하다고 가정함

〈표 2〉 A국 5개 산의 고도

(단위 : m)

산 \ 고도	시작고도(S)	정상고도(T)
가	500	1,600
나	400	1,400
다	200	900
라	100	700
마	300	1,800

〈규 칙〉

• 특정 고도의 일 최저기온이 최초로 5℃ 이하로 내려가면 해당 고도에서 단풍이 들기 시작한다.
• 각 산의 단풍 절정기 시작날짜는 해당 산의 고도 H(=0.8S+0.2T)에서 단풍이 들기 시작하는 날짜이다.
• 고도가 10m 높아질 때마다 기온이 0.07℃씩 하강한다.

① 가
② 나
③ 다
④ 라
⑤ 마

05 ○△× 13년 행시(인) 11번

다음 〈표〉와 〈조건〉은 A시 버스회사 보조금 지급에 관한 자료이다. 이에 대한 〈보기〉의 설명 중 옳은 것을 모두 고르면?

〈표〉 대당 운송수입금별 버스회사 수

(단위 : 개)

대당 운송수입금	버스회사 수
600천 원 이상	24
575천 원 이상 600천 원 미만	6
550천 원 이상 575천 원 미만	12
525천 원 이상 550천 원 미만	9
500천 원 이상 525천 원 미만	6
475천 원 이상 500천 원 미만	7
450천 원 이상 475천 원 미만	10
425천 원 이상 450천 원 미만	5
400천 원 이상 425천 원 미만	11
375천 원 이상 400천 원 미만	4
350천 원 이상 375천 원 미만	13
325천 원 이상 350천 원 미만	15
300천 원 이상 325천 원 미만	9
275천 원 이상 300천 원 미만	4
250천 원 이상 275천 원 미만	4
250천 원 미만	11
계	150

── 〈조 건〉 ──
- 버스의 표준운송원가는 대당 500천 원이다.
- 대당 운송수입금이 표준운송원가의 80% 미만인 버스회사를 보조금 지급대상으로 한다.
- 대당 운송수입금이 표준운송원가의 50% 이상 80% 미만인 버스회사에는 표준운송원가와 대당 운송수입금의 차액의 50%를 대당 보조금으로 지급한다.
- 대당 운송수입금이 표준운송원가의 50% 미만인 버스회사에는 표준운송원가의 25%를 대당 보조금으로 지급한다.

── 〈보 기〉 ──
ㄱ. 보조금 지급대상 버스회사 수는 60개이다.
ㄴ. 표준운송원가를 625천 원으로 인상한다면, 보조금 지급대상 버스회사 수는 93개가 된다.
ㄷ. 버스를 30대 보유한 버스회사의 대당 운송수입금이 200천 원이면, 해당 버스회사가 받게 되는 총 보조금은 3,750천 원이다.
ㄹ. 대당 운송수입금이 각각 230천 원인 버스회사와 380천 원인 버스회사가 받게 되는 대당 보조금의 차이는 75천 원이다.

① ㄱ, ㄴ
② ㄴ, ㄷ
③ ㄷ, ㄹ
④ ㄱ, ㄴ, ㄷ
⑤ ㄱ, ㄷ, ㄹ

06 ○△× 12년 행시(인) 34번

다음 〈표〉는 A회사의 버스 종류별 1대당 1일 총운송비용과 승객 수를 나타낸 자료이다. 이에 대한 〈보기〉의 설명 중 옳은 것을 모두 고르면?

〈표 1〉 버스 종류별 1대당 1일 총운송비용 내역

(단위 : 원)

부문	항목	일반버스	굴절버스	저상버스
가동비	운전직 인건비	331,400	331,400	331,400
	연료비	104,649	160,709	133,133
	타이어비	3,313	8,282	4,306
	소계	439,362	500,391	468,839
보유비	관리직 인건비	42,638	42,638	42,638
	차량보험료	16,066	21,641	16,066
	차량 감가상각비	23,944	104,106	24,057
	차고지비	3,029	4,544	3,029
	기타관리비	40,941	40,941	40,941
	정비비	9,097	45,484	13,645
	소계	135,715	259,354	140,376
총운송비용		575,077	759,745	609,215

〈표 2〉 버스 종류별 1대당 1일 승객

(단위 : 명)

버스 종류	일반버스	굴절버스	저상버스
승객 수	800	1,000	900

※ 1) 버스 1대당 1일 순이익=버스 1대당 1일 승객 요금합−버스 1대당 1일 총운송비용
2) 버스 1대당 1일 승객 요금합=버스 1대당 1일 승객 수×승객당 버스요금
3) 승객당 버스요금은 900원임
4) A회사는 일반버스, 굴절버스, 저상버스 각 1대씩만 보유·운행함

── 〈보 기〉 ──
ㄱ. 일반버스와 굴절버스 간의 운송비용 항목 중 비용 차이가 가장 큰 항목은 차량 감가상각비이다.
ㄴ. 버스 종류별로 1대당 1일 순이익이 30만 원이 안될 경우, 그 차액을 정부가 보전해 주는 정책을 시행한다면 A회사에서 가장 많은 보조금을 받는 버스 종류는 굴절버스이다.
ㄷ. 굴절버스는 다른 버스 종류에 비해 총운송비용에서 가동비가 차지하는 비중이 낮다.
ㄹ. 모든 버스 종류별로 정비비가 각각 10%씩 절감된다면, 총운송비용의 감소 비율이 가장 큰 버스 종류는 저상버스이다.

① ㄱ, ㄴ
② ㄴ, ㄹ
③ ㄱ, ㄴ, ㄷ
④ ㄱ, ㄷ, ㄹ
⑤ ㄴ, ㄷ, ㄹ

07 ◻◯△✕ 〔10년 행시(인) 20번〕

다음 〈표〉는 '갑'지역의 친환경농산물 인증심사에 대한 자료이다. 2009년부터 인증심사원 1인당 연간 심사할 수 있는 농가수가 상근직은 400호, 비상근직은 250호를 넘지 못하도록 규정이 바뀐다고 할 때, 〈조건〉을 근거로 예측한 내용 중 옳지 않은 것은?

─── 〈조 건〉 ───

- 인증기관의 수입은 인증수수료가 전부이고, 비용은 인증심사원의 인건비가 전부라고 가정한다.
- 인증수수료 : 승인농가 1호당 10만 원
- 인증심사원의 인건비는 상근직 연 1,800만 원, 비상근직 연 1,200만 원이다.
- 인증기관별 심사 농가수, 승인 농가수, 인증심사원 인건비, 인증수수료는 2008년과 2009년에 동일하다.

〈표〉 '갑'지역의 인증기관별 인증현황(2008년)

(단위 : 호, 명)

인증기관	심사 농가수	인증심사원			
		승인 농가수	상근	비상근	합
A	2,540	542	4	2	6
B	2,120	704	2	3	5
C	1,570	370	4	3	7
D	1,878	840	1	2	3
계	8,108	2,456	11	10	21

※ 1) 인증심사원은 인증기관 간 이동이 불가능하고 추가고용을 제외한 인원변동은 없음
  2) 각 인증기관은 추가고용시 최소인원만 고용함

① 2008년에 인증기관 B의 수수료 수입은 인증심사원 인건비보다 적다.

② 2009년 인증기관 A가 추가로 고용해야 하는 인증심사원은 최소 2명이다.

③ 인증기관 D가 2009년에 추가로 고용해야 하는 인증심사원을 모두 상근으로 충당한다면 적자이다.

④ 만약 2009년 인증수수료 부과기준이 '승인 농가'에서 '심사 농가'로 바뀐다면, 인증수수료 수입액이 가장 많이 증가하는 인증기관은 A이다.

⑤ 만약 정부가 '갑'지역에 2009년 추가로 필요한 인증심사원을 모두 상근으로 고용하게 하고 추가로 고용되는 상근 심사원 1인당 보조금을 연 600만 원씩 지급한다면 보조금 액수는 연간 5,000만 원 이상이다.

08 ◻◯△✕ 〔08년 행시(열) 39번〕

다음 〈표〉는 산업재산권 유지를 위한 등록료에 관한 자료이다. 다음 중 권리 유지비용이 가장 많이 드는 것은?

〈표〉 산업재산권 등록료

(단위 : 원)

구분 권리		설정 등록료 (1~3년분)	연차등록료						
			4~6 년차	7~9 년차	10~12 년차	13~15 년차	16~18 년차	19~21 년차	22~25 년차
특허권	기본료	81,000	매년 60,000	매년 120,000	매년 240,000	매년 480,000	매년 960,000	매년 1,920, 000	매년 3,840, 000
	가산료 (청구범위의 1항마다)	54,000	매년 25,000	매년 43,000	매년 55,000	매년 68,000	매년 80,000	매년 95,000	매년 120,000
실용 신안권	기본료	60,000	매년 40,000	매년 80,000	매년 160,000	매년 320,000			
	가산료 (청구범위의 1항마다)	15,000	매년 10,000	매년 15,000	매년 20,000	매년 25,000		—	
디자인권		75,000	매년 35,000	매년 70,000	매년 140,000	매년 280,000		—	
상표권		211,000(10년분)	10년 연장시 256,000						

※ 특허권, 실용신안권의 기본료는 청구범위의 항 수와는 무관하게 부과되는 비용임
  예를 들어, 청구범위가 1항인 경우 기본료와 1항에 대한 가산료가 부과됨

① 청구범위가 3항인 특허권에 대한 3년간의 권리 유지

② 청구범위가 1항인 특허권에 대한 4년간의 권리 유지

③ 청구범위가 3항인 실용신안권에 대한 5년간의 권리 유지

④ 한 개의 디자인권에 대한 7년간의 권리 유지

⑤ 한 개의 상표권에 대한 10년간의 권리 유지

01 ☐△✕

다음 〈표〉는 '갑'국 축구 국가대표팀 코치(A~F)의 분야별 잠재능력을 수치화한 것이다. 각 코치가 맡은 모든 분야를 체크(✓)로 표시할 때, 〈표〉와 〈조건〉에 부합하는 코치의 역할 배분으로 가능한 것은?

〈표〉 코치의 분야별 잠재능력

코치＼분야	체력	전술	수비	공격
A	18	20	18	15
B	18	16	15	20
C	16	18	20	15
D	20	16	15	18
E	20	18	16	15
F	16	14	20	20

〈조 건〉

- 각 코치는 반드시 하나 이상의 분야를 맡는다.
- 코치의 분야별 투입능력 = $\dfrac{\text{코치의 분야별 잠재능력}}{\text{코치가 맡은 분야의 수}}$
- 각 분야별로 그 분야를 맡은 모든 코치의 분야별 투입능력 합은 24 이상이어야 한다.

①

코치＼분야	체력	전술	수비	공격
A	✓	✓		✓
B		✓	✓	
C	✓			
D		✓	✓	
E	✓			✓
F			✓	✓

②

코치＼분야	체력	전술	수비	공격
A		✓		
B		✓	✓	✓
C	✓		✓	
D	✓	✓		✓
E	✓			✓
F			✓	

③

코치＼분야	체력	전술	수비	공격
A		✓	✓	
B				✓
C	✓	✓		✓
D	✓		✓	
E		✓		✓
F	✓		✓	

④

코치＼분야	체력	전술	수비	공격
A		✓	✓	
B		✓		✓
C			✓	
D	✓			✓
E	✓		✓	✓
F	✓	✓		

⑤

코치＼분야	체력	전술	수비	공격
A	✓			✓
B				✓
C	✓	✓	✓	
D		✓	✓	✓
E	✓			
F		✓	✓	

02 ⊙△✕
19년 행시(가) 37번

다음 〈보고서〉와 〈표〉는 '갑'국의 부동산 투기 억제 정책과 세대유형별 주택담보대출에 관한 자료이다. 이에 대한 〈보기〉의 내용 중 옳은 것만을 모두 고르면?

─── 〈보고서〉 ───

'갑'국 정부는 심화되는 부동산 투기를 억제하고자 2017년 8월 2일에 부동산 대책을 발표하였다. 부동산 대책에 의해 투기지역의 주택을 구매할 때 구매 시점부터 적용되는 세대유형별 주택담보대출비율(LTV)과 총부채상환비율(DTI)은 2017년 8월 2일부터 〈표 1〉과 같이 변경 적용되며, 2018년 4월 1일부터는 DTI 산출 방식이 변경 적용된다.

〈표 1〉 세대유형별 LTV, DTI 변경 내역
(단위 : %)

구분 세대유형	LTV		DTI	
	변경 전	변경 후	변경 전	변경 후
서민 실수요 세대	70	50	60	50
주택담보대출 미보유 세대	60	40	50	40
주택담보대출 보유 세대	50	30	40	30

※ 1) 구매하고자 하는 주택을 담보로 한 신규 주택담보대출 최대금액은 LTV에 따른 최대금액과 DTI에 따른 최대금액 중 작은 금액임

2) $LTV(\%) = \dfrac{\text{신규 주택담보대출 최대금액}}{\text{주택공시가격}} \times 100$

3) 2018년 3월 31일까지의 DTI 산출방식

$DTI(\%) = \dfrac{\left(\begin{array}{c}\text{신규 주택담보대출} \\ \text{최대금액의 연 원리금 상환액}\end{array} + \begin{array}{c}\text{기타 대출} \\ \text{연 이자 상환액}\end{array}\right)}{\text{연간소득}} \times 100$

4) 2018년 4월 1일까지의 DTI 산출방식

$DTI(\%) =$
$\dfrac{\left(\begin{array}{c}\text{신규 주택담보대출 최대금액의} \\ \text{연 원리금 상환액}\end{array} + \begin{array}{c}\text{기 주택담보대출} \\ \text{연원리금 상환액}\end{array} + \begin{array}{c}\text{기타 대출} \\ \text{연 이자 상환액}\end{array}\right)}{\text{연간소득}} \times 100$

〈표 2〉 A~C 세대의 신규 주택담보대출 금액산출 근거
(단위 : 만 원)

세대	세대유형	기 주택담보대출 연 원리금 상환액	기타 대출 연 이자 상환액	연간소득
A	서민 실수요 세대	0	500	3,000
B	주택담보대출 미보유 세대	0	0	6,000
C	주택담보대출 보유 세대	1,200	100	10,000

※ 1) 신규 주택담보대출 최대금액의 연 원리금 상환액은 신규 주택담보대출 최대금액의 10%임

2) 기 주택담보대출 연 원리금 상환액, 기타 대출 연 이자상환액, 연간소득은 변동 없음

─── 〈보 기〉 ───

ㄱ. 투기지역의 공시가격 4억 원인 주택을 2017년 10월에 구매하는 A 세대가 구매 시점에 적용받는 신규 주택담보대출 최대금액은 2억 원이다.

ㄴ. 투기지역의 공시가격 4억 원인 주택을 2017년 10월에 구매하는 B 세대가 2017년 6월에 구매할 때와 비교하여 구매 시점에 적용받는 신규 주택담보대출 최대금액의 감소폭은 1억 원 미만이다.

ㄷ. 투기지역의 공시가격 4억 원인 주택을 구매하는 C 세대가 2018년 10월 구매 시점에 적용받는 신규 주택담보대출 최대금액은 2017년 10월 구매 시점에 적용받는 신규 주택담보대출 최대금액보다 작다.

① ㄱ
② ㄴ
③ ㄱ, ㄷ
④ ㄴ, ㄷ
⑤ ㄱ, ㄴ, ㄷ

03 ⊙△✕
18년 행시(나) 37번

다음 〈표〉는 18세기 조선의 직업별 연봉 및 품목별 가격에 관한 자료이다. 이에 대한 설명으로 옳지 않은 것은?

〈표 1〉 18세기 조선의 직업별 연봉

구분		곡물(섬)		면포(필)	현재 원화 가치(원)
		쌀	콩		
관료	정1품	25	3	–	5,854,400
	정5품	17	1	–	3,684,800
	종9품	7	1	–	1,684,800
궁녀	상궁	11	1	–	( )
	나인	5	1	–	1,284,800
군인	기병	7	2	9	( )
	보병	3	–	9	1,500,000

〈표 2〉 18세기 조선의 품목별 가격

품목	곡물(1섬)		면포 (1필)	소고기 (1근)	집(1칸)	
	쌀	콩			기와집	초가집
가격	5냥	7냥 1전 2푼	2냥 5전	7전	21냥 6전 5푼	9냥 5전 5푼

※ 1냥=10전=100푼

① 18세기 조선의 1푼의 가치는 현재 원화가치로 환산할 경우 400원과 같다.

② '기병' 연봉은 '종9품' 연봉보다 많고 '정5품' 연봉보다 적다.

③ '정1품' 관료의 12년치 연봉은 100칸의 기와집 가격보다 적다.

④ '상궁' 연봉은 '보병' 연봉의 2배 이상이다.

⑤ '나인'의 1년치 연봉으로 살 수 있는 소고기는 40근 이상이다.

04 ○△✕

다음 〈표〉는 A카페의 커피 판매정보에 대한 자료이다. 한 잔만을 더 판매하고 영업을 종료한다고 할 때, 총이익이 정확히 64,000원이 되기 위해서 판매해야 하는 메뉴는?

〈표〉 A카페의 커피 판매정보

(단위 : 원, 잔)

구분 메뉴	한 잔 판매 가격	현재 까지 의 판 매량	한 잔당 재료(재료비)				
			원두 (200)	우유 (300)	바닐라 시럽 (100)	초코 시럽 (150)	카라멜 시럽 (250)
아메리카노	3,000	5	○	✕	✕	✕	✕
카페라떼	3,500	3	○	○	✕	✕	✕
바닐라 라떼	4,000	3	○	○	○	✕	✕
카페모카	4,000	2	○	○	✕	○	✕
카라멜 마끼아또	4,300	6	○	○	○	✕	○

※ 1) 메뉴별 이익=(메뉴별 판매가격−메뉴별 재료비)×메뉴별 판매량
2) 총이익은 메뉴별 이익의 합이며, 다른 비용은 고려하지 않음
3) A카페는 5가지 메뉴만을 판매하며, 메뉴 한 잔 판매가격과 재료비는 변동 없음
4) ○ : 해당 재료 한 번 사용, ✕ : 해당 재료 사용하지 않음

① 아메리카노
② 카페라떼
③ 바닐라라떼
④ 카페모카
⑤ 카라멜마끼아또

05 ○△✕

다음 〈정보〉와 〈표〉는 2014년 '부패영향평가' 의뢰기한 준수도 평가에 관한 자료이다. '갑'~'무' 기관을 평가한 결과 '무' 기관이 3위를 하였다면 '무' 기관의 G 법령안 '부패영향평가' 의뢰일로 가능한 날짜는?

─〈정 보〉─

• 각 기관은 소관 법령을 제정·개정하기 위하여 법령안을 제출하여 '부패영향평가'를 의뢰한다.
• 각 기관의 '부패영향평가' 의뢰기한 준수도는 각 기관이 의뢰한 법령안들의 의뢰시기별 평가점수 평균이고, 순위는 평가점수 평균이 높은 기관부터 순서대로 부여한다.
• 법령안의 의뢰시기별 평가점수
 − 관계기관 협의일 이전 : 10점
 − 관계기관 협의일 후 입법예고 시작일 이전 : 5점
 − 입법예고 시작일 후 입법예고 마감일 이전 : 3점
 − 입법예고 마감일 후 : 0점

〈표 1〉 2014년 '갑'~'무' 기관의 의뢰시기별 '부패영향평가' 의뢰현황

(단위 : 건)

구분 기관	의뢰시기별 법령안 건수				
	관계기관 협의일 이전	관계기관 협의일 후 입법예고 시작일 이전	입법예고 시작일 후 입법예고 마감일 이전	입법예고 마감일 후	합
갑	8	0	12	7	27
을	40	0	6	0	46
병	12	8	3	0	23
정	24	3	20	3	50
무	( )	( )	( )	( )	7

※ 예 '갑' 기관의 '부패영향평가' 의뢰기한 준수도 :

$$\frac{(8건×10점)+(0건×5점)+(12건×3점)+(7건×0점)}{27}=4.30$$

〈표 2〉 2014년 '무' 기관 소관 법령안별 관련 입법절차 일자 및 '부패영향평가' 의뢰일

법령안	관계기관 협의일	입법예고 시작일	입법예고 마감일	'부패영향평가' 의뢰일
A	1월 3일	1월 17일	2월 24일	1월 8일
B	2월 20일	2월 26일	4월 7일	2월 24일
C	3월 20일	3월 26일	5월 7일	3월 7일
D	3월 11일	3월 14일	4월 23일	3월 10일
E	4월 14일	5월 29일	7월 11일	5월 30일
F	7월 14일	7월 21일	8월 25일	8월 18일
G	9월 19일	10월 15일	11월 28일	( )

① 9월 17일 ② 10월 6일
③ 11월 20일 ④ 12월 1일
⑤ 12월 8일

06 ◎△× 　　　　　　　　　　　15년 행시(인) 20번

A씨는 서울사무소에서 출발하여 정부세종청사로 출장을 가려고 한다. 〈그림〉과 〈표〉는 서울사무소에서 정부세종청사까지의 이동경로와 이용 가능한 교통수단에 따른 소요시간 및 비용이다. 아래의 〈조건〉에 맞는 이동방법은?

〈그림〉 이동경로 및 이용 가능 교통수단

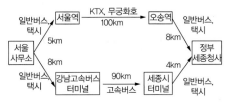

〈표〉 교통수단별 1km당 소요시간 및 비용

교통수단	소요시간	비용
일반버스	5분/km	200원/km
택시	2분/km	1,500원/km
KTX	18초/km	300원/km
무궁화호	1분/km	150원/km
고속버스	1분/km	250원/km

─── 〈조 건〉 ───

• 총 교통비는 편도로 32,000원을 넘지 않아야 한다.
• 총 소요시간은 편도로 2시간 20분을 넘지 않아야 한다.
• 〈표〉에 주어진 교통수단별 소요시간과 비용 이외의 다른 소요시간과 비용은 고려하지 않는다.

① 택시를 타고 서울역으로 이동하여 무궁화호를 타고 오송역으로 이동 후 일반버스를 탄다.
② 일반버스를 타고 서울역으로 이동하여 무궁화호를 타고 오송역으로 이동 후 일반버스를 탄다.
③ 일반버스를 타고 서울역으로 이동하여 KTX를 타고 오송역으로 이동 후 일반버스를 탄다.
④ 일반버스를 타고 강남고속버스터미널로 이동하여 고속버스를 타고 세종시 터미널로 이동 후 택시를 탄다.
⑤ 택시를 타고 강남고속버스터미널로 이동하여 고속버스를 타고 세종시 터미널로 이동 후 택시를 탄다.

07 ◎△× 　　　　　　　　　　　13년 행시(인) 28번

다음 〈표〉와 〈그림〉은 '갑' 국 스마트폰 단말기의 시장점유율과 스마트폰 사용자의 단말기 교체 현황을 나타낸 자료이다. 이에 대한 설명으로 옳지 않은 것은?

〈표〉 2011년 1월 스마트폰 단말기의 시장점유율

(단위 : %)

스마트폰 단말기	A	B	C
시장점유율	51	30	19

※ 1) 특정 스마트폰 단말기 시장점유율(%)

$$= \frac{\text{특정 스마트폰 단말기 사용자 수}}{\text{전체 스마트폰 단말기 사용자 수}} \times 100$$

2) 스마트폰 단말기는 A, B, C만 있음

〈그림〉 2011년 1~7월 동안 스마트폰 사용자의 단말기 교체 현황

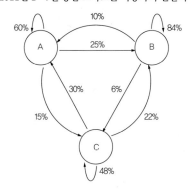

※ 1) ㉮ : '가' 사용자 중 X%가 '가'를 그대로 사용하는 것을 나타냄

2) ㉮ ─X%→ ㉯ : '가' 사용자 중 X%가 '나'로 교체하는 것을 나타냄

3) 2011년 1~7월 동안 스마트폰 단말기 신규 사용자나 사용 중지자는 없음

4) 모든 사용자는 동시에 두 개 이상의 스마트폰 단말기를 사용할 수 없으며 최대 1회만 교체 가능함

① 2011년 1월 '갑' 국 스마트폰 단말기 사용자가 150만 명이라면 2011년 1월 C스마트폰 단말기 사용자는 30만 명 이하이다.
② 2011년 7월 B스마트폰 단말기 사용자는 2011년 1월보다 증가하였다.
③ 2011년 1~7월 동안 C스마트폰 단말기에서 A로 교체한 사용자 수보다 A스마트폰 단말기에서 C로 교체한 사용자 수가 많았다.
④ 2011년 1월 '갑' 국 스마트폰 단말기 사용자가 150만 명이라면 2011년 1~7월 동안 B스마트폰 단말기에서 A로 교체한 사용자는 4만 5천 명이다.
⑤ 2011년 1~7월 동안 스마트폰 단말기 전체 사용자의 40% 이상이 다른 스마트폰 단말기로 교체하였다.

08 ◯△☓ 　　　　　　　　　　　　　　　12년 행시(인) 18번

다음 〈표〉는 5종류 작물(A~E)의 재배 특성에 대한 자료이다. 이에 근거한 〈보기〉의 설명 중 옳은 것을 모두 고르면?

〈표〉 작물별 재배 특성

재배 특성 작물	1m²당 파종 씨앗 수(개)	발아율 (%)	1m²당 연간 수확물(개)	수확물 개당 무게(g)
A	60	25	40	20
B	80	25	100	15
C	50	20	30	30
D	25	20	10	60
E	50	16	20	50

※ 1) 모든 재배 결과는 항상 〈표〉의 특성을 따른다고 가정함

2) 발아율(%) = $\dfrac{\text{발아한 씨앗 수}}{\text{파종 씨앗 수}} \times 100$

3) 연간 수확물(개) = 1m²당 연간 수확물(개) × 재배면적(m²)

— 〈보 기〉 —

ㄱ. 20m²의 밭에 C의 씨앗을 파종할 때, 발아한 씨앗 수는 200개이다.

ㄴ. 100m²의 밭 전체면적을 1/5씩 나누어 서로 다른 작물의 씨앗을 각각 파종하면, 밭 전체 연간 수확물의 총무게는 94kg 이하이다.

ㄷ. 5종류의 작물을 각각 연간 3kg씩 수확하기 위해 필요한 밭의 총면적은 16m²보다 작다.

ㄹ. 100m²의 밭 전체면적 절반에 E의 씨앗을 파종하고 남은 면적을 1/4씩 나누어 나머지 작물의 씨앗을 각각 파종하면, 밭 전체 연간 수확물의 총무게는 96kg 이상이다.

① ㄱ, ㄷ
② ㄱ, ㄹ
③ ㄴ, ㄷ
④ ㄴ, ㄹ
⑤ ㄷ, ㄹ

09 ◯△☓ 　　　　　　　　　　　　　　　12년 행시(인) 37번

다음 〈표〉는 '가' 야구단 선수 중 9명(A~I)의 성적 및 연봉에 대한 자료이다. '가' 야구단이 아래 〈연봉산정공식〉을 적용하여 개별 선수의 연봉을 산정한다고 할 때, 이에 대한 〈보기〉의 설명 중 옳은 것을 모두 고르면?

〈표〉 '가' 야구단 9명 선수의 성적 및 연봉

(연봉단위 : 만 달러)

선수	타석	득점	홈런	타점	볼넷	삼진	타율	OPS	조정 전 연봉	조정 계수	최종 연봉
A	600	115	40	125	74	159	0.320	0.990	1,065.5	2.5	2,663.8
B	224	34	0	10	10	30	0.300	0.685	352.8	0.5	176.4
C	480	67	10	62	58	103	0.290	0.790	657.5	1.5	986.3
D	450	50	3	45	25	40	0.275	0.660	598.5	1.0	598.5
E	260	24	5	46	21	35	0.275	0.740	480.5	1.0	480.5
F	84	10	2	11	14	16	0.270	0.770	281.5	0.5	140.8
G	200	20	4	26	25	50	0.252	0.725	( )	( )	( )
H	200	32	4	26	26	50	0.252	0.710	( )	( )	( )
I	310	30	16	47	22	71	0.230	0.717	476.6	1.0	476.6

— 〈연봉산정공식〉 —

• 최종연봉 = 조정 전 연봉 × 조정계수

• 조정 전 연봉 = 타석 × 0.5 + 득점 × 2 + 홈런 × 4 + 타점 × 3 + 볼넷 − 삼진 × 2 + 타율 × 300 + OPS × 150

• 조정계수는 다음 〈표〉의 조건에 따라 5개 등급으로 구분되며, 선수 성적이 각 등급의 5개 조건 중 3개 이상 충족하는 가장 큰 조정계수를 적용한다.

〈표〉 조정계수 결정 조건

등급	조건	조정계수
1	500타석 이상, 100득점 이상, 30홈런 이상, 100타점 이상, 타율 0.300 이상	2.5
2	400타석 이상, 75득점 이상, 20홈런 이상, 75타점 이상, 타율 0.290 이상	2.0
3	300타석 이상, 50득점 이상, 15홈런 이상, 60타점 이상, 타율 0.280 이상	1.5
4	250타석 이상, 40득점 이상, 10홈런 이상, 40타점 이상, 타율 0.270 이상	1.0
5	250타석 미만, 40득점 미만, 10홈런 미만, 40타점 미만, 타율 0.270 미만	0.5

— 〈보 기〉 —

ㄱ. '가' 야구단 9명 선수 중 A의 최종연봉이 가장 높다.

ㄴ. H의 최종연봉이 G의 최종연봉보다 15만 달러 이상 높다.

ㄷ. '가' 야구단 9명 선수의 최종연봉 합계와 조정 전 연봉 합계의 차이는 1,000만 달러 이상이다.

ㄹ. C의 득점과 타점이 모두 20점씩 늘고 다른 성적은 변동이 없다면, C의 최종연봉은 현재 최종연봉(986.3만 달러)보다 500만 달러 이상 증가한다.

① ㄱ, ㄴ
② ㄱ, ㄷ
③ ㄴ, ㄹ
④ ㄱ, ㄷ, ㄹ
⑤ ㄴ, ㄷ, ㄹ

CHAPTER 09 종합

1 유형의 이해

매년 똑같이 2세트, 총 4문제가 출제된다. 일반적으로 19~20, 39~40번에 배치가 되며, 세부 조합은 매년 바뀌기 때문에 모든 유형에 대한 대비가 필요하다.

2 발문 유형

- 다음 〈보기〉의 설명 중 옳은 것만을 모두 고르면?
- 위 〈표〉에 대한 〈보기〉의 설명 중 옳은 것만을 모두 고르면?
- 위 〈표〉와 〈그림〉에 대한 〈보기〉의 설명 중 옳은 것만을 모두 고르면?

3 접근법

여러 유형이 2문제로 엮어 나오는 종합 문제이다. 각 문제에 대해서는 해당 유형의 접근법대로 문제에 접근하면 된다. 2개 문항이 엮여있다 보니 앞선 유형들보다 주어진 데이터의 양이 많고 조건이 까다로운 경우가 많다. 때문에 전체적인 난도는 높은 편이지만, 동일한 데이터를 가지고 2문제를 풀 수 있으므로 데이터 파악만 잘 이루어진다면 시간을 단축시킬 수도 있다. 시간이 부족한 상태에서 맞닥뜨릴 때가 많지만 고득점을 위해서 반드시 넘어야 할 관문이다.

종합 문제는 각 선지가 어느 데이터로부터 추출되었는지를 빠르게 분별할 수 있어야 한다. 지문도 많고 문항도 2개이므로 문항에서 다루는 내용이 우선 어느 표/그래프의 내용인지 아는 것이 중요하다. 그 부분만 잘 캐치한다면 각 유형의 풀이법대로 접근하기는 어렵지 않다.

4 생각해 볼 부분

순서대로 문제를 풀다보면 마지막에 만나는 것이 종합 문제이다. 시간도 부족하고 읽을거리가 많다고 해서 선지부터 파고들면 오히려 당황하여 잘 읽히지 않을 수 있다. 앞선 문제들과 마찬가지로 차분하게 표와 그래프의 '제목', 그리고 가로축과 세로축이 의미하는 것을 먼저 보아야 한다. 더불어 추가적으로 주어지는 '조건'을 잘 살펴본 후에 선지로 넘어가는 것이 오히려 정답률을 높이고 시간을 단축하는 데에 도움이 된다.

주어지는 표와 그림의 데이터가 많기 때문에 각 문항의 선지가 어느 데이터로부터 유추할 수 있는지를 빠르고 정확하게 파악하는 것이 중요하다. 그 외의 사항은 앞선 유형들의 풀이법을 참고하도록 하자.

다음 〈표〉는 2019년 2월에 '갑'국 국민 중 표본을 추출하여 2017년, 2018년 고용형태와 소득분위의 변화를 조사한 자료이다. 다음 물음에 답하시오.

〈표 1〉 2017년에서 2018년 표본의 고용형태 변화비율

(단위 : %)

구분		2018년		합계
		사업가	피고용자	
2017년	사업가	80	20	100
	피고용자	30	70	100

※ 고용형태는 사업가와 피고용자로만 나누어지며 실업자는 없음

〈표 2〉 고용형태 변화 유형별 표본의 소득분위 변화

(단위 : %)

I. 사업가(2017년) → 사업가(2018년)

2017년 \ 2018년	1분위	2분위	3분위	4분위	5분위	합계
1분위	40.0	35.0	10.0	10.0	5.0	100.0
2분위	10.0	55.0	25.0	5.0	5.0	100.0
3분위	5.0	15.0	45.0	25.0	10.0	100.0
4분위	5.0	5.0	20.0	45.0	25.0	100.0
5분위	0.0	0.0	5.0	15.0	80.0	100.0

II. 사업가(2017년) → 피고용자(2018년)

2017년 \ 2018년	1분위	2분위	3분위	4분위	5분위	합계
1분위	70.0	30.0	0.0	0.0	0.0	100.0
2분위	25.0	55.0	15.0	5.0	0.0	100.0
3분위	5.0	25.0	50.0	15.0	5.0	100.0
4분위	5.0	10.0	20.0	50.0	15.0	100.0
5분위	0.0	5.0	5.0	15.0	75.0	100.0

III. 피고용자(2017년) → 피고용자(2018년)

2017년 \ 2018년	1분위	2분위	3분위	4분위	5분위	합계
1분위	85.0	10.0	5.0	0.0	0.0	100.0
2분위	15.0	65.0	15.0	5.0	0.0	100.0
3분위	5.0	20.0	60.0	15.0	0.0	100.0
4분위	0.0	5.0	15.0	65.0	15.0	100.0
5분위	0.0	5.0	5.0	15.0	75.0	100.0

IV. 피고용자(2017년) → 사업가(2018년)

2017년 \ 2018년	1분위	2분위	3분위	4분위	5분위	합계
1분위	50.0	40.0	5.0	5.0	0.0	100.0
2분위	10.0	60.0	20.0	5.0	5.0	100.0
3분위	5.0	20.0	50.0	20.0	5.0	100.0
4분위	0.0	10.0	20.0	50.0	20.0	100.0
5분위	0.0	0.0	5.0	35.0	60.0	100.0

※ 1) '가(2017년) → 나(2018년)'는 고용형태 변화 유형을 나타내며, 2017년 고용형태 '가'에서 2018년 고용형태 '나'로 변화된 것을 의미함

2) 소득분위는 1~5분위로 구분하며, 숫자가 클수록 분위가 높음

3) 각 고용형태 변화 유형 내에서 2017년 소득분위별 인원은 동일함

'갑'국 표본의 2017년 고용형태에서 사업가와 피고용자가 각각 5,000명일 때, 위 〈표〉를 근거로 한 〈보기〉의 설명 중 옳은 것만을 모두 고르면?

〈보 기〉

ㄱ. 2017년 사업가에서 2018년 피고용자로 고용형태가 변화된 사람 중에서 2018년에 소득 1분위에 속하는 사람은 모두 210명이다.

ㄴ. 2018년 고용형태가 사업가인 사람은 6,000명이다.

ㄷ. 2017년 피고용자에서 2018년 사업가로 고용형태가 변화된 사람 중에서 2017년 소득 2분위에서 2018년 소득분위가 높아진 사람은 모두 90명이다.

ㄹ. 동일한 표본에 대해, 2017년에서 2018년 고용형태 변화비율과 같은 비율로 2018년에서 2019년 고용형태가 변화된다면 2019년 피고용자의 수는 2018년에 비해 감소한다.

① ㄱ, ㄴ

② ㄷ, ㄹ

③ ㄱ, ㄴ, ㄷ

④ ㄱ, ㄷ, ㄹ

⑤ ㄴ, ㄷ, ㄹ

난도 상

풀이시간 2분 15초

합격생 가이드

두 표를 복합적으로 이해하여야 해결할 수 있으면서도 각각의 문항에서 활용해야 하는 데이터가 분리되어 있는 문항이다. 선지가 묻는 내용에 따라 〈표 1〉만 활용하거나 〈표 2〉의 4개 데이터 가운데에서도 집중해야 하는 데이터가 아예 다르다. 주어진 표의 제목부터 파악하여 원하는 데이터를 빠르게 찾을 수 있도록 하자.

대표문항으로 선정한 이유

종합 문제는 그 유형이 제각기 다르기 때문에 어떤 문제가 유형을 대표한다고 말하기는 어렵다. 따라서 적당한 난도가 있으면서도 최근에 출제된 문제를 대표문항으로 선정하였다.

정답해설

ㄱ. 옳다. 〈표 1〉과 〈표 2〉의 Ⅱ번 데이터를 활용한다. 2017년 사업가에서 2018년 피고용자로 고용형태가 변화된 사람은 5000×0.2=1,000명이고, 〈표 2〉 아래의 3)조건에 의해 1~5분위에 속한 인원은 모두 동일하므로 각각 200명이다. 이 중 2018년 소득분위가 1분위인 인원은 200×(0.7+0.25+0.05+0.05)=210명이다.

ㄷ. 옳다. 〈표 1〉과 〈표 2〉의 Ⅳ번 데이터를 활용한다. 2017년 피고용자에서 2018년 사업가로 고용형태가 변화된 사람은 5000×0.3=1,500명이다. 2017년 각 분위의 인원은 모두 동일하므로 2017년 2분위에 속했던 인원은 300명이고, 이 중 2018년 소득분위가 높아져 3,4,5분위에 속하는 비율은 0.30이므로 300×0.3=90명이다.

ㄹ. 옳다. 〈표 1〉만을 활용한다. 2018년 사업가는 5,500명, 피고용자는 4,500명이다. 같은 비율로 고용형태가 변화된다면, 2019년 피고용자의 수는 5,500×0.2+4,500×0.7=4,250명으로 2018년에 비해 감소한다.

오답해설

ㄴ. 옳지 않다. 〈표 1〉만을 활용한다. 2018년 고용형태가 사업가인 사람은 5,000×(0.8+0.3)=5,500명, 2018년 고용형태가 피고용자인 사람은 4,500명이다.

답 ④

위 〈표〉를 근거로 한 〈보기〉의 설명 중 옳은 것만을 모두 고르면?

난도 상

풀이시간 2분 30초

──────〈보 기〉──────

ㄱ. 2017년 소득 1분위이면서 2018년 소득분위가 2017년 소득분위보다 높아진 사람의 비율은, '사업가(2017년) → 사업가(2018년)' 유형이 '사업가(2017년) → 피고용자(2018년)' 유형보다 높다.

ㄴ. 2017년 소득 3분위이면서 2018년 소득분위가 2017년 소득분위보다 높아진 사람의 비율은, '피고용자(2017년) → 사업가(2018년)' 유형이 '피고용자(2017년) → 피고용자(2018년)' 유형보다 높다.

ㄷ. 고용형태 변화 유형 네 가지 중에서 2017년과 2018년 사이에 소득분위가 변동되지 않은 사람의 비율이 가장 높은 유형은 '사업가(2017년) → 피고용자(2018년)'이다.

ㄹ. 고용형태 변화 유형 네 가지 중에서 2018년에 소득 5분위인 사람의 비율이 가장 높은 유형은 '사업가(2017년) → 사업가(2018년)'이다.

① ㄱ, ㄷ
② ㄴ, ㄹ
③ ㄷ, ㄹ
④ ㄱ, ㄴ, ㄷ
⑤ ㄱ, ㄴ, ㄹ

합격생 가이드

〈표 1〉은 전혀 사용하지 않으며, 〈표 2〉만으로 문제를 해결해야 한다. 더불어 〈표 2〉 아래에 주어진 추가적인 조건이 있어야만 문제를 정확히 풀 수 있으므로 놓쳐서는 안 된다.

정답해설

ㄱ. 옳다. 〈표 2〉의 Ⅰ, Ⅱ번 데이터를 활용한다. '사업가 → 사업가' 유형 중 1분위에서 소득분위가 높아진 비율은 60%, '사업가 → 피고용자' 유형 중 1분위에서 소득분위가 높아진 비율은 30%이다.

ㄴ. 옳다. 〈표 2〉의 Ⅲ, Ⅳ번 데이터를 활용한다. '피고용자 → 사업가' 유형 중 3분위에서 소득분위가 높아진 비율은 25%, '피고용자 → 피고용자' 유형 중 3분위에서 소득분위가 높아진 비율은 15%이다.

ㄹ. 옳다. 〈표2〉를 모두 활용한다. 2018년 소득분위가 5분위인 비율을 계산해보면 Ⅰ, Ⅱ, Ⅲ, Ⅳ 유형 순서대로 각각 $0.2 \times (5+5+10+25+80) = 25\%$, $0.2 \times (0+0+5+15+75) = 19\%$, $0.2 \times (0+0+0+15+75) = 18\%$, $0.2 \times (0+5+5+20+60) = 18\%$이다. 따라서 2018년에 소득5분위인 사람의 비율이 가장 높은 유형은 Ⅰ 유형인 '사업가 → 사업가'이다. 각 표에서 2018년 5분위의 칸을 더하여 대소를 비교하면 조금 더 빠르게 문제를 풀 수 있다.

오답해설

ㄷ. 옳지 않다. 〈표2〉를 모두 활용한다. 소득분위가 변동되지 않은 비율을 계산해보면,
'사업가 → 사업가'는 $0.2 \times (40+55+45+45+80) = 53\%$,
'사업가 → 피고용자'는 $0.2 \times (70+55+50+50+75) = 61\%$,
'피고용자 → 피고용자'는 $0.2 \times (85+65+60+65+75) = 70\%$,
'피고용자 → 사업가'는 $0.2 \times (50+60+50+50+60) = 54\%$이다.
따라서 소득분위가 변동되지 않은 사람의 비율이 가장 높은 유형은 '피고용자 → 피고용자'이다. 이때, 정확한 해를 구하기보다는 각 표에서 행과 열이 같은 표의 대각선 칸만 더하여 대소를 비교하면 보다 빠르게 문제를 풀 수 있다.

답 ⑤

※ 다음 〈표〉는 2001∼2006년 한·중·일 3국간 무역관계를 나타낸 것이고 〈그림〉은 2006년 한·중·일 3국의 상호간 무역관계를 나타낸 것이다 (단, 〈표〉와 〈그림〉에 나타나지 않은 타국과의 무역관계는 고려하지 않는다). [01∼02]

〈표〉 한·중·일 3국간 무역관계

(단위 : 억 불)

구분 연도	한국		중국		일본	
	수출	수입	수출	수입	수출	수입
2001	797	812	965	1,473	1,307	784
2002	759	786	959	1,457	1,379	854
2003	814	(A)	1,021	1,557	1,421	897
2004	867	890	1,215	1,705	1,456	943
2005	845	865	1,164	1,633	1,478	989
2006	858	870	( )	1,423	(B)	( )

※ 무역수지는 수출에서 수입을 뺀 값으로, 이 값이 양(+)이면 흑자, 음(−)이면 적자임

〈그림〉 2006년 한·중·일 3국의 상호간 무역관계

(단위 : 억 불)

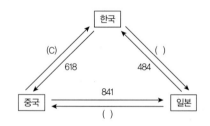

※ 화살표는 수출이 이루어지는 방향을 의미함

01 ○△✕

〈표〉와 〈그림〉의 A, B, C에 들어갈 숫자로서 옳은 것을 고르면?

	A	B	C
①	802	1,289	386
②	802	1,489	386
③	802	1,281	492
④	826	1,281	492
⑤	826	1,289	386

02 ○△✕

〈표〉와 〈그림〉을 보고 〈보기〉에서 옳지 않은 것을 모두 고르면?

〈보 기〉

ㄱ. 2001∼2006년 사이 한국의 무역수지 적자가 가장 큰 해는 2003년이다.

ㄴ. 중국은 2001∼2006년 사이 매년 무역수지 적자를 기록하였다.

ㄷ. 2006년 한·중·일 3국의 수출액의 합은 수입액의 합보다 크다.

ㄹ. 2006년 일본은 한국 및 중국과의 교역 모두에서 무역수지 흑자를 보이고 있으며, 한국과의 교역에서 발생한 흑자 규모가 중국과의 교역에서 발생한 흑자 규모보다 크다.

① ㄱ, ㄴ
② ㄱ, ㄷ
③ ㄴ, ㄹ
④ ㄱ, ㄷ, ㄹ
⑤ ㄴ, ㄷ, ㄹ

※ 다음 〈표〉는 가계 금융자산에 관한 국가별 비교 자료이다. 아래의 물음에 답하시오. [03~04]

〈표 1〉 각국의 연도별 가계 금융자산 비율

연도\국가	1998	1999	2000	2001	2002	2003
A	0.24	0.22	0.21	0.19	0.17	0.16
B	0.44	0.45	0.48	0.41	0.40	0.45
C	0.39	0.36	0.34	0.29	0.28	0.25
D	0.25	0.28	0.26	0.25	0.22	0.21

※ 가계 총자산은 가계 금융자산과 가계 비금융자산으로 이루어지며, 가계 금융자산 비율은 가계 총자산 대비 가계 금융자산이 차지하는 비율임

〈표 2〉 2003년 각국의 가계 금융자산 구성비

가계금융자산\국가	예금	보험	채권	주식	투자신탁	기타
A	0.62	0.18	0.10	0.07	0.02	0.01
B	0.15	0.30	0.10	0.31	0.12	0.02
C	0.35	0.27	0.11	0.09	0.14	0.04
D	0.56	0.29	0.03	0.06	0.02	0.04

03 ○△✕

07년 행시(인) 3번

위 자료에 근거하여 정리한 것으로 옳지 않은 것은?

① 연도별 B국과 C국 가계 비금융자산 비율

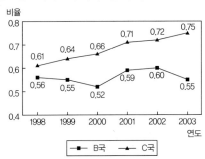

② 2000년 각국의 가계 총자산 구성비

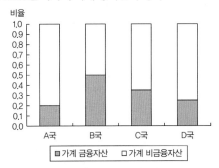

③ 2003년 C국의 가계 금융자산 구성비

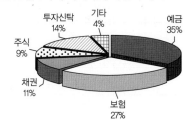

④ 2003년 A국과 D국의 가계 금융자산 대비 보험, 채권, 주식 구성비

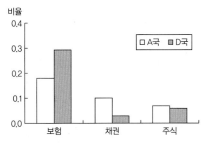

⑤ 2003년 각국의 가계 총자산 대비 예금 구성비

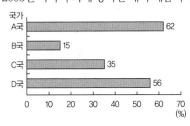

04 ○△✕

07년 행시(인) 4번

위 자료에 대한 〈보기〉의 설명 중 옳은 것을 모두 고르면?

〈보 기〉

ㄱ. A국과 C국의 가계 금융자산 비율은 1998~2003년 동안 매년 감소하였고 B국과 D국의 가계 금융자산 비율은 2001~2003년 동안 매년 감소하였다.

ㄴ. 1998~2003년 동안 가계 비금융자산 비율은 매년 A국이 가장 높고 B국이 가장 낮다.

ㄷ. 2003년 가계 총자산 대비 투자신탁 비율은 B국이 C국보다 더 높다.

ㄹ. 2003년 가계 금융자산을 구성비가 높은 순서대로 배열하면 A국과 D국은 그 순서가 동일하다.

① ㄱ, ㄴ

② ㄱ, ㄹ

③ ㄴ, ㄷ

④ ㄴ, ㄹ

⑤ ㄷ, ㄹ

※ 다음 〈표〉는 2003년부터 2005년까지 OECD 25개국의 실업률을 기록한 것이다. 다음의 물음에 답하시오. [05~06]

〈표〉 2003~2005년 OECD 국가의 실업률

(단위 : %)

지역	국가	2003	2004	2005
서유럽 지역	오스트리아	4.3	4.9	5.2
	벨기에	8.2	8.4	8.4
	덴마크	5.4	5.5	4.8
	프랑스	9.5	9.6	9.9
	독일	9.1	9.5	9.4
	아일랜드	4.7	4.5	4.4
	이탈리아	8.4	8.0	7.7
	룩셈부르크	3.7	5.1	4.5
	네덜란드	3.7	4.6	4.7
	포르투갈	6.2	6.7	7.6
	스페인	11.1	10.6	9.2
	스위스	4.2	4.4	4.5
	영국	4.9	4.7	4.8
북유럽 지역	핀란드	9.0	8.9	8.4
	노르웨이	4.5	4.4	4.6
	스웨덴	5.6	6.4	6.5
동유럽 지역	체코	7.8	8.3	7.9
	헝가리	5.9	6.1	7.2
	폴란드	19.6	19.0	17.7
기타 지역	미국	6.0	5.5	5.1
	호주	6.1	5.5	5.1
	캐나다	7.6	7.2	6.8
	일본	5.3	4.7	4.4
	한국	3.6	3.7	3.7
	뉴질랜드	4.6	3.9	3.7
OECD 전체 평균		7.1	6.9	6.6
EU-15 평균		8.0	8.1	7.9

※ 1) EU-15는 조사 당시 OECD 회원국인 EU 15개국을 가리킴

2) 실업률 = $\frac{\text{실업자수}}{\text{경제활동인구}} \times 100$

05 ⓞ△☒   11년 행시(인) 17번

위의 〈표〉에 대한 〈보기〉의 설명 중 옳은 것을 모두 고르면?

── 〈보 기〉 ──

ㄱ. 2005년에 지역별로 실업률이 가장 높은 국가들의 경우, 서유럽 지역을 제외하고는 2004년과 2005년의 실업률이 전년대비 매년 감소했다.

ㄴ. 2003년에 한국의 경제활동인구가 3,000만 명, 2005년에 3,500만 명이라고 할 경우 2003년부터 2005년까지 한국의 실업자 수는 30만 명 이상 증가하였다.

ㄷ. 2004년과 2005년 서유럽지역의 경우, 실업률이 전년대비 매년 증가한 국가 수가 전년대비 매년 감소한 국가 수보다 크다.

ㄹ. 2003년 서유럽 지역에서 실업률이 가장 높은 국가의 실업률은 같은 해 동유럽 지역에서 실업률이 가장 높은 국가의 실업률보다 낮다.

ㅁ. 2005년 프랑스와 영국의 경제활동인구가 각각 4,000만 명이라고 할 경우, 프랑스 실업자 수와 영국 실업자 수의 차이는 200만 명 이하이다.

① ㄱ, ㄷ, ㄹ

② ㄱ, ㄷ, ㅁ

③ ㄱ, ㄹ, ㅁ

④ ㄴ, ㄷ, ㄹ

⑤ ㄴ, ㄹ, ㅁ

06 ⓞ△☒   11년 행시(인) 18번

위의 〈표〉에서 2003년부터 2004년까지의 기간, 그리고 2004년부터 2005년까지의 기간 각각의 실업률 증감 방향이 OECD 전체 및 EU-15 실업률 평균값의 증감 방향과 동일하게 나타난 국가들을 바르게 짝지은 것은?

	OECD 전체 평균	EU-15 평균
①	호주, 노르웨이	오스트리아, 프랑스
②	미국, 스웨덴	독일, 룩셈부르크
③	일본, 헝가리	핀란드, 캐나다
④	스페인, 폴란드	포르투갈, 영국
⑤	이탈리아, 뉴질랜드	체코, 덴마크

※ 다음 〈표〉는 2009년 8개 지역의 상·하수도 보급 및 하수도요금 현황에 대한 자료이다. 〈표〉를 보고 물음에 답하시오. [07~08]

〈표 1〉 지역별 상·하수도 보급 현황

구분 지역	인구 (천 명)	상수도				하수도	
		급수인구 (천 명)	보급률 (%)	1일급수량 (천m³)		처리인구 (천 명)	보급률 (%)
전국	50,642	47,338	93.5	15,697		45,264	89.4
강원	1,526	1,313	86.0	579		1,175	( )
충북	1,550	1,319	85.1	477		1,208	77.9
충남	2,075	1,483	71.5	526		1,319	( )
전북	1,874	1,677	89.5	722		1,486	79.3
전남	1,934	1,426	73.7	497		1,320	( )
경북	2,705	2,260	83.5	966		1,946	71.9
경남	3,303	2,879	87.2	1,010		2,732	82.7
제주	568	568	100.0	196		481	84.7

※ 1) 상수도 보급률(%) = $\frac{상수도\ 급수인구}{인구} \times 100$

2) 하수도 보급률(%) = $\frac{하수도\ 처리인구}{인구} \times 100$

〈표 2〉 지역별 하수도요금 현황

구분 지역	연간 부과량 (천m³)	연간 부과액 (백만 원)	부과량당 평균요금 (원/m³)	부과량당 처리총괄 원가(원/m³)	하수도요금 현실화율 (%)
전국	4,948,576	1,356,072	274.0	715.6	38.3
강원	110,364	21,625	195.9	658.5	( )
충북	124,007	40,236	324.5	762.6	42.6
충남	127,234	34,455	270.8	1,166.3	( )
전북	163,574	30,371	185.7	688.0	27.0
전남	155,169	22,464	144.8	650.6	( )
경북	261,658	61,207	233.9	850.9	27.5
경남	283,188	65,241	230.4	808.9	28.5
제주	50,029	13,113	262.1	907.4	28.9

※ 하수도요금 현실화율(%) = $\frac{부과량당\ 평균요금}{부과량당\ 처리총괄원가} \times 100$

07 ☐△✕
15년 행시(인) 12번

위 〈표〉의 8개 지역에 대한 〈보기〉의 설명 중 옳은 것만을 모두 고르면?

〈보 기〉

ㄱ. 상수도 보급률이 가장 낮은 지역이 하수도 보급률도 가장 낮다.

ㄴ. 하수도 보급률이 가장 높은 지역이 하수도요금 현실화율은 가장 낮다.

ㄷ. 하수도요금 부과량당 평균요금이 가장 높은 지역이 하수도요금 현실화율도 가장 높다.

ㄹ. 상수도 급수인구당 1일급수량이 가장 많은 지역이 상수도 급수인구는 가장 적다.

① ㄱ, ㄴ
② ㄱ, ㄷ
③ ㄴ, ㄹ
④ ㄱ, ㄷ, ㄹ
⑤ ㄴ, ㄷ, ㄹ

08 ☐△✕
15년 행시(인) 13번

다음 〈보고서〉를 작성하기 위해 위 〈표〉 이외에 추가로 필요한 자료만을 〈보기〉에서 모두 고르면?

〈보고서〉

• 2009년 전국의 상수도 보급률은 93.5%이며, 제주의 경우 상수도 보급률은 100%에 달한다. 전국의 상수도 급수인구당 1일급수량은 0.33m³ 수준인데, 강원, 전북, 경북의 상수도 급수인구당 1일급수량은 전국보다 0.07m³ 이상 많다. 한편, 전국 상수도요금은 m³당 610.2원인데, 경남이 m³당 760.4원으로 가장 비싸고, 충북이 m³당 476.9원으로 가장 저렴한 것으로 나타났다.

• 하수도요금의 부과량당 처리총괄원가의 경우 전남은 m³당 650.6원인 반면, 충남은 m³당 1,166.3원으로 지역적 편차가 매우 크다. 하수도요금과 처리총괄원가 간 격차는 하수도요금 현실화율을 낮추는 원인으로 해당 지역의 재정에 부정적인 영향을 미치고 있다. 예를 들어, 하수도요금 현실화율이 전국보다 낮은 전남의 재정자립도는 21.7%에 불과하며, 하수도 처리인구당 연간 부과액도 17,018.2원으로 전남이 전국보다 낮다.

• 2009년 전국의 상수도 연간 급수량 규모는 5,729,405천m³인데 비해 하수도 연간 부과량 규모는 4,948,576천m³로, 상수도 연간 급수량에서 하수도 연간 부과량이 차지하는 비중은 86.4%로 나타났다. 특히, 상수도 급수인구 대비 하수도 처리인구 비율이 전국보다 낮은 제주는 전체 주민의 15% 이상이 하수도처리 서비스를 받지 못하는 것으로 나타났다.

〈보 기〉

ㄱ. 지역별 상수도 급수인구당 1일급수량

ㄴ. 지역별 상수도요금

ㄷ. 광역지자체별 재정자립도

ㄹ. 하수도 처리인구당 연간 부과액

ㅁ. 지역별 상수도 급수인구 대비 하수도 처리인구 비율

① ㄱ, ㄴ
② ㄴ, ㄷ
③ ㄴ, ㄷ, ㄹ
④ ㄴ, ㄹ, ㅁ
⑤ ㄷ, ㄹ, ㅁ

※ 다음 〈표〉는 '갑' 국 호수 A와 B의 2013년 8월 10~16일 수온, 수질측정, 조류예보 및 해제 현황과 2008~2012년 조류예보 발령 현황에 대한 자료이다. 〈표〉를 보고 물음에 답하시오. [01~02]

〈표 1〉 호수별 수온, 수질측정, 조류예보 및 해제 현황
(2013년 8월 10~16일)

| 호수 | 측정월일 | 수온 (℃) | 수질측정항목 | | 조류예보 및 해제 |
			클로로필 농도 (mg/m³)	남조류 세포수 (개/mL)	
A	8월 10일	27.6	16.9	917	–
	8월 11일	27.5	29.4	4,221	주의보
	8월 12일	26.2	30.4	5,480	주의보
	8월 13일	25.2	40.1	8,320	경보
	8월 14일	23.9	20.8	1,020	주의보
	8월 15일	20.5	18.0	328	주의보
	8월 16일	21.3	13.8	620	해제
B	8월 10일	24.2	21.7	4,750	–
	8월 11일	25.2	28.5	1,733	주의보
	8월 12일	26.1	30.5	5,315	주의보
	8월 13일	23.8	21.5	1,312	( )
	8월 14일	22.1	16.8	389	( )
	8월 15일	18.6	10.3	987	( )
	8월 16일	17.8	5.8	612	( )

※ 수질측정은 매일 각 호수별로 동일시간, 동일지점, 동일한 방법으로 1회만 수행함

〈표 2〉 2008~2012년 호수별 조류예보 발령 현황
(단위 : 일)

호수	구분	2008년	2009년	2010년	2011년	2012년
A	주의보	7	0	21	14	28
	경보	0	0	0	0	0
	대발생	0	0	0	0	0
B	주의보	49	35	28	35	14
	경보	7	0	21	42	0
	대발생	7	0	0	14	0

01 ○△✕

16년 행시(5) 39번

다음 〈보고서〉를 작성하기 위해 위 〈표〉 이외에 추가로 필요한 자료만을 〈보기〉에서 모두 고르면?

― 〈보고서〉 ―

2013년 8월 10~16일 동안 호수 B의 수온이 호수 A의 수온보다 매일 낮았다. 그리고, 8월 10~12일 동안 호수 B의 클로로필 농도는 증가하다가 8월 13~16일 동안 감소하였다. 호수 B의 남조류 세포수는 8월 10~13일 동안 증감을 반복하다가 8월 14~16일 동안 1,000개/mL 이하로 유지되었다.

2008~2013년 호수 A와 B에서 클로로필 농도와 남조류 세포수의 월일별 증감 방향은 일치하지 않았으나, 호수 내 질소의 농도와 인의 농도를 월일별로 살펴보면 밀접한 상관관계가 있었다.

2008~2013년 조류예보 발령 현황을 보면 호수 A에는 2009년을 제외하면 매년 '주의보'가 발령되었고 호수 B에는 '경보'와 '대발생'도 발령되었다. '주의보'가 발령되는 시기는 주로 8월에서 10월까지 집중되어 있으며, 동절기인 12월에는 '주의보' 발령이 없었다.

― 〈보 기〉 ―

ㄱ. 2008~2013년 호수 A와 B의 월일별 질소 및 인 농도 측정 현황
ㄴ. 2008~2013년 호수 A와 B의 월일별 수위측정 현황
ㄷ. 2008~2013년 호수 A와 B의 월일별 조류예보 발령 현황
ㄹ. 2008~2013년 호수 A와 B의 월일별 수온측정 현황
ㅁ. 2008~2013년 호수 A와 B의 월일별 클로로필 농도 및 남조류 세포수 측정 현황

① ㄱ, ㄷ
② ㄱ, ㄷ, ㅁ
③ ㄴ, ㄷ, ㅁ
④ ㄱ, ㄴ, ㄹ, ㅁ
⑤ ㄱ, ㄷ, ㄹ, ㅁ

02 ⊙△☒

위 〈표〉와 다음 〈표 3〉 그리고 〈조류예보 및 해제 발령 절차〉를 이용하여 2013년 8월 13~15일 호수 B의 조류예보 및 해제 발령 결과를 바르게 나열한 것은?

〈표 3〉 조류예보 수질측정항목 수치의 단계별 기준

수질측정항목 \ 단계	주의보	경보	대발생
클로로필 농도 (mg/m³)	15 이상	25 이상	100 이상
남조류 세포수 (개/mL)	500 이상	5,000 이상	1,000,000 이상

※ '갑' 국에서는 조류예보 수질측정항목으로 '클로로필 농도'와 '남조류 세포수'만 사용함

―〈조류예보 및 해제 발령 절차〉―

• 예보 당일 및 전일 조류예보 수질측정항목 수치의 단계별 기준에 의거, 다음과 같이 조류예보 또는 '해제'를 발령함
• 예보 당일 및 전일의 수질측정항목(클로로필 농도와 남조류 세포수) 측정수치 4개를 획득함
• 아래 5개 조건 만족여부를 순서대로 판정하고 조건을 만족하면 해당 발령 후 예보 당일 '조류예보 및 해제 발령 절차'를 종료함
  1) 측정수치 4개가 모두 대발생 단계 기준을 만족하면 '대발생' 발령
  2) 측정수치 4개가 모두 경보 단계 기준을 만족하면 '경보' 발령
  3) 측정수치 4개가 모두 주의보 단계 기준을 만족하면 '주의보' 발령
  4) 측정수치 4개 중 2개 이상이 주의보 단계 기준을 만족하지 못하면 '해제' 발령
  5) 위 1)~4)를 만족하지 못하면 예보 전일과 동일한 발령을 유지

	8월 13일	8월 14일	8월 15일
①	경보	주의보	해제
②	경보	주의보	주의보
③	주의보	주의보	주의보
④	주의보	주의보	해제
⑤	주의보	경보	주의보

※ 다음 〈표〉는 A국의 전체 산업과 보건복지산업 취업자 현황에 관한 자료이다. [03~04]

〈표 1〉 2009~2010년 전체 산업과 보건복지산업 취업자 수

(단위 : 천 명)

산업 \ 연도	2009	2010
전체 산업	23,684	24,752
보건복지산업	1,971	2,127
보건업 및 사회복지서비스업	1,153	1,286
기타 보건복지산업	818	841

〈표 2〉 2010년 전체 산업과 보건복지산업 종사형태별 취업자 수

(단위 : 천 명)

산업 \ 종사형태	상용 근로자	임시 및 일용 근로자	무급가족 종사자	기타 근로자 및 종사자	합
전체 산업	10,716	7,004	1,364	5,668	24,752
보건복지산업	1,393	184	76	474	2,127
보건업 및 사회복지서비스업	1,046	90	2	148	1,286
보건업	632	36	1	90	759
사회복지서비스업	414	54	1	58	527
기타 보건복지산업	347	94	74	326	841

〈표 3〉 2007~2010년 보건복지산업 종사형태별 취업자 수

(단위 : 천 명)

종사형태 \ 연도	2007	2008	2009	2010
상용근로자	1,133	1,207	1,231	1,393
임시 및 일용근로자	129	160	169	184
무급가족종사자	68	78	85	76
기타 근로자 및 종사자	415	466	486	474

03 ⊙△☒

위 〈표〉에 대한 〈보기〉의 설명 중 옳은 것만을 모두 고르면?

―〈보 기〉―

ㄱ. 2010년 보건업 취업자 중 상용근로자의 비율은 2010년 보건복지산업 취업자 중 상용근로자의 비율보다 높다.
ㄴ. 보건복지산업의 상용근로자 수 대비 임시 및 일용근로자 수의 비율은 2008~2010년 동안 매년 상승하였다.
ㄷ. 2009년 대비 2010년 취업자 수의 증가율은 전체 산업이 보건복지산업보다 낮다.
ㄹ. 보건업 및 사회복지서비스업 취업자 중 상용근로자의 비율이 2009년과 2010년에 동일하다고 가정하면 2009년 보건업 및 사회복지서비스업에 종사하는 상용근로자는 100만 명 이상이다.

① ㄱ, ㄷ　　　　　　　② ㄱ, ㄹ
③ ㄴ, ㄷ　　　　　　　④ ㄱ, ㄴ, ㄹ
⑤ ㄴ, ㄷ, ㄹ

04 ○△☒

위 〈표〉를 이용하여 〈보고서〉를 작성하였다. 제시된 〈표〉 이외에 〈보고서〉를 작성하기 위해 추가로 필요한 자료만을 〈보기〉에서 모두 고르면?

─〈보고서〉─

2010년 보건복지산업 취업자는 212만 7천 명으로 2009년에 비해 15만 6천 명 증가하였다. 특히 보건업 및 사회복지서비스업 취업자가 2009년보다 13만 3천 명 증가하여 보건복지산업 취업자 수 증가의 85% 이상을 차지하였다. 세부 업종별로는 2009년에 비해 2010년 보육시설업 취업자가 가장 많이 증가하였고, 병·의원, 기타 비거주 복지서비스업, 미용업 순으로 취업자가 증가하였다. 2010년 보건복지산업의 여성 취업자는 151만 1천명, 남성 취업자는 61만 6천 명으로 여성 취업자가 남성 취업자보다 2배 이상 많았다. 2010년 보건복지산업 취업자의 종사형태를 전체 산업과 비교할 때, 상용근로자 비율은 더 높고 임시 및 일용근로자 비율은 더 낮았다. 보건복지산업 취업자 중 무급가족종사자의 비율은 2007년 이후 매년 증가하다가 2010년에는 전년대비 10% 이상 감소하였다.

─〈보 기〉─

ㄱ. 2010년 보건복지산업 남성 취업자 수
ㄴ. 2009년 기타 보건복지산업 종사형태별 취업자 수
ㄷ. 2009년 보건업 및 사회복지서비스업 취업자 수
ㄹ. 2009~2010년 보건복지산업 세부 업종별 취업자 수
ㅁ. 2010년 보건업 및 사회복지서비스업 종사형태별 취업자 수

① ㄱ, ㄹ
② ㄴ, ㄷ
③ ㄱ, ㄷ, ㄹ
④ ㄱ, ㄹ, ㅁ
⑤ ㄴ, ㄷ, ㅁ

※ 다음 〈표〉와 〈그림〉은 2015~2017년 '갑'국 철강산업의 온실가스 배출량 및 철강 생산량에 관한 자료이다. 〈표〉와 〈그림〉을 보고 물음에 답하시오. [05~06]

〈표〉 업체별·연도별 온실가스 배출량

(단위 : 천tCO2eq.)

구분 / 업체	배출량				예상 배출량
	2015년	2016년	2017년	3년 평균 (2015~2017년)	2018년
A	1,021	990	929	980	910
B	590	535	531	552	524
C	403	385	361	383	352
D	356	( )	260	284	257
E	280	271	265	272	241
F	168	150	135	151	132
G	102	101	100	( )	96
H	92	81	73	82	71
I	68	59	47	58	44
J	30	29	28	( )	24
기타	28	27	20	25	22
전체	3,138	2,864	( )	2,917	2,673

〈그림〉 업체 A~J의 3년 평균(2015~2017년) 철강 생산량과 온실가스 배출량

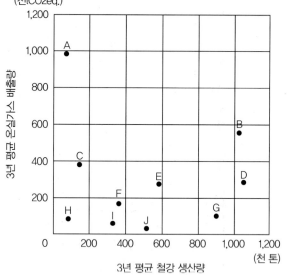

※ 온실가스 배출 효율성 = $\dfrac{\text{3년 평균 철강 생산량}}{\text{3년 평균 온실가스 배출량}} \times 100$

05 ○△✕　　　　　　　　　　　　18년 행시(나) 29번

위 〈표〉와 〈그림〉에 대한 〈보기〉의 설명 중 옳은 것만을 모두 고르면?

――――――〈보 기〉――――――

ㄱ. 2015~2017년 동안 매년 온실가스 배출량 기준 상위 2개 업체가 해당년도 전체 온실가스 배출량의 50% 이상을 차지하고 있다.

ㄴ. 2015~2017년 동안 철강산업의 전체 온실가스 배출량은 매년 감소하였다.

ㄷ. 업체 A~J 중 2015~2017의 온실가스 배출 효율성이 가장 낮은 업체는 J이고, 가장 높은 업체는 A이다.

ㄹ. 2015~2017년 동안 업체 A~J 각각의 온실가스 배출량은 매년 감소하였다.

① ㄱ, ㄴ　　　　　　　　　　② ㄱ, ㄷ

③ ㄱ, ㄴ, ㄷ　　　　　　　　④ ㄱ, ㄴ, ㄹ

⑤ ㄴ, ㄷ, ㄹ

06 ○△✕　　　　　　　　　　　　18년 행시(나) 30번

위 〈표〉와 〈그림〉의 내용과 〈분배규칙〉을 바탕으로 작성한 〈보고서〉의 설명 중 옳은 것만을 모두 고르면?

――――――〈분배규칙〉――――――

• 해당년도 업체별 온실가스 배출권(천tCO2eq.)＝
　해당년도 온실가스 배출권 총량×

$$\frac{\text{해당 업체의 직전 3년 평균 온실가스 배출량}}{\text{철강산업 전체의 직전 3년 평균 온실가스 배출량}}$$

――――――〈보고서〉――――――

2015~2017년 동안 철강산업의 업체별 온실가스 배출량을 조사하였다. 조사결과 ㉠ 매년 온실가스 배출량 기준 상위 3개 업체의 순위에는 변화가 없었으며, 상위 10개 업체가 철강산업 전체 온실가스 배출량의 90% 이상을 차지하였다. 철강 생산량과 온실가스 배출량의 관계를 살펴보면, 3년 평균(2015~2017년)을 기준으로 할 때 ㉡ D 업체는 E 업체에 비하여 철강 1톤을 생산하는 데 50% 이상의 온실가스를 더 배출하는 등 업체별 온실가스 배출 효율성에 큰 차이가 있다.

현황 조사를 기반으로 온실가스배출권거래제도의 시행을 위하여 철강산업의 온실가스 배출량 기준 상위 10개 업체를 온실가스배출권거래제도 적용-대상 업체로 선정하여 2018년도 온실가스 배출권 총량 2,600천 tCO2eq.를 〈분배규칙〉에 따라 업체별로 분배하였다.

분배결과, ㉢ B 업체는 C 업체보다 더 많은 온실가스 배출권을 할당받았다. 온실가스배출권거래제도에서는 온실가스 배출권보다 더 많은 양의 온실가스를 배출한 업체는 거래시장에서 배출권 부족분을 구매해야 한다. 반대로, 배출권보다 적은 양을 배출한 업체는 배출권 잉여분을 시장에 판매하는 것이 가능하다. 2018년도 업체별 온실가스 예상 배출량을 기준으로 살펴보면, ㉣ G 업체의 예상 배출량은 온실가스 배출권보다 많아 배출권을 구매하는 것이 필요할 것으로 예상된다.

① ㄱ, ㄴ　　　　　　　　　　② ㄱ, ㄹ

③ ㄱ, ㄴ, ㄷ　　　　　　　　④ ㄱ, ㄷ, ㄹ

⑤ ㄴ, ㄷ, ㄹ

※ 다음 〈표〉는 6세 미만 영유아 1,000명의 공공재 문화시설 유형별 이용률을 조사한 결과이다. 〈표〉를 보고 물음에 답하시오. [07~08]

〈표〉 영유아 소속 가구소득수준별 영유아의 공공재 문화시설 유형별 이용률

(단위 : %)

기간 / 영유아 소속 가구소득 수준 / 시설 유형	출생 후 현재까지			최근 1년 동안		
	일반가구 영유아	저소득 가구 영유아	전체	일반가구 영유아	저소득 가구 영유아	전체
일반도서관	24.0	23.0	23.8	21.0	19.5	20.7
어린이도서관	25.3	13.0	22.8	22.5	11.5	20.3
일반박물관	26.0	16.5	24.1	18.3	11.0	16.8
어린이박물관	22.0	8.0	19.2	17.0	4.5	14.5
일반미술관	8.6	7.5	8.4	6.6	3.5	6.0
어린이미술관	7.5	1.5	6.3	5.1	0.5	4.2
문예회관	15.3	10.5	14.3	11.8	7.5	10.9
어린이놀이터	95.8	93.5	95.3	95.0	92.5	94.5

※ 1) 조사대상 중 무응답은 없으며, 조사대상 기간 중 한 번이라도 이용한 적이 있으면 이용한 것으로 집계함

　 2) 일반가구란 가구소득수준을 기준으로 저소득가구를 제외한 모든 가구를 지칭함

　 3) 소수점 아래 둘째 자리에서 반올림한 값임

07 ○△✕　　　　　　　　　　　　17년 행시(가) 39번

위 〈표〉에 대한 〈보기〉의 설명 중 옳은 것만을 모두 고르면?

――――――〈보 기〉――――――

ㄱ. 일반가구 영유아 수는 저소득가구 영유아 수의 3배 이상이다.

ㄴ. 출생 후 현재까지 일반도서관을 이용한 적이 있는 일반가구 영유아 중에 최근 1년 동안 일반도서관을 이용하지 않은 영유아는 30명 미만이다.

ㄷ. 전체 영유아의 출생 후 현재까지 공공재 문화시설 유형별 이용률 순위와 전체 영유아의 최근 1년 동안 공공재 문화시설 유형별 이용률 순위는 동일하다.

ㄹ. 출생 후 현재까지 일반가구 영유아의 이용률이 가장 낮은 공공재 문화시설 유형과 최근 1년 동안 저소득가구 영유아의 이용률이 가장 낮은 공공재 문화시설 유형은 동일하다.

① ㄱ, ㄴ　　　　　　　　　　② ㄱ, ㄷ

③ ㄷ, ㄹ　　　　　　　　　　④ ㄱ, ㄴ, ㄹ

⑤ ㄴ, ㄷ, ㄹ

08 ○△✕　　　　　　　　　　　17년 행시(가) 40번

다음 〈보고서〉는 위 〈표〉와 추가적인 자료를 바탕으로 작성한 것이다. 〈보기〉에서 〈보고서〉의 내용과 부합하지 <u>않는</u> 자료만을 모두 고르면?

— 〈보고서〉 —

- 전체 영유아의 출생 후 현재까지의 공공재 문화시설 유형별 이용률은 어린이놀이터가 95.3%로 가장 높았고, 어린이미술관이 6.3%로 가장 낮았다. 이를 가구소득 수준별로 살펴보면, 일반가구 영유아와 저소득가구 영유아 모두 출생 후 현재까지의 공공재 문화시설 유형별 이용률 중 어린이놀이터 이용률이 가장 높았고, 어린이미술관 이용률이 가장 낮았다.
- 출생 후 현재까지의 소비재 문화시설 유형별 이용률의 경우 일반가구 영유아와 저소득가구 영유아 모두 놀이공원 이용률이 가장 높았고, 키즈카페 이용률이 가장 낮았다. 소비재 문화시설 유형 각각에서 일반가구 영유아의 이용률이 저소득가구 영유아의 이용률보다 높았다.
- 영유아의 공공재 문화시설 유형별 최초 이용 시기를 살펴보면, 90% 이상의 영유아가 어린이놀이터를 이용하기 시작한 시기는 만 3세가 되기 전이며, 나머지 모든 공공재 문화시설 유형들은 만 4세가 되기 전에 90% 이상의 영유아가 이용하기 시작하는 것으로 나타났다.
- 영유아의 최근 1년 동안 공공재 문화시설 유형별 이용률 역시 출생 후 현재까지 공공재 문화시설 유형별 이용률과 동일하게 어린이놀이터 이용률이 가장 높았고, 가구소득 수준별로도 일반가구 영유아와 저소득가구 영유아 모두 어린이놀이터 이용률이 가장 높았다.
- 소비재 문화시설의 경우 최근 1년 동안 영유아의 극장 이용목적은 관람이 가장 큰 비중을 차지하였고 키즈카페 이용목적은 놀이활동이 가장 큰 비중을 차지하였다.

— 〈보 기〉 —

ㄱ. 영유아의 공공재 문화시설 유형별 최초 이용시기

(단위 : %)

최초 이용 시기 / 시설 유형	만 0세 이상 만 1세 미만	만 1세 이상 만 2세 미만	만 2세 이상 만 3세 미만	만 3세 이상 만 4세 미만	만 4세 이상 만 5세 미만	만 5세 이상 만 6세 미만	계
일반도서관	0.8	10.1	24.8	34.5	24.4	5.4	100.0
어린이도서관	0.9	11.1	26.1	39.4	19.0	3.5	100.0
일반박물관	0.4	10.9	21.8	39.3	23.0	4.6	100.0
어린이박물관	0.5	12.2	21.7	42.3	18.5	4.8	100.0
일반미술관	1.2	15.5	22.6	38.1	15.5	7.1	100.0
어린이미술관	0.0	9.7	17.7	33.9	32.3	6.4	100.0
문예회관	2.8	13.3	30.8	33.6	16.1	3.4	100.0
어린이놀이터	13.5	60.1	20.3	5.5	0.4	0.2	100.0

ㄴ. 가구소득 수준별 영유아의 출생 후 현재까지 소비재 문화시설 유형별 이용률

(단위 : %)

영유아 소속 가구소득 수준 / 시설 유형	일반가구 영유아	저소득가구 영유아	전체
극장	51.5	34.0	48.0
놀이공원	71.9	65.5	70.6
키즈카페	53.1	33.0	49.1
수족관 및 동·식물원	65.6	49.5	62.4

ㄷ. 영유아의 최근 1년 동안 소비재 문화시설 유형별 이용 목적

(단위 : %)

이용 목적 / 시설 유형	관람	프로그램 참여	놀이활동	독서·대출	지식 습득	가족과 시간 향유	부모 휴식	계
극장	74.3	1.9	7.1	0.0	0.5	14.3	1.9	100.0
놀이공원	4.1	1.2	47.3	0.0	0.5	44.3	2.6	100.0
키즈카페	2.0	3.9	74.8	0.2	1.1	8.0	10.0	100.0
수족관 및 동·식물원	22.9	2.5	7.9	0.2	7.4	58.7	0.4	100.0

① ㄱ　　　　　　　　　　② ㄴ

③ ㄱ, ㄴ　　　　　　　　④ ㄴ, ㄷ

⑤ ㄱ, ㄴ, ㄷ

※ 다음 〈표〉는 7개 기업의 1997년도와 2008년도의 주요 재무지표를 나타낸 자료이다. [01∼02]

〈표〉 7개 기업의 1997년도와 2008년도 주요 재무지표

(단위 : %)

재무지표 / 연도 / 기업	부채비율		자기자본비율		영업이익률		순이익률	
	1997	2008	1997	2008	1997	2008	1997	2008
A	295.6	26.4	25.3	79.1	15.5	11.5	0.7	12.3
B	141.3	25.9	41.4	79.4	18.5	23.4	7.5	18.5
C	217.5	102.9	31.5	49.3	5.7	11.7	1.0	5.2
D	490.0	64.6	17.0	60.8	7.0	6.9	4.0	5.4
E	256.7	148.4	28.0	40.3	2.9	9.2	0.6	6.2
F	496.6	207.4	16.8	32.5	19.4	4.3	0.2	2.3
G	654.8	186.2	13.2	34.9	8.3	8.7	0.3	6.7
7개 기업의 산술평균	364.6	108.8	24.7	53.8	11.0	10.8	2.0	8.1

※ 1) 총자산＝부채＋자기자본

2) 부채구성비율(%)＝$\dfrac{부채}{총자산}$×100

3) 부채비율(%)＝$\dfrac{부채}{자기자본}$×100

4) 자기자본비율(%)＝$\dfrac{자기자본}{총자산}$×100

5) 영업이익률(%)＝$\dfrac{영업이익}{매출액}$×100

6) 순이익률(%)＝$\dfrac{순이익}{매출액}$×100

01 ⊙△✕

위 자료에 대한 〈보기〉의 설명 중 옳은 것을 모두 고르면?

─ 〈보 기〉 ─

ㄱ. 1997년도 부채구성비율이 당해년도 7개 기업의 산술평균보다 높은 기업은 3개이다.

ㄴ. 1997년도 대비 2008년도 부채비율의 감소율이 가장 높은 기업은 A이다.

ㄷ. 기업의 매출액이 클수록 자기자본비율이 동일한 비율로 커지는 관계에 있다고 가정하면, 2008년도 순이익이 가장 많은 기업은 A이다.

ㄹ. 2008년도 순이익률이 가장 높은 기업은 1997년도 영업이익률도 가장 높았다.

① ㄱ, ㄴ

② ㄴ, ㄷ

③ ㄷ, ㄹ

④ ㄱ, ㄴ, ㄷ

⑤ ㄱ, ㄴ, ㄹ

02 ⊙△✕

위 자료를 그래프로 표시한 것 중 옳지 않은 것은?

① 1997년도와 2008년도 B 기업의 부채비율, 자기자본비율, 영업이익률, 순이익률

(단위 : %)

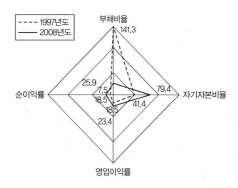

② 1997년도와 2008년도 7개 기업의 영업이익률

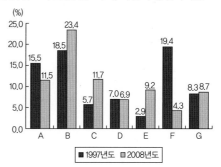

③ 1997년도 C기업의 총자산 구성현황

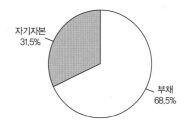

④ 1997년도 영업이익률 상위 3개 기업의 영업이익률 변화

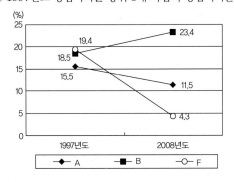

⑤ 1997년도 대비 2008년도 7개 기업의 순이익 변화율

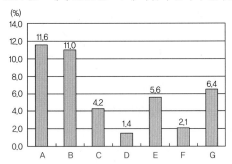

※ 다음 〈표〉는 2008년 5~10월 한·중·일 3국의 관광 현황에 대한 자료이다. 〈표〉를 보고 물음에 답하시오. [03~04]

〈표 1〉 2008년 5~10월 한·중·일 3국 간 관광객 수 및 전년 동월 대비 증감률

(단위 : 천 명, %)

국적	여행국		5월	6월	7월	8월	9월	10월
한국	중국	관광객 수	381	305	327	342	273	335
		증감률	−9	−22	−27	−29	−24	−19
	일본	관광객 수	229	196	238	248	160	189
		증감률	−8	−3	−6	−9	−21	−15
중국	한국	관광객 수	91	75	101	115	113	105
		증감률	9	−4	6	−5	7	−5
	일본	관광객 수	75	62	102	93	94	87
		증감률	6	−1	0	−6	1	−5
일본	한국	관광객 수	191	183	177	193	202	232
		증감률	8	4	8	−3	5	3
	중국	관광객 수	284	271	279	281	275	318
		증감률	−17	−20	−15	−21	−17	−10

※ 증감률은 전년동월대비 증감률을 의미함

〈표 2〉 2008년 5~10월 한국의 관광수지 및 전년 동월 대비 증감률

(단위 : 백만 달러, %)

구분		5월	6월	7월	8월	9월	10월
총관광 수입	금액	668	564	590	590	780	1,301
	증감률	38	31	38	14	102	131
총관광 지출	금액	1,172	1,259	1,534	1,150	840	595
	증감률	−10	−9	2	−25	−30	−57
총관광 수지	금액	−504	−695	−944	−560	−60	706
	증감률	38	27	13	44	93	187

※ 증감률은 전년동월대비 증감률을 의미함

〈표 3〉 2008년 5~10월 관광객 1인당 평균 관광지출 및 전년 동월 대비 증감률

(단위 : 달러, %)

구분		5월	6월	7월	8월	9월	10월
중국인 관광객 한국 내 지출	금액	1,050	900	1,050	1,010	930	600
	증감률	20	10	5	−5	−15	−40
일본인 관광객 한국 내 지출	금액	1,171	1,044	1,038	1,016	1,327	2,000
	증감률	27	27	28	15	92	130
한국인 관광객 해외지출	금액	1,066	1,259	1,350	988	1,026	637
	증감률	−9	−3	16	−15	−13	−50

※ 증감률은 전년동월대비 증감률을 의미함

03 ○△✕

〈표〉를 기초로 작성한 〈보기〉의 그림 중 옳지 <u>않은</u> 것을 모두 고르면?

─ 〈보 기〉 ─

ㄱ. 2007년 6~8월 중국, 일본을 방문한 한국인 관광객수 누계

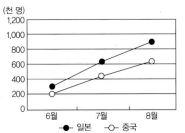

ㄴ. 2008년 10월 한국의 총관광지출에서 중국 · 일본과 타지역 관광 지출의 구성비

ㄷ. 2008년 한국의 국가관광지출성향

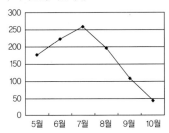

※ 국가관광지출성향＝$\frac{총관광지출}{총관광수입}$×100

ㄹ. 2007년 10월과 2008년 10월의 중국인 및 일본인 관광객의 한국 내 1인당 평균 관광지출액 비교

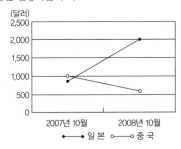

① ㄱ, ㄴ
② ㄱ, ㄷ
③ ㄴ, ㄷ
④ ㄴ, ㄹ
⑤ ㄷ, ㄹ

04 ○△✕

위의 〈표〉에 대한 〈보기〉의 설명 중 옳은 것을 모두 고르면?

─ 〈보 기〉 ─

ㄱ. 2008년 5월 중국인 및 일본인 관광객의 한국 내 전체 관광지출은 해당 월 한국의 총관광수지 절대값의 절반 이상이다.

ㄴ. 2008년 6월 한국인 관광객의 일본 내 전체 관광지출은 한국인 관광객이 중국에서 지출한 전체 관광 지출의 60% 이상이다.

ㄷ. 2008년 일본인 관광객의 한국 내 전체 관광지출은 7월보다 8월에 더 많다.

ㄹ. 2008년 10월 중국인 및 일본인 관광객의 한국 내 전체 관광지출은 해당 월 한국의 총관광수입의 50% 이상이다.

① ㄱ, ㄴ
② ㄱ, ㄷ
③ ㄴ, ㄷ
④ ㄴ, ㄹ
⑤ ㄷ, ㄹ

※ 다음 〈표〉는 1901~2010년 동안 A상의 수상 결과와 1981~2010년 동안 분야별 수상자 현황을 나타낸 자료이다. [05~06]

〈표 1〉 1901~2010년 기간별·분야별 A상의 수상 결과

(단위 : 회, %)

구분 / 기간	전체 수상 횟수	분야별 공동 수상 횟수				공동 수상 비율
		생리·의학상	물리학상	화학상	합	
1901~1910	30	2	3	0	5	16.7
1911~1920	15	0	1	1	2	13.3
1921~1930	27	3	2	1	6	22.2
1931~1940	24	3	3	4	10	41.7
1941~1950	24	6	0	2	8	33.3
1951~1960	30	6	8	3	17	56.7
1961~1970	( )	9	5	4	18	60.0
1971~1980	30	9	9	5	23	76.7
1981~1990	30	8	8	6	22	73.3
1991~2000	30	8	8	6	22	73.3
2001~2010	( )	9	10	8	27	90.0
계	300	63	57	40	160	( )

※ 1) 공동 수상 비율(%)= $\frac{공동\ 수상\ 횟수}{전체\ 수상\ 횟수} \times 100$

2) 공동 수상 비율은 소수점 아래 둘째자리에서 반올림한 값임

3) 모든 수상자는 연도 및 분야에 관계없이 1회만 수상함

〈표 2〉 1901~2010년 분야별 A상의 공동 수상 결과

(단위 : 회)

구분		수상분야			합
		생리·의학상	물리학상	화학상	
전체 수상 횟수		100	100	100	300
공동 수상 횟수	2인 공동 수상	31	29	22	82
	3인 공동 수상	32	28	18	78
	소계	63	57	40	160

〈표 3〉 1981~2010년 기간별·분야별 A상의 수상자 현황

(단위 : 명)

구분 / 기간	분야별 수상자 수			합
	생리·의학상	물리학상	화학상	
1981~1990	23	23	19	65
1991~2000	21	22	20	63
2001~2010	27	29	25	81
계	71	74	64	209

05 ⚪△✕ 13년 행시(인) 17번

〈표〉의 내용을 바탕으로 〈보기〉의 ㄱ~ㄷ에 해당하는 값을 바르게 나열한 것은?

― 〈보 기〉 ―

ㄱ. 1981~1990년 동안 전체 공동 수상자 수

ㄴ. 2001~2010년 동안 전체 단독 수상자 수

ㄷ. 1901~2010년 동안 물리학상 전체 수상자 수

	ㄱ	ㄴ	ㄷ
①	55	3	189
②	57	5	185
③	55	5	189
④	57	3	189
⑤	57	3	185

06 ⚪△✕ 13년 행시(인) 18번

〈표〉에 대한 〈보기〉의 설명 중 옳은 것을 모두 고르면?

― 〈보 기〉 ―

ㄱ. 1901~2010년 동안 생리·의학상 분야의 2인 공동 수상 횟수는 생리·의학상 분야 전체 수상 횟수의 30% 이상이다.

ㄴ. 1901~2010년 동안 화학상 분야의 단독 수상자 수는 물리학상 분야 단독 수상자 수의 1.5배 이상이다.

ㄷ. 1901~2010년 동안 전체 수상자 중 단독 수상자의 비율은 50% 이상이다.

ㄹ. 1921~1930년 동안 전체 단독 수상 횟수는 1941~1950년 동안 전체 단독 수상 횟수보다 5회 더 많다.

ㅁ. 2001~2010년 동안 전체 단독 수상 횟수는 1901~2010년 동안 전체 단독 수상 횟수의 3% 이하이다.

① ㄱ, ㄷ

② ㄱ, ㄴ, ㅁ

③ ㄱ, ㄹ, ㅁ

④ ㄴ, ㄷ, ㄹ

⑤ ㄷ, ㄹ, ㅁ

MEMO

my TURN

면접 시리즈
NO.1

국가직 전 직렬
면접 대비

MY TURN
국가직 공무원 면접

경찰공무원 면접 대비

MY TURN
경찰공무원 면접

해양경찰공무원 면접 대비

MY TURN
해양경찰 면접

지방직 전 직렬
면접 대비

MY TURN
지방직 공무원 면접

면 접
시리즈

도서 구입 및 내용 문의 **1600-3600**

※ 도서의 이미지는 변경될 수 있습니다.

대한민국

모든시험
일정안내

내가 꼭 필요한 자격증·시험이 무엇인지 살펴보세요!

◀ **시대에듀와 함께 대한민국 모든 시험일정 확인!**

- 한국산업인력공단 국가기술자격검정
- 자격증 시험일정
- 공무원·공기업·대기업 시험일정

합격의 공식 시대에듀
SD에듀

행시 최종합격생 7인의

5급 PSAT
유형별 기출공략

자료해석

5·7급 공채 / 국립외교원 / 지역인재 7급 / 5·7급 민간경력자 대비

2023
최·신·개·정·판

행시 최종합격생 7인의

5급 PSAT
유형별 기출공략
자료해석

행시 최종합격생 7인 편저

22.2.26. 시행
5급 PSAT 자료해석
**최신 기출문제 및
해설 수록**

정답 및 해설

SD에듀
(주)시대고시기획

목차

PSAT
Public Service Aptitude Test

PART
02

행시 최종합격생 7인의 5급 PSAT 유형별 기출공략 〈자료해석〉

정답 및 해설

CHAPTER 01 단순확인(표·그림)

LEVEL I 하급

01	02	03	04	05	06	07	08	09	10
④	③	⑤	③	⑤	①	③	④	③	②
11	12								
④	⑤								

01 단순확인(표·그림)　　답 ④

난도 하

풀이시간 1분 15초

정답해설

ㄱ. 옳다. 독립에 무조건 찬성하는 사람의 비율은 27.4%로, 통일에 무조건 찬성하는 사람의 비율인 20.5%보다 높다.

ㄷ. 옳다. 통일에 무조건 찬성과 조건부 찬성하는 경우 모두를 포함한 독립에 찬성하는 사람의 비율이 독립에 반대하는 사람의 비율보다 높다.

ㄹ. 옳다. 독립에는 찬성하지 않지만 통일에는 찬성하는 사람의 비율은 8.5+13.6=22.1%이다.

오답해설

ㄴ. 옳지 않다. 찬성은 무조건 찬성과 조건부 찬성을 포함한다. 독립에 찬성하거나 통일에 찬성하는 사람의 비율은 둘 중 하나만 찬성하는 사람도 포함하므로 전체에서 독립과 통일에 모두 반대하는 사람을 빼면 된다. 이 비율은 100−4.5=95.5%이다.

합격생 가이드

표에서 행과 열이 의미하는 것이 무엇인지 파악한다면 어렵지 않게 풀 수 있는 무난한 문항이다.

02 단순확인(표·그림)　　답 ③

난도 하

풀이시간 1분 15초

정답해설

③ 옳다. 전체 47개 기업 중에서 존속성기술을 개발하는 기업은 24개이므로, 절반 이상을 차지한다. 따라서 와해성기술을 개발하는 기업의 비율보다 높다.

오답해설

① 옳지 않다. 와해성기술을 개발하는 기업은 총 23개인데, 벤처기업은 12개, 대기업은 11개이다. 따라서 벤처기업의 비율이 대기업의 비율보다 높다.

② 옳지 않다. 기술추동전략을 취하는 기업은 총 20개인데, 존속성기술을 개발하는 기업은 12개, 와해성기술을 개발하는 기업은 8개이다. 따라서 존속성기술을 개발하는 비율이 더 높다.

④ 옳지 않다. 벤처기업은 총 20개이고, 이 중 기술추동전략을 취하는 기업은 10개, 시장견인전략을 취하는 기업은 10개로 그 비율은 같다.

⑤ 옳지 않다. 대기업은 총 27개인데, 시장견인전략을 취하는 기업은 17개로 과반이다. 따라서 기술추동전략을 취하는 비율보다 높다.

합격생 가이드

조건부확률을 구하는 문제와 유사하다. 전체적인 계산도 암산수준으로 간단하기 때문에 빠르게 풀고 넘어갈 수 있도록 하자.

03 단순확인(표·그림)　　답 ⑤

난도 하

풀이시간 1분 30초

정답해설

⑤ 옳다. 안정성지수는 구조개혁 전반기와 구조개혁 후반기에 직전기간 대비 모두 증가하였으나, 구조개혁 후반기의 직전기간 대비 증가율은 구조개혁 전반기의 직전기간 대비 증가율보다 낮다.

오답해설

① 옳지 않다. 1993년 이후 양적성장지수는 감소하였지만, 안정성지수는 증가하였다.

② 옳지 않다. 외환위기 이전에 비해 구조개혁 전반기에 양적성장지수와 질적성장지수 모두 감소하긴 했지만, 질적성장지수의 경우 50% 이상 감소하지는 않았다.

③ 옳지 않다. 양적성장지수만 봐도, 구조개혁 전반기의 직전기간 대비 증감폭이 구조개혁 후반기의 직전기간 대비 증감폭보다 크다.

④ 옳지 않다. 구조개혁 전반기 양적성장지수의 직전기간 대비 증감폭은 안정성지수의 직전기간 대비 증감폭보다 크다.

합격생 가이드

비율에 대한 선지가 적고 단순히 증감폭 만으로도 문제를 해결할 수 있다. 더불어 계산 없이 눈대중으로도 확실하게 구별이 가능하다. 삼각형 모양의 그림이 다소 생소할 순 있지만 상당히 쉬운 문제에 속한다.

04 단순확인(표 · 그림)　　　답 ③

난도 하

풀이시간 1분 30초

정답해설

③ 옳다. 2006년 이후 매년 엔젤계수는 엥겔계수보다 높기 때문이다.

오답해설

① 옳지 않다. 2010년 엔젤계수의 상승폭은 1.6%p이지만 2011년 엔젤계수의 상승폭은 0.6%p에 그친다.

② 옳지 않다. 2004년 대비 2014년, 엥겔계수 하락폭은 4.4%이고 엔젤계수 상승폭은 5.7%이다. 따라서 엥겔계수 하락폭은 엔젤계수 상승폭보다 작다.

④ 옳지 않다. 엔젤계수 대비 엥겔계수 비율을 비교해보면 된다. 2008~2012년 동안 엔젤계수 대비 엥겔계수 비율은 매년 감소한다.

⑤ 옳지 않다. 엔젤계수가 가장 높은 해는 2013년으로 20.5%, 가장 낮은 해는 2004년으로 14.4%이다. 둘의 차이는 6.1%p로 7.0%p보다 작다.

> **합격생 가이드**
>
> 엥겔계수와 엔젤계수의 분모는 가계지출액으로 동일하다. 따라서 두 지수의 단순비교만으로 '식료품비'와 '18세 미만 자녀에 대한 보육 · 교육비'를 비교할 수 있다. 이를 통해 아무런 계산 없이도 ③번 선지가 옳다는 것을 알 수 있다.

05 단순확인(표 · 그림)　　　답 ⑤

난도 하

풀이시간 1분 30초

정답해설

ㄴ. 옳다. 2004~2007년 B사의 매출액은 매년 큰 폭으로 하락하여 시장점유율 역시 매년 하락하였다.

ㄷ. 옳다. 2002년에 비해 2003년 시장규모는 줄어드는 데 반해, A사의 매출액은 상승하였으므로 시장점유율도 상승하였다.

ㄹ. 옳다. 1999~2002년 C사의 매출액은 큰 폭으로 증가하였으므로 그동안 C사의 시장점유율 역시 상승했다. 하지만 2003년에는 시장규모의 하락폭보다 더 큰 폭으로 매출액이 하락했으므로 시장점유율 역시 하락하였다.

오답해설

ㄱ. 옳지 않다. '갑'제품의 시장규모는 A, B, C사의 매출액을 모두 더함으로써 알 수 있다. 2007년의 시장규모는 2006년보다 하락한다.

> **합격생 가이드**
>
> 정확한 계산을 한다면 분명 확실하게 계산할 수 있겠지만, 애초에 그래프로 자료가 주어졌기 때문에 어림값으로 계산하여야 한다. 즉 이런 유형의 문항은 증가와 감소폭을 통해 전체적인 흐름을 파악함으로써 해결할 수 있어야 한다.
>
> 만약 해당 업체의 매출액이 떨어져도 전체 시장규모가 더 큰 폭으로 하락한다면 시장점유율은 오히려 상승하는 경우도 있을 수 있지만, 해당 문항에서 그런 점은 없다.

06 단순확인 (표 · 그림)　　　답 ①

난도 하

풀이시간 1분 30초

정답해설

ㄱ. 옳다. '1시간 미만' 운동하는 3학년 남학생 수는 87명으로, '4시간 이상' 운동하는 1학년 여학생 수인 46명보다 많다.

ㄴ. 옳다. 표에서 '1시간 미만' 행만 확인하면 알 수 있다. '1시간 미만' 운동하는 남학생의 비율은 1~3학년 각각 10.0%, 5.7%, 7.6%으로 여학생 중 '1시간 미만' 운동하는 여학생의 비율인 18.8%, 19.2%, 25.1%보다 각 학년에서 모두 낮다.

오답해설

ㄷ. 옳지 않다. 남학생의 경우 3시간 이상 운동하는 학생의 비율은 1학년 46.0%, 2학년 53.0%, 3학년 48.6%이므로 학년이 높아질수록 비율이 낮아지지는 않는다.

ㄹ. 옳지 않다. 3학년 남학생의 경우, '3시간 이상 4시간 미만' 운동하는 학생의 비율은 23.4%으로 '4시간 이상' 운동하는 학생의 비율인 25.2%보다 낮다.

> **합격생 가이드**
>
> 비율과 인원수 모두를 제공했기 때문에 어려운 계산 없이 풀 수 있는 문항이다. 이 때, 선지에서 묻는 것이 '비율'인지 혹은 '인원수'인지 실수하지 않아야 하며, 3시간 이상은 '3시간 이상 4시간 미만'과 '4시간 이상'을 합해야 하는 것을 잊지 말도록 하자.

07 단순확인(표 · 그림)　　　답 ③

난도 하

풀이시간 1분 45초

정답해설

③ 옳다. 연도별로 시행기업당 참여직원수를 계산해보면, 2012년부터 각각 약 1.54, 1.97, 1.89, 2.80의 수치를 가진다. 2015년이 가장 크다는 것을 알 수 있다.

오답해설

① 옳지 않다. 2013년 이후, 전년보다 참여직원수가 가장 많이 증가한 해는 2015년이고, 시행기업수가 가장 많이 증가한 해는 2014년이다.

② 옳지 않다. 2015년 남성육아휴직제 참여직원수는 21,530명으로, 2012년의 3,197명보다 약 6.73배이다.

④ 옳지 않다. 2013년 대비 2015년 시행기업수의 증가율은 약 174%이고, 참여직원수의 증가율은 약 290%이다. 참여직원수의 증가율이 훨씬 높다.

⑤ 옳지 않다. 2012년 대비 2015년 참여직원수는 21,530-3,197=18,333명 증가하였으므로 연간 증가인원의 평균은 18,333÷3=6,111명이다. 평균 6,000명 이상이다.

③에서 정확한 수치를 구하는 것은 시간낭비다. 2012~2014년의 참여직원 수는 시행기업수의 2배 언저리에 그치는 데 반해, 2015년에는 거의 3배에 달하는 것을 눈대중으로도 파악할 수 있다. ①과 ④ 역시 계산 없이도 파악할 수 있어야 한다.

08 단순확인 (표 · 그림)   답 ④

난도 하

풀이시간 1분 45초

정답해설

ㄱ. 옳다. 2007년 도서관 수는 46개로 전년도인 40개보다 증가하였지만, 도서관당 좌석 수는 362.5개에서 약 352개로 전년보다 감소하였다.

ㄴ. 옳다. 도서관당 연간이용자 수가 가장 적은 해는 2007년으로, 연간이용자 수가 가장 적은 해인 2007년과 같다.

ㄹ. 옳다. 2009년 장서 수, 연간이용자 수, 도서관 수, 좌석 수 중 전년대비 증가율이 가장 큰 항목은 장서 수로, 약 10%의 증가율을 보였다. 연간이용자 수는 오히려 줄었고, 도서관 수의 증가율은 약 2%, 좌석 수의 증가율은 약 6%이다.

오답해설

ㄷ. 옳지 않다. 2008년 도서관 수의 전년대비 증가율은 약 4.35%로, 장서 수의 전년대비 증가율인 7.34%보다 작다.

합격생 가이드

비율을 계산해야 하는 선지가 많아 조금 까다로울 수 있는 문항이지만, ㄴ과 ㄹ은 정확한 계산 없이도 풀 수 있기 때문에 전체적인 난도는 높지 않은 문항이다.

09 단순확인(표 · 그림)   답 ③

난도 하

풀이시간 1분 45초

정답해설

ㄱ. 옳다. 여성 초혼자의 연령별 구성비는 〈그림 2〉에서 파악할 수 있다. 1990년 대비 2003년의 여성 초혼자의 연령별 구성비 증가율은 30~34세에서 약 3.5배 증가한 반면 25~29세에서 2배 이하로 증가하였다.

ㄴ. 옳다. 남성연상 혼인의 비중은 〈그림 3〉에서, 평균 초혼연령은 〈그림 1〉에서 확인할 수 있다. 〈그림 3〉에서 남성연상 비율은 감소하였고, 〈그림 1〉에서 초혼연령의 남녀간 격차도 1990년 3세에서 2003년 2.8세로 감소하였다.

ㄷ. 옳다. 〈그림 3〉에서 파악할 수 있다. 초혼부부 중 여성연상 혼인의 비중은 1990년에는 100−82.1−9.1=8.8%이고 2003년에는 100−73.6−14.7=11.7%이므로 2.9%p 증가하였다. (2.9%와 2.9%p는 다르다)

오답해설

ㄹ. 옳지 않다. 초혼자 중 20~24세 여성이 차지하는 비중이 51.5%라는 것이지, 50% 이상이 결혼한 상태인지는 알 수 없다.

합격생 가이드

그림이 3개나 주어진 문항이므로, 각각의 보기가 어느 그림에 해당되는 것인지를 파악하지 않는다면 풀이가 꼬일 가능성이 높다. 어느 자료에서 데이터를 추출할지를 차분히 파악할 수 있도록 하자.

10 단순확인(표 · 그림)   답 ②

난도 하

풀이시간 1분 45초

정답해설

② 옳지 않다. 2018년 사용자별 지출액의 전년대비 증가율을 계산해보면, '개인'의 경우 약 31.4%, '민간사업자'의 경우 약 52.4%, '공공사업자'의 경우 약 6.4%이다. 따라서 '민간사업자'의 증가율이 가장 높다.

오답해설

① 옳다. '공공사업자' 지출액의 전년대비 증가폭을 살펴보면, 2016년은 49억 원, 2017년은 53억 원, 2018년은 47억 원이다. 따라서 2017년의 증가폭이 가장 크다.

③ 옳다. 연도별로 사용자별 지출액의 전년대비 증가율을 살펴보면, 2016년은 '개인', '민간사업자', '공공사업자' 순서대로 각각 약 36%, 32%, 8%이고, 2017년 역시 같은 순서대로 약 36%, 33%, 8%, 2018년은 약 31%, 52%, 6%이다. 따라서 매년 증가율은 '공공사업자'가 가장 낮다.

④ 옳다. 매년 '공공사업자'와 '민간사업자'의 지출액 합을 계산하면 2015년부터 각각 846억 원, 963억 원, 1,108억 원, 1,350억 원으로 매년 '개인'의 지출액보다 크다.

⑤ 옳다. 2018년 모든 사용자의 지출액 합은 2,644억 원으로, 2015년의 1,378억 원 대비 약 92% 증가하였다.

합격생 가이드

답을 찾기 위해서 정확하게 계산할 필요는 없다. ②의 경우, 2018년 사용자별 지출액의 전년대비 증가율을 비교하는데 '민간사업자'의 경우 1.5배 이상 증가한 반면 '개인'은 1.5배까지 증가하지는 못했다는 것을 파악할 수 있다. 이로써 정답을 빠르게 찾을 수 있다.

11 단순확인(표·그림)　　　답 ④

난도 하

풀이시간 1분 45초

정답해설

④ 옳다. '고혈압' 위험요인의 전년대비 증가율은 2008~2010년에 각각 0.216, 0.355, 0.202로 2009년이 가장 높다.

오답해설

① 옳지 않다. 2007년 '운동부족'은 '고혈압'보다 순위가 높지만 2008년에는 '고혈압'이 '운동부족'보다 순위가 높다.

② 옳지 않다. '영양부족' 위험요인이 차지하는 비율은 2008년 0.084에서 2009년 0.076으로 감소한다.

③ 옳지 않다. '운동부족' 위험요인이 차지하는 비율은 2009년 0.157에서 2010년 0.155로 감소한다.

⑤ 옳지 않다. 연도별 질병비용에서 '과체중' 위험요인이 차지하는 비율은 0.242로 2008년에 가장 높다.

> **합격생 가이드**
>
> 이 문항은 문제가 복잡하지 않지만 답을 구하기 위해서는 정확한 계산이 수반된다. 특히 ③의 경우 소수점까지의 정밀한 계산이 요구된다. 하지만 ④는 정확한 계산 없이도 알아낼 수 있어야 한다. 전년대비 증가율은 증가폭이 클수록, 증가폭이 비슷하다면 전년도의 값이 작을수록 커진다. 따라서 2009년의 전년대비 증가율은 2010년의 전년대비 증가율보다 클 수밖에 없다(심지어 여기서는 2009년의 증가폭이 더 크기도 하다).

12 단순확인(표·그림)　　　답 ⑤

난도 하

풀이시간 2분

정답해설

ㄴ. 옳다. 논 면적을 구하기 위해서는 경지 면적에서 밭 면적을 빼면 된다. 서귀포시의 논 면적은 31,271－31,246＝25ha로 제주시의 논 면적인 31,585－31,577＝8ha보다 크다.

ㄷ. 옳다. 서산시의 밭 면적은 5,555ha로, 김제시의 밭 면적인 5,086ha보다 크다.

ㄹ. 옳다. 상주시의 논 면적은 최대로 가정하였을 때 27,284－11,047＝16,238ha인데, 이는 익산시 논 면적의 약 85%에 불과하다.

오답해설

ㄱ. 옳지 않다. 해남군의 논 면적은 23,042ha로 해남군의 밭 면적인 12,327ha의 약 1.87배이므로 2배 이하이다.

> **합격생 가이드**
>
> 간단한 계산만으로 해결 가능한 쉬운 문항으로, 별도의 가이드가 필요 없는 수준이다.

LEVEL II　중급

01	02	03	04	05	06	07	08		
①	③	①	④	②	①	①	④		

01 단순확인(표·그림)　　　답 ①

난도 중

풀이시간 1분 45초

정답해설

ㄱ. 옳다. 2010년보다 2011년 매출액, 이익률, 시장점유율 3개 항목이 모두 큰 품목은 없다.

ㄴ. 옳다. 이익은 이익률에 매출액을 곱함으로써 쉽게 비교할 수 있다. 2010년보다 2011년 이익이 큰 품목은 C, D, E로 총 3개이다.

오답해설

ㄷ. 옳지 않다. 시장규모를 비교하기 위해서는 매출액을 시장점유율로 나누면 된다. 2011년 A품목의 시장규모는 90억 원÷0.4＝225억 원으로, 2010년 A품목의 시장규모인 100억 원÷0.3＝333억 원보다 작다.

ㄹ. 옳지 않다. 2011년 시장규모가 가장 큰 품목은 D로, 시장규모는 35억 원÷0.1＝350억 원이다. 2011년 D품목의 이익은 35억 원×0.1＝3.5억 원으로, 2010년 D품목의 이익인 40억 원×0.08＝3.2억 원보다 크다.

> **합격생 가이드**
>
> 이익률과 시장점유율의 분모 분자에 어떤 값이 들어가는지를 파악한 후에, 곱셈과 나눗셈을 통하여 적절하게 가공한다면 수월하게 문제를 풀 수 있을 것이다.

02 단순확인(표·그림)　　　답 ③

난도 중

풀이시간 1분 45초

정답해설

ㄴ. 옳지 않다. 60세 이상 운전자의 음주운전 교통사고 비율이 1% 미만이라는 것이지, 음주운전을 해도 사고를 유발할 확률이 1%라는 것과는 아예 다른 말이다.

ㄹ. 옳지 않다. 음주운전자 연령과 혈중 알코올 농도 사이의 상관관계가 주어지지 않았을 뿐 아니라, 음주운전 발생건수 비율이 음주운전 교통사고의 발생 가능성을 의미하지도 않는다.

ㅂ. 옳지 않다. 일종의 함정 문제라고 보여지는데, 혈중 알코올 농도 0.10~0.19%에서 교통사고 발생건수 비율이 가장 높다고 해서 '음주운전자'가 가장 많다고 볼 수는 없다. 음주운전을 해도 음주운전 사고가 나지 않았다면 이 문항에 주어진 자료에는 포함되지 않기 때문이다.

오답해설

ㄱ. 옳다. 20대와 30대의 발생건수 비율의 합은 74.2%로 전체의 2/3 이상을 차지한다.

ㄷ. 옳다. 전체 음주운전 교통사고 발생건수 중에서 운전자의 혈중 알코올 농도가 0.30% 이상인 경우는 8.6＋1.8＝10.4%로 11% 미만이다.

ㅁ. 옳다. 발생건수 대비 사망자수 비율이 가장 높은 연령대는 20세 미만이다.

〈그림 1〉은 연령에 따른 교통사고 현황, 〈그림 2〉는 혈중 알코올 농도에 따른 교통사고 현황이다. 보기가 묻는 내용에 따라 어느 그림에서 찾아야 할지 빠르게 파악할 수 있도록 하자.

선지에서 묻는 것을 그래프로 어떻게 치환할 수 있는지를 알면 조금 더 빠르고 쉽게 문제를 풀 수 있다. 단, 가로축과 세로축의 단위가 다를 수 있으므로 조심하여야 한다. 만약 이 문항에서 세로축의 단위가 '십억 불'이 아니라 '일억 불'이었으면, 완전히 다른 문제가 되었을 것이다.

03 단순확인(표·그림)   답 ①

난도 중

풀이시간 1분 45초

정답해설

ㄱ. 옳다. 지방정부 신뢰 수준은 각각 ▲, ■, ● 로 주어졌는데, 모든 학력별로 ▲, ■, ● 순서로 중앙정부에 대한 신뢰도가 높다.

오답해설

ㄴ. 옳지 않다. 알 수 없다. 오히려 최종 학력이 중학교인 응답자 집단에서 중앙정부 신뢰도가 '매우 신뢰', '신뢰', '신뢰 안함'인 3점, 2점, 1점과 멀리 떨어져 있으므로 지방정부 신뢰 수준과 중앙정부 신뢰도의 차이가 크다.

ㄷ. 옳지 않다. 지방정부 신뢰 수준이 '높음', '중간' 집단에 대해서 중앙정부에 대해 신뢰도가 차이가 난다.

ㄹ. 옳지 않다. 대학교와 대학원 사이에서 ▲값은 오히려 떨어진다.

오래 전에 출제된 문제로, 다소 생소한 문항일 것으로 파악된다. ㄴ이 조금 까다로울 수 있지만, 다른 보기가 모두 명확하기 때문에 답을 구하는 것은 어렵지 않다.

04 단순확인(표·그림)   답 ④

난도 중

풀이시간 2분

정답해설

④ 옳지 않다. 2009년에는 전년대비 무역규모가 감소했지만, 수출액은 증가하였다.

오답해설

① 옳다. 무역규모=수출액+수입액으로, 주어진 그림의 가로축과 세로축을 더한 값이다. 2008년의 무역규모가 약 8,000억 불로 가장 크고, 2001년의 무역규모가 약 2,700억 불로 가장 작다.

② 옳다. 수출액 대비 수입액의 비율은, 가로축 대비 세로축이므로 기울기를 비교해보면 된다. 원점과 2003년을 잇는 직선의 기울기가 가장 크므로, 2003년의 비율이 가장 높다.

③ 옳다. 무역수지 적자폭은 2003년에 약 700억 불로 가장 크고, 흑자폭은 2007년에 약 1,100억 불로 가장 크다. 기울기가 '1'인 직선으로부터 가장 멀리 떨어진 점을 찾으면 쉽다.

⑤ 옳다. 수출액(가로축)이 가장 큰 해는 2007년이고, 수입액(세로축)이 가장 큰 해는 2008년이다.

05 단순확인(표·그림)   답 ②

난도 중

풀이시간 2분

정답해설

② 옳다. 우선 2017년 9월 순위를 알아보면, 독일 2위, 브라질 1위, 포르투갈 6위, 아르헨티나 3위, 벨기에 9위, 폴란드 5위, 스위스 4위, 프랑스 10위, 칠레 7위, 콜롬비아 8위이다. 이 순위가 2016년 10월 순위보다 낮은 국가는 아르헨티나, 벨기에, 프랑스, 칠레, 콜롬비아 5개이고 높은 국가는 브라질, 포르투갈, 폴란드, 스위스 4개이다.

오답해설

① 옳지 않다. 2016년 10월과 2017년 10월에 순위가 모두 상위 10위 이내인 국가는 아르헨티나, 독일, 브라질, 벨기에, 콜롬비아, 칠레, 프랑스, 포르투갈로 총 8개이다.

③ 옳지 않다. 2017년 10월 상위 5개 국가의 점수 평균은 1434.4점으로 2016년 10월 상위 5개 국가의 점수 평균인 1447.8점보다 낮다.

④ 옳지 않다. 스페인의 경우 2016년 10월 1168점에서 2017년 10월 1184점으로 점수는 상승했지만 순위는 하락하였다.

⑤ 옳지 않다. 2017년 10월 순위가 전월 대비 상승한 국가는 독일, 포르투갈, 벨기에, 프랑스 4개이고, 순위가 전년 동월 대비 상승한 국가는 독일, 브라질, 포르투갈, 폴란드, 스위스 5개이다.

계산이 많이 필요하지 않은 문항으로, 선지 하나하나에 대해 꼼꼼히 체크만 하면 무난하게 풀 수 있는 문제이다. ③의 경우 5개 국가 모두에서 2016년의 값이 2017년보다 크기 때문에 평균 계산을 하지 않고 풀어야 한다.

06 단순확인(표·그림)   답 ①

난도 중

풀이시간 2분

정답해설

ㄱ. 옳다. 1인당 실질부가가치는 〈그림 2〉의 가로축에 해당하며, 통신업은 ●으로 표시되어 있다. 〈그림 2〉에서 한국과 일본의 ●은 통신업 OECD 평균이 실선보다 오른쪽에 위치하고 있다.

ㄴ. 옳다. 〈그림 2〉에서 통신업(●)은 가로축과 세로축에서 모두 금융업(△)보다 크다.

ㄹ. 옳다. 국가 유형에 따라 구분한 결과 통신업 유형과 금융업 유형이 동일한 국가는 캐나다, 영국, 이탈리아, 일본 4개이다.

오답해설

ㄷ. 옳지 않다. 통신업에서 제Ⅲ유형에 속한 국가는 영국, 핀란드, 노르웨이 3개 국이고, 금융업의 제Ⅳ유형에 속한 국가는 이탈리아, 노르웨이, 핀란드, 일본 4개국이다.

ㅁ. 옳지 않다. 금융업에서 미국의 1인당 실질부가가치는 약 125천 달러이고, 캐나다의 1인당 실질부가가치는 약 70천 달러이다. 따라서 2배에 미치치 못한다.

합격생 가이드

활용해야 하는 그림이 2개나 주어졌기 때문에, 각각의 보기를 어디에서 추출해야 하는지 파악하여야 한다. 그리고 〈그림 2〉에서 통신업과 금융업을 한번에 다루기 때문에 ●와 △를 꼼꼼히 구분하여야 하고, OECD 평균값 역시 실선과 점선으로 다르게 주어졌기 때문에 실수하지 않도록 유의하여야 한다.

07 단순확인(표·그림)   답 ①

난도 중

풀이시간 2분 15초

정답해설

ㄱ. 옳다. 수취량을 모두 더하면 24석 34두인데, 이는 26석 4두와 같다. 즉 34두 =2석 4두이므로 1석은 15두이다.

오답해설

ㄴ. 옳지 않다. 계약량 대비 수취량의 비율은 '율포'에서 약 0.42로 가장 낮다.

ㄷ. 옳지 않다. 작인이 '동이', '명이', '수양'인 토지들의 두락당 계약량을 계산해 보면, 순서대로 각각 9.58두/두락, 8.57두/두락, 10.5두/두락이다. 따라서 두락당 계약량이 가장 큰 토지의 작인은 '수양'이고, 가장 작은 토지의 작인은 '명이'이다.

합격생 가이드

'석', '두'의 단위가 15진법이기 때문에 단위를 통일해주지 않고는 계산하기가 어렵다. 이때, 보다 편리한 계산을 위해서는 작은 단위인 '두'로 통일하는 것이 깔끔하다.

08 단순확인(표·그림)   답 ④

난도 중

풀이시간 2분 15초

정답해설

ㄱ. 옳다. 배포된 150부의 설문지 중 130부가 제출되었으므로 그 비율은 약 86.7%이다.

ㄷ. 옳다. '직무유형'에 응답한 사람은 총 124명으로 응답률은 약 95.4%이고, '소속기관'에 응답한 사람은 115명으로 응답률은 약 88.5%이다.

ㄹ. 옳다. '직급' 문항 응답자 중 '8~9급' 비율은 약 58%으로 '근무기간' 문항 응답자 중 5년 이상이라고 응답한 비율인 50.6%보다 높다.

오답해설

ㄴ. 옳지 않다. 함정에 빠지지 말자. 설문조사 '응답자'의 학력 분포는 '고졸 이하'의 비율이 가장 낮지만, 설문조사 '대상자' 중 제출하지 않은 사람을 고려한다면 '고졸 이하'의 비율이 가장 낮은지는 알 수 없다.

합격생 가이드

〈조건〉이 주어지는 경우 절대로 〈조건〉을 소홀히 해서는 안 된다. ㄱ은 〈조건〉만으로 판별하는 선지였으며, 문항별로 응답 거부가 허용되었다는 것을 파악하지 못하면 문제를 이해하는 데 난항을 겪을 수 있다. 더불어 ㄴ에서와 같이 '대상자'와 '응답자'를 활용한 함정에 빠지지 않도록 주의하자.

LEVEL Ⅲ   상급

01	02	03	04	05	06	07	08	09
⑤	⑤	②	②	①	⑤	⑤	①	①

합격생 가이드

추가되는 조건도 많고, 데이터 역시 한눈에 들어오지 않기 때문에 난도가 높은 문제이다. 하지만 전체 데이터를 활용하는 것이 아니므로 ①번 선지부터 차근차근 해결해 나간다면 의외로 쉽게 문제를 풀 수 있다.

01   단순확인(표 · 그림)   탭 ⑤

난도 상

풀이시간 2분

정답해설

⑤ 옳다. 국비가 0원인 문화재 수는 7개로 구비가 0원인 문화재 수인 9개보다 작다.

오답해설

① 옳지 않다. 문화재 번호 9번 '벽면보수'를 살펴보면 공사기간이 2008.11.10.~2009.9.6.인데 공사중이므로, 이 표가 작성된 시점은 2008년 11월 10일 이후이다.

② 옳지 않다. 문화재 번호 2번 '본당 구조보강'의 시비만 하더라도 전체 국비보다 크다. 따라서 시비와 구비의 합은 당연히 전체 사업비의 절반 이상이다.

③ 옳지 않다. 사업비의 80% 이상을 시비로 충당하는 문화재는 4번, 5번, 6번, 9번, 11번으로 5개이다. 이는 전체의 50% 이하이다.

④ 옳지 않다. 공사완료된 문화재 사업비의 합은 2,551백만 원, 공사중인 문화재 사업비 합은 1,159백만 원이다. 절반에 못미치는 수치이다.

합격생 가이드

사업비뿐 아니라 공사기간과 공정까지 자료로 주어져 다소 복잡해질 수 있는 문항이다. 하지만 만약 계산을 필요로 하지 않는 선지부터 해결해 나갔다면, ⑤가 명확한 답이라는 것을 빠르게 캐치하여 오히려 시간을 단축시킬 수 있는 문항이기도 하다.

02   단순확인(표 · 그림)   탭 ⑤

난도 상

풀이시간 2분 15초

정답해설

⑤ 옳지 않다. 현재 순위 1~3위 중 홈 경기 승수가 가장 적은 팀을 살펴보면 된다. 홈 경기 승수가 가장 적은 팀은 C팀으로, 홈 경기 승률을 계산해보면 $30 \div (30+9) = 0.77$이므로 0.8보다 작다.

오답해설

① 옳다. A팀은 최근 10경기에서 9승 1패를 거두었지만, 가장 최근에는 1패를 기록하였으므로 그 이전에 치른 9경기는 9연승을 거둔 것이다.

② 옳다. H팀이 남은 6경기에서 모두 패배하고 I팀이 남은 6경기에서 모두 승리한다면 두 팀의 전체 승률은 같아진다. 이 경우 홈 경기 승률은 I팀이 H팀보다 높아지는데, 추가조건 3에 의해 I팀이 8위가 될 수 있다.

③ 옳다. L팀은 최근 6연패중이고, M팀은 최근 8연패중이다. 최근 5경기에서 서로 경기를 치렀다면 두 팀중 한 팀은 승리를 거뒀을 것이므로 각각 6연패와 8연패를 기록하지 못했을 것이다.

④ 옳다. 남은 경기에서 A는 모두 패배하고 B가 모두 승리한다면 1위 팀은 변경될 수 있다.

03   단순확인(표 · 그림)   탭 ②

난도 상

풀이시간 2분 15초

정답해설

ㄷ. 옳다. 2006년과 2007년 모두 1992년의 각 동일 분기 대비 비율을 보여주고 있으므로, 같은 분기의 자료는 크기 비교가 가능하다. 노동시간당 산출 비율을 살펴보면, 2007년의 각 분기에서 2006년 동기에 비해 모두 증가했음을 알 수 있다.

오답해설

ㄱ. 옳지 않다. 1992년의 자료는 확인할 길이 없다.

ㄴ. 옳지 않다. 1992년 동기와 비교한 2007년 1인당 인건비 비율은 2분기가 1분기에 비해 감소했지만, 1992년의 1, 2분기의 1인당 인건비가 주어지지 않았기 때문에 절대적인 인건비가 줄었는지는 확인할 수 없다.

ㄹ. 옳지 않다. 비교대상이 같기 때문에 같은 3분기 내에서는 크기, 비율의 비교가 가능하다. 2007년 3분기의 노동시간당 인건비는 2006년 동기에 비해 $(176.4 - 170.3) \div 170.3 \times 100 =$ 약 3.58% 증가하였다.

합격생 가이드

주어진 자료는 1992년 각 동일 분기 대비 비율이라는 것을 명심해야 한다. 1992년의 노동시간, 산출, 인건비가 어땠는지는 전혀 알 수 없기 때문에, 비교 대상이 같은 동일 분기에서만 대소비교가 가능하다.

04   단순확인(표 · 그림)   탭 ②

난도 상

풀이시간 2분 15초

정답해설

ㄴ. 옳다. 이익수준의 전체 표준편차가 가장 큰 해는 2006년이므로, 2006년의 이익수준의 전체 평균 대비 하위 평균의 비율이 가장 큰지를 확인해보면 된다. 2006년의 해당 수치는 약 0.36으로 가장 크다.

ㄹ. 옳다. 2003~2007년 적자보고율과 이익수준 상위 평균의 전년대비 증감 방향은 매년 일치한다.

오답해설

ㄱ. 옳지 않다. 조사대상 기업중에서 적자로 보고한 기업수는 2004년에 580×0.17=98.6개, 2005년에 620×0.15=93개이다. 조사대상 기업 중에서 적자로 보고한 기업수는 2005년에 최대가 아니다.

ㄷ. 옳지 않다. 이익수준의 상위 평균이 가장 높은 해는 2004년이지만, 전체 평균이 가장 높은 해는 2005년이다.

05 단순확인(표·그림)　　　　　답 ①

난도 상

풀이시간 2분 15초

정답해설

ㄱ. 옳다. 춘궁농가 비율은 충청남도에서 69.7%로 가장 높았고 함경북도에서
20.5%로 가장 낮았다.

ㄴ. 옳다. 주어진 표에서 '춘궁농가 비율－경작유형' 열을 살펴보면, 모든 지역에
서 소작농이 가장 높았다.

ㄷ. 옳다. 농가호수는 (춘궁농가 호수)÷(춘궁농가 비율)×100이다. 경상북도의
농가호수는 144,895÷42.1×100=344,169호이고, 전라남도의 호수는
170,337÷56.4×100=302,016호이다. 따라서 경상북도의 농가호수가 더
많았다.

오답해설

ㄹ. 옳지 않다. 경상남북도 춘궁농가 호수의 합은 274,767호이고 전라남북도 춘
궁농가 호수의 합은 307,095호이다. 즉 전라남북도의 춘궁농가 호수의 합이
더 크다.

ㅁ. 옳지 않다. 전국의 춘궁농가 비율은 48.3%이므로 절반 이하이다.

06 단순확인(표·그림)　　　　　답 ⑤

난도 상

풀이시간 2분 30초

정답해설

⑤ 옳지 않다. 2011년 12월 칠레지사 수출 상담실적이 256건이라면 2011년 총
칠레지사의 수출 상담실적은 900건이다. 전년대비 수출 상담실적 증가율은
약 90%로 100%에 미치지 못한다.

오답해설

① 옳다. 2011년 1~11월 태국지사 수출 상담실적은 2,520건으로, 전년동기
대비 80% 증가하였다. 즉, 2010년 1~11월 태국지사 수출 상담실적은
2,520÷180×100=1,400건이다. 따라서 2010년 12월 태국지사 수출 상담
실적은 126건으로 100건 이상이다.

② 옳다. 전년대비 2010년 수출 상담실적 건수가 가장 많이 늘어난 해외지사는
인도지사로, 전년대비 1,197건 증가하였다.

③ 옳다. A무역회사 해외지사의 수출 상담실적 건수 합계는 2009년 5,623건,
2010년 7,630건, 2011년 최소 20,227건으로 매년 증가하였다.

④ 옳다. 2008~2010년 동안 매년 싱가포르지사와 미국지사의 수출 상담실적
건수의 합은 독일지사의 건수보다 적다.

07 단순확인(표·그림)　　　　　답 ⑤

난도 상

풀이시간 2분 30초

정답해설

⑤ 옳지 않다. 이메일을 선택한 20대 응답자 수는 24.1%이고, 신용카드를 선택
한 20대 응답자 수는 16.9%이다. 이 모두가 아이핀을 동시에 선택했다면 아
이핀의 응답자 수는 24.1+16.9=41% 이상이어야 하지만, 아이핀을 선택한
20대 응답자 수는 36%에 불과하다. 따라서 불가능하다.

오답해설

① 옳다. 연령대별 인증수단 선호도를 살펴보면, 30대와 40대 모두 '공인인증서'
－'휴대폰 문자 인증'－'아이핀' 순서로 선호하여 아이핀이 3번째로 선호도가
높다

② 옳다. 복수 응답이 가능하기 때문에 전체 응답자의 %를 모두 더하면 252.9%
이다. 인증수단을 3개 선택한 응답자가 40%이고, 나머지 60%가 인증수단을
2개 선택했다고 가정하면, 총 비율은 40%×3+60%×2=240%로, 252.9%
에 미치지 못한다. 따라서 인증수단을 3개 선택한 응답자 수는 40% 이상이
어야 한다.

③ 옳다. 선호하는 인증수단으로 신용카드를 선택한 남성은 21.1%로, 바이오 인
증을 선택한 남성인 9.9%의 3배 이하이다.

④ 옳다. 20대와 50대간의 인증수단별 선호도 차이를 살펴보면, 공인인증서가
12.0%p로 가장 크다.

08 단순확인(표 · 그림)   답 ①

난도 상

풀이시간 2분 30초

정답해설

① 옳다. 2013년 인문계열의 입학정원은 341,000×0.131=44,671명으로, 2003년 인문계열의 입학정원인 327,000×0.144=47,088명보다 약 5.13% 감소하였다.

오답해설

② 옳지 않다. 순위를 따지는 것이므로 계산없이 비율만 보면 된다. 2003년에는 공학계열이 가장 큰 비율을 차지하지만, 2013년에는 사회계열이 가장 큰 비율을 차지한다. 따라서 계열별 입학정원 순위는 2003년과 2013년에 다르다.

③ 옳지 않다. 2003년 대비 2013년 학과수의 증가율이 가장 높은 계열은 의약계열이다. 예체능은 약 21.7% 증가한 반면, 의약계열은 약 65% 증가율을 보인다.

④ 옳지 않다. 대학 전체 학과수를 고려하여야 함을 잊지 말자. 대학 전체 학과수는 2003년 9,500개, 2013년 11,000개이다. 예체능, 의약, 교육 계열을 제외한 나머지 계열의 학과수의 합계는 2003년 9,500×0.79=7,505개에서 2013년 11,000×0.74=8,140개로 증가하였다.

⑤ 옳지 않다. 2003년과 2013년을 비교할 때, 계열별 학과수 비율의 증감방향과 계열별 입학정원 비율의 증감방향은 일치한다.

합격생 가이드

비교적 어려운 계산을 거쳐야 하는 어려운 문항이다. 비율이 제시되는 문항에서는 반드시 전체 '수'가 제시되어 있는지 주의하도록 하자.

09 단순확인(표 · 그림)   답 ①

난도 상

풀이시간 2분 45초

정답해설

ㄱ. 옳다. 업무목적 통행 비율이 하루 중 가장 높은 시간대와 전체통행 횟수가 하루 중 가장 많은 시간대는 06:00~09:00으로 동일하다.

ㄴ. 옳다. 업무, 여가, 쇼핑의 비율을 각각 x, y, z로 정의하고 연립방정식을 세워 보면 x+y+z=1, 3x+1y+1.5z=2.25, 4.5x+1.5y+1.5z=3.150이다. 이를 풀면 x=0.55, y=0.15, z=0.30이므로, '업무', '쇼핑', '여가'순으로 통행 횟수가 많다는 것을 알 수 있다.

오답해설

ㄷ. 옳지 않다. 여가목적 통행 비율이 하루 중 가장 높은 시간대는 18:00~21:00으로 50%의 비율을 차지한다. 전체 통행횟수를 1000이라고 하면, 이 시간대의 여가목적 통행 횟수는 100×0.15×0.5=7.5회이다. 09:00~12:00시간대의 전체통행 횟수는 100×0.243=24.3회 이므로 옳지 않다.

ㄹ. 옳지 않다. 쇼핑목적 통행 비율이 하루 중 가장 높은 시간대는 12:00~15:00시간대로 31.5%의 비율을 차지한다. 전체 통행횟수를 1000이라고 하면, 이 시간대의 쇼핑목적 통행 횟수는 100×0.3×0.315=9.45회이고 같은 시간대의 업무목적 통행 횟수는 100×0.55×0.08=4.4회이다. 9.45÷4.4=2.1477배로 2.5배가 되지 않는다.

합격생 가이드

고난도의 문제다. 업무, 여가, 쇼핑 3가지가 합쳐져 전체통행을 이루고, 이들의 비율을 알기 위해서는 연립방정식을 세워 풀 줄 알아야 한다. 이런 유형을 처음 접한다면 당황할 수 있지만, 앞으로 이런 유형을 만난다면 침착하게 연립방정식을 세워 문제를 풀기 바란다.

CHAPTER 02 표와 그림

LEVEL I   **하급**

01	02	03	04	05	06	07	08		
②	④	⑤	④	①	②	①	④		

01 표와 그림   답 ②

난도 하

풀이시간 1분 40초

정답해설

ㄱ. 옳다. 재생에너지 생산량은 〈그림〉을 통해 확인할 수 있다. 대부분 차이가 크기 때문에 일일이 계산할 필요는 없다. 2014년 정도만 확인해보면, 28.5×10%=2.85, 28.5+2.85<31.7이므로 전년대비 10% 이상 증가하였다.

ㄷ. 옳다. 2016년 재생에너지 생산량은 45.0이므로, 태양광을 에너지원으로 하는 재생에너지 생산량은 45×10.9%이다. 마찬가지로 2017년은 56×9.8%, 2018년은 68×8.8%이다. 재생에너지 생산량은 매년 20% 넘게 증가하고 있는 반면 태양광의 비율은 10% 정도씩 감소하고 있다. 따라서 정확히 계산하지 않더라도 태양광을 에너지원으로 하는 재생에너지 생산량은 매년 증가하였음을 알 수 있다.

오답해설

ㄴ. 옳지 않다. 에너지원별 재생에너지 생산량 비율의 순위는 〈표〉에서 확인할 수 있다. 2017년과 2018년은 폐기물-바이오-수력-태양광-풍력 순이나, 2016년에는 폐기물-바이오-태양광-수력-풍력 순이다.

ㄹ. 옳지 않다. 2016년은 45×10.3, 2018년은 68×15.1이다. 10.3과 15.1을 각각 10과 15로 어림해보자. 그리고 두 값을 15로 나누어주면 2016년은 30, 2018년은 68이 된다. 30×3>68이므로 수력을 에너지원으로 하는 재생에너지 생산량은 2018년이 2016년의 3배보다 작다.

> **합격생 가이드**
>
> 〈표〉와 〈그림〉의 제목에서 어떤 자료를 써야 하는지 빠르게 파악해야 한다. 〈그림〉의 경우 시각적 효과를 십분 활용하자. 모든 년도를 계산할 필요는 없으며, 시각적으로 가장 수상한 곳부터 확인하면 된다.

02 표와 그림   답 ④

난도 하

풀이시간 1분 40초

정답해설

ㄱ. 옳다. 인천 지역 선박들의 평균 선박톤수는 70보다는 크지만 80보다는 작다. 대산 지역이나 마산 지역은 70보다 작고, 전국 평균은 80보다 크다.

ㄴ. 옳다. 수송인원 일인당 보조금액이 가장 적은 지역은 제주이다. 제주의 수송인원 일인당 취항거리는 0.00031로 가장 적다.

ㄹ. 옳다. 1999년 총수송인원은 2004년 총수송인원의 1.5배 이상이다. 2004년 마산의 수송인원은 70,923명이므로 수송인원 비율이 동일하다면 1999년 마산 지역 수송인원은 70,923×1.5보다 많다.

오답해설

ㄷ. 옳지 않다. 1997년에는 총수송인원이 1,000에서 600으로 40% 감소하였다. 그러나 1999년에 총수송인원이 400에서 600으로 50% 증가하여, 가장 큰 비율로 변화했다.

> **합격생 가이드**
>
> ㄹ에서 2004년 지역별 수송인원 비율을 구하고 다시 1999년 총수송인구에 곱하면 계산이 너무 복잡해진다. 계산이 복잡하다면 다른 방법은 없는지 항상 고민해보자.

03 표와 그림   답 ⑤

난도 하

풀이시간 1분 40초

정답해설

⑤ 옳다. 참여빈도 유형 중 전년대비 비중이 증가한 집단은 주4~5회와 주2~3회 집단이다. 주4~5회 집단은 11.0에서 16.8로 50% 이상 증가한 반면, 주2~3회는 증가율이 50%에 미치지 못한다.

오답해설

① 옳지 않다. 특정 참여종목의 참여자 순위는 알 수 있지만, 구체적인 참여자 수는 확인할 수 없다. 2006년의 보디빌딩 참여자 순위는 하락했으나, 작년에 비해 참여자 수가 감소했다고 확신할 수 없다.

② 옳지 않다. 줄넘기는 2003년 3위에서 2004년 2위로 순위가 상승하였다. 테니스도 2001년 7위 이하에서 2002년 6위로 순위가 상승하였다.

③ 옳지 않다. 등산은 2003년과 2004년 모두 1위로 순위가 동일하다. 배드민턴은 2001년 6위에서 2002년 7위 이하로 순위가 하락했다. 축구는 2001년 2위에서 2002년 7위 이하로 순위가 하락했다.

④ 옳지 않다. 2002년부터 2005년까지 생활체육 참여율이 전년보다 증가했다. 그런데 2003년과 2004년에는 주2~3회 참여자 집단의 비중이 감소했다.

04 표와 그림
정답 ④

난도 하

풀이시간 1분 40초

정답해설

ㄱ. 옳다. 대구의 볼거리 환자는 2006년 205명, 2007년 2,128명이다. 따라서 2007년에 전년대비 10배 이상 증가했다.

ㄴ. 옳다. 대구, 광주, 대전을 제외하고 모든 지역에서 볼거리 환자 수가 감소했거나, 3배 미만으로 증가했다.

ㄷ. 옳다. 2007년 전국 볼거리 발병 환자 수의 월별 분포를 살펴보면, 1~2월에 5%의 환자가 발생했다. 대구의 2008년 1~2월 환자 수가 119명이므로, 여기에 20을 곱하면 대구의 2008년의 환자 수는 약 2,400여 명이 된다.

오답해설

ㄹ. 옳지 않다. 각 지역 인구는 제시되어 있지 않다. 따라서 지역 인구당 볼거리 발병 환자 비율은 제시된 자료로 도출할 수 없다.

05 표와 그림
정답 ①

난도 하

풀이시간 1분 50초

정답해설

ㄱ. 옳다. C7은 2010년 직접거래관계의 수가 3에서 2011년 5개로 가장 많이 증가하였다. 한편 C4는 2010년 직접거래관계의 수가 6개에서 2011년 3개로 가장 많이 감소하였다.

ㄴ. 옳다. C2는 2010년 직접거래액의 합이 22에서 2011년 28로 가장 많이 증가하였다. 한편 C4는 2010년 직접거래액의 합이 32에서 20으로 가장 많이 감소하였다.

오답해설

ㄷ. 옳지 않다. 2010년과 2011년 직접거래관계의 수가 동일한 기업은 C1, C3, C5, C6, C8로 총 5개이다.

ㄹ. 옳지 않다. 2010년과 2011년 총 직접거래관계의 수는 동일하다.

합격생 가이드

〈표 1〉과 〈표 2〉에서도 각 기업의 직접거래관계를 확인할 수 있다. 즉, 거래액이 0보다 크다면 〈그림 1〉과 〈그림 2〉에서도 실선으로 연결되어 있다. 이 문제에서는 직접거래관계 수를 〈그림〉을 통해 확인하는 것이 편하지만, 문제 구성에 따라 〈표〉와 같은 형식을 활용할 수 있음을 유의하자. 또한, 각 선지에 따라 일일이 계산하는 대신 〈그림〉에 각 기업별 직접거래관계 수를 표시해 두는 것도 좋은 방법이다.

06 표와 그림
정답 ②

난도 하

풀이시간 1분 50초

정답해설

ㄱ. 옳지 않다. 전체 에너지 부문 투자는 20.3조 달러이며, 전체의 60%는 12조 달러보다 크다. 따라서 전기 부문의 투자는 전체의 60%보다 작다.

ㄴ. 옳지 않다. 전기 부문 투자는 11.3조 달러이고, 전송 및 공급은 전기의 54%를 차지한다. 11.3조의 54%는 약 6.1조이므로, 전송 및 공급의 규모는 6.3조 달러 미만이다.

ㅁ. 옳지 않다. 전세계 에너지 분야 투자 예상액은 20,196 십억 달러이다. 중국의 투자 예상액은 3,720 십억 달러이다. 3,720 십억 달러는 3.7조 달러가 맞지만, 전세계 에너지 분야 투자 예상액의 20%에는 미치지 못한다.

오답해설

ㄷ. 옳다. 〈그림〉에 석유 부문 투자 예상액 구성이 명시적으로 제시되어 있다.

ㄹ. 옳다. 개발도상국의 투자 예상액은 10,516으로 전체의 절반 이상이며, 가장 많은 투자액이 예상된다.

합격생 가이드

ㅁ과 같이 단위를 변환하는 문제가 종종 출제된다. 천, 백만, 십억 등 숫자의 단위를 자유롭게 변환할 수 있도록 연습해두자.

07 표와 그림
정답 ①

난도 하

풀이시간 1분 50초

정답해설

① 옳지 않다. 2002년 A국 도시의 도로 면적은 820×2.9%, 1979년 A국 도시의 도로 면적은 360×1.5%이다. 따라서 A국 도시의 도로 면적은 1979년에서 2002년 300% 이상 증가했다.

오답해설

② 옳다. 1989년 A국 도시의 도로 면적은 490×2.0%, 1979년 A국 도시의 대지 면적은 360×1.8%이다. 전자가 당연히 더 크다.

③ 옳다. 2002년 A국 도시의 공장용지 비율은 1.1%이다. 1979년 도시의 공장용지 비율은 0.1%이므로 2002년에는 1979년 대비 1%p 증가하였다.

④ 옳다. 1999년 A국 도시의 도로 면적은 730×2.7%=19.71, 1979년 A국 도시의 도로 면적은 360×1.5%=5.40이다. 따라서 1999년 A국 도시의 도로 면적은 1979년 대비 약 14km² 증가하였다.

⑤ 옳다. 1999년 A국 도시의 대지 면적은 730×3.3%=24.090이다. 1999년 A국 하천 면적은 400이고 하천 면적의 6%는 24이므로 옳다.

합격생 가이드

몇 퍼센트 증가한 것인지를 잘 계산해야 한다. 100에서 100% 증가하면 2배가 된 것이므로 200이다. 100에서 240% 증가하면 2.4배가 아니라 3.4배를 해야 한다.

④에서는 14km²라는 구체적인 수치를 제시하였다. 대부분의 문제에서 구체적인 수치를 제시했다면, 명백히 틀리지 않는 이상 옳은 선지이다. 지나치게 정확하게 계산할 필요 없이 대략적으로 그 수치가 맞는지만 확인하자.

08 표와 그림 　　　　　　　　　　　　 답 ④

난도 하

풀이시간 1분 50초

정답해설

ㄱ. 옳다. 2014년 상업용 무인기의 국내 시장 판매량은 202.0, 수입량은 5.0이
다. 202.0의 3.0%는 6보다 크므로, 판매량 대비 수입량의 비율은 3.0% 이하
이다.

ㄴ. 옳다. 상업용 무인기 국내 시장 판매량은 2011년 72.0에서 2012년 116.0으
로 증가하여, 50% 이상 증가했다. 50%를 기준으로 다른 년도를 계산해보면
모두 50% 미만으로 증가했음을 알 수 있다.

ㄹ. 옳다. 2012년 수출량의 전년대비 증가율은 720%이다. 2012년 매출액의 전
년대비 증가율은 700%를 약간 상회한다. 따라서 증가율 차이는 20%p 미만
이다.

오답해설

ㄷ. 옳지 않다. 수입량의 전년대비 증가율이 가장 작은 해는 2014년으로, 증가
율은 20% 미만이다. 한편 2014년은 수출량이 전년에 비해 4배 이하로 증가
했다. 2012년은 7배 이상 증가했으므로, 2014년은 수출량 전년대비 증가율
이 가장 큰 년도가 아니다.

합격생 가이드

ㄱ에서는 두 자료의 단위가 같으므로 크게 신경 쓸 필요는 없다. 다만 이를
가지고 함정을 만드는 경우가 있으니 단위를 항상 신경 쓰자.
ㄴ에서는 2012년을 언급했으니 2012년부터 시작하면 된다. 다만 2012년에
대한 특별한 언급이 없다고 하여도 그래프의 모양이 가장 수상하게 보인다.

LEVEL II 　중급

01	02	03	04	05	06	07			
⑤	③	①	①	④	⑤	③			

01 표와 그림 　　　　　　　　　　　　 답 ⑤

난도 중

풀이시간 2분

정답해설

⑤ 옳지 않다. 2011년 여성공무원 비율 차이는 17.0%p였으나, 2012년 여성 비
율 차이는 17.4%p로 증가하였다.

오답해설

① 옳다. 매년 국가공무원 수는 지방자치단체공무원 수의 2배 이상이고, 국가공
무원 중 여성 비율은 지방자치단체공무원 중 여성 비율의 약 1.5배이다. 따
라서 매년 국가공무원 중 여성 수는 지방자치단체공무원 중 여성 수의 3배
이상이다.

② 옳다. 지방자치단체공무원 수는 매년 증가했고, 지방자치단체공무원 중 여성
비율도 매년 증가했다. 따라서 지방자치단체공무원 중 여성 수는 매년 증가
했다.

③ 옳다. 매년 국가공무원 중 여성 비율은 50% 정도이다. 국가공무원 수가 지방
자치단체 공무원 수보다 2배 이상 많으므로 국가공무원 중 여성 수는 지방자
치단체공무원 수보다 많다.

④ 옳다. 2012년과 2013년의 국가공무원 중 여성 비율이 동일하다. 따라서
2012년과 2013년의 국가공무원 중 남성 비율도 동일하다. 한편 국가공무원
수는 2012년에 비해 2013년에 감소하였다. 결국 국가공무원 중 남성 수는
2013년이 2012년보다 적다.

합격생 가이드

①의 경우 정확한 값을 도출할 필요가 전혀 없다. 곱셈 비교 시에 동일한 수
로 나눌 수 있는지 확인해보자. ⑤에서는 매년 비율 차이를 계산하기보다는,
국가공무원 중 여성 비율과 지방자치단체공무원 중 여성 비율이 각각 얼마
나 증가했는지를 비교하는 것이 낫다.

02 표와 그림 　　　　　　　　　　　　 답 ③

난도 중

풀이시간 2분

정답해설

ㄴ. 옳다. 1765년 상민가구 수는 7,210×57.0%, 1804년 양반가구 수는 8,670
×53.0%이다. 1765년에 비해 1804년 가구 수는 10% 이상 증가했다. 반면
1765년 상민가구 구성비에 비해 1804년 양반가구 구성비는 5% 미만 감소
했다. 따라서 1765년 상민가구 수가 1804년 양반가구 수보다 적다.

ㄹ. 옳다. 1729년 대비 1765년에 상민가구 구성비는 59.0%에서 57.0%로 소폭
감소하였다. 한편 전체 가구 수는 1,480호에서 7,210호로 5배 가량 증가하
였다. 따라서 상민가구 수는 증가하였다.

ㄱ. 옳지 않다. 1804년 대비 1867년의 가구 수는 3배 이상 증가했다. 그러나 인구 수는 2배 정도 증가했다. 따라서 가구당 인구수는 감소하였다.

ㄷ. 옳지 않다. 노비가구 수는 1765년 7,210×2.0%, 1804년 8,670×1.0%, 1867년 27,360×0.5%이다. 따라서 1804년이 세 조사시기 중 가장 적다.

합격생 가이드

ㄷ에서는 가구 구성비가 0.5, 1.0, 2.0으로 2배씩 차이가 난다. 가구 구성비를 동일하게 맞추기 위해 양변에 2씩 곱해주면 비교가 훨씬 쉽다. 가령 1804년 8,670×1.0%, 1867년 27,360×0.5%를 비교하는 것보다, 8,670×2와 27,360를 비교하는 것이 빠르다.

03 표와 그림
정답 ①

난도 중

풀이시간 2분

정답해설

고사한 소나무 수 = 고사율×감염률×발생지역의 소나무 수

이 공식에 따라 각 지역별 고사한 소나무 수를 구하면 다음과 같다.

① 거제 = 1,590×50%×50% = 397.5

② 경주 = 2,981×50%×20% = 298.1

③ 제주 = 1,201×40%×80% = 384.32

④ 청도 = 279×70%×10% = 19.53

⑤ 포항 = 2,312×60%×20% = 277.44

따라서 고사한 소나무 수가 가장 많은 지역은 거제이다.

합격생 가이드

이러한 형태의 문제는 시간을 단축할 수 있는 요소가 많다.

첫째, 대부분의 자료해석 문제는 정확한 계산을 요하지 않는다. 이 문제도 어림산으로 충분하다. 따라서 거제의 소나무 수를 1,600, 경주의 소나무 수를 3,000 정도로 반올림하여 계산하면 된다.

둘째, 〈그림〉의 모양이 특이하다. 고사한 소나무 수는 고사율과 감염률, 발생지역 소나무 수를 곱하여 계산한다. 그런데 고사율과 감염률의 곱은 〈그림〉에서 직사각형 면적이다.

셋째, 절대적 크기가 중요한 것이 아니라 상대적 크기를 비교하는 문제이다. 소나무 수를 모두 200으로 나누어 거제를 8, 경주를 15로 나타낼 수 있다. 〈그림〉에서도 고사율과 감염률의 곱을 특정 지역이 다른 지역보다 얼마나 큰지 확인하면 된다.

넷째, 가장 큰 항목 혹은 가장 작은 항목을 구할 때에는 특징적인 항목 하나를 기준점으로 잡고 나머지와 비교한다. 이 문제의 경우 소나무 수 자체가 매우 많은 경주가 눈에 띈다. 그런데 거제는 고사율과 감염률의 곱이 경주의 2배 이상이므로 경주보다도 고사한 소나무 수가 많다.

04 표와 그림
정답 ①

난도 중

풀이시간 2분

정답해설

ㄱ. 옳지 않다. 데이터 매출액은 2009년까지 매년 50% 이상 증가하지만, 2010년은 전년대비 증가율이 50% 미만이다.

ㄴ. 옳지 않다. 2010년에 가입대수가 증가하고 이동전화 보급률이 125.3%에 달한 것은 맞다. 그러나 전체 인구가 감소했다는 내용은 제시되어 있지 않다. 가입대수의 증가율이 전체 인구 증가율보다 더 커서 보급률이 증가할 수 있다.

ㄷ. 옳다. 2010년까지 가입대수 증가폭이 계속 감소한다. 증가율의 분모가 되는 가입대수는 계속 증가했으므로, 증가율 자체는 명백히 매년 감소한다.

ㄹ. 옳다. 10~12월 동안 4대 이동통신사업자의 월별 매출액이 당해연도 1~9월까지의 월평균 매출액을 유지한다면, 1~9월까지의 매출액에 1/3을 더하여 2011년 매출액 합계를 구할 수 있다. 2011년 1~9월 매출액을 10,000으로 올림하여 구하더라도 13,333으로 2010년 매출액보다 작다. 따라서 2011년 매출액 합계는 전년도보다 감소할 것이다.

05 표와 그림
정답 ④

난도 중

풀이시간 2분

정답해설

ㄴ. 옳다. 연도말 부채잔액 대비 당해년도 지급이자 비율은 2001년 (926/12,430), 2002년 (953/14,398)이다. 분자는 10% 미만으로 증가한 반면 분모는 10% 이상 증가했으므로 비율은 전년도에 비해 낮아졌다.

ㄹ. 옳다. 2002년도 부채 원금상환액은 (2001년도 말 부채잔액 − 2002년도 말 부채잔액 + 2002년도 연간 차입액)으로 계산한다. 이는 1,879이므로, 부채 원금상환액과 부채 지급이자를 더하면 2,832가 되므로 2002년도 통행료 수입인 2,200보다 작다.

ㄱ. 옳지 않다. 유료도로 1km당 통행료 수입은 2001년 약 0.894에서 2002년 약 0.846으로 감소하였다.

ㄷ. 옳지 않다. 2000년도 통행료 수입의 전년대비 증가율은 20% 미만이다. 그러나 2002년도 통행료 수입의 전년대비 증가율은 20%보다 크다.

합격생 가이드

ㄱ에서 가장 의심스러운 연도는 어디일까? 1998년부터 2001년까지는 유료도로 길이 증가분보다 통행료 수입 증가분이 더 많다. 그런데 2002년에는 유료도로 길이 증가분이 더 크다. ㄱ이 옳지 않은 것이 되려면 2002년이 반례가 되어야 하므로, 2002년만 확인해 보면 된다.

ㄷ에서는 2002년이 가장 의심스럽다. 2000년에 전년대비 통행료 수입이 244 증가했으므로, 2000년 이후에 통행료 수입 증가율이 더 높아지려면 통행료 수입 증가량이 244보다 커야 한다.

06 표와 그림 🖐 ⑤

난도 중

풀이시간 2분

정답해설

⑤ 옳지 않다. 〈표〉는 해외특허등록건수 순위에 따라 배열되어 있다. 국내특허등록건수는 독일보다 한국이 더 많으므로, 독일이 3위라고 단언할 수 없다. 마찬가지로, 순위 밖에 제시된 국가 중 일본이나 미국보다 국내특허등록건수가 많은 국가가 존재할 수 있다.

오답해설

① 옳다. 미국, 일본, 독일, 프랑스, 영국의 해외특허등록 점유율을 모두 더하면 73.2%이다.

② 옳다. 독일의 국내특허등록건수와 해외특허등록건수의 차이는 4만 건 이상이다. 미국과 일본은 양자의 차이가 4만 건보다 작으므로 독일에서 그 차이가 가장 크다. 4위 이하 국가들은 해외특허등록건수가 4만 건 이하이므로 고려할 필요가 없다.

③ 옳다. 한국과 일본의 해외특허등록건수 차이는 5,500건 이상이다. 다른 국가들은 특허등록건수가 5,500건 미만이므로 당연히 일본에서 차이가 가장 크다.

④ 옳다. 한국의 해외특허등록건수는 7,117건이다. 미국, 일본, 영국, 독일, 프랑스에 대한 해외특허등록건수는 5,734건이므로, 한국의 해외특허등록건수의 80%를 넘는다.

07 표와 그림 🖐 ③

난도 중

풀이시간 2분

정답해설

ㄱ. 옳지 않다. '가'국의 아시아에 대한 수출입액 비중은 1.4%p 증가한 것이다. 수출입액 자체는 2011년이 2010년에 비해 감소하였다.

ㄷ. 옳지 않다. '가'국의 유럽에 대한 수출입액이 전년대비 2.2% 감소한 것은 맞다. 그러나 수출액이 전년대비 5.9% 감소하고 수입액이 전년대비 3.7% 증가하였다면 수출입액이 전년대비 2.2% 감소할 수 없다.

ㅁ. 옳지 않다. 네덜란드에 대한 수출입액은 유럽 전체 수출입액의 17.6%를 차지한 것은 맞다. 그러나 네덜란드에 대한 수입액 대비 수출액 비율은 2011년이 2010년에 비해 감소하였다. 각 그림에서 네덜란드와 원점을 이은 직선의 기울기를 비교하면 된다. 2010년은 10/25보다 훨씬 크지만, 2011년은 10/25보다 작다.

오답해설

ㄴ. 옳다. 〈표〉에서 2011년 수출입액의 전년대비 증감률이 모든 지역에서 음수인 것으로 확인할 수 있다.

ㄹ. 옳다. 〈그림 2〉에서 '가'국의 대 유럽 수출입액 상위 5개국은 독일, 네덜란드, 이탈리아, 벨기에, 스페인이다. 이들의 수출입액 비중 합은 85.9%이다.

합격생 가이드

자료해석에서 고득점을 얻기 위해서는 계산해야 할 선지와 계산하지 않고 풀어야 할 선지를 잘 구분해야 한다. ㄷ의 경우 수출입액이 전년대비 2.2% 감소하였다는 내용과, 수출액이 5.9% 감소하고 수입액이 전년대비 3.7% 증가했다는 내용이 모순된다. 이는 증가율과 감소율의 차이가 2.2%p라는 것에서 착안한 함정이다. 따라서 계산할 필요도 없이 옳지 않은 선지이다. ㅁ에서도 비율을 계산할 필요 없이 원점에서 직선을 그어 기울기를 비교하면 된다.

LEVEL III	상급

01	02	03	04						
②	⑤	③	④						

01 표와 그림 답 ②

난도 상

풀이시간 2분 20초

정답해설

② 옳지 않다. 2012년 1차에너지를 가장 많이 생산한 지역은 경북이다. 2012년에 가장 많이 생산된 1차에너지는 원자력으로, 2위인 신재생의 약 4배에 달한다. 따라서 원자력의 40% 이상을 생산한 경북이 1차에너지를 가장 많이 생산한 지역임을 쉽게 파악할 수 있다. 경북에서 가장 많이 소비한 1차에너지는 석탄이다.

오답해설

① 옳다. 천연가스는 2008년 236에서 2012년 436으로 90% 정도 증가했다. 반면 석탄, 원자력은 생산량이 감소했다. 수력과 신재생은 생산량이 증가하기는 했으나 90%에 현저히 미치지 못한다.

③ 옳다. 2012년 석탄의 생산량은 9420이다. 한편 2012년 경기 지역의 신재생 1차에너지 생산량은 $8,036 \times 13.4\%$이다. 어림산을 하면, $8,000 \times 13\% = 1,040$이다. $942 < 1,040 < 8,036 \times 13.4\%$이므로 석탄 생산량이 더 적다.

④ 옳다. 생산량은 많지만 소비량은 적은 지역부터 확인해야 한다. 생산량이 많은 지역으로 우선 원자력을 생산하는 지역을 확인해보자. 경북과 전남은 생산량이 많지만 소비량도 많다. 그런데 부산은 원자력의 약 1/4을 생산하는 반면, 소비량은 6,469에 불과하다. 즉, 부산의 경우 생산량이 소비량보다 많다.

⑤ 옳다. 신재생 소비량은 2008년 4,747에서 2012년 7,124로 50%가량 증가했다. 다른 유형의 에너지도 소비량이 증가하였으나, 증가량이 50%에 현저히 미치지 못한다.

합격생 가이드

②에서 원자력 생산량이 약 32,000이고, 경북은 원자력의 40% 이상을 생산한다. 따라서 경북의 최소 생산량은 12,000이다. 이는 2순위인 신재생의 총생산량보다 훨씬 크다. 1차에너지를 가장 많이 생산한 지역이 어디인지를 크게 고민하지 않아도 되는 것이다.

④는 예시를 찾도록 하는데, 이러한 유형의 선지는 어디부터 확인할 것인지에 대한 감각이 있어야 한다. 감각이 있더라도 시간이 많이 소요될 수 있으므로 다른 선지부터 확인하는 것도 좋은 전략이다.

02 표와 그림 답 ⑤

난도 상

풀이시간 2분 30초

정답해설

⑤ 옳다. 최종학력이 미취학인 50대 남성과 여성, 전체 분포를 보자. 50대 남성은 0.60%, 여성은 0.90%, 전체는 0.76%이다. 전체 비율이 남성보다 여성과 가깝다. 곧, 50대 취업자 수는 남성이 여성보다 적다.

오답해설

① 옳지 않다. 〈그림〉에서는 직종 분포만 제시되어 있고, 30대와 50대 취업자의 수는 제시되어 있지 않다. 따라서 연령대별 서비스직 취업자 수를 비교할 수 없다.

② 옳지 않다. 30대 기능직 취업자는 전체 30대의 7.20%이다. 한편 최종학력이 고등학교 졸업인 30대 남성 비율을 계산하기 위해서는 30대 남성과 여성의 비율을 알아야 한다. 그런데 최종학력이 고등학교 졸업인 30대 남성은 전체 30대 남성의 15.50%, 최종학력이 고등학교 졸업인 30대 여성은 전체 30대 여성의 13.50%, 최종학력이 고등학교 졸업인 30대는 전체 30대의 14.50%이다. 곧, 30대 남성은 전체 30대의 50%를 차지한다. 따라서 최종학력이 고등학교 졸업인 30대 남성은 30대 전체의 7.75%이다.

③ 옳지 않다. 30대 판매직 취업자는 전체 30대의 16.11%이다. 한편 30대 중 최종학력이 고등학교 졸업 이하인 사람은 15.10%이다. 판매직 취업자의 수가 더 많기는 하지만, 이들의 최종학력에 대한 정보는 전혀 제시되어 있지 않다. 알 수 없는 정보이다.

④ 옳지 않다. 최종학력이 중학교 졸업인 50대 취업자는 전체 50대의 16.56%이다. 한편 50대 기계조작직 취업자는 50대 전체의 16.00%이다.

합격생 가이드

종종 선지에서 명확히 틀린 내용뿐만 아니라 주어진 자료로 판단할 수 없는 내용을 언급하기도 한다. 특히 이 문제처럼 전체 인원은 제시하지 않고 비율만으로 비교하도록 하는 문제들은 선지의 내용이 판단할 수 있는 것인지 신중히 접근해야 한다. 가령 ①, ③은 주어진 자료로 알 수 없어 틀린 선지이다. 반면 ②는 얼핏 보면 알 수 없는 내용으로 착각할 수 있으나, 모두 30대 취업자에서 차지하는 비율로 비교할 수 있다.

03 표와 그림 답 ③

난도 상

풀이시간 2분 15초

정답해설

ㄴ. 옳지 않다. 수입화물 처리량은 매년 전체 처리량의 절반 이상이다. 〈그림〉에서 나머지 처리량의 합과 수입화물 처리량을 비교하면 된다.

ㄹ. 옳지 않다. 〈표〉에서 화학제품 처리량은 수입화물 826, 수출화물 811, 환적화물 142, 연안화물 2850이다. 반면 차량부품 처리량은 수입화물 255 미만, 수출화물 1,243, 환적화물 20, 연안화물 148 미만이다. 차량부품 처리량을 최대치로 계산하더라도 화학제품 전체 처리량보다 적다.

오답해설

ㄱ. 옳다. 광석류의 수입화물 처리량은 3840이다. 광석류의 수출화물 처리량은 구체적인 값은 나와 있지 않으나, 5순위 이하이므로 260 미만이다. 따라서 광석류의 수입화물 처리량 대비 수출화물 처리량은 80% 이하이다.

ㄷ. 옳다. 수출화물 처리량은 2011년 5,082에서 2012년 6,789로 20% 이상 증가했다. 한편 수입화물 처리량은 2011년 9,009에서 2012년 10,364로 15% 가량 증가했다.

합격생 가이드

이 문제의 〈표〉처럼 순위가 제시된 경우, 순위 밖에 해당하는 항목은 최댓값을 구할 수 있다. 항목의 이름이 명시적으로 나타나 있지 않다고 해서 도출할 수 없는 정보로 생각해서는 안 된다.

다만 순위 밖에 해당하는 항목의 정확한 값은 도출할 수 없다. ㄹ에서 차량부품의 전체 처리량은 최댓값만 구할 수 있으므로, 화학제품 전체 처리량보다 많다는 선지는 계산할 필요도 없이 당연히 옳지 않다.

ㄷ에서 수출화물의 절대적인 증가량이 더 많은데, 분모가 되는 2011년 처리량은 훨씬 작으므로 계산할 필요도 없이 당연히 옳다.

04 표와 그림 답 ④

난도 상

풀이시간 2분 30초

정답해설

ㄴ. 옳지 않다. 2009년 창업보육센터의 전체 입주업체 수는 279×17.1＝4,770.9이다. 2010년 창업보육센터의 전체 입주업체 수는 286×16.8＝4,804.8이다. 따라서 2010년 전체 입주업체 수가 더 많다.

ㄹ. 옳지 않다. 창업보육센터 입주업체의 전체 매출액은 창업보육센터 수와 창업보육센터당 입주업체 매출액을 곱하여 도출한다. 2009년은 2008년에 비해 전체 매출액이 확실히 증가했다. 그러나 2010년의 경우 창업보육센터 수는 279에서 286으로 소폭 증가한 반면, 창업보육센터당 입주업체 매출액은 91.0에서 86.7로 비교적 크게 감소하였다. 따라서 2010년 창업보육센터 입주업체의 전체 매출액은 전년에 비해 감소하였다.

오답해설

ㄱ. 옳다. 2010년 전년대비 창업보육센터 지원금액은 306에서 353으로 증가했다. 증가율은 15% 이상이다. 2010년 전년대비 창업보육센터 수는 279에서 286으로 증가했다. 증가율은 3% 미만이다.

ㄷ. 옳다. 2005년은 창업보육센터 수가 가장 많고, 지원금액은 가장 적으므로 계산할 필요 없이 창업보육센터당 지원금액이 가장 적다. 한편 2010년은 지원금액이 압도적으로 많아 창업보육센터당 지원금액이 1.2보다 크다. 1.2를 기준으로 다른 년도를 비교해보면 2009년을 제외하고 1 이하이며, 2009년도 1.2에 미치지 못하는 것을 확인할 수 있다.

합격생 가이드

ㄴ에서 곱셈식을 나눗셈식으로 바꾸어 생각해보자. 즉, 279×17.1과 286×16.8의 비교가 아닌, (171/168)과 (286/279)로 비교해보자. 전자는 분모보다 분자가 3 크고, 후자는 7 크므로 2배 이상 차이가 난다. 그런데 각 분모 168과 279는 2배보다 적게 차이가 난다. 따라서 286/279이 더 크다. ㄹ도 마찬가지로 쉽게 계산할 수 있다.

CHAPTER
03 복수의 표

01	02	03	04	05	06	07	08	09	10
③	②	④	⑤	②	②	①	①	③	⑤

01 복수의 표
답 ③

난도 하

풀이시간 1분 30초

정답해설

ㄱ. 옳다. 주어진 선지의 순서가 맞다고 가정하고 내려가며 더 큰 값이 있는지 확인한다. 반도체가 1등이고 그보다 큰 것이 없다면 다음 순서인 석유제품으로 내려가는 순서로 파악한다. 순서대로 반도체, 석유제품, 자동차, 일반기계, 석유화학, 선박류가 나열된다.

ㄴ. 옳다. 2013년 대비 2015년 수출액 비중이 증가한 것은 가전, 무선통신기기, 반도체, 일반기계, 자동차, 자동차부품, 컴퓨터 7개 품목이다.

오답해설

ㄷ. 옳지 않다. 2013년 세계수출시장 점유율은 선박류, 평판 디스플레이, 석유화학, 반도체, 무선통신기기 순서이다. 2014년은 선박류, 평판디스플레이, 반도체, 석유화학, 자동차부품이다. 3위와 4위 순서가 역전되었고 5위가 바뀌었다.

합격생 가이드

선지에서 순서를 줄 경우, 일일이 순서를 매기기보다 그것이 맞다고 가정하고 실제로 맞는지 확인하는 것이 더 효율적이다. 즉 1등으로 제시된 것보다 큰 것이 없다면 실제로 그것이 1등이고, 다음에 2등을 검증하는 식으로 진행한다. ㄷ과 같은 순서 찾기 및 변동 찾기의 경우 맨 앞자리 단위, 숫자를 비교하면 빨리 찾을 수 있으며 3위와 4위가 변동된 것을 알았음으로 실전에서 5위를 찾을 필요가 없다.

02 복수의 표
답 ②

난도 하

풀이시간 1분 30초

정답해설

ㄴ. 옳다. 전년대비 2011년 GDP에서 실업 분야 공공복지예산이 차지하는 비중이 줄었는데, 공공복지예산이 차지하는 비중은 커졌으며, 2012년에는 GDP 대비 실업 분야 공공복지예산의 비중은 그대로이나 공공복지예산 비중은 늘었기 때문에 2011년, 12년 모두 공공복지예산 대비 실업 분야 공공복지예산이 차지하는 비중은 줄어들었다.

ㄷ. 옳다. GDP 대비 공공복지예산 비율에서 노령이 항상 가족의 2배 이상이다.

오답해설

ㄱ. 옳지 않다. 실업 분야 공공복지예산이 GDP에서 차지하는 비율은 0.27이고, 총 공공복지예산이 GDP에서 차지하는 비중은 8.34이다. 이 둘은 약 30배 차이가 난다. 즉 실업 분야가 공공복지예산에서 차지하는 비율이 $\frac{1}{30}$ 이며, 이를 계산하면 4조 원이 되지 않는다.

ㄹ. 단위를 보면 가장 작은 국가는 한국, 가장 큰 국가는 프랑스이다. 증감 추세를 빠르게 파악하면 2011년에 프랑스는 비율이 감소하였는데 한국은 증가하여 양자 간의 차이가 줄어든 것을 확인할 수 있다.

합격생 가이드

구체적인 계산보다는 주어진 표의 %를 활용하는 것이 필요하다.

03 복수의 표
답 ④

난도 하

풀이시간 1분

정답해설

ㄱ. 옳다. 〈표 1〉의 해수 비율이 97%가 넘는다. 그 외에는 담수이다.

ㄴ. 옳다. 지하수와 지표수의 비율을 합치면 0.80이 약간 넘으며 그 2배는 빙설의 비율인 1.731보다 작다.

ㄹ. 옳다. 프랑스의 1인당 물사용량을 280으로 하여 계산을 간략히 하면 그 1.4배는 3920이며, 사전에 제외한 1을 고려해도 한국의 395보다 작다.

오답해설

ㄷ. 옳지 않다. 12에 8을 곱해도 1000이 되지 않는데, 한국의 1인당 강수량에 8배를 곱하면 20,000이 넘어 세계 평균 강수량보다 크다.

합격생 가이드

1과 같이 작은 수는 계산하기 전에 제외한 후, 나중에 크기 비교할 때 추가적으로 고려해주는 것이 더 간단할 수 있다. 또한 100을 10 이하의 정수로 나눈 값을 암기한다면 ㄷ과 같은 선지를 쉽게 처리할 수 있다.

04 복수의 표
답 ⑤

난도 하

풀이시간 1분 30초

정답해설

⑤ 옳지 않다. 을은 A가구와 B가구 모두 두 명씩 듣기 때문에 그 할인이 양자 차이에 영향을 미치지 못한다. A가구가 갑 학원을 한 명 더 다니고, B가구가 병 학원을 한 명 더 다니는 상황에서 갑과 을의 수강료 차이는 1,000원이 된다.

오답해설

① 옳다. A가구가 갑 수강생이 한 명 더 많고, B 가구가 병 수강생이 한 명 더 많다. 병이 갑보다 10,000원 비싸므로, B가구가 A 가구보다 총 수강료가 1만 원 더 많다.

② 옳다. 총 수강료가 가장 많은 학생은 3개를 모두 듣는 민준이고, 가장 적은 학생은 가장 저렴한 을만 수강하는 재경이다. 을이 가장 저렴한 수업이므로 당연히 민준의 총 수강료가 재경의 총 수강료의 3배 이상이다.

③ 옳다. A가구에서 을을 듣는 수강생은 2명이고, 을 수업료는 60,000원이므로 10% 증가 시 총 수강료가 12,000원 증가한다.

④ 옳다. A가구에서 2명 듣는 학원은 갑, 을이고 B가구에서는 을, 병이다. 병이 갑보다 수강료가 비싸므로 할인 시 변화는 B가구가 더 크다.

합격생 가이드

모든 계산을 하는 것이 아니라 A가구와 B가구의 차이값을 구하는 것이 중요하다.

05 복수의 표
답 ②

난도 하

풀이시간 1분 20초

정답해설

ㄱ. 옳지 않다. 〈표 1〉을 보면 3, 9, 10월의 등산사고건수 합은 832건이다. 총 사고건수가 3,114건으로 3,000건이 넘는 바, 그 30%는 900건을 넘는다. 다른 방법으로도 풀어보도록 하겠다. 총 사고건수가 3,000건이 넘기 때문에, 3, 9, 10월에 평균적으로 300건이 넘는 사고가 발생해야 하나, 3월이 147건으로 이에 턱없이 모자라고, 9, 10월의 사고 초과분으로도 이를 메꿀 수 없다. 이러한 것을 가평균이라고 하는데 실전에서는 편한 방법대로 풀면 된다.

ㄴ. 옳지 않다. 12월보다 3월에 서울에서 등산사고건수가 더 적다.

ㅁ. 옳지 않다. 〈표 1〉에서 0이 없는 지역을 세면 된다. 0이 있는 지역인 부산, 충남, 경북, 제주 4곳을 제외한 12곳이 매월 등산사고가 발생했다.

오답해설

ㄷ. 옳다. 조난건수의 4배가 등산사고 합보다 큰 지역을 찾으면 된다. 이는 대구, 강원, 경북으로 3곳이다.

ㄹ. 옳다. 실족추락이 1,121건으로 가장 많고, 안전수칙 불이행이 160건으로 가장 적다.

합격생 가이드

해당 문제는 표의 제목만 잘 읽는다면 쉽게 풀 수 있다. 표의 제목을 읽어둔다면, 선지를 보고 어떤 표를 읽어야 할지 바로 파악할 수 있기 때문에 표 제목을 읽는 것은 중요하다.

06 복수의 표
답 ②

난도 하

풀이시간 1분 40초

정답해설

② 옳지 않다. 〈표 2〉에서 남성 임원수의 최솟값이 2이지만, 해당 기업이 곧 여성 임원수 최솟값인 0을 가진 기업이라는 보장이 없다.

오답해설

① 옳다. 〈표 1〉로 보아 여성 임원수가 없는 기업 수 450의 2배인 900보다 전체 기업 수 942개가 더 크다.

③ 옳다. 〈표 2〉에서 남성 임원 연령의 최솟값이 26, 여성 임원 연령의 최솟값이 29이며, 남성 임원 평균 연령이 51.07세, 여성 임원 평균 연령이 46.7세이다.

④ 옳다. 선지가 맞다고 가정하고 7급을 보면 여성 임원이 전체의 1/4보다 많다. 다른 곳에는 그렇지 않으므로 7급에서 여성임원 수 비율이 가장 높다. 1급의 경우 분모가 네 자릿수면서 분자가 한 자릿수인데, 이는 다른 직급에 비해 독보적이다.

⑤ 옳다. 4급에서 남성 33.21, 여성 43%로 다른 직급에 비해 임원의 직급별 비중이 높다.

합격생 가이드

②와 같은 함정에 주의하자. 항상 반례를 떠올리려는 노력이 필요하다.

07 복수의 표
답 ①

난도 하

풀이시간 1분 30초

정답해설

① 옳다. 횡단보도 신호 준수율 조사는 1일 2회 격일로 이루어지는데, 만약 월요일에 검사를 한다면 일주일에 4일 동안 검사를 하게 된다. 이를 고려하면 12시간 검사한다.

오답해설

② 옳지 않다. 2008년 경찰지구대가 두 번째로 많은 곳은 D 광역시이다. 그런데 횡단보도 정지선 준수율이 B 광역시보다 작다.

③ 옳지 않다. C의 안전띠 착용률의 증감폭은 1.37%p인 반면 B의 안전띠 착용률 증감폭은 1.76%p다.

④ 옳지 않다. 안전띠 착용률이 감소한 광역시는 A, D이며 이 둘의 지구대 수를 합치면 95개다.

⑤ 옳지 않다. 이륜차 승차자 안전모 착용률의 증감폭이 가장 작은 광역시는 B이다. 반면 횡단보도 정지선 준수율 증감폭이 가장 작은 광역시는 D이다.

합격생 가이드

일주일 단위의 문제는 단순히 7을 2로 나누는게 아니라 월요일부터 시작하는 것을 고려해야 한다. 그리고 ③의 경우 C의 증감폭을 구하고 이를 다른 광역시의 2007년 값에 더해서 2008년 값과 대소비교한다면 보다 빨리 정오를 판단할 수 있다. ⑤ 역시 유사하게 B의 횡단보도 정지선 준수율의 증감폭을 구해서 이를 다른 광역시에 더해보면 쉽게 정오를 판단할 수 있다.

08 복수의 표

정답 ①

난도 하

풀이시간 1분

정답해설

ㄱ. 옳다. 〈표 2〉에서 경기북부 지역 도시가스 사용 가구 비율은 66.1%로 3%인 등유 사용 가구수의 20배 이상이다.

ㄴ. 옳다. 〈표 2〉에서 서울과 인천 도시가스 사용 가구 비율이 다른 연료 사용 가구들보다 월등히 높다.

오답해설

ㄷ. 옳지 않다. 〈표 1〉은 한 도시 내에서의 난방 방식 현황을 비중으로 나타낸 것으로 도시 간 비교는 불가능하여 알 수 없다.

ㄹ. 옳지 않다. 지역난방을 사용하는 비율은 경기남부에서 67.5%, 경기북부에서 27.4%로 경기남부가 더 높다.

합격생 가이드

해당 문항에서는 표의 세로축, 비슷한 유형에서 표의 세로축과 가로축이 어떤 무엇을 의미하는지 파악하는 것이 중요하다. 쉽게 파악되지 않는다면 합쳐서 100%가 되는 축이 어떤 축인지 파악하는 것도 좋은 방법이다.

09 복수의 표

정답 ③

난도 하

풀이시간 1분 30초

정답해설

ㄱ. 옳지 않다. 〈표 1〉의 인구수 증감을 보면 G국은 인구가 증가했다.

ㄷ. 옳지 않다. 〈표 2〉를 보면 B국과 E국 역시 1938년에 1928년에 비해 산업잠재력이 감소했다.

ㅁ. 옳지 않다. 차이값을 통해 비교하면 군사비지출은 오히려 패전동맹이 앞선다.

오답해설

ㄴ. 옳다. 〈표 1〉의 인구수 증감을 보면 주요참전국 인구는 모두 증가했다.

ㄹ. 옳다. 〈표 3〉을 보면 C국은 1930년 군사비지출이 가장 낮은 국가에서 1938년 가장 높은 국가가 되었으므로 군사비지출 증가율이 가장 높은 국가이다. B국의 경우 군사비지출이 해당 기간 2배도 늘지 않았는데 이에 해당하는 국가는 E국뿐이다. 따라서 이 둘을 비교하면 B국은 1.5배보다 약간 더 증가한 반면, E국은 이보다 훨씬 더 증가했으므로 B국의 군사비 증가율이 가장 낮다.

합격생 가이드

ㅁ의 차이값 비교의 경우 숫자가 비슷한 비교 대상끼리 차이값을 내서 나중에 이를 합산하는 방법이다. 예를 들어 A와 B국을 합친 것과 C국을 비교하여 C국이 앞서는 숫자를 어림산으로 적고, D와 F를 비교하여 F가 앞서는 숫자를 어림산으로 적으며, E와 G를 비교해 E가 앞서는 수치를 적은 다음에 이들을 합산하면 패전동맹의 군사비 지출이 큼을 보다 쉽게 파악할 수 있다.

10 복수의 표

정답 ⑤

난도 하

풀이시간 1분 30초

정답해설

ㄱ. 옳다. 〈표 1〉의 성장률 열을 통해 알 수 있다.

ㄴ. 옳다. 〈표 2〉에서 2002년 영역별 매출액이 가장 큰 것은 게임이며, 증가율 역시 영상이 100%가 넘어가서 가장 크다.

ㄹ. 옳다. 〈표 4〉를 통해 쉽게 확인 가능하다.

오답해설

ㄷ. 옳지 않다. 기타가 있어서 캐릭터 영역이 가장 작다고 할 수 없다.

합격생 가이드

증가율의 경우 기존의 수가 작을 때, 약간의 변화만으로 증가율이 크게 나타난다는 것을 기억하면 보다 찾기 수월하다. 또한 기타를 제외한다는 단서가 없다면 기타도 포함해서 생각해야하며, 기타에는 하나 이상의 품목들이 들어갈 수 있다.

LEVEL II	중급

01	02	03	04	05	06	07			
②	①	③	①	②	③	④			

01 복수의 표

답 ②

난도 중

풀이시간 1분 50초

정답해설

ㄱ. 옳다. 3,540의 70%는 2,478이다. 이 둘을 더하면 6,018로 6,160보다 작다.

ㄷ. 옳다. 535만 대의 9%는 약 48만 대로 50만 대가 되지 않는다. 2017년의 교통량은 588만 대이므로 16년과 53만 대 차이가 난다. 따라서 9% 이상 증가했다.

오답해설

ㄴ. 옳지 않다. 2016년 3,540만 명을 6으로 나누면 590만 명이다. 2017년의 경우 6,160만 명을 11로 나누면 560만 명이다. 양자의 차이는 30만 명으로 10% 감소하지 않았다.

ㄹ. 옳지 않다. 서울-부산 구간에서 2016년 7:15, 2017년 7:50으로 오히려 최대 소요시간이 증가했다.

02 복수의 표

답 ①

난도 중

풀이시간 1분 50초

정답해설

ㄱ. 옳다. 통합대기환경지수는 오염물질별 대기환경지수 중 최댓값이므로 용산구, 성동구의 미세먼지, 초미세먼지, 이산화질소의 오염물질 별로 큰 값만 구해 비교하면 된다. 같은 오염물질에서 작을 경우, 애초에 해당 대기환경지수가 더 작을 것이기 때문이다. 미세먼지의 경우 성동구가 용산구보다 크므로, 이때 대기환경지수는 67이다. 초미세먼지의 경우 용산구가 더 크며 이때 대기환경지수는 66이다. 이산화질소의 경우 용산구가 더 크며 대기환경지수는 40.80이다. 따라서 용산구의 통합대기환경지수가 성동구보다 작다.

ㄴ. 옳다. 평균과 중랑구의 각 오염물질 농도 비교 시 선지가 맞다.

오답해설

ㄷ. 옳지 않다. 중랑구의 미세먼지 대기환경지수는 43.2, 초미세먼지 대기환경지수는 440이다. 따라서 미세먼지 대기환경지수는 통합대기환경지수보다 무조건 더 작다.

ㄹ. 옳지 않다. 동대문구 한 곳이다.

03 복수의 표

답 ③

난도 중

풀이시간 1분 50초

정답해설

③ 옳다. 120분 이하 과장급의 비중은 85%이다. 과장급에서 원격근무제를 사용하는 비중은 16.3%이다. 이 둘을 더하면 101.3%이므로 최소 1.3%는 이 둘에 중복 해당된다.

오답해설

① 옳지 않다. 30분 이하, 30분 초과 60분 이하 비중의 합이 각 직급에서 50%가 넘는지 확인하면 된다. 과장급과 차장급에서 모두 50%가 되지 않는다.

② 옳지 않다. 90분 초과 대리급 이하 근로자 비율은 26.7%이다. 탄력근무제 활용하는 대리급 이하 근로자 비율은 23.6%이다.

④ 옳지 않다. 알 수 없다.

⑤ 옳지 않다. 알 수 없다.

04 복수의 표

답 ①

난도 중

풀이시간 2분

정답해설

ㄱ. 옳다. 비례대표에서 여성 의원 비율이 42.2, 지역구에서 8%이다. 비례대표 의석이 185석, 지역구 의석이 926석이므로 지역구 의석이 5배보다 약간 더 많으므로 1:5로 볼 수 있다. 가중평균을 구하면 15보다 작게 나온다.

ㄴ. 옳다. 지역구 의원에서 라 정당의 경우 전체 의원 수가 여성 의원수보다 약 7배 많은 반면, 다른 정당들은 그것보다 훨씬 차이가 많이 나므로 라 정당의 지역구의석 내 여성 의원 비율이 가장 높다.

오답해설

ㄷ. 옳지 않다. 44의 40%는 17.60이므로 2008년 비례대표의석에서 여성 의원 비율은 41보다 클 것을 유추할 수 있다. 지역구의 경우에는 2012년에 여성 의원 비율이 줄어든 것이 맞다. 반면 230명의 7%는 17.1명으로 2008년 당시 지역구 내 여성 의원 비율은 7%가 되지 않는다. 따라서 2012년에 오히려 가 정당의 지역구 내 여성 의원 비율이 증가했다.

ㄹ. 옳지 않다. 222의 7%는 16이 되지 않고 추가적으로 0.2%를 고려하면 16명일 것을 예상할 수 있다. 이는 가 정당의 2008년 지역구 여성 의원수와 동일하기 때문에 가 정당의 지역구 여성 의원수는 증가하지 않았다.

합격생 가이드

가중평균은 매우 많이 쓰이는 개념이므로 반드시 알아야 한다. 또한 의석수의 경우 반드시 정수일 것이므로 소수점을 일일이 계산하기 보단 가장 근접한 더 큰 정수로 수렴될 것을 예상하면 간단하게 풀 수 있다.

합격생 가이드

신설되거나 폐지된 코너에 체크를 해두면 문제를 보다 쉽게 풀 수 있다. 산술평균의 경우 ⑤의 접근법처럼 직접 평균을 구하지 않아도 그 구성 수치들을 통해 개략적으로 대소 비교가 가능하다. ①과 같이 특정 시점 두 개를 주고 변화 상황을 묻는 문항이 종종 출제되기 때문에 유의 깊게 볼 필요가 있다.

05 복수의 표

답 ②

난도 중

풀이시간 2분

정답해설

② 옳지 않다. 84년 수출액 중 우피의 비중과 87년 수출액 중 쌀의 비중은 2배 이상 차이난다. 반면 84년 수출액과 87년 수출액은 2배 차이가 나지 않는다. 따라서 84년 우피 수출액이 87년 쌀 수출액보다 크다.

오답해설

① 옳다. 무역규모에서 수입액이 수출액보다 크거나 같은 연도를 찾으면 된다. 1884, 85, 86, 87, 88, 89년으로 총 6번이다.
③ 옳다. 대두는 모든 연도에 포함되어 있다. 따라서 가장 많이 포함되었을 수 밖에 없다.
④ 옳다. 실제로 비교해보면 증감 방향이 같다.
⑤ 옳다. 84년 한냉사 수입 비중은 9.9%이고 87년에는 나와 있지 않은 바(3위 이하) 최대 5%이다. 이는 약 두 배 차이인데, 84년과 87년의 수입액은 2배 차이가 나지 않는다. 따라서 84년에 비해 87년에 한냉사 수입액 비중이 감소하였다.

합격생 가이드

두 값을 곱해서 답이 나오는 경우 계산이 어렵다면 증가율을 비교하는 것도 좋은 방법이다. 증감 방향의 경우 각각 표기하는 것보다 하나의 연도를 볼 때 수출액의 증감을 보고 바로 무역규모를 비교한다면 시간을 단축시킬 수 있다.

07 복수의 표

답 ④

난도 중

풀이시간 1분 50초

정답해설

④ 옳다. 코 성형 희망 남성의 경우 $3 \times 30 \times 400$이며 여성의 경우 $2 \times 37.5 \times 440$이므로 남성 3,600, 여성 3,300으로 남성 응답자가 더 많다.

오답해설

① 옳지 않다. 성형수술 희망 응답자 남성 비율이 30, 여성 비율이 37.5%인데 전체는 33%이므로 가중평균 원리상 남녀 성비는 3:2이다. 이를 30%, 37.5%에 각각 곱하면 남성 희망 응답자가 더 많다.
② 옳지 않다. 성형수술 희망 응답자 남성 비율이 30, 여성 비율이 37.5%인데 전체는 33%이므로 가중평균의 원리상 설문조사에 참여한 남성응답자가 더 많다.
③ 옳지 않다. 알 수 없다.
⑤ 옳지 않다. 치아교정을 희망하는 여성 응답자는 $2 \times 37.5 \times 30$, 피부 레이저 시술을 희망하는 남성 응답자는 $3 \times 30 \times 25$다. 2,250으로 양자가 같다.

합격생 가이드

가중평균은 기본적으로 숙달되어 있어야 한다. 그리고 ④의 경우 저렇게 식을 어렵게 쓰기 보단 익숙한 비율로 변환하여 접근하는 것이 더 쉽다. 남성의 경우 $3 \times 1 \times 1$로, 여성의 경우 $2 \times 1.25 \times 1.1$로 계산한다면 남성이 3, 여성이 2.75로 나와 보다 계산하기 쉬울 것이다. ⑤의 경우에도 여성의 경우 $2 \times 1.25 \times 6$, 남성의 경우 $3 \times 1 \times 5$로 계산하면 여성 15, 남성 15로 양자가 같다는 것을 쉽게 알 수 있다.

06 복수의 표

답 ③

난도 중

풀이시간 2분

정답해설

③ 옳다. 합기도는 7월 마지막 주에 14.6%, 10월 첫째 주에 12.6%로 시청률이 모두 20% 미만이다.

오답해설

① 옳지 않다. 매주 코너가 있기 때문에 표가 주어진 기간 외 그 사이의 8주 간에 얼마나 많은 코너가 삭제되고 신설됐는지 알 수 없다.
② 옳지 않다. 세가지가 전주보다 시청률이 낮아졌다.
④ 옳지 않다. 폐지되거나 신설되지 않은 코너 중 7월 마지막 주의 경우 전주와 시청률 차이가 큰 코너는 5.3%p 변한 세가지인 반면, 10월 첫째 주는 7.4%p 변화한 생활의 문제이다.
⑤ 옳지 않다. 7월 마지막 주의 경우 상위 다섯 코너가 27%대 3개, 26%대 2개인 반면, 10월 첫째 주의 경우 27%대 2개, 24%대 2개, 23%대 1개로 산술평균 시 7월 마지막 주가 더 크다.

LEVEL Ⅲ 　상급

01	02	03	04	05	06	07			
⑤	④	⑤	②	①	⑤	②			

01 복수의 표

답 ⑤

난도 상

풀이시간 2분 30초

정답해설

⑤ 옳지 않다. 교육세의 미수납액은 100이다. 교통·에너지·환경세의 수납액, 불납결손액에 100을 더하면 징수결정액보다 크다. 따라서 교육세의 미수납액이 더 크다.

오답해설

① 옳다. 미수납액은 징수결정액−수납액−불납결손액이다. 불납결손액의 경우 단위가 작기 때문에 이럴 땐 징수결정액과 수납액 위주로 대략의 크기를 파악해야 한다. 선지가 맞다면 2018년이 미수납액이 가장 클 것이므로 이를 가정하고 문항을 본다. 2018년이 징수결정액이 가장 크며, 그 다음으로 큰 2017년과 징수결정액 차이가 대략 만 육천 정도 차이나는 반면, 수납액은 만 삼천 정도 밖에 나지 않아 2018년이 더 크다. 그리고 2016, 17년은 수납액은 2018년과 비슷한 반면 징수결정액은 현저히 적으므로 비교할 필요가 없다. 2014년의 경우 수납액이 현저히 작으나, 이보다 징수결정액이 훨씬 더 작기 때문에 2018년의 미수납액이 가장 크다.

② 옳다. 선지에서 2014년 수납 비율이 가장 높다 했으므로 이를 가정하고 출발한다. 분모가 작고 분자가 큰 것이 포인트이므로, 2015년과 2016년 중에서는 2015년만 비교하면 된다. 마찬가지로 2017년과 2018년 중에선 분모 증가율보다 분자 증가율이 현저히 큰 2018년만 비교하면 된다. 2014년과 2015년, 2018년의 분자 분모 증가율을 비교할 때 수납비율은 2014년이 가장 크다.

③ 옳다. 앞에 4자리만 계산하면 2018년 미수납액은 약 26,600이다. 내국세 미수납액의 경우 약 26,0000이다. 26,600의 5%가 600보다 크므로, 내국세 미수납액이 총 세수 미수납액에서 차지하는 비율은 95% 이상이다.

④ 옳다. 선지가 맞다고 가정하며 시작한다. 종합부동산세의 수납비율은 110%가 약간 되지 않는다. 수납비율이 100%가 넘는 것은 내국세, 교통·에너지·환경세, 농어촌 특별세이다. 그러나 이들은 110%에 한참 모자라기 때문에 종합부동산세가 수납비율이 가장 높다.

합격생 가이드

이 유형은 두 개의 표가 주어졌을 때, 하나의 표가 다른 표의 세부사항을 보여주는 경우이다. 해당 문항의 경우 〈표 1〉은 2014~2018년의 갑국 예산 및 세수 실적을 보여주고, 〈표 2〉는 이 중 2018년의 세수항목별 세수 실적을 보여준다. 그리고 각주에는 특정 값을 구하는 공식들이 적혀있다.

이런 유형을 보았다면, 반드시 해당 각주의 값과 관련하여 물을 것임을 염두에 둬야 한다. 그리고 〈표 2〉에서 2018년만 다루고 있기 때문에, 해당 세부사항은 오직 2018년 값에만 존재함을 명심해야 한다. 우리가 알 수 없는 다른 연도의 구체적 수치를 언급하는 것이 있다면 쉽게 그것이 오답임을 확인할 수 있기 때문이다.

02 복수의 표

답 ④

난도 상

풀이시간 2분 10초

정답해설

④ 옳지 않다. 분자와 분모의 단위가 다르나 어차피 양자의 비교에선 차이가 없으므로 그대로 진행한다. 분모인 총수출액, 총수입액을 같은 비율로 나누어도 결과값 비교에 차이가 없다. 따라서 계산하기 쉬운 총수출액, 수입액의 5.5%로 을국 농수산물 수출액, 수입액을 나눌 것이다. 총수출액의 5%인 홍콩의 수출액 값에 1.1을 곱한 값으로 을국 농수산물 수출액을 나누면 $\frac{861}{110}$ 이다. 총 수입액의 5.5%인태국의 수입액 값으로 을국 농수산물 수입액을 나누면 $\frac{1375}{121}$ 이다. 양자를 비교 시 수입액의 분자 증가율이 더 크므로 전체 농수산물 수입액에서 을국으로부터의 농수산물 수입액이 차지하는 비율이 수출액이 차지하는 비율보다 더 크다.

오답해설

① 옳다. 수출액 상위 10개 국가 목록 중 수입액 상위 10개 국가에 없는 홍콩, 인도, 호주의 경우 수입액이 최대 62억 달러인 것을 고려하고 문제를 접근해야 한다. 해당 국가의 흑자를 묻고 있으므로, 갑국 수입액에서 수출액을 뺀 것이 양수인 국가를 찾으면 된다. 이는 중국, 태국, 한국, 인도네시아 4개국이다.

② 옳다. 2015년 갑국의 대 을국 집적회로반도체 수출액이 999백만 달러, 수입액이 817백만 달러로 수출액이 더 큰데, 전년대비 증가율은 수출액이 14.5%, 수입액이 19.6%로 수출액이 더 적게 증가한다. 따라서 2014년에 수출액이 수입액보다 큼을 알 수 있다.

③ 옳다. 갑국의 무역수지를 알기 위해 갑국의 총수출액, 수입액을 알아야 한다. 이는 총수출액에 대한 각 국의 비율 중 계산하기 쉬운 것을 찾아 접근한다. 수출액에서 홍콩이 차지하는 비율이 5%이므로 홍콩 수출액의 20배가 총수출액이다. 수입액의 경우 독일이 3.2% 차지하므로 그 33배가 총수입액보다 약간 작다. 전자의 경우 2,000억 달러, 후자의 경우 2,240억 달러이므로 수입액이 더 크다. 따라서 무역수지 적자이다.

⑤ 옳다. 수출액에서 전자제품이 차지하는 비율이 29.9%인데 이는 홍콩의 6배보다 약간 작다. 따라서 약 600억 달러이다. 수입액에서 차지하는 비율은 23.7%인데 이는 4.8%인 대만의 5배보다 약간 작다. 따라서 약 530억 달러이다. 따라서 전자제품 수출액이 더 크다. 또는 앞서 구한 총수출액, 수입액에서 전자제품의 비율을 곱해서 구해도 된다.

합격생 가이드

구체적인 계산을 하기 보단, 주어진 비율을 잘 이용하는 것이 중요하다. 특히 1000이나 그와 비슷한 수로 변환시키기 쉬운 국가를 찾아낸다면 어렵지 않게 풀 수 있다. ①의 경우 갑 국가의 무역에서 무역수지 흑자를 얻는 국가이므로 갑국에게는 적자를 입히는 국가임을 유의해야 한다.

03 복수의 표 답 ⑤

난도 상

풀이시간 2분

정답해설

ㄱ. 옳다. 각 지역의 전출자는 가로축을 더한 것이다. A지역 725명, B지역 685명, C지역 460명, D지역 660명이다. A지역이 가장 많다.

ㄷ. 옳다. C지역은 117명 늘고, D지역은 100명 늘어서 이를 더하면 D지역 인구가 가장 많다.

ㄹ. 옳다. C지역은 117명 증가했는데 A지역은 127명 감소해서 A지역이 가장 많이 변화했다.

오답해설

ㄴ. 옳지 않다. 각 지역의 전입자는 세로축을 더한 것이다. A지역 598명, B지역 595명, C지역 577명, D지역 760명이다. D지역이 가장 많다.

합격생 가이드

ㄱ과 같은 경우 실전에서 각 값을 계산하는 것은 비효율적이다. C의 경우 모든 값이 200 미만이므로 다른 지역보다 현저히 전출자가 적다. A, B, D 중에선 가장 큰 값이 300단위들의 차이를 구하고(각 값에서 300을 빼면 편하다) 그 차이값과 다른 지역 전출자들의 합을 비교하면 보다 용이하게 찾을 수 있다. 가평균을 사용하는 것도 좋은 방법이다.

ㄴ과 같은 경우에도 ㄱ과 같이 접근해도 되지만, C지역의 전입자가 실제로 577명인지 확인한다면, 옆에 D지역이 한눈에 봐도 그것보다 크므로 옳지 않음을 쉽게 파악할 수 있다.

04 복수의 표 답 ②

난도 상

풀이시간 3분 이상

정답해설

② 옳지 않다. 각주의 공식들을 활용하면

$$\frac{\text{세대별 일반관리비}}{\text{세대별 면적}} = \frac{\text{아파트 일반관리비 총액}}{\text{세대유형별 총면적의 합계}}$$의 관계를 도출할 수 있다.

이후 선지가 맞다고 가정하고 세대별 면적에 D의 값인 118.9를 대입하면 좌변은 약 304, 후변은 2470이므로 같지 않다. 따라서 '가' 세대는 D 유형이 아니다.

오답해설

① 옳다. 2013년 8월 '가' 세대 관리비는 242,020원인데 그 40%는 96,0000이 넘는다.

③ 옳다. 확인 결과 계속 감소한다.

④ 옳다. 주어진 온수 사용량 합계에서 9를 빼고 12로 나누는 것이 주어진 기간 동안 평균 온수 사용량이다. 200으로 어림하여 계산하면 약 16.60이다. 이보다 사용량이 큰 달은 2012년 11월, 2013년 1월, 2월, 3월, 4월, 5월로 6개이다.

⑤ 옳다. 210의 105를 곱해도 22,0500이며 그 4배는 97,359보다 작다.

합격생 가이드

필요한 작업은 아니나 ②에서 '가' 세대는 E 유형이다. 그러나 이를 찾는 계산이 더 어려우므로 해설의 방법으로 접근함이 효율적이다. 또한 구체적인 수치를 구하기 보다 좌변이 약 300임을 알았다면 세대유형 총면적의 합계에 300을 곱해서 아파트 일반관리 총액과 대소를 비교하여 쉽게 풀 수 있다. 핵심은 각주 공식들 간의 관계를 찾는 것이다.

관계를 찾기 힘들다면 다른 선지를 풀고 소거하여 답을 낼 수 있다. 그러나 기본적으로 관계를 찾기 어렵기 때문에 실전에서는 일단 풀지 않고 넘기는 것이 좋은 전략이다.

05 복수의 표 답 ①

난도 상

풀이시간 2분 40초

정답해설

① 옳지 않다. 2006년의 일본수역 내 한국어선 검거어선 수는 10척이며 그 벌금은 104.6백만 원이다. 따라서 어선 하나당 10.460이 나온다. 반면 2004년의 일본수역 내 한국어선 검거어선 수 19에 10만 곱해도 190으로 벌금보다 크다. 따라서 2006년의 한국어선 1척당 벌금이 2004년의 한국어선 1척당 벌금보다 높다.

오답해설

② 옳다. 2006년 한국수역 내 중국 불법조업 검거인원은 2005년에 비해 감소했고, 벌금은 증가했으므로 검거인원당 벌금은 2006년에 증가했다.

③ 옳다. 2008년 한국수역에서 검거된 중국어선은 432척인데, 이를 8로 나누면 매년 평균 40척 이상이 나와야 한다. 그러니 외국에서 검거된 한국어선들은 이보다 확연히 작다. 따라서 한국에서 검거된 중국어선이 더 많다.

④ 옳다. 2007년 일본수역에서 검거된 한국어선 1척당 검거인원은 8명이 약간 되지 않는다(8×15=120). 반면 한국수역에서 검거된 중국어선 1척당 검거인원은 9명이 넘는다.

⑤ 옳다. 2004년, 2005년 한국에서 검거된 중국어선 인원은 1,245로 이를 8로 나누면 약 1560이 나온다. 이를 기준으로 일본수역 내 한국어선 검거인원들의 차이값을 비교하면 일본수역에서 검거된 한국어선 검거인원이 더 많음을 알 수 있다.

합격생 가이드

③, ⑤처럼 가평균의 개념을 이용하는 연습을 하면 모든 값을 더해 평균을 계산하는 비효율을 줄이고 시간을 단축할 수 있다.

④ 494에 10을 곱한 4,940에서 494를 뺀 것이 4,795보다 큰 것을 생각하면 신속하게 답을 찾을 수 있다. 어림산 감각을 익히는 것이 필요하다.

06 복수의 표

답 ⑤

난도 상

풀이시간 3분

정답해설

ㄷ. 옳다. 2,000호 미만을 공급하는 구역은 을1구역, 2구역이다. 이들은 85m² 초과인 주택을 각각 340, 220호 공급한다. 이들의 5배는 1,700, 1,100으로 전체 공급호수보다 작다.

ㄹ. 옳다. 조례 제3조에 따르면 60m² 이하 공급호수가 기존 세입세대 이상이어야 한다. 이를 불만족시키는 구역은 을1구역, 을3구역 두 구역이다.

ㅁ. 옳다. 거주세대에서 자가와 세입의 크기를 비교하여 세입의 크기가 큰지 확인하면 모든 구역에서 세입이 자가보다 크다.

오답해설

ㄱ. 옳지 않다. 조례 제1조에서 각 사업대상구역별로 10분의 1이라고 하였으므로, 1구역 171, 3구역 211호를 공급하므로 총 382호이다. 2구역의 경우 조례 제1조의 단서에 의해 임대주택 공급에서 제외한다.

ㄴ. 옳지 않다. 갑2구역은 거주세대가 2,470 세대인데, 공급호수는 5,134이다. 2,470의 3배는 6,000이 넘기 때문에 공급호수는 기존 거주세대의 3배가 되지 않는다.

합격생 가이드

정확한 계산을 하는 것이 아니라 어림산이 필요하며, 50%의 경우 나머지 부분과 대소비교를 통해 쉽게 구할 수 있다.

07 복수의 표

답 ②

난도 상

풀이시간 2분 30초

정답해설

② 옳지 않다. 2005년 41~60세의 여자 연구책임자수에 이학과 인문사회 전공 여성 연구책임자수를 더한 후 전체 여성 연구책임자수를 빼면 183명이 나온다. 따라서 적어도 183명이 41~60세이면서 이학 또는 인문사회를 전공했다고 말할 수 있다.

오답해설

① 옳다. 2003년 31~40세와 51~60세 연구책임자수의 비중 차이는 3.2%p이다. 반면 2005년은 2%p이다. 2005년의 전체 연구책임자수가 2003년의 전체 연구책임자수보다 1.6배 많은 것이 아니므로 2003년의 31~40세와 51~60세 연구책임자수 차이가 더 크다.

③ 옳다. 전체 연구책임자를 〈표 1〉의 계에서 확인하면 계속 증가한다.

④ 옳다. 남자의 경우 97명에서 164명으로, 여자의 경우 90명에서 251명으로 증가했으므로 여성이 더 많이 증가했다.

⑤ 옳다. 2005년 공학 전공 남성 연구책임자수인 11,680명에서 41~50세 남성을 제외한 다른 연령대의 남성 수를 빼면 2,359명이다. 따라서 최소한 41~50세이면서 공학 전공인 남성책임자가 2,359명임을 알 수 있다.

합격생 가이드

①의 경우 직접 계산할 수도 있으나 자릿수가 커지는 경우 비중 계산이 훨씬 효율적이다. ②, ⑤의 경우와 같은 적어도 문제의 경우, 주어진 표의 비중이 정확한 값이라면 문제가 없으나 근삿값인 경우 답이 다르게 나올 수 있다. 따라서 적어도와 같이 매우 구체적인 숫자를 요구하는 경우에는 비중 접근보다는 직접 계산하는 것이 더 좋은 방법일 수 있다. ②, ⑤는 같은 유형이나 풀이법을 다소 다르게 했다. 하지만 그 원리는 같으므로 편한 것을 골라서 사용하면 된다.

CHAPTER
04 빈칸형

오답해설
② 옳지 않다. 중앙3합이 가장 큰 지원자는 유호이지만, 순위점수합 최고점자는 종현이다.
③ 옳지 않다. 전체합의 등수에서는 종현과 은진이 동점이지만, 중앙3합에서는 종현이 앞선다.
④ 옳지 않다. 전체합이 가장 큰 지원자는 유호이다.
⑤ 옳지 않다. 2등은 종현이다.

LEVEL I · 하급

01	02	03	04	05	06	07	08		
②	①	④	①	③	④	③	②		

---

01 빈칸형 답 ②

난도 하

풀이시간 1분 15초

정답해설
ㄱ. 옳다. 수면제 D의 평균 숙면시간은 5.2시간으로 C-D-A-B 순서로 평균 숙면시간이 긴 순서이다.
ㄷ. 옳다. 수면제 B와 수면제 D의 숙면시간 차이가 가장 큰 환자는 2시간의 차이를 보인 환자 '갑'이다.

오답해설
ㄴ. 옳지 않다. 환자 '무'의 수면제 C에서의 숙면시간은 6시간이다. 환자 '을'과 환자 '무'의 숙면시간 차이는 수면제 C에서 1시간, 수면제 B에서 2시간이므로 B가 C보다 크다.
ㄹ. 옳지 않다. 수면제 C의 평균 숙면시간보다 수면제 C의 숙면시간이 긴 환자는 '갑', '정', '무'로 총 3명이다.

> **합격생 가이드**
>
> 빈칸도 2개밖에 없고 계산도 아주 간단한 난도 최하 문항이다. 가끔 나오는 이런 쉬운 문제에서 실수하지 않도록 하자.
> 보기 하나하나에 정확성과 확신을 높여 'ㄱ'이 맞고 'ㄴ'이 틀리다는 걸 알았을 때 바로 ②를 체크할 수 있도록 하자. 시간을 절약할 수 있는 가장 간단한 방법이다.

02 빈칸형 답 ①

난도 하

풀이시간 1분 15초

정답해설
• 유호의 전체합은 33점, 중앙3합은 21점이다.
• 은진의 전체합은 28점, 중앙3합은 18점이다.
• 유호의 순위점수합은 10점, 은진의 순위점수합은 9점이다.
① 옳다. 종현의 순위점수합은 11점으로 유호와 은진보다 높다.

03 빈칸형 답 ④

난도 하

풀이시간 1분 15초

정답해설
ㄴ. 옳다. 2000년 15세 미만의 인구구성비는 21%이고 65세 이상의 인구구성비는 7.3%이다. 즉 65세 이상의 인구구성비는 15세 미만 인구구성비의 1/3 이상이다. (21÷3=7<7.3) 30% 이상이 된다.
ㄹ. 옳다. 1980년 15세 미만 인구 비율은 33.8%, 1985년 15세 미만 인구 비율은 29.9%다.

오답해설
ㄱ. 옳지 않다. 1990년 연령별 인구구성비를 살펴보면 15세 미만과 65세 이상 인구구성비의 합은 30.7%이다. 따라서 15~65세 미만 인구 비율은 70% 이하이다.
ㄷ. 옳지 않다. 해당 데이터로는 인구구성비만 알 수 있고 인구 수는 알 수 없다.

04 빈칸형 답 ①

난도 하

풀이시간 1분 30초

정답해설
① 옳지 않다. 흉년 빈도가 네 번째로 높은 지역은 황해이다.

오답해설
② 옳다. 세조5년의 흉년 지역 수는 5로 세조4년보다 많다.
③ 옳다. 흉년 빈도 총합은 36회이고, 경기, 황해, 강원 3개 지역의 흉년 빈도 합은 20회이다. 55.5%로 55% 이상을 차지한다.
④ 옳다. 경상의 흉년 빈도는 3회로, 충청이 경상의 2배이다.
⑤ 옳다. 흉년 지역 수가 5인 재위년은 세조5년과 세조12년으로 총 2번이다.

> **합격생 가이드**
>
> 차례대로 ○, ×를 넣으며 풀어나가면 어렵지 않게 풀 수 있다. 이때 흉년 빈도의 총합과 흉년 지역 수의 총합이 같다는 것을 이용하면 더블체크로 검산이 가능하다.

05 빈칸형

답 ③

난도 하

풀이시간 1분 30초

정답해설

ㄱ. 옳다. 출발지가 F인 경우 일본으로 표류한 횟수가 13회로 가장 낮다.

ㄹ. 옳다. 출발지가 C인 선박의 표류 횟수는 169회로 가장 많다.

ㅁ. 옳다. 출발지와 목적지가 같은 표류 횟수는 178회로, 133회보다 많다.

오답해설

ㄴ. 옳지 않다. F는 G보다 일본에서 가깝지만, 표류 횟수는 더 적다.

ㄷ. 옳지 않다. 목적지가 D인 표류 횟수의 합은 85회로, 표류 횟수가 3번째로 많다.

06 빈칸형

답 ④

난도 하

풀이시간 1분 30초

정답해설

ㄴ. 옳다. C후보의 지지자가 670명, D후보 지지자는 170명으로 740명보다 많다.

ㄹ. 옳다. 개신교 신자의 A후보 지지율은 $(130/400)\times100=32.5\%$, 가톨릭 신자의 C후보 지지율은 $(45/150)\times100=30\%$이다.

오답해설

ㄱ. 옳지 않다. (가)와 (나)는 130으로 같기 때문에 A후보의 지지자는 620명이고 C후보의 지지자는 670명이다.

ㄷ. 옳지 않다. A후보 지지자 중 개신교 신자와 불교 신자 수는 같다.

합격생 가이드

ㄹ을 판단할 때, 지지자 수나 전체에 대한 지지율이 아니라 종교별 지지율이라는 것에서 함정에 빠지지 않도록 하자.

07 빈칸형

답 ③

난도 하

풀이시간 1분 30초

정답해설

ㄴ. 옳다. 전체 판매량은 9030이다. 국외산 판매량은 144로, 20% 이상을 차지하려면 그 값의 5배가 전체 판매량보다 커야한다. 150으로 계산해도 5배가 750밖에 되지 않으므로, 국외산이 차지하는 비율은 20%가 되지 않는다. 따라서 국내산이 차지하는 비율은 80% 이상이다.

ㄷ. 옳다. 혈압계의 국외산 판매량은 23이다. 개인용 전기자극기의 국내산 판매량은 국외산 판매량의 13배가 넘는다. 이보다 큰 비율은 없으므로 옳다.

오답해설

ㄱ. 옳지 않다. 전체 가정용 의료기기 판매량은 9030이다. 전체 혈압계의 판매량은 1000이므로, 적어도 10% 이상을 차지한다.

ㄹ. 옳지 않다. 6위 이하의 가정용 의료기기 중 전체 판매량은 낮지만 국외산 판매량은 10 이상인 품목이 있을 수 있다.

합격생 가이드

ㄱ, ㄴ, ㄷ 모두 정확하게 계산하기보다는 비율을 통한 어림 계산으로 문제를 해결하도록 하자.

08 빈칸형

답 ②

난도 하

풀이시간 1분 30초

정답해설

② 옳지 않다. 1근의 무게는 $93\div155=0.6$kg이고, 황자총통의 총통무게는 $36\times0.6=21.6$kg이다.

오답해설

① 옳다. 주어진 제원 중 전체길이와 화약무게를 비교하기만 하면 된다.

③ 옳다. 제조년도가 가장 늦은 총통은 현자총통으로, 내경과 외경의 차이가 가장 크다.

④ 옳다. 정확한 계산을 통해 풀어내면 지자총통의 약통길이 비율이 가장 크다.

⑤ 옳다. 천자총통의 사정거리는 $1.01\times(900\div800)=1.136$km이다.

합격생 가이드

계산하기 까다로운 선지는 ②와 ④이다. 이 경우 계산이 필요없거나 계산이 비교적 간단한 다른 선지부터 해결한다. 만약 그중에 정답이 있다면 자신있게 정답을 고르면 되고, 그중에 정답이 없다면 남은 선지 중 더 계산하기 편한 선지 하나만 골라 계산하여 문제를 푸는 것이 좋다. 4개의 선지만 정확히 안다면, 정답은 구할 수 있다. 모든 선지를 알아야 한다는 강박에 빠지지 말자.

LEVEL II   중급

01	02	03	04	05					
④	②	④	④	③					

01   빈칸형

답 ④

난도 중

풀이시간 1분 30초

정답해설

ㄱ. 옳다. 과목 C의 점수는 철수 16점, 종미 14점이고, 철수의 Q_1은 61점, 종미의 Q_1은 63점이다.

ㄷ. 옳다. Q_2는 영희가 0.5, 철수가 2.0, 종미가 1.0이다.

오답해설

ㄴ. 옳지 않다. 상대적 능력은 표준점수로 측정된다. 상대적으로 영희는 과목 A를, 철수는 과목 C를 잘했고, 종미는 과목 A를 가장 못했다.

02   빈칸형

답 ②

난도 중

풀이시간 1분 30초

정답해설

ㄱ. 옳다. 철민의 A점수는 18점이고, 영희의 A점수는 16점이다. 영희의 E과목 점수가 17점 이상이면, 평균은 15점 이상이 되므로 '우수수준'이 될 수 있다.

ㄷ. 옳다. 상욱의 D점수를 알기 위해 수민의 D점수를 구하면 10점이다. 상욱의 B점수는 학생 전체 평균을 통해, 상욱의 D점수는 학생 전체 계를 통해 구하면 각각 13점과 15점이고 상욱의 평균은 14점으로 '보통수준'에 해당한다.

오답해설

ㄴ. 옳지 않다. 민수의 C점수는 15점이고, 은경의 C점수는 15점이다. 은경의 E과목 시험 점수가 0점이라 하더라도 평균이 12점으로 '기초수준'은 될 수 없다.

ㄹ. 옳지 않다. 민수의 C점수는 15점이고 철민의 A점수는 18점이다.

03   빈칸형

답 ④

난도 중

풀이시간 1분 45초

정답해설

④ 옳지 않다. 목표를 달성하지 못한 지표가 두 개 이상인 부서는 없다.

오답해설

① 옳다. 감사팀은 모든 지표를 만족한다.

② 옳다. 탄력근무제 활용지표를 달성하지 못한 부서는 인사과와 심사2팀, 연가사용지표를 달성하지 못한 부서는 심사1팀, 초과근무 사전승인지표를 달성하지 못한 부서는 운영지원과와 총무과로 총 5개이다.

③ 옳다. 심사3팀의 초과근무 사전승인지표는 98.9%로 가장 높다.

⑤ 옳다. 탄력근무제 활용지표가 두 번째로 높은 부서는 심사1팀인데, 심사1팀은 연가사용지표를 달성하지 못했다.

04   빈칸형

답 ④

난도 중

풀이시간 1분 45초

정답해설

ㄴ. 옳다. A사의 6월 주가는 11,000−5,400=5,600으로, 1월보다 높다.

ㄹ. 옳다. 4~6월 중 A사의 주가 수익률이 가장 낮은 달은 4월이고, 4월 B사의 주가는 전월 대비 하락하였다.

오답해설

ㄱ. 옳지 않다. 3~6월 중 주가지수가 가장 낮은 달은 5월인데, 5월 B사의 주가는 4월에 비해 오히려 증가하였다.

ㄷ. 옳지 않다. 2월 A사의 주가가 4,000, B사의 주가는 6,0000이 되면, 2월의 주가지수는 (4,000+6,000)÷(5,000+6,000)×100=90.9%이다. 10% 이하로 하락한다.

합격생 가이드

주가지수와 주가 수익률의 계산식을 통해 두 지표가 무엇을 의미하는지를 알면 빠르게 문제를 해결할 수 있다. 특히 주가지수의 경우 결국 해당 월의 A사 주가와 B사 주가를 합한 것에 대한 지표이므로, 쉬운 계산으로 치환할 수 있다.

05   빈칸형

답 ③

난도 중

풀이시간 2분

정답해설

주어진 〈조건〉을 방정식으로 나타내면 다음과 같다.

• A=1.5E, D=A+B, D=3B+C, E=2C+B
  외국의 직원 수는 총 7명이므로, C+3+3=7, 즉 C=1이다.
  이를 방정식에 대입하여 A, B, C, D, E를 모두 구하면, 다음과 같다.

• A=9, B=4, C=1, D=13, E=6

ㄱ. 옳다. 표훈원 직원 수는 11명으로, 전체 직원 수의 1/90이다.

ㄹ. 옳다. A+B+C+D=27이다.

오답해설

ㄴ. 옳지 않다. 법전조사국 서무과 직원 수 6명과 표훈원 서무과 직원 수 4명의 합은 10명으로, 법전조사국 조사과 직원 수인 12명과 다르다.

ㄷ. 옳지 않다. 법전조사국의 직원 수는 D+E+5+12=36이므로, 전체 직원 수의 30% 이상을 차지한다.

합격생 가이드

미지수는 총 5개, 〈조건〉을 통한 방정식은 4개이므로 추가적인 방정식 하나만 더 세운다면 연립방정식을 통해 5개의 미지수를 풀어낼 수 있다. A~E의 미지수만 풀면 문제 자체는 쉽게 풀 수 있다.

LEVEL Ⅲ 상급

01	02	03	04	05	06				
⑤	②	③	⑤	②	④				

01 빈칸형
답 ⑤

난도 상

풀이시간 1분 45초

정답해설

⑤ 옳다. 정식재판기소 인원과 약식재판기소 인원의 합은 기소 인원인데, 매년 기소 인원은 처리 인원의 절반이 되지 않는다.

오답해설

① 옳지 않다. 2017년 처리 인원은 전년대비 증가했지만, 기소 인원은 2016년에 비해 감소하였다.

② 옳지 않다. 2018년 기소 인원은 14,263명으로 2014년에 비해 증가했지만, 기소율은 오히려 감소하였다.

③ 옳지 않다. 2018년 불기소 인원은 23,889명으로 2017년의 19,039명보다 더 많다.

④ 옳지 않다. 2014년 불기소 인원은 19,449명이고, 정식재판기소 인원은 1,966명으로 10배가 되지 않는다.

합격생 가이드

대표문항에서도 설명했듯이 신속한 문제풀이를 위해 모든 빈칸을 구해서는 안 된다. 이 문항의 경우도 2016년, 2017년의 빈칸은 구하지 않고도 문제를 풀 수 있다.

②의 경우 2018년과 2014년을 비교해 보면, 두 해의 기소 인원은 거의 차이가 없는 데 비해 분모로 들어가는 처리 인원이 2018년에 크게 증가하였으므로 계산 없이도 2018년의 기소율이 더 낮다는 것을 알 수 있다. 정확한 계산 없이도 선지를 넘길 수 있어야 한다. 단, ④의 경우 정확한 계산이 필요하기 때문에 이 부분은 잘 짚고 넘어갈 수 있도록 하자.

02 빈칸형
답 ②

난도 상

풀이시간 2분 15초

정답해설

ㄴ. 옳지 않다. 2007년 코스닥 전체기업 매출액 증가율은 7.9%이다. 서비스 및 유통업 중 통신업의 매출액 증가율은 $(7.0-6.2) \div 6.2 \times 100 = 12.9\%$로, 7.9%의 2배가 되지 않는다.

ㄷ. 옳지 않다. 〈표 1〉에서 2005년 $(b/a) \times 100 = 47.0$이다. 2006년이 2005년에 비해 증가하므로, 지속적으로 감소하지는 않았다.

오답해설

ㄱ. 옳다. 2006년 코스닥 전체기업 매출 증가액은 5.5조 원, IT 기업 매출 증가액은 2.9조 원이므로, IT 기업의 성장기여율은 50% 이상이다.

ㄹ. 옳다. 성장기여율의 분모는 전체 매출 증가액과 같으므로, 해당 부분의 매출 증가액이 클수록 성장기여율이 크다. 제조업의 매출 증가액은 0.1조 원, 서비스 및 유통업의 매출 증가액은 2.1조 원이다.

03 빈칸형
답 ③

난도 상

풀이시간 2분 15초

정답해설

ㄱ. 옳다. C 마을의 경지면적은 $58 \times 1.95 = 113.1$ha이고, D 마을과 E 마을 경지면적의 합은 $(23 \times 2.61) + (16 \times 2.75) = 104.03$ha이다.

ㄹ. 옳다. (가구당 면적) ÷ (가구당 개체 수) = (개체 수당 면적) 임을 이용한다. 값을 구해보면 젖소와 돼지 모두에서 E 마을의 값이 D 마을의 값보다 크다.

오답해설

ㄴ. 옳지 않다. 가구당 주민 수가 가장 많은 마을은 A 마을이다. 하지만 가구당 돼지 수는 2.00으로 D 마을에서 가장 많다.

ㄷ. 옳지 않다. A 마을의 젖소 수가 80% 감소하면 18마리가 되고, A~E 마을 전체 젖소 수는 78마리가 된다. 이는 A~E 마을 전체 돼지 수인 769마리의 10% 이상을 차지한다.

합격생 가이드

ㄹ의 경우, 면적을 구하고 개체 수로 나누어 계산하는 것은 주어진 데이터를 완벽히 활용하지 못하는 것이다. 가구당 면적은 (면적/가구)이고, 가구당 개체 수는 (개체 수/가구) 이다. 따라서 가구당 면적을 가구당 개체 수로 나누면 (면적/개체 수)가 되어 1마리당 경지면적을 바로 구할 수 있게 된다.

04 빈칸형
답 ⑤

난도 상

풀이시간 2분 15초

정답해설

ㄴ. 옳다. 2016년 노령화지수는 119.3%로 100% 이상이므로, 노인인구가 유소년인구보다 많다는 것을 알 수 있다.

ㄷ. 옳다. 2016년 유소년 인구는 6,857.5천명, 생산가능인구는 36,207.5천 명이고, 노년부양비는 $8,181 \div 36,207.5 \times 100 = 22.6\%$이다.

ㄹ. 옳다. 2020년의 생산가능인구는 $9,219 \div 25.6 \times 100 = 36,011.7$천 명으로 예상되므로, 2030년의 2020년 대비 생산가능인구 감소폭은 600만 명 이상일 것으로 예상된다.

오답해설

ㄱ. 옳지 않다. 2030년 노인인구 인구수는 $48,941 \times 0.28 = 13,703.5$천 명으로, 2020년에 비해 약 48.6% 증가할 것으로 예상된다. 즉 증가율은 55%가 되지 않을 것이다.

합격생 가이드

노년부양비와 노령화지수의 계산식으로부터 인구수를 이끌어내야 하며, ㄱ, ㄷ, ㄹ은 어림 계산으로는 풀기 힘든 까다로운 문제이다. 다만 ㄴ의 경우는 노령화지수가 의미하는 바만 파악한다면 바로 풀 수 있기 때문에 ㄴ에서 시간을 줄여야 한다.

05 빈칸형

난도 상

풀이시간 2분 30초

정답해설

(가) 첫 번째 〈보고서〉에 따르면, '투신자살'은 27건으로 2013년 철도교통사상사고의 90%를 차지한다. 따라서 2013년 철도교통사상사고는 27÷9×10=30건이며, 2012년은 26건이다.

(나) 두 번째 〈보고서〉에 따르면, 2013년 철도안전사상사고건수는 피해자 유형 중 '직원' 수와 같다. 따라서 2013년 철도안전사상사고건수는 8건이고, 2012년은 1건 많은 9건이다.

(다) 2013년 철도안전사상사고건수가 8건이고 피해자 수도 총 8명이다. 사망, 중상, 경상을 당한 피해자 수 합이 8이어야 하므로, 2013년 중상을 당한 피해자는 3명이다.

(라) 2013년 운행장애가 총 3건이고, 세 번째 〈보고서〉에 따르면 '규정위반', '급전장애', '신호장애', '차량고장'을 제외한 원인 역시 총 3건이므로 2013년 '신호장애'로 인한 운행장애 건수는 0이다. 따라서 (라)는 이보다 1건 많은 1건이다.

(마) 2013년 운행장애 발생 현황에서 '규정위반', '급전장애', '신호장애', '차량고장'을 제외한 원인이 3건이므로, '기타'가 2건을 차지한다.

합격생 가이드

(가), (나), (다)만 구해도 답을 구할 수 있기 때문에 (라), (마)는 패스하고 넘어가도 좋다.

06 빈칸형

난도 상

풀이시간 2분 30초

정답해설

ㄴ. 옳다. LQ지수는 (해당 품목의 A시의 비율)÷(제조업 전체의 A시의 비율)로 치환할 수 있다. 2004년 가죽·가방 및 신발의 LQ 값은 5.80으로 가장 높으며, 해당 업종의 전국 생산액에서 A시가 차지하는 비율도 20.11로 가장 크다.

ㄹ. 옳다. 7.13÷3.34=2.13으로 2.0 이상이다.

오답해설

ㄱ. 옳지 않다. 〈표 1〉에서 음식료품 행으로부터 알 수 있다. 2005년 음식료품의 전국 생산액은 증가한 반면 A시 생산액은 감소했으므로 2004년에 비해 감소한다.

ㄷ. 옳지 않다. 가죽·가방 및 신발의 LQ지수는 2005년에 증가했지만, 해당 업종의 전국 생산액에서 A시가 차지하는 비율은 20.04%로 감소했다.

합격생 가이드

LQ 지수를 계산하기 편하게 치환할 수 있어야 한다. 위에 제시된 것처럼 LQ 값=(해당 품목의 A시의 비율)÷(제조업 전체의 A시의 비율)로 치환하면 더 쉽게 문제를 풀 수 있다.

CHAPTER
05 매칭형

| LEVEL Ⅰ | 하급 |

01	02	03	04	05	06	07	08		
①	②	①	③	⑤	②	③	①		

01 매칭형   답 ①

난도 하

풀이시간 1분 40초

정답해설

첫 번째 조건에 따르면, 발효식품개발기술과 환경생물공학기술은 미국보다 한국의 점유율이 더 높기 때문에 A와 B는 이 둘이 될 수 없다. A와 B는 미국이 40% 이상 차지하고 있고, 전세계 특허 건수 단위가 매우 커서 한국보다 미국의 특허건수가 더 많기 때문이다. (③ 소거)

두 번째 조건에 따르면, 동식물세포 배양기술에 대한 미국 점유율은 생물농약개발기술에 대한 미국 점유율보다 높은데 남은 선지 모두 이를 충족한다.

세 번째 조건에 따르면, 유전체기술에 대한 한국의 점유율과 미국 점유율의 차이가 41%p 이상인 바, B가 유전체기술이다. (④, ⑤ 소거)

네 번째 조건에 따르면, 환경생물공학기술에 대한 한국 점유율이 25% 이상인 바, D가 이에 해당한다. (② 소거)

따라서 답은 ①이 된다.

합격생 가이드

세 번째 조건을 판단함에 있어 A에서 두 국가의 점유율 차이가 41%p 나기 위해선 한국이 6.6% 이하를 차지해야 하며, B에서 두 국가의 차이가 41%p 차이가 나기 위해선 한국이 4.6% 이하를 차지해야 한다. 170,000의 5%가 8,5000이며 여기서 850을 빼도 한국 특허건수보다 많다는 걸 고려하면 쉽게 답을 찾을 수 있다.

첫 번째 조건에서 이미 동식물세포배양기술과 유전체기술이 A 혹은 B임을 알 수 있음으로, 이하 조건을 판단할 때는 이를 생각하여 불필요한 계산을 피하는 것이 중요하다.

02 매칭형   답 ②

난도 하

풀이시간 1분 30초

정답해설

2018년 전체 종사자수 대로 나열하면 A, C, B, D 순이다.

첫 번째 조건에 따르면, A와 B는 통신이 될 수 없다. (③, ④ 소거)

두 번째 조건에 따르면, A가 종이신문이다. (⑤ 소거)

세 번째 조건에 따르면, B가 방송이다. (① 소거)

네 번째 조건에 따르면, C가 인터넷 신문이 된다. (①, ③, ⑤ 소거)

따라서 답은 ②이다.

합격생 가이드

실전에서는 세 번째 조건까지만 적용하면 답을 도출할 수 있으며, 네 번째 조건을 적용하는 것은 시간 낭비이다.

두 번째 조건에서 정규직 여성의 숫자가 A가 월등히 많음을 파악하면 빠르게 판단할 수 있다. 세 번째 조건의 경우 비정규직 종사자 수에 5배를 곱하여 비교하면 쉽게 비교 가능하다. 굳이 확인을 한다는 것은 PSAT과 같이 시간을 다투는 시험에서 치명적으로 작용할 수 있다. 다시 검토하는 것보다 한 번 풀 때 정확하게 하는 것이 더 효과적인 전략이다.

다만 해당 문제와 같이 선지의 순서 나열에 특별한 조건이 붙은 경우 알파벳을 나열하고 시작하는 것이 헷갈린다면 먼저 매칭을 하고 이후에 배열하여 답을 찾는 것도 괜찮은 방법이다.

03 매칭형   답 ①

난도 하

풀이시간 1분 10초

정답해설

첫 번째 조건에 따르면, A와 C는 브라질과 사우디가 될 수 없다. (⑤ 소거)

두 번째 조건에 따르면, D가 브라질이다. (②, ④ 소거)

세 번째 조건에 따르면, A가 남아공이다. (③ 소거)

답은 ①이 된다.

합격생 가이드

인구를 계산할 때 구체적인 값을 구할 필요가 전혀 없다. 두 번째 조건의 경우 A~D 중 총배출량을 1인당 배출량으로 나눈 값이 가장 큰 국가를 찾으면 그것이 브라질이다. 마찬가지로 남은 A와 C 중에 인구가 더 큰 국가가 남아공이 된다.

04 매칭형 답 ③

난도 하

풀이시간 1분 30초

정답해설

첫 번째 정보에 따르면, A와 B는 병과 정이 될 수 없다. (④, ⑤ 소거)

두 번째 정보에 따르면, B가 갑이 된다. 요금할인은 기종과 상관없이 동일하게 적용되며, 공시지원금 혜택이 요금할인보다 크려면 공시지원금이 커야 하기 때문이다. (①, ④, ⑤ 소거)

세 번째 정보에 따르면, C가 정이다. (② 소거)

답은 ③이 된다.

합격생 가이드

두 번째 정보를 확인하기 위해 각각의 월별 요금을 구할 필요가 없다. 해설에서 설명했듯이 요금할인은 기종과 상관없이 동일하게 적용되기 때문에 월별요금이 공시지원금일 때 더 적게 나오기 위해선 공시지원금이 커야하기 때문이다.

세 번째 정보의 경우에도, ②, ③만 비교하면 되는 상황이기 때문에, C와 D에 한정지어서 보면 되며, 공시지원금 차이는 4만 원밖에 나지 않음에도 불구하고 기종 가격차이가 월등히 많이 나기 때문에 쉽게 답을 찾을 수 있다.

05 매칭형 답 ⑤

난도 하

풀이시간 1분 30초

정답해설

첫 번째 조건에 따르면, A, B, D는 궐련 또는 김이 될 수 없다. (①, ② 소거)

두 번째 조건에 따르면, B가 면화이다. (③ 소거)

세 번째 조건에 따르면, A가 사과이다. (①, ② 소거)

네 번째 조건에 따르면 김은 E다. (④ 소거)

답은 ⑤가 된다.

합격생 가이드

세 번째 조건은 이미 두 번째 조건 적용 이후 선지에서 사과가 A로 확정되므로 적용할 필요가 없다.

네 번째 조건은 C와 D 혹은 E와 D만을 비교하여 소거하면 된다.

06 매칭형 답 ②

난도 하

풀이시간 1분

정답해설

〈보고서〉 첫 번째에서 A국은 2006년 4분기 소매판매 증가율과 수출 증가율이 3분기보다 감소해야 한다. 따라서 '가', '다'는 A가 될 수 없다. (③, ④, ⑤ 소거)

〈보고서〉 두 번째에서 B국은 수출이 2005년에 2분기 이후 수출 증가율이 매분기 감소해야하므로 '가'는 B국이 될 수 없다. (① 소거)

답은 ②가 된다.

합격생 가이드

소거법을 이용한다면 매우 빠르게 답을 낼 수 있는 문제다.

07 매칭형 답 ③

난도 하

풀이시간 1분

정답해설

첫 번째 조건은 강원도의 (가) 종교 비율과 충청도의 (다) 종교인 비율을 합친 것이 경기도의 (나) 종교 비율과 같단 것이다. (나) 종교 비율은 모든 지역에서 30%대이고, (다)는 모든 지역에서 10%가 넘어가기 때문에 A, B, D는 충청도가 될 수 없다. (나) 종교인의 비율을 고려하면, (다)에서 충청도가 될 수 있는 것은 B뿐이다. (②, ④ 소거)

그리고 경기도가 될 수 있는 것은 A, D뿐이다. (①, ⑤ 소거)

답은 ③이 된다.

추가적으로 두 번째 조건을 적용해보면, (가)와 (다)의 구성비를 고려할 때 가능한 것은 A, E가 강원도 혹은 경기도이고, C가 전라도인 것이다. 이를 통해 매칭해보면

A : 경기도, B : 충청도, C : 전라도, D : 경상도, E : 강원도가 된다.

합격생 가이드

우리가 할 일은 답을 맞히는 것이지 모든 항목을 매칭시키는 것이 아니다. 이처럼 소거법을 쓰면 첫 번째 조건만 보고 쉽게 답을 낼 수 있으므로 소거법을 연습하도록 하자.

08 매칭형 답 ①

난도 하

풀이시간 1분

정답해설

첫 번째 조건에 따르면 헝가리는 A다. 또한 세르비아와 루마니아는 D 또는 E다. (② 소거)

두 번째 조건에 따르면 체코는 B고, 불가리아 C, 세르비아 E가 된다.

정답은 ①이 된다.

합격생 가이드

문제가 매우 쉬워서 소거법이 아니라 바로 매칭시키는 것이 더 빠르나, 큰 차이는 없다.

LEVEL Ⅱ 중급

01	02	03	04	05					
⑤	③	④	④	①					

01 매칭형   답 ⑤

난도 중

풀이시간 2분

정답해설

첫 번째 보기에 따르면 A와 C는 시내버스와 농어촌버스가 될 수 없다. 또한 B와 D는 시외일반버스와 시외고속버스가 될 수 없다. (①, ② 소거)

두 번째 보기에 따르면, A가 시외고속버스이다. (③ 소거)

세 번째 보기에 따르면, D는 농어촌 버스일 수 없다. (④ 소거)

답은 ⑤가 된다.

합격생 가이드

두 번째 조건의 경우, 시외고속버스는 A와 C에서만 나온다는 것을 고려하면 불필요한 계산을 피할 수 있다.

세 번째 조건의 경우, B와 D 중 업체당 보유대수가 매년 감소하는 것을 찾아야 한다. 이때 계산이 어려울 수 있는데 D를 보면 2008년에 작년보다 분모인 업체 수는 감소했는데 분자인 종사자수는 증가했으므로 업체당 종사자가 수가 증가한 것을 알 수 있다. 이런 방식이라면 불필요한 계산을 하지 않을 수 있다.

02 매칭형   답 ③

난도 중

풀이시간 2분

정답해설

첫 번째 조건에 따르면 C는 종합병원 또는 치과가 될 수 없다. (② 소거)

두 번째 조건에 따르면 B와 C는 종합병원이 될 수 없고 A, D는 안과가 될 수 없다. (①, ②, ④ 소거)

남은 선지를 통해 A가 종합병원임을 알 수 있다.

세 번째 조건에 따르면 남은 것들 중 등록 의료기관 수가 가장 많은 D가 치과가 될 수 없다. (⑤ 소거)

따라서 답은 ③이 된다.

합격생 가이드

30%를 구할 때는 개설 의료기관수에 3을 곱해서 앞에 두 자리 정도를 등록 의료기관수랑 비교하면 간단히 파악할 수 있다.

03 매칭형   답 ④

난도 중

풀이시간 2분

정답해설

첫 번째 조건에 따르면, '가'가 경기도 '다'가 충청도다. 3·1 운동 참여자 수에 5배를 곱해 성립하는 관계가 이 둘밖에 없기 때문이다. 남은 조건들을 살펴볼 때 다른 것들은 불확실한 정보 2개를 나열하나, 네 번째 조건은 확실한 정보인 경기도와 불확실한 평안도를 이야기하므로 네 번째 조건을 먼저 푸는 것이 효율적이다.

네 번째 조건에 따르면, 평안도는 '라'이다. 두 번째 조건은 경상도를 찾는 데 영향을 주지 못한다.

세 번째 조건에 따르면, 남은 '나'와 '마' 중 경상도는 '마'가 되며 전라도는 '나'가 된다.

이를 기반으로 선지를 분석하여야 한다.

④ 옳다. 일제관헌 사상자가 가장 많이 발생한 지역은 '라' 평안도이다.

오답해설

① 옳지 않다. 가장 많은 3·1 운동이 일어난 곳은 '가' 경기도이다.

② 옳지 않다. 3·1 운동 참여자 수가 두 번째로 적은 지역은 '마' 경상도이다.

③ 옳지 않다. 일제관헌 부상자가 가장 많이 발생한 지역은 '다' 충청도이다.

⑤ 옳지 않다. 충청도 3·1 운동 참여자 수의 0.5%는 604명이나 사망자 수는 590명이다.

합격생 가이드

해당 문제 역시 전형적인 매칭형과 다르며, 모든 매칭을 완료한 후에 선지를 풀 수 있다는 점에서 까다롭다. 다만 선지 자체는 쉬운 편이므로 난도 자체는 높지 않다.

매칭을 할 때 확실한 정보를 먼저 처리해야 한다. 첫 번째 조건과 같은 유형의 경우 가장 작은 값에 5배를 곱한 것이 얼마나 되는지를 파악해보는 것으로 간단히 해결 가능하다. 만약 이를 통해 해결되지 않는다면 불가능한 것들만 체크하고 다른 조건으로 넘어가야 한다. 그리고 자료가 두 개이므로 자료를 혼동하지 않도록 주의해야 한다.

04 매칭형   답 ④

난도 중

풀이시간 1분 30초

정답해설

첫 번째 조건에 따르면, '라'가 오그덴이다.

두 번째 조건에 따르면, '다'는 프리토리아가 될 수 없다.

세 번째 조건에 따르면, '나'는 르망이 될 수 없다.

네 번째 조건에 따르면, '나'는 프리토리아가 될 수 없다.

따라서 '가'가 프리토리아고, '다'가 르망이며, '나'가 펠로타스다.

이를 기반으로 선지를 풀어야 한다.

가-프리, 나-펠로, 다-르망, 라-오그

④ 옳지 않다. 옥수수 경지면적의 비중이 제일 큰 지역은 프리토리아다.

① 옳다. 밀 경지면적은 르망이 더 크다.

② 옳다. 프리토리아 옥수수 경지 면적은 19.7%다.

③ 옳다. 펠로타스가 귀리 경지면적 26.1%로 가장 크다.

⑤ 옳다. 오그덴의 귀리 경작면적이 13.3%고, 펠로타스가 26.1%다, 오그덴의 경지면적이 펠로타스의 2배라면 오그덴의 경지면적은 펠로타스 전체 경작면적의 26.6%가 돼서 더 크다.

합격생 가이드

먼저 매칭을 한 후에 선지 정오를 판단하는 문제이다. 매칭과 정오 판단 모두 어렵지 않은 문제이다. 다만 곡물들의 그래프를 혼동하지 않도록 주의할 필요가 있다.

05 매칭형 답 ①

난도 중

풀이시간 1분 30초

정답해설

첫 번째 조건에 따르면 언어논리적 사고능력과 창의적 사고능력은 사교육 경험과 무관하게 연령이 증가함에 따라 증가했다. (ⓒ 소거)

두 번째 조건에 따르면, 언어논리적 사고능력은 사교육 경험이 있는 유아가 더 높게 나타났다. (ⓛ, ⓒ 소거)

세 번째 조건에 따르면, 언어논리적 사고는 증가율이 50%p 이상 증가해야 하며 이는 ㉠, ㉣ 둘 다 만족시킨다. 또한 창의적 사고능력은 증가율이 1%p 미만 차이가 나야한다. ㉠의 경우 사교육 유무와 관계없이 창의력의 4세, 6세의 수치가 비슷하다. 반면 ㉣의 경우 사교육 없이는 약 40% 증가했으며, 사교육을 받은 경우, 50% 증가하였으므로 소거된다. (㉣ 소거)

답은 ①이 된다.

합격생 가이드

모든 조건에 따라 각각을 확인하기 보단, 조건별로 하나씩 소거해가는 것이 훨씬 효율적이다. 그리고 증가율의 경우 어림산으로 계산하는 것도 방법이나, 해당 문항에선 1%p 단위를 묻고 있으므로 어림산에 있어서 신중을 기할 필요가 있다.

01	02	03	04	05	06				
④	③	①	①	②	⑤				

01 매칭형 답 ④

난도 상

풀이시간 2분 30초

정답해설

첫 번째 조건에 따르면, 수입액의 증가폭은 〈표〉의 2015년과 2016년 상품수출액 변화폭에서 〈그림 1〉의 2015년과 2016년 상품수지 변화폭을 빼서 구할 수 있다. A와 C의 증가폭이 10으로 동일하며, B, D, E는 을 또는 정이 될 수 없다. (②, ⑤ 소거)

두 번째 조건에 따르면, 서비스수입액의 동일 여부는 〈표〉의 2015년과 2016년 서비스수출액 변화폭에서 〈그림 1〉의 2015년과 2016년 서비스수지 변화폭을 빼서 확인할 수 있다. 그 값이 0인 것은 B, C, E이며 따라서 A, D는 을, 병, 무가 될 수 없다. (①, ②, ③ 소거)

세 번째 조건에 따르면, A, C, D는 병 또는 무가 될 수 없다. (③, ⑤ 소거)

네 번째 조건에 따르면, A는 갑 또는 병이 될 수 없다.

답은 ④가 된다.

합격생 가이드

실전에서는 두 번째 조건까지만 하면 답을 알 수 있다. 그 이하 검토는 불필요하다. PSAT은 시간싸움임을 기억해야 한다.

그리고 첫 번째, 두 번째 조건에서 직접 수입액을 구하는 것도 하나의 방법이다. 편한 방법을 선택하면 된다.

02 답 ③

난도 상

풀이시간 3분

정답해설

해당 문항은 조건을 연속적으로 적용하는 방식으로 조합을 줄여나가야 한다.

첫 번째 조건을 적용하면, 세종은 A, B가 될 수 없다.

두 번째 조건을 적용하면, A가 서울일 때 B는 부산, 대구, 인천, 광주, 대전, 울산이 될 수 있으며, A가 부산일 때 B는 광주, 대전, 울산이 될 수 있다.

세 번째 조건을 적용하면, A가 서울일 때 B는 광주, 대전이 될 수 있으며 A가 부산일 때 광주, 대전이 될 수 있다.

네 번째 조건을 적용하면, A가 서울, B가 광주이다.

이를 바탕으로 수치를 비교하면 답은 ③이 된다.

합격생 가이드

해당 문제는 보이는 것보다 더 어려운 문제이며, 새로운 유형의 매칭형이다. 순서대로 단계를 적용해보면서 A와 B 조합을 소거해야 한다. 당시 새로운 유형이었고 기존의 매칭형보다 까다롭기 때문에, 실전에서 이처럼 까다로운 신유형을 만난다면 풀지 않고 넘어가는 것도 좋은 전략이다.

03 매칭형

답 ①

난도 상

풀이시간 3분

정답해설

첫 번째 조건에 따르면, B, E는 GF환경이 될 수 없다.

두 번째 조건에 따르면, B, E는 GF환경이 될 수 없다.

세 번째 조건에 따르면, A, B, E는 과천파밍이 될 수 없다. (②, ⑤ 소거)

네 번째 조건에 따르면, ③이 소거된다. 각 선지의 구성이 맞다고 가정할 때 B가 블루테크, E가 OH케미컬인 것은 불가능하기 때문이다.

다섯 번째 조건에 따르면, KOREDU는 A가 된다. 다른 어떤 것과 TB기술의 매출액을 조합해도 과천파밍의 매출액이 나오지 않기 때문이다. (④, ⑤ 소거)

답은 ①이 된다.

> **합격생 가이드**
>
> 문항에 빈칸이 많고 매칭시켜야 할 것들도 많아서 어려운 문제이다. 보통 매칭형은 시간을 단축시키기 좋으나 이처럼 확정적인 정보가 없는 경우 생각보다 오랜 시간이 걸릴 수 있다.
>
> 그러나 우리의 목적은 답을 찾는 것이지 각 알파벳이 정확히 어떤 기업인지 아는 것이 아니다. 따라서 이처럼 순서대로 소거하거나, 혹은 확정적인 정보로 알 수 있는 것들을 제거하고, 남은 선지들 각각이 맞다고 가정하고 하나씩 소거하는 방법 등으로 넘어가는 것이 효율적이다.
>
> 실전에서 쉽게 매칭되지 않을 것 같다면 넘어가는 것도 좋은 방법이다.

04 매칭형

답 ①

난도 상

풀이시간 2분 30초

정답해설

선지를 봤을 때 A와 B가 동식물상, 문화재 둘 중 하나임을 알 수 있다. 〈표 1〉을 보면 B는 전문가순위에서 6등이다. 소음은 5등이며 7등은 자연경관이다. 그런데 최종등급을 보면 소음이 6등이며, 자연경관은 〈표 2〉의 평균중요도 순위를 고려하면 소음보다 등수가 높다. 따라서 7등은 평균중요도 순위에서 7등을 한 문화재가 되어야 한다. 이를 위해선 문화재가 B여야 한다. 그리고 자연스럽게 동식물상이 A가 된다.

대기질은 수질과 종합순위값이 같지만, 평균중요도 순위에서 더 높기 때문에 등급산정방식에 따라 2위가 된다. 답은 ①이 된다.

> **합격생 가이드**
>
> 해당 문제는 〈표 1〉, 〈표 2〉의 순위를 먼저 매기는 것이 그렇게 어렵지 않으므로 빠르게 순위를 매기고 매칭하는 것이 쉽다. 〈표 2〉가 순위를 매기기 다소 어려울 수 있는데, 가평균 개념을 활용한다면 신속하게 구할 수 있다.

05 매칭형

답 ②

난도 상

풀이시간 2분 30초

정답해설

나올 수 있는 점수의 총합은 (120×3+30)으로 390이다. 이때 (가)는 축구에서 우승해 70점을 받았음에도 준우승도 하지 못했다. 이를 고려하면 남은 3팀이 최소 100점 이상씩을 받았음을 알 수 있다. 따라서 우승한 (나)가 120점, 준우승한 (다), (라)가 100점씩 점수를 얻었을 것이다.

이러한 결과를 위해선 (나)는 우승과 준우승을 한 번씩 했으며, (다)가 우승 한 번에 가산점, (라)가 준우승 두 번을 하는 방법밖에 없다. 따라서 (다)는 C에 배정된다. 그리고 (다)와 (나)가 야구 결승에서 만나기 위해선 (나)가 A에 배정될 수 밖에 없다. 따라서 (나)가 A, (다)가 C, (라)가 (B)가 된다. 정답은 ②가 된다.

> **합격생 가이드**
>
> 해당 문제는 일반적인 매칭형과 매우 다르다. 상황판단영역과 같은 접근이 필요하다. 총점이 가산점을 포함하여 390점인 것을 파악한 후, 70점을 얻은 (가)가 준우승도 하지 못한 것을 생각해야 한다. 이를 고려하고 문제를 접근한다면 굳이 여러 개의 경우의 수를 생각할 필요 없이 문제가 풀린다.
>
> 혹은 두 번 우승한 팀이 없다는 것을 고려하여, 팀 간의 점수차가 얼마 나지 않는다는 것을 캐치하는 것도 방법이다. 특히 준우승을 3번한 팀이 나올 수 없단 것을 파악한다면, 위의 방법과 마찬가지로 120점, 100점, 100점, 70점을 적절히 배분하는 아이디어를 생각해낼 수 있다.

06 매칭형

답 ⑤

난도 상

풀이시간 2분

정답해설

관계 차별성의 의미는 공통적으로 연결된 직급의 수이며, 이 정의를 기반으로 선지를 풀어야 한다. A와 C의 경우 B와 D에 공동으로 연결되어 있다. B와 D가 직급이 같다면 관계 차별성은 1이고, 다르다면 2다.

B와 D의 경우 A, C, E와 공동으로 연결되어 있다. B와 D의 직급이 같을 경우 A, C의 관계 차별성이 1이므로, B와 D의 관계 차별성이 1이어야 한다. 이를 위해선, A, C, E의 직급이 같아야 한다. (③, ④ 소거)

남은 것은 B, C의 직급이 다른 경우이므로 이 때 A, C의 관계 차별성은 2다. 따라서 A, C, E 안에 직급이 2개 있어야 한다. (①, ② 소거)

답은 ⑤가 된다.

> **합격생 가이드**
>
> 해당 문제는 A, B, C, D, E의 매칭보다는 조건을 이해하는 것이 어려운 문제다. 다만 조건을 이해한다면, 이를 기반으로 각각의 선지를 쉽게 소거할 수 있다. 조건이 이해하기 어려울 때는 보통 주어진 예시를 보면 쉽게 이해할 수 있다. 자료해석에서 예시는 보통 문제 이해에 도움되는 유용한 재료임을 명심하자.

CHAPTER
06 전환형

01	02	03	04	05	06	07	08	
④	③	①	④	①	④	③	①	

01 전환형 답 ④

난도 하

풀이시간 1분 40초

정답해설

④ 옳지 않다. '무직'을 제외한 직업 유형에 속한 학대행위자는 359명이다. '공무원', '전문직', '사무종사자' 합은 44명이므로, 10.0%보다 크다.

합격생 가이드

전환형 문제 중 〈보고서〉를 그래프나 표로 바꾸는 유형이다. 특히 이 문제는 쉽게 답을 고를 수 있다. 〈보고서〉 내용 전개 순서와 선지 순서가 일치해서 한 문단씩 대응시켜 읽으면 된다. 또 대부분의 선지가 계산을 요하지 않고, 단순 확인만 하면 된다.

이렇게 쉬운 문제의 특징은 정답 선지가 뒤쪽에 배열된다는 것이다. 누구나 쉽게 정답을 구할 수 있기 때문에, 조금이라도 시간을 소비하도록 하는 것이다. 문제를 훑어보고 너무 쉽다면, 뒤에서부터 확인하는 것도 시간을 아끼는 전략이 될 수 있다.

02 매칭형 답 ③

난도 하

풀이시간 1분 50초

정답해설

③ 옳지 않다. '단말기 브랜드'와 '이동통신사'를 고려한다는 응답 비율은 각각 30.7%, 25.2%이다. 이 둘을 모두 고려하는 비율은 나타나 있지 않으며, 적어도 25.2% 이하일 것이다.

오답해설

① 옳다. 가장 높은 비율을 차지하는 연령대는 30대로 27.6%이며, 가장 낮은 비율을 차지하는 연령대는 60대 이상으로 2.1%이다. 이 두 집단의 비율 차이는 25.5%p이다. 한편, 스마트폰 비이용자 중 40대 이상은 84.0%(17.8+25.7+40.5)이다.

② 옳다. 스마트폰 이용자는 총 3,701명이므로, 매일 TV를 시청하는 사람은 2,200명 이상이다. 한편 스마트폰 비이용자는 총 2,740명이고 TV를 시청하지 않는 비율은 3.3%인 반면, 스마트폰 이용자는 총 3,701명이고 TV를 시청하지 않는 비율은 6.5%이다. 스마트폰 이용자의 총 수가 더 많고, TV를 시청하지 않는 비율도 높으므로 당연히 TV를 시청하지 않는 스마트폰 비이용자가 TV를 시청하지 않는 스마트폰 이용자보다 적다.

④ 옳다. '이동 중' 비율은 'TV 프로그램', '라디오 프로그램', '영화', '기타' 각각 50.3%, 57.9%, 51.5%, 42.3%로 가장 높다. 한편 '영화' 콘텐츠를 '이동 중'에만 이용하는 사람은 최대 51.5%이고, 최소 20.8%(100−34.3−30.0−11.1−3.8)이다.

⑤ 옳다. 스마트폰 비이용 이유 조사에서는 복수응답이 없으므로, '불필요해서'를 선택한 사람과 '이용요금이 비싸서'를 선택한 사람은 총 66.7%이다. 이는 2,740명의 2/3보다 크므로 1,800명 이상이다.

합격생 가이드

④에서 '이동 중'의 비율이 높은지 일일이 비교해 보았는가? 하나의 비율이 50%를 초과한다면, 그 항목은 항상 비중이 가장 높은 것이다. 'TV 프로그램'에서 '이동 중'의 비율이 50.3%인 것만 확인하면 다른 항목은 보지 않아도 된다.

⑤에서 2,740의 2/3을 구하는 것보다, 1800×1.5와 2,740을 비교하는 것이 빠르다.

03 전환형 답 ①

난도 하

풀이시간 1분 50초

정답해설

ㄴ. 옳다. 〈보고서〉 두 번째 문단에서 밝힌 것처럼 2018년 청소년활동을 가장 희망하는 시간대가 '학교 수업시간 중'(43.7%)이고, '기타'를 제외하고 '방과 후'가 7.8%로 가장 낮다.

ㄷ. 옳다. 〈보고서〉 두 번째 문단에서 밝힌 것처럼 2018년 청소년활동 참여형태는 '학교에서 단체로 참여'(46.0%), '교내 동아리활동으로 참여'(17.5%), '개인적으로 참여'(12.3%) 순이다.

오답해설

ㄱ. 옳지 않다. 2018년 청소년활동 9개 영역 중 3순위는 72.5%를 차지한 '진로탐색·직업체험활동'이다. 〈보고서〉 첫 번째 문단의 내용과 부합하지 않는다.

ㄹ. 옳지 않다. 2018년 청소년활동 정책 인지도 점수는 최대 1.44점이다.

합격생 가이드

〈보고서〉 세 번째 문단에서 '전반적 만족도', '지도자 만족도' 등에 대한 자료는 선지에 나타나 있지 않다. 여기에 현혹되지 말고, 선지에서 묻는 것에만 집중하자.

04 전환형

답 ④

난도 하

풀이시간 2분

정답해설

④ 옳지 않다. 일용근로자 수급가구가 전체에서 차지하는 비율이 65% 이상이려면, 일용근로자 수급가구 수가 상용근로자 수급가구의 수의 2배 이상이어야 한다. 그러나 2009년 이후 모든 연도에서 성립하지 않는다.

오답해설

① 옳다. 2009년 이후 매년 수급가구의 수가 미수급가구 수의 4배 이상이므로, 수급가구가 차지하는 비율이 매년 80% 이상임을 알 수 있다.

② 옳다. 2009년, 2010년 부부가구의 수는 단독가구의 3배 이상 4배 이하이므로 부부가구가 차지하는 비중이 70%대이다. 2011년의 경우 전체 수급가구가 542(천가구)이므로 부부가구의 비중은 72.8%이다. 한편 2012년의 경우 부부가구의 수가 단독가구의 4배 이상이므로 부부가구의 비중은 80%를 넘는다.

③ 옳다. 2012년 60대 이상 수급가구는 104(천가구)이므로 전년도 4(천가구)에 비해 25배 이상이 되었다.

⑤ 옳다. 2009년에는 자녀 2인 가구의 비율이 46.0%로 가장 많으나, 2010년, 2011년에는 자녀 1인 가구가 각각 47.2%, 49.0%로 가장 많다.

합격생 가이드

비율을 어떻게 계산할 것인가? 가장 좋지 않은 방법은 분모와 분자를 가지고 정확히 계산하는 것이다. PSAT 자료해석은 누가 계산을 잘 하는지를 평가하는 시험이 아니다. 더 쉽고 간단하게 접근하는 방법을 계속해서 고민해 보자.

05 전환형

답 ①

난도 하

풀이시간 2분

정답해설

ㄱ. 옳지 않다. 1910년 경기도 인구가 전국 인구에서 차지하는 비중은 약 10.5%이다. 그러나 1942년 경기도 인구가 전국 인구에서 차지하는 비중은 약 12%이다.

오답해설

ㄴ. 옳다. 전국 인구는 증가하는 추세이나 남녀인구는 각각 15,000명에 미치지 못한다. 조사년도 중 유일하게 1942년에만 여성인구가 남성인구를 초과하였다.

ㄷ. 옳다. 경기도 내 일본인은 1910년에 비해 1942년에 3배 이상 증가했다. 반면 1942년 경기도 전체 인구는 1910년 경기도 전체 인구의 3배 미만이다.

ㄹ. 옳다. 경기도 내 공업 종사자수는 1912년에 비해 1942년에 약 9.7배 증가했다.

합격생 가이드

정확한 계산을 할 필요는 없다. ㄱ에서 1910년 비중을 14/133, 1942년 비중을 32/263 정도로 어림산해도 무방하다.

06 전환형

답 ④

난도 하

풀이시간 2분

정답해설

④ 옳지 않다. 2007년 과실주 국내분 출고량은 약 28.9(천kl)이고, 2008년 과실주 국내분 출고량은 27.1(천kl)이다.

오답해설

① 옳다. 〈표 1〉에서 맥주, 소주, 탁주의 2005~2008년 출고현황을 확인할 수 있다.

② 옳다. 〈표 2〉에서 지역별 주류별 출고현황을 확인할 수 있다. 〈표 2〉에서 주류별 국내 최대 출고지역을 일일이 찾기보다는, 선지에 제시된 지역의 출고량보다 많은 지역이 있는지를 확인하는 것이 빠르다.

③ 옳다. 〈표 1〉에서 맥주, 소주, 탁주의 연도별 출고량 합계를 도출할 수 있다. 어림산하여 대략적인 수치가 맞는지만 확인하자.

⑤ 옳다. 맥주 수입분은 2007년 34,713에서 2008년 42,141로 약 20% 가량 증가하였다. 소주 수입분은 2007년 1,479에서 2008년 531로 1/3 정도로 감소하였다. 브랜디 수입분은 2007년 1,624에서 2008년 1,340으로 1/6 가량 감소하였다.

합격생 가이드

〈표 1〉에서 국내분과 수입분을 2007, 2008년에만 구분하여 제시하고 있다. 굉장히 의심스럽지 않은가? 이를 이용하는 선지가 하나쯤은 있을 법하다. 실제로 이를 이용한 ④가 정답이다.

07 전환형

답 ③

난도 하

풀이시간 2분

정답해설

③ 옳지 않다. B지역 여름 강수일수는 33일, C지역 여름 강수일수는 27일이다. 선지에서 제시된 그래프에서 B지역과 C지역의 여름 강수일수가 바뀌어 있다.

오답해설

① 옳다. 〈표〉에서 A지역 월별 강수량을 확인할 수 있다. 월별 강수량 증감과 기준선(50, 100, 150, 200)을 활용하자.

② 옳다. 〈표〉에서 B지역 월별 최고기온에서 최저기온을 빼서 구할 수 있다. 1월, 2월, 12월은 최저기온이 영하이므로 유의하자.

④ 옳다. A지역의 계절별 강수일수는 봄 19일, 여름 30일, 가을 15일, 겨울 9일이다. 강수일수 연간합계는 73일이므로 계절별 강수량 분포를 도출할 수 있다.

⑤ 옳다. 〈표〉에서 C지역 월별 평균기온을 그대로 확인할 수 있다.

합격생 가이드

〈표〉에서 가장 특징적인 부분은 겨울이 1월, 2월, 12월로 양 끝에 위치한다는 것이다. 이를 활용하여 함정을 만들 수 있다. 가령 1월, 2월, 3월 강수일수를 합하여 겨울 강수일수라고 제시할 수 있다.

08 전환형
답 ①

난도 하

풀이시간 2분

정답해설

① 옳다. 〈보고서〉의 마지막 문단에서 확인할 수 있다. 자살자는 1910년 약 450명, 1915년 약 1,150명, 1935년 3,100명으로 나타났다. 그리고 1910년을 제외하고는 30세 이상 60세 미만의 자살자가 가장 많았다.

오답해설

② 옳지 않다. 〈보고서〉의 마지막 문단에서 확인할 수 있다. 선지에서 1915년에는 자살자 중 여성의 비율이 더 높으므로 보고서에 부합하지 않는다.

③ 옳지 않다. 〈보고서〉의 세 번째 문단에서 확인할 수 있다. 선지에서 외국인 변사자가 1925년 32명으로 1920년에 비해 감소하였으므로 보고서에 부합하지 않는다.

④ 옳지 않다. 〈보고서〉의 세 번째 문단에서 확인할 수 있다. 선지에서 변사자 수의 남녀 격차는 증감을 반복하므로 보고서에 부합하지 않는다.

⑤ 옳지 않다. 〈보고서〉의 두 번째 문단에서 확인할 수 있다. 선지에서 1917년 기아의 수는 전년도에 비해 감소하므로 보고서에 부합하지 않는다.

LEVEL II   중급

01	02	03	04	05	06	07			
②	④	⑤	④	③	②	③			

01 전환형
답 ②

난도 중

풀이시간 2분 10초

정답해설

ㄱ. 옳다. 블로그 이용자가 총 1,000명이고 블로그 이용자 중 남자는 53.4%이다. 한편, 트위터 이용자는 총 2,000명이고 트위터 이용자 중 남자는 53.2%이다.

ㄷ. 옳다. 〈표〉에서 그대로 확인할 수 있다.

오답해설

ㄴ. 옳지 않다. 트위터 이용자 수가 블로그 이용자 수의 2배이다. 따라서 교육수준별 트위터 이용자 수 대비 블로그 이용자 수는 제시된 수준의 절반이 되어야 한다.

ㄹ. 옳지 않다. 제시된 구성비는 트위터와 블로그의 연령별 이용자 구성비를 평균한 것이다. 그러나 트위터 이용자 수가 블로그 이용자 수의 2배이므로, 평균이 아닌 가중평균을 해야 한다.

합격생 가이드

종종 발문이나 각주에 문제를 푸는 데 핵심적인 정보가 제시되는 경우가 있다. 이 문제의 경우 각주에 조사 대상자 수가 제시되어 있다. 급하게 문제를 푸느라 발문, 각주를 놓치는 경우 자칫 오답을 고르거나, 문제 풀이시간이 길어질 수 있으니 주의하자.

02 전환형
답 ④

난도 중

풀이시간 2분 10초

정답해설

④ 옳지 않다. 미국, 유럽, 기타 이주자수 합이 전체의 10% 미만이다. 그러나 동남아시아, 남부아시아, 중앙아시아 이주자수의 합은 아시아 지역 이주자수의 20%보다 크다.

오답해설

① 옳다. 자녀의 연령층이 높아질수록 29,089명, 16,591명, 7,318명, 5,009명으로 점차 감소한다.

② 옳다. 한국국적을 신규로 취득한 전체 외국인은 2007년 104,342명에서 2008년 104,644명으로 증가하였다. 동북아시아 출신도 2007년 18,412명에서 2008년 19,374명으로 900명 이상 증가하였다.

③ 옳다. 국제결혼가정 자녀수는 2007년 28,306명에서 2008년 58,007명으로 2배 증가하였다.

⑤ 옳다. 경기도를 제외하고 매년 외국인등록인구가 증가하고 있다. 경기도도 2006~2008년 전년대비 외국인등록인구가 증가하고 있다.

합격생 가이드

각 선지의 옳고 그름을 판단하는 것은 어렵진 않다. 다만 〈보고서〉의 서술 순서와 각 선지 배열이 일치하지 않아 시간이 소요된다. 이런 경우일수록 표의 제목에 유의하자.

합격생 가이드

선지 구성상 ㄴ이 옳은지 무조건 확인해야 한다. 3,532의 8%를 구해야 하는데, 이렇게 계산하기 어려운 구체적인 수치를 제시하면 대개 옳은 선지이다. 시간이 정말 부족할 때, 선지에서 요구하는 계산이 지나치다고 생각되면 옳다고 고르고 넘기자.

03 전환형 　　　　　　　　答 ⑤

난도 중

풀이시간 2분 10초

정답해설

⑤ 옳지 않다. €/AU$의 변화 추이는 ₩/AU$를 ₩/€로 나누어 구할 수 있다. 선지의 그래프는 ₩/€를 ₩/AU$로 나눈 값이다.

오답해설

① 옳다. AU$/US$는 〈표 2〉에서 ₩/US$를 ₩/AU$로 나누어 구할 수 있다.

② 옳다. 원화로 환산한 대호주 금융자산 투자규모 추이는 〈표 1〉의 호주 금융자산 투자규모와 〈표 2〉의 ₩/AU$를 곱하여 도출할 수 있다.

③ 옳다. 원화로 환산한 지역별 금융자산 투자규모는 〈표 1〉의 지역별 금융자산 투자규모와 〈표 2〉의 외국 통화에 대한 환율을 각각 곱하여 도출할 수 있다. 2006년 지역별 금융자산 투자규모는 미국 99(천억 원), 호주 85(천억 원), 유럽 100(천억 원)이다.

④ 옳다. 원화로 환산한 대미 금융자산 투자규모 추이는 〈표 1〉의 미국 금융자산 투자규모와 〈표 2〉의 ₩/US$를 곱하여 도출할 수 있다.

합격생 가이드

이 문제는 단순한 곱셈과 나눗셈만 할 수 있으면 쉽게 풀 수 있다. 다만 환율을 소재로 한 문제는 그 자체로 어렵게 느껴질 수 있고, 영역을 가리지 않고 고난도 문제로 종종 출제된다. 환율을 다루는 문제들을 풀면서 소재에 익숙해지도록 하자.

04 전환형 　　　　　　　　答 ④

난도 중

풀이시간 2분 20초

정답해설

ㄱ. 옳다. 신고의무자에 의해 신고된 학대 인정사례는 707건이고, 그 중 사회복지전담 공무원의 신고에 의한 학대 인정사례는 290건으로 40%(282.8건) 이상이다. 비신고의무자에 의해 신고된 학대 인정사례는 3,111건이고, 그중 기관 종사자의 신고에 의한 학대 인정사례는 1,494건으로 50%에 약간 미치지 못한다. 학대행위자 본인의 신고에 의한 학대 인정사례는 8건으로 가장 적다.

ㄴ. 옳다. 학대 인정사례는 2014년 3,532건에서 2015년 3,818건으로 약 8.1% 증가했다.

ㄹ. 옳다. 노인단독가구는 2012~2015년 학대 인정사례 건수가 각각 1,140, 1,151, 1,172, 1,318건으로 가장 많다.

오답해설

ㄷ. 옳지 않다. 학대 인정사례 중 병원에서의 학대 인정사례 비율은 2012년부터 2.4%에서 2015년 3.1%로 증가했다.

05 전환형 　　　　　　　　答 ③

난도 중

풀이시간 2분 20초

정답해설

③ 옳지 않다. 기혼 취업여성은 〈표 1〉의 기혼 여성에서 기혼 비취업여성 수를 빼서 구해야 한다. 전체 기혼 취업여성은 5,756명이고 25~29세 기혼 취업여성은 264명이므로 약 4.5%에 불과하다.

오답해설

① 옳다. 기혼여성 중 경제활동인구는 취업자와 실업자를 모두 포함하므로, 〈표 1〉의 기혼여성에서 비경제활동인구 수를 빼면 도출할 수 있다.

② 옳다. 〈표 1〉에서 비취업여성 현황을, 〈표 2〉에서 경력단절여성 현황을 확인할 수 있다.

④ 옳다. 〈표 2〉에는 30~34세, 35~39세가 나누어져 있으므로 30~39세 기혼 경력단절여성의 경력단절 사유는 두 항목을 각각 더하여 도출해야 한다.

⑤ 옳다. 〈표 2〉에서 경력단절여성의 수가 연령대별로 나타나 있으므로 이를 통해 구성비를 도출할 수 있다.

합격생 가이드

①에서 경제활동인구 수를 정확하게 계산할 필요는 없다. 전환형을 비롯한 자료해석 문제 대부분 틀린 선지가 매우 명확하다. 1의 자리 숫자만 계산하여 확인하는 것도 한 방법이다.

⑤와 같이 전체 비율을 구해야 하는 경우가 종종 있다. 이럴 때에는 각 항목의 비율을 일일이 계산하기 보다는, 각 항목의 상대적 크기를 비교하는 것이 낫다. 가령, 25~29세와 50~54세의 구성비 합이 35~39세 구성비와 비슷하므로, 〈표 2〉에서도 25~29세와 50~54세 경력단절여성 수가 35~39세 경력단절여성 수와 비슷한지를 확인하면 된다.

06 전환형 　　　　　　　　答 ②

난도 중

풀이시간 2분 20초

정답해설

② 옳지 않다. SNS를 이용하는 여자 국회의원 중 여당 의원은 22명으로 57.9%를 차지한다.

오답해설

① 옳다. SNS를 이용하는 여당 국회의원은 남자가 123명, 여자가 22명으로 총 145명이다. 한편 SNS를 이용하는 야당 국회의원은 남자가 69명, 여자가 16명으로 총 85명이다.

③ 옳다. 여당 국회의원 중 지역구 의원은 126명, 비례대표 의원은 19명이므로 지역구 의원의 비율은 86.9%이다.

④ 옳다. 〈표〉에서 B당과 C당 국회의원 수를 각각 더하여 도출할 수 있다.

⑤ 옳다. 〈표〉에서 당선 횟수별 국회의원 수를 구할 수 있다. 이 문제에서는 2선, 3선, 4선 이상 의원 수를 더하는 것이 더 빠르지만, 항목이 더 많다면 전체에서 초선 의원 수를 빼는 것도 고려해 볼 수 있을 것이다.

합격생 가이드

전체 여성 국회의원 38명 중 60%는 22.8명이므로, ②에 제시된 비율이 틀렸다는 것을 확인할 수 있다. 일반적인 비율 비교법으로는 해결하기 어려우므로 이정도 계산은 필요하다.

이 문제는 〈표〉가 하나만 제시되어 있지만 그 안에 정보는 매우 많다. 여당인지 야당인지, 당선 횟수별, 당선 유형별, 성별 등 매우 다양한 관점에서 문제를 만들 수 있다. 이런 경우 방심하지 말고 각 선지에서 무엇을 묻고자 하는지 유의하자.

07 전환형 답 ③

난도 중

풀이시간 2분 20초

정답해설

③ 옳지 않다. 주가지수가 가장 높은 연도는 2007년으로, 이 때의 주가지수는 1,897이다. 그런데 2007년 시가총액회전율은 200% 이하이다.

오답해설

① 옳다. 〈표〉에 제시된 연도별 수익률에 연평균 수익률 23.9%를 빼면 연도별 초과수익률을 도출할 수 있다. 20%, 40%, 60% 등 각 기준선보다 높은지(낮은지)만 확인하면 된다.

② 옳다. 〈표〉에 제시된 연도별 주식수를 종목수로 나누어 구할 수 있다.

④ 옳다. 〈표〉에 제시된 연도별 거래량을 거래건수로 나누어 구할 수 있다.

⑤ 옳다. 〈표〉에 제시된 연도별 시가총액을 주식수로 나누어 구할 수 있다.

합격생 가이드

이 문제는 각 항목의 단위가 서로 달라 이 점에 유의하여 접근해야 한다. 여기에서는 단위를 함정으로 사용하지는 않았지만, 난도를 높이려면 얼마든지 이를 활용할 수 있다.

②에서 〈표〉의 주식수 단위는 '억 주'이고, 그래프의 종목당 평균 주식수의 단위는 '백만 주'이다. 단위가 100배이므로 종목당 평균 주식수를 백분율로 치환하여 생각할 수 있다. 가령 1997년의 경우 종목수의 10%는 95.80이고, 주식수는 900이므로 종목당 평균 주식수는 10 미만이다.

④에서 〈표〉의 거래량의 단위는 '억 주'이고, 거래건수의 단위는 '백만 건'이다. 따라서 1거래당 거래량은 〈표〉에 제시된 거래량을 거래건수로 나눈 뒤 100을 곱해주어야 한다.

⑤에서 〈표〉의 시가총액 단위는 '조 원'이고, 주식수의 단위는 '억 주'이다. 따라서 주식 1주당 평균가격은 〈표〉에 제시된 시가총액을 주식수로 나눈 뒤 10,000을 곱해주어야 한다.

한편 ③은 어디에서부터 접근해야 할지 난감하다. 하지만 이런 유형의 선지는 옳고 그림이 확실하게 표현된다. 어느 한 점만 틀리게 하면 난도가 너무 높아지기 때문이다.

LEVEL III 상급

01	02	03	04					
⑤	⑤	①	⑤					

01 전환형 답 ⑤

난도 상

풀이시간 2분 30초

정답해설

⑤ 옳지 않다. 1921년 국내총생산 대비 대일수입액은 12%, 1922년의 경우 11%, 1923년의 경우 11.6%이다. 선지에 제시된 수치는 국내총생산 대비 대일수출액이다.

합격생 가이드

모든 선지가 많은 계산을 요구한다. 어려운 사고를 요하지는 않으나 계산에 시간이 많이 소요되는 유형이다. 이러한 문제에 접근하는 원칙은 다음과 같다. 첫째, 계산이 쉬운 선지부터 접근한다. 곱셈과 나눗셈을 요구하는 다른 선지와 달리 ②는 덧셈과 뺄셈으로 해결할 수 있다. 둘째, 뒤쪽 선지에서부터 접근한다. 출제자는 단순한 계산 문제의 경우 시간을 소모하도록 정답을 뒤쪽에 배치하는 경향이 있다. 지금까지 기출문제에서도 이러한 유형에서 정답이 ①인 경우는 단 한 번 뿐이었다. 셋째, 특징적인 연도 몇 개만 계산한다. 시작 연도, 마지막 연도, 그래프의 꼭짓점 등을 우선 확인하자.

02 전환형 답 ⑤

난도 상

풀이시간 2분 30초

정답해설

ㄷ. 옳지 않다. 석회석, 백운석, 대리석 전체의 경우 강원도에 매장량이 79.5% 집중되어 있다. 따라서 석회석의 매장량은 79.5%가 아닐 것이다. 한편, 백운석의 지역별 매장량은 강원, 경북, 충북 순으로 많다. 대리석의 지역별 매장량은 강원, 충북, 경기 순으로 많다.

ㄹ. 옳지 않다. 고품위 광산의 경우 강원도에 있는 광산이 48개로 50%에 미치지 못한다.

오답해설

ㄱ. 옳다. 비금속광은 전체 매장량의 88.7%를 차지하고 있다. 한편 5대 광종의 매장량은 전체 매장량의 87.7%를 차지하고 있으며, 이는 비금속광의 95.0%(전체의 84.2%) 이상이다.

ㄴ. 옳다. 석회석, 백운석, 대리석의 가채매장량은 각 매장량의 70.0%를 초과한다. 각 매장량의 앞 3자리 수에 7을 곱하여 어림산하면 수월하다. 한편 석회석 가채매장량의 10%를 구한 뒤 2로 나누면 5.0%를 계산할 수 있다.

04 전환형 답 ⑤

난도 상

풀이시간 2분 30초

정답해설

⑤ 옳지 않다. 〈표〉에 제시된 것은 평균 연봉 지급액이다. 연봉 지급 총액은 평균 연봉 지급액에 현원을 곱하여 도출해야 한다. 연구 인력과 지원 인력의 평균 연봉 지급액은 비슷하지만 인력 수는 크게 차이가 나므로, 연봉 지급 총액 구성비율도 그만큼 차이가 나야 한다.

오답해설

① 옳다. 지원 인력 현원을 지원 인력 정원으로 나누어 지원 인력 충원율을 도출할 수 있다. 〈표〉는 오른쪽으로 갈수록, 그래프는 위로 갈수록 최근 수치를 나타낸다는 것에 유의하자.

② 옳다. 연구 인력과 지원 인력 현원을 비교하여 도출할 수 있다. 직접 정확한 비율을 도출하기 보다는, 첫 해만 계산해보고 지원 인력의 비중이 점점 늘어나는지만 확인하면 된다.

③ 옳다. 지원 인력 중 박사학위 소지자는 매년 3명으로 동일하다. 지원 인력 현원은 계속 증가하므로 박사 학위 소지자 비율은 매년 감소해야 한다.

④ 옳다. 〈표〉에서 그대로 확인할 수 있다. 때때로 지원 인력과 연구 인력을 바꾸어 표시하는 것과 같은 함정이 있을 수 있으니 이것만 확인하자.

합격생 가이드

각 선지 모두 어느 정도 계산을 요한다. 이런 경우 앞에서부터 일일이 계산하기보다는, 계산이 쉬운 선지부터 소거해 나가야 한다. 이때 가장 눈여겨보아야 할 것은 '계산할 필요도 없이 틀린 선지'가 있는지다. 이 문제에서는 ⑤가 계산할 필요도 없이 틀렸다.

합격생 가이드

이 문제는 자료해석에서 요구되는 여러 스킬들이 요구되는 좋은 문제이다. ㄱ과 ㄴ의 경우 얼마나 계산을 빠르게 할 수 있는지를 평가한다. 세밀한 계산을 하라는 것이 아니라, 어림산이나 5.0%와 같은 특징적인 비율을 쉽게 접근할 수 있는지를 묻는 것이다.

ㄷ의 경우, 가장 좋지 않은 접근 방식은 79.5%를 직접 계산하는 것이다. 하지만 전체 구성비가 79.5%라는 것이 표에 제시되어 있으므로, ㄷ은 계산하지 않고도 틀린 선지라는 것을 알 수 있다.

전체 구성비가 79.5%라는 것을 확인하지 못했다고 하더라도, 여전히 79.5%를 계산하는 것은 비효율적이다. 계산이 복잡하므로 우선 다음 문장으로 넘어가야 한다. 다음 문장에서는 백운석과 대리석의 지역별 매장량에 대해 언급하고 있는데, 이는 단순히 표에서 순서만 확인하면 된다. 백운석과 대리석 매장량 순서가 잘못되었으므로 ㄷ이 틀렸다는 것을 알 수 있다. 복잡한 계산은 최후의 수단임을 명심하자.

---

03 전환형 답 ①

난도 상

풀이시간 2분 30초

정답해설

〈보고서〉의 두 번째 조건에 따르면, 직원을 증원하지 않을 경우 '가' 사업장의 매출액은 252 이하, '나' 사업장의 매출액은 176 이하가 되어야 한다. (④, ⑤ 소거)

〈보고서〉의 세 번째 조건에 따르면, 직원 증원이 없을 때와 직원 3명을 증원할 때의 2018년 매출액 차이는 '나' 사업장이 '가' 사업장보다 커야 한다. (② 소거)

〈보고서〉의 네 번째 조건에 따르면, '나' 사업장은 최소 2명을 증원할 때 매출액이 252보다 커진다. (③ 소거)

합격생 가이드

〈그림〉과 〈보고서〉의 내용을 종합하여 다시 그래프로 나타내야 한다. 〈보고서〉의 각 조건을 하나씩 적용해 보면서 오답 선지를 소거해 나가는 방식으로 접근하자.

조건을 반드시 순서대로 적용할 필요는 없다. 가령, 세 번째 조건은 계산이 필요하지만 네 번째 조건은 단순히 확인만 하면 된다. 항상 복습하면서 좀 더 빠른 풀이가 없는지 고민해보자.

한편 세 번째 조건을 확인할 때 일일이 계산하기 보다는 그래프의 크기를 활용할 수 있다. 계산을 하는 경우에도 '증원없음'과 '3명'을 왔다 갔다 하면서 계산하기보다는, '증원없음'에서 '가'와 '나' 사업장의 매출액 차이를 구하고, 이를 '3명'에서 '가'와 '나' 사업장의 매출액 차이와 비교하는 방식이 한결 편하다.

CHAPTER
07 추가로 필요한 자료

LEVEL I   하급

01	02	03	04						
③	②	④	④						

01 추가로 필요한 자료   답 ③

[난도] 하

[풀이시간] 1분 20초

[정답해설]

ㄱ. 필요하다. 〈보고서〉의 두 번째 문단에서 전체 연령집단의 연간 일일 사망자 수가 제시되어 있으므로, A시 연간 일일 사망자 수 자료가 추가적으로 필요하다.

ㄹ. 필요하다. 〈보고서〉의 두 번째 문단에서 65세 이상 연령집단의 연간 일일 사망자 수가 제시되어 있으므로, A시 65세 이상 연령집단의 연간 일일 사망자 수 자료가 추가적으로 필요하다.

[오답해설]

ㄴ. 필요하지 않다. 〈보고서〉에 A시의 연간 미세먼지 경보발령일수는 다루고 있지 않다.

ㄷ. 필요하지 않다. 〈보고서〉에 A시의 연간 심혈관계 응급환자 수는 다루고 있지 않다.

[합격생 가이드]

이 유형에서 가장 먼저 해야 할 것은 〈보고서〉에서 다룬 내용 중 이미 제시한 부분을 가려내는 것이다. 이 문제에서는 〈보고서〉의 첫 번째 문단과 세 번째 문단의 내용은 이미 〈표 1〉, 〈표 2〉에 제시되어 있다. 따라서 두 번째 문단만 확인하면 된다.

02 추가로 필요한 자료   답 ②

[난도] 하

[풀이시간] 1분 40초

[정답해설]

ㄱ. 필요하다. 〈보고서〉의 첫 번째 문단에서 최근 자료(1978~2010년)의 연평균 지진 발생 횟수를 제시하고 있다. 〈표 1〉에는 1392~1863년 자료만 제시되어 있으므로 추가적으로 자료가 필요하다.

ㄷ. 필요하다. 〈보고서〉의 두 번째 문단에서 서울과 경기 지역은 2단계 지진이 가장 많이 발생했다고 하였다. 〈표 2〉에는 행정구역별 지진 발생 횟수만을 제시하고 있고, 행정구역별 단계별 지진 발생 횟수는 제시하고 있지 않다.

[오답해설]

ㄴ. 필요하지 않다. 〈보고서〉의 첫 번째 문단에서는 1392~1863년과 1978~2010년 지진 발생 현황만을 다루고 있다. 1864~1977년 자료는 필요하지 않다.

ㄹ. 필요하지 않다. 〈보고서〉에는 지진에 의한 사상자 수는 다루고 있지 않다.

03 추가로 필요한 자료   답 ④

[난도] 하

[풀이시간] 1분 50초

[정답해설]

ㄱ. 필요하다. 〈보고서〉의 첫 번째 문단에 맥주 수출이 1992년 이래 역대 최고치를 기록했다는 내용을 작성하기 위해서는 1992~2012년 연도별 '갑'국의 연간 맥주 수출 총액에 대한 자료가 필요하다. 〈표〉에는 2013~2016년에 대한 자료만 제시되어 있다.

ㄴ. 필요하다. 〈보고서〉의 첫 번째 문단에서 2016년 상반기 맥주 수출 총액을 2015년 동기간 매출 총액과 비교하고 있다.

ㄹ. 필요하다. 〈보고서〉의 첫 번째 문단에서 2015년 '갑'국 전체 수출액이 2013년 대비 5.9% 감소한 것으로 설명하고 있다.

[오답해설]

ㄷ. 필요하지 않다. 〈보고서〉의 두 번째 문단에서 2015년 국가별 맥주 수출액에 대해 다루고 있으나, 이는 〈표〉에 제시되어 있다. 상반기 국가별 맥주 수출액은 필요하지 않다.

04 추가로 필요한 자료 답 ④

난도 하

풀이시간 1분 50초

정답해설

ㄴ. 필요하다. 〈보고서〉의 첫 번째 문단을 작성하기 위해서는 국가별 쌀 수출량 순위를 알아야 한다. 〈그림〉에는 주요 곡물의 국가별 생산량 비율만 제시되어 있다.

ㄷ. 필요하다. 〈보고서〉의 두 번째 문단을 작성하기 위해서는 밀 생산량 상위 5개국의 밀 평균 가격과 쌀 평균 가격 각각에 대한 정보가 필요하다.

ㄹ. 필요하다. 〈보고서〉의 세 번째 문단을 작성하기 위해서는 미국의 바이오연료용 옥수수 수요량 추이에 대한 정보가 필요하다.

오답해설

ㄱ. 필요하지 않다. 〈보고서〉에서 곡물 수요량을 다룬 것은 세 번째 문단에서 미국의 바이오연료용 옥수수 수요량뿐이다. 아시아 국가별 주요 곡물 수요량은 필요하지 않다.

합격생 가이드

〈보고서〉의 형식이 생소하지만 오히려 문제를 풀기는 더 용이하다. 한편 〈그림〉과 같이 순위가 제시되어 있는 경우, 이를 이용해 어떤 정보를 얻을 수 있는지 생각해보자. 가령 기타는 상위 5개국 이외의 국가 집합이므로, 쌀 생산량 6위 국가는 생산량 비율이 5.7% 미만이어야 한다.

LEVEL II 중급

01	02	03	04				
④	③	①	⑤				

01 추가로 필요한 자료 답 ④

난도 중

풀이시간 2분 10초

정답해설

ㄱ. 필요하다. 〈보고서〉의 마지막 문장에서 2005년 한국의 초등학생 1,000명당 전체 교직원 수를 2004년의 경우와 비교하고 있다.

ㄴ. 필요하다. 〈보고서〉의 마지막 문장에서 2005년 한국의 초등학생 1,000명당 전체 교직원 수가 OECD 회원국가 중 가장 적었다고 하였다. 〈표〉에는 조사대상 국가들과 OECD 평균에 대한 자료만이 제시되어 있으므로 OECD 회원국가 전체 자료가 필요하다.

ㄹ. 필요하다. 〈보고서〉에서 프랑스가 OECD 회원국가 중 초등학생 1,000명당 전문 학생지원직을 가장 많이 고용하고 있다고 하였다. 〈표〉에는 조사대상 국가들과 OECD 평균에 대한 자료만이 제시되어 있으므로 OECD 회원국가 전체 자료가 필요하다.

오답해설

ㄷ. 필요하지 않다. 〈보고서〉에서 초등학생 1,000명당 학급 교사 수에 대해서는 조사대상 5개국의 자료만을 인용하고 있다. OECD 회원국 전체 자료는 필요하지 않다.

02 추가로 필요한 자료 답 ③

난도 중

풀이시간 2분·10초

정답해설

ㄷ. 필요하다. 〈보고서〉의 첫 번째 문단에서 2010학년도 중학교의 학교폭력 심의건수가 전년대비 40.5% 증가했다고 설명하고 있다. 〈표 1〉에서는 2010학년도 학교폭력 심의 현황만이 제시되어 있으므로 2009년에 대한 자료가 필요하다.

ㅁ. 필요하다. 〈보고서〉의 두 번째 문단에서 기타조치 중 퇴학조치와 전학조치의 수를 비교하고 있다. 〈표 3〉에는 기타조치 총합만이 제시되어 있으므로 학교 급별 가해학생에 대한 전학 및 퇴학 조치수가 추가적으로 필요하다.

오답해설

ㄱ. 필요하지 않다. 〈보고서〉에서는 2010학년도 피해학생수와 가해학생수만을 비교하고 있고, 이는 〈표 1〉에 제시되어 있다.

ㄴ. 필요하지 않다. 〈보고서〉에서는 2010학년도 피해학생 조치 유형의 구성비만을 다루고 있고, 이는 〈표 2〉에 제시되어 있다.

ㄹ. 필요하지 않다. 〈보고서〉에서 사용하고 있지도 않고, 〈표 1〉에서 구할 수도 있다.

03 추가로 필요한 자료
 답 ①

[난도] 중

[풀이시간] 2분 10초

[정답해설]

ㄱ. 필요하다. 〈보고서〉의 세 번째 문단에서 2010년과 2011년의 경제활동부문별 지역내 총생산 전년대비 증가율을 제시하고 있다. 〈표 2〉에는 2010년과 2011년 경제활동부문별 지역내 총생산만을 제시하고 있으므로, 2009년에 대한 자료가 추가적으로 필요하다.

ㄴ. 필요하다. 〈보고서〉의 첫 번째 문단에서 2011년 국가 경제성장률을 제시하고 있다.

[오답해설]

ㄷ. 필요하지 않다. 〈보고서〉에서는 구별 지역내 총생산과 경제활동부문별 지역내 총생산을 다루고 있다. 구별 경제활동부문별 지역내 총생산은 다루고 있지 않다.

ㄹ. 필요하지 않다. 〈보고서〉의 두 번째 문단에서 2010년과 2011년의 구별 지역내 총생산을 비교하고 있다. 2009년 자료는 필요하지 않다.

04 추가로 필요한 자료
 답 ⑤

[난도] 중

[풀이시간] 2분 10초

[정답해설]

ㄴ. 필요하다. 〈보고서〉의 두 번째 문단에서 2016년 중국인 관광객을 제외한 외국인 관광객수, 중국인 관광객 지출액을 제외한 외국인 관광객 총 지출액을 계산하기 위해서는 전체 방한 외국인 관광객수 및 지출액 현황이 필요하다. 〈표 1〉과 〈표 2〉에 중국인 관광객수 및 지출액에 대한 자료가 제시되어 있으므로 이를 고려하여 계산할 수 있다.

ㄷ. 필요하다. 〈보고서〉의 세 번째 문단에서 2016년 산업부문별 매출액과 2017년 산업부문별 추정 매출액을 비교하고 있다.

ㄹ. 필요하다. 〈보고서〉의 세 번째 문단에서 2016년 산업부문별 매출액과 2017년 산업부문별 추정 매출액을 비교하고 있다.

[오답해설]

ㄱ. 필요하지 않다. 2016년 방한 외국인 관광객의 구체적인 국적까지 필요하지는 않다.

[합격생 가이드]

〈보고서〉의 두 번째 문단을 작성하기 위해서는 방한 외국인 관광객 수와 지출액에 대한 자료가 추가로 필요하다. ㄱ은 이와 유사하지만 국적별 관광객 수가 제시되어 있지 않다. 유사한 자료가 선지로 제시되었을 때 주의하자.

LEVEL III   상급

01	02						
②	②						

01 추가로 필요한 자료
 답 ②

[난도] 상

[풀이시간] 2분 20초

[정답해설]

ㄱ. 필요하다. 〈보고서〉의 세 번째 문단에서 박사학위 취득자 중 취업자의 전공계열별 고용형태에 대해 살펴보고 있다. 〈표〉에서 박사학위 취득자 중 취업자의 고용형태별 직장유형 구성비율을 제시하고 있으나, 이를 통해서는 여성 취업자 중 비정규직 비율과 같은 정보는 확인할 수 없다.

ㄷ. 필요하다. 〈보고서〉의 네 번째 문단에서 고용형태별, 직장유형별 평균 연봉을 다루고 있다.

ㄹ. 필요하다. 〈보고서〉의 세 번째 문단에서 박사학위 취득자의 성별 고용형태에 대해 살펴보고 있다.

[오답해설]

ㄴ. 필요하지 않다. 취업자의 성별, 전공계열별 평균 연봉은 〈보고서〉에서 다루고 있지 않다. 네 번째 문단에서 박사학위 취득자 중 취업자의 고용형태에 따른 평균 연봉을 제시하고 있을 뿐이다.

ㅁ. 필요하지 않다. 〈보고서〉에서 근속기간에 대해 다루고 있지 않다.

[합격생 가이드]

고용률, 고용형태, 고용형태별 직장유형 구성비율, 전공계열별 고용형태 등 유사한 단어가 계속 반복된다. 그러나 이들은 완전히 다른 개념이다. 추가로 필요한 자료를 묻는 유형은 보통 쉽게 출제되어 방심할 수 있다. 반드시 맞추고 넘어간다는 생각으로 꼼꼼히 살펴보자.

02 추가로 필요한 자료 답 ②

[난도] 상

[풀이시간] 2분 30초

[정답해설]

ㄱ. 필요하다. 〈보고서〉에서 원화 기준으로 2004년 의료기기 수출입 실적이 환율 변동으로 인해 2003년에 비해 감소했다고 하였다. 〈표 1〉에는 원화 단위 수출입 현황만이 제시되어 있으므로, 2003년과 2004년 원달러 환율에 대한 자료가 필요하다.

ㄷ. 필요하다. 〈보고서〉의 마지막 문장에서 의료기기 무역수지 적자폭이 확대된 원인으로 저가제품 수출과 고가 제품 수입 증가를 제시하고 있다.

ㅁ. 필요하다. 〈보고서〉에서는 수출 상위 5개국으로부터의 의료기기 수입액 비중을 제시하고 있다. 한편 〈표 2〉에 제시된 것처럼 수출 상위 5개국과 수입 상위 5개국은 상이하다. 따라서 수출 상위 5개국의 수입액에 대한 자료가 필요하다. 2004년 국가별 의료기기 수출입 현황 자료를 통해 이를 해결할 수 있다.

[오답해설]

ㄴ. 필요하지 않다. 〈보고서〉에서는 의료기기 수입액과 수출액만을 다루고 있고, 생산액에 대해서는 다루고 있지 않다.

ㄹ. 필요하지 않다. 〈보고서〉에서는 2004년 미국, 일본, 독일, 프랑스, 중국, 네덜란드, 아일랜드 등의 주요 국가별 의료기기 수출입 현황을 다루고 있다. 2003년 자료는 필요하지 않다.

[합격생 가이드]

〈표 2〉의 수출 상위 5개국과 수입 상위 5개국이 동일하지 않다는 것을 유의해야 한다. 프랑스와 중국의 수입액은 정확히 알 수 없고, 다만 601억 원 미만이라는 것만을 알 수 있다. 이를 한눈에 파악하지 못했다면, 적어도 수출 상위 5개국의 수입액 비중이 70.8%라는 것에서 의문을 가졌어야 한다. 70.8%라는 숫자는 제시된 자료 어디에도 나와 있지 않다.

CHAPTER
08 공식·조건

LEVEL Ⅰ 하급

01	02	03	04	05	06	07	08	09	10
④	⑤	④	②	⑤	②	②	②	②	③
11	12								
④	②								

01 공식·조건
답 ④

난도 하

풀이시간 1분 30초

정답해설

ㄱ. 옳다. 기명과 무기명 요금은 A~E순서로 구성되어 있다. (③, ⑤ 소거)

ㄴ. 옳다. B 리조트 회원요금 중 가장 높은 것은 성수기 무기명이며 가장 낮은 것은 비수기 기명이다. 계산하면 125,000원이 나온다. (② 소거)

ㄹ. 옳다. 요금의 차이가 작기 위해선 기본 요금의 차이가 작아야 한다. E가 기본 요금도 작으며, 비수기 무기명과 기명의 할인율의 차이가 5%p로 작으므로 E가 비수기 기명, 무기명 요금 차이가 가장 작은 리조트가 된다. 성수기도 E의 기본 비용이 적고 두 할인율 차이도 5%p 밖에 나지 않으므로, 이 역시 E 리조트가 가장 작다. (① 소거)

오답해설

ㄷ. 옳지 않다. 해당 선지를 접근할 때는 비수기와 성수기의 요금, 할인율 차이가 큰 것들 위주로 접근해야 한다. A와 B가 기명 성수기, 비성수기 요금이 15%p로 차이가 가장 많이 난다. 이 중 A가 비수기와 성수기 일반요금의 차이가 더 크다. 비수기 회원 요금이 150이 나오는데, 성수기는 300이 넘어가므로 2배가 넘는다.

합격생 가이드

실전에서 ㄷ은 풀 필요가 없다. ㄹ 역시 구체적 계산은 필요하지 않다. 가장 작기 위해선 기본적으로 요금이 작은게 중요하단 점을 명심하도록 하자.

02 공식·조건
답 ⑤

난도 하

풀이시간 1분 30초

정답해설

ㄱ. 옳다. 해당 문항에서 각 개인이 참여하고 있는 채팅방은 본인의 열과 행에 있는 숫자를 다 더하면 나오게 된다. B가 4개로 가장 많다. (③ 소거)

ㄴ. 옳다. A와 C의 숫자는 0이지만, 둘 다 B와는 1이다. (②, ④ 소거)

ㄹ. 옳다. 한명이 추가되면 참여할 수 있는 모든 일대일채팅방의 개수는 21개가 된다. G가 두 명과 채팅을 한다면 일대일 채팅방은 10개가 된다. 분모는 60% 증가했는데 분자는 25% 증가했으므로 밀도는 낮아진다. (① 소거)

오답해설

ㄷ. 옳지 않다. 학생들이 참여하고 있는 일대일채팅방은 8개이다. 참여할 수 있는 모든 일대일채팅방의 개수는 학생수가 6명이므로 공식에 따라 15개이다. 15의 0.6은 9이므로 밀도는 0.6보다 작다.

합격생 가이드

실전에서 ㄷ은 검토할 필요가 없다. 해당 문제의 경우 열과 행을 살펴서 열과 행의 구성이 다름을 알아내는 것이 중요하다.

03 공식·조건
답 ④

난도 하

풀이시간 1분 30초

정답해설

B지점은 기온측정 기준점보다 600m 높기 때문에 기온이 표에 표시된 것보다 6℃ 낮다. 따라서 각 조건들마다 6℃ 높은 기온을 적용하면 된다. 1) 조건을 만족시키는 것은 3월 4일이다. 2) 조건을 만족시키는 것은 3월 8일이다. 3) 조건을 만족시키는 것은 3월 23일이다. 여기에 6을 더하면 29일이나, 비가 오면서 6℃ 이상인 날이 3월 7일, 15일 이틀이 있으므로 4) 조건에 따라 이틀을 앞당기면 27일이다. 3월 27일이 발아일이 된다. 따라서 ④가 정답이다.

합격생 가이드

기온측정 기준점보다 B 지역이 더 높다는 것을 생각하고 기온 기준을 적용해야 한다.

04 공식·조건
답 ②

난도 하

풀이시간 1분 30초

정답해설

A 제품을 만들기 위해선 B 부품이 필요한데, B 부품은 일요일에야 구매할 수 있다. 따라서 1주차에는 A 제품을 만들지 못하고 재고가 0이 된다.

2주차에는 1주차 일요일에 구매한 B부품으로 250개의 A제품을 만들어서 주문량이 200개를 판매한다. A제품 재고는 토요일 기준 50개가 된다.

3주차에는 2주차에 구매한 B부품으로 450개의 A제품을 만들고, 450개를 판매한다. 따라서 50개가 남는다.

정답은 ②가 된다.

부품을 구매하는 요일과 제품을 생산, 판매하는 요일을 잘 구분하여 적용하여야 한다. 문제 자체는 어렵지 않으나 이를 잘못 생각하면 답이 완전히 달라지기 때문이다.

05 공식 · 조건

답 ⑤

난도 하

풀이시간 1분 30초

정답해설

ㄱ. 옳다. 총 학생이 150명인데 벤다이어그램 안에는 143명만 있으므로 A, B, C 3명이 모두 공대생이 아니라고 본 학생은 7명이다. (②, ④ 소거)

ㄴ. 옳다. B의 정확도가 1이므로, B가 판단한 학생은 모두 공대생이다. 그리고 C가 정확도가 $\frac{8}{11}$이므로 B와 겹치는 45명 외에 35명이 공대생이다. 따라서 이들이 전부 겹치지 않는 20명에 속한다 해도 15명은 A와 겹치는 구역에 들어가야 한다. 따라서 A, C가 함께 공대생이라 판단한 79명 중, 최소한 49명은 공대생이다. 이는 80의 60%보다도 크다. (① 소거)

ㄷ. 옳다. A교수는 현재 B와 겹치는 곳에서 37명, C하고만 겹치는 곳에서 최소 15명의 공대생을 옳게 판단했다. 이는 총 52명으로 재현도가 $\frac{1}{2}$을 넘는다. (③ 소거)

따라서 정답은 ⑤다.

'적어도' 문제와 같은 방식으로 생각하면 된다. 이런 문제에서 A와 B에 공통적으로 들어간 수를 구할 때는 A와 B를 더한 후, 총 인원을 빼주는 방식으로 최소한 확신할 수 있는 A와 B의 교집합 수를 찾을 수 있다.

06 공식 · 조건

답 ②

난도 하

풀이시간 1분 30초

정답해설

A부처 지망 중 가장 높은 점수를 받는 것은 을이다. 연수원성적이 높고, 전공도 경영이기 때문이다. 갑이 을보다 면접 성적이 20점 높지만, 연수원 성적은 20점 낮기 때문에 을이 더 높은 점수임을 알 수 있다. 정은 한 눈에 보기에도 점수가 낮기 때문에 경쟁이 되지 않으니 갑과 무를 비교해야 한다. 연수원 성적 차이 값, 면접성적 차이 값, 전공 성적 차이 값을 합산하면 무의 점수가 더 높다. 따라서 A에는 을과 무가 간다. (①, ④, ⑤ 소거)

B부처는 남은 갑, 병, 기 중에 선발된다. 병은 점수가 가장 높으니 선발되고, 갑은 기에 비해 면접 성적이 30점 높기 때문에 갑이 선발된다. (③ 소거)

따라서 ②가 정답이다.

구체적인 계산은 필요하지 않고 비중 값이 높은 항목들 위주로 비교하면 빠르다. 또한 비중을 반영할 때 두 비교군의 차이 값으로 계산하는게 더 효과적이다.

07 공식 · 조건

답 ②

난도 하

풀이시간 1분 30초

정답해설

TMP의 경우 20으로 나눠지는 바, 시스템 간 차이가 크지 않다. 중요한 것은 소프트웨어 개발비다. 즉 A와 C 간의 비교, B와 D 간의 비교만 하면 된다. A와 C 사이에선 A가 연간 자료처리 건수에서 10점, 분산처리 유형에서 10점을 얻어 TMP에서 1점을 더 얻는다. A가 유지보수 난도가 C보다 10% 높은데, 2100이 200보다 5% 높은 것을 고려할 때, A가 C보다 유지보수 비용이 크다. (③, ④ 소거)

B와 D의 경우 소프트웨어 개발비는 같고, 연간 유지보수 횟수에서 D가 35점, 연간 자료처리 건수에서 D가 15점, 실무지식 필요 정도에서도 10점, 분산처리 유형에서 10점 앞서므로 D가 비용이 더 높다. (①, ⑤ 소거)

정답은 ②가 된다.

TMP가 실제로 미치는 영향이 작다는 걸 캐치하면 답을 찾기 쉽다. 이처럼 대소비교에 있어 변화율이 큰 것들을 위주로 보는 노력이 필요하다. 또한 사실 B와 D의 비교는 구체적 계산이 필요 없이 한눈에 D가 더 요구하는 것이 많은 것을 알 수 있다.

08 공식 · 조건

답 ②

난도 하

풀이시간 1분

정답해설

② 옳지 않다. 정의상 분모가 A가 포함된 거래수, B가 포함된 거래수로 다르다. 따라서 항상 크거나 같다고 확신할 수 없다.

오답해설

① 옳다. 정의상 분모가 전체 거래수, 분자가 상품 A와 B가 동시에 포함된 거래수로 항상 같다.

③ 옳다. 분모가 A가 포함된 거래수일 때 r(A → B)가 r(A → C)보다 크다면 상품 A와 B가 동시에 포함된 거래수가 A와 C가 동시에 포함된 거래수보다 크단 뜻이다. s(A → B)와 s(A → C) 모두 분모가 전체 거래수로 동일하기 때문에 s(A → B)가 더 크다.

④ 옳다. 콜라에 대한 지지도가 0.5 이상이기 위해선 콜라와 함께 3번 이상 거래됐어야 한다. 이는 소주, 맥주다. 소주의 거래수는 4회, 맥주 3회이며 둘 다 콜라와는 3회 거래됐기 때문에 맥주의 콜라에 대한 신뢰도가 더 크다.

⑤ 옳다. 콜라가 포함된 거래수 대비 콜라와 맥주가 동시에 포함된 거래수의 비율은 $\frac{3}{4}$이다. 전체 거래수 대비 맥주가 포함된 거래수 비율은 $\frac{1}{2}$이다.

지지도와 신뢰도를 명확하게 구분하고 ～의 ～에 대한 지지의 방향을 착각하지 않는다면 큰 어려움이 없을 것이다.

09 공식 · 조건

답 ②

난도 하

풀이시간 1분 30초

정답해설

A, B, C 시장가격에서 생산비를 빼면 각각 기본 이득이 1000원, 800원, 500원이다. 여기서 운송비를 계산해서 양자가 같아지는 부분에서 판매 상품의 교체가 일어난다. A와 B는 1km 지점에서 같아지며, B와 C는 3km 지점에서 같아진다. 따라서 정답은 ②번이다.

합격생 가이드

구체적인 방정식을 세울 필요는 없고 빠르게 풀고 나가는게 목표다. 선지에 나온 구체적인 수치를 대입하는 것도 좋은 방법이다.

10 공식 · 조건

답 ③

난도 하

풀이시간 1분 30초

정답해설

ㄷ. 옳지 않다. B에서 하락할 확률은 0.21이다. C에서 상승할 확률은 0.20이다.

오답해설

ㄱ. 옳다. 2010년에 B인 사람이 2년 후 D가 되는 경로는 A, B, C, D로 갔다가 D로 가는 것이다. 이 때 숫자가 큰 것부터 접근하는 것이 좋다. 2011년에 D로 가면 그 후 5년간 D이므로 0.05 확률이 포함된다. 2011년에 B에 남아있을 확률은 0.65, 거기서 2012년에 D로 갈 확률이 0.05이므로 여기서 0.030이 넘는다. 따라서 다른 것들을 해보지 않아도 0.08 이상이다. (①, ④ 소거)

ㄴ. 옳다. 3년간 변할 수 있는 경로를 고려할 때, D에 한 번 가게 되면 더 이상 변동이 없다는 것을 명심해야 한다. 이를 고려하면 11년에 경우의 수 가지가 4개가 나오고, 12년에는 이 4개 중 3개의 가지에서 다시 4개가 나온다. 13년에는 12개의 가지에서 3개를 빼고 다시 4개의 가지가 열린다. 이는 36＋3＋1＝40이다. (②, ⑤ 소거)

합격생 가이드

한 번 D등급이 되면 고객 신용등급이 5년 동안 D등급을 유지한다는 점을 고려해서 직접 그림을 그려본다면 문제 이해가 빠를 것이다. 그리고 어떤 수치에 도달하는지 아닌지를 계산할 때는 큰 값, 계산하기 쉬운 것들부터 채워나가는 방법이 훨씬 효율적이다.

11 공식 · 조건

답 ④

난도 하

풀이시간 1분 30초

정답해설

전기 소비로 탄소가 42kg 배출된다. 상수도로 8kg 배출된다. 도시가스로 18kg 배출된다. 가솔린으로 80kg 배출된다. 총 148kg 배출된다. 소나무, 벚나무 한세트는 20kg를 흡수하므로 6세트는 120kg를 흡수한다. 남은 28kg는 소나무 2그루로 흡수 가능하므로 ㄹ이 정답이다.

합격생 가이드

14, 6이란 숫자는 계산하기 어렵지만 합쳐서 20kg로 계산하면 보다 용이하다. 그리고 기본적으로 6개나 5개를 생각하고 선지에 나온 구체적인 케이스를 대입해서 빠르게 넘어가는 것이 효과적이다.

12 공식 · 조건

답 ②

난도 하

풀이시간 1분

정답해설

선지에 차이가 가장 작은 건물로 언급된 시어스 타워, 엠파이어 스테이트 빌딩, CITIC 플라자를 비교해보면 엠파이어 스테이트 빌딩이 가장 차이가 작다. (①, ④, ⑤ 소거)

남은 선지 중 차이가 가장 큰 건물로 타이페이 101, 페트로나스 타워가 있는데, 타이페이 101이 차이가 가장 크다. (③ 소거)

따라서 ②가 정답이다.

합격생 가이드

꼭지점이 원점(0,0)이 아니라 변형된 상태(0,200)인 것을 고려해서 기준선을 그리거나 그래프를 읽어야 한다. 그리고 모든 건물들을 살펴볼 필요 없이 선지에 나온 빌딩들만 비교하는 것이 효과적이다.

차이값을 구할 때도 모든 값을 계산할 게 아니라, 하나의 값을 계산했다면 그걸 다른 건물 층수에 더해서 실제 높이를 넘기는지 아닌지로 계산을 최소화할 수 있다.

LEVEL II 　중급

01	02	03	04	05	06	07	08		
④	①	②	③	④	③	⑤	④		

01 공식 · 조건 　　답 ④

난도 중

풀이시간 2분

정답해설

무궁화호의 경우 10분동안 10km를 가기 때문에 속력이 60km/h임을 확인할 수 있다. 새마을호는 무궁화호의 2배 속도이므로 역까지 가는 데 5분이 걸리고, 고속열차는 4배 속도이므로 2분 30초가 걸린다. 각 열차는 역에서 모두 1분씩 쉼을 숙지해야한다.

ㄱ. 옳다. 첫 무궁화호가 C역에 도착하는 것은 6:21이다. 고속열차의 경우 6:05에 출발하여 3역을 가는데 7분 30초가 걸리고 B, C 역에서 1분을 쉬므로 총 9분 30초가 걸려 D역에 6:14분 30초에 도착한다. 그리고 1분 간 정차하므로 6:15분 30초까지 역에 머문다. 6:20의 6분 전인 6:15에는 역에 정차중이다.

ㄷ. 옳다. 고속열차가 2역을 지나면 주행시간 5분에 정차시간 1분이 걸려 6분이 소모된다.

오답해설

ㄴ. 6:05에 출발한 새마을호는 D역에 6:22에 도착한다. 그리고 6:23에 출발한다. 6:10에 A역을 출발한 무궁화호는 6:30이 넘어서 도착하기 때문에 옳지 않다.

> **합격생 가이드**
>
> 정차 시간을 고려하지 않으면 틀리기 쉽다. 그림을 그려서 접근하는 것도 한 방법이나 이때에도 1분의 시간을 잘 고려해야한다.

02 공식 · 조건 　　답 ①

난도 중

풀이시간 2분

정답해설

A신용카드의 경우, 택시를 제외한 교통비 할인이 가능하며 그 한도는 2만 원이다. KTX요금의 20%만 해도 2만 원이니, A는 교통비에서 2만 원을 할인받는다. 주말 외식비의 경우 2,500원 할인받으며, 학원 수강료를 3만 원 할인받는다. 총 5만 2,500원 할인받으니, 연회비가 1만 5천 원 나오므로 총 3만 7,500원 할인을 받는다. 이는 B의 한도보다 높기 때문에 A가 B보다 할인을 많이 받는다. (③, ④ 소거)

B신용카드의 경우, 교통비에서 한도인 1만 원을 할인받으며, 온라인 의류구입비를 1만 5천 원 할인받는다. 도서구입비 역시 9천 원 할인받을 수 있으나 한도인 3만 원에 걸린다. 총 3만 원 할인받는다.

C신용카드의 경우, 교통비에서 한도인 1만 원을 할인받으며, 카페 지출액에서 5천 원 할인받는다. 재래시장 식료품 구입비에서 5천 원 할인을 받으며, 영화관 람료를 4천 원 할인받는다. 총 2만 4천 원 할인받는다. (②, ⑤ 소거)

정답은 ①이 된다.

> **합격생 가이드**
>
> 각 카드의 한도와 연회비를 알아야 하며, 실전에서는 A를 보고 C를 본 뒤, B의 할인액이 2만 4천 원이 되는 순간 계산을 멈추고 답을 구하는 것이 효율적이다. 그리고 소비액을 구하기보단 계산이 편한 할인액을 구하는 것이 효율적이다.

03 공식 · 조건 　　답 ②

난도 중

풀이시간 2분

정답해설

② 옳다. 현장평가단의 최종반영점수는 득표율에 따라 달라진다. E의 경우 3표를 더 받으면 10점을 더 받게 된다. 이는 D와 현장평가단 최종반영점수에서 같은 점수를 받게 됨을 의미하는데, 둘의 서면심사점수가 이전에는 5점 차이로, D가 더 높은 순위였음을 고려하면, 둘의 순위가 바뀌게 된다.

오답해설

① 옳지 않다. 서면심사점수에서 30점을 받기 위해선 5위를 해야 한다. 그러나 D가 E보다 점수가 낮기 때문에 D는 30점을 받을 수 없다.

③ 옳지 않다. A는 5점을 더 받아도 서면심사점수 순위가 바뀌지 않아서 최종반영점수에도 영향을 주지 못한다.

④ 옳지 않다. 서면심사점수가 가장 낮은 것은 D인데 여기서 E와 5점차이가 나게 된다. 현장평가단 최종반영점수는 E가 D보다 10점 더 낮다. E가 최종심사점수가 가장 낮다.

⑤ 옳지 않다. C의 경우 두 점수의 차이가 10점이 난다. 반면 E는 15점이 난다. 따라서 C가 두 점수 차이가 가장 많이 나는 부처가 아니다.

> **합격생 가이드**
>
> 각 부처의 점수를 구체적으로 구할 필요는 없다. 서면심사점수는 순위별로 5점 차이가 나고, 현장평가단의 최종반영점수는 단계별로 10점 차이가 남을 고려하면, 쉽게 선지들을 지워 정답을 찾을 수 있다. ⑤가 그나마 조금 어려울 수 있는데 이 경우에도 현장평가단 최종반영점수가 점수 간 격차가 큰 것을 생각할 때, 현장평가단 최종반영점수가 낮은 부처를 검토하면 쉽게 풀 수 있다.

04 공식 · 조건 　　답 ③

난도 중

풀이시간 2분

정답해설

각 산의 H는 '가'가 720, '나'가 600, '다'가 340, '라'가 220, '마'가 6000이다. '가'는 6.54, '나'는 6.4, '다'는 5.98, '라'는 5.84, '마'는 7.1℃보다 기온이 낮을 때가 단풍 절정기 시작날짜가 된다. 단풍 절정기 시작날짜가 가장 늦은 것은 '다'이다. ③이 답이 된다.

> **합격생 가이드**
>
> H를 구할 때 가중평균을 사용하는 것도 하나의 방법이다.

05 공식 · 조건

정답 ④

난도 중

풀이시간 2분

정답해설

ㄱ. 옳다. 버스의 표준운송원가가 500천 원이므로, 보조금 지급대상은 대당 운송수입금이 400천 원 미만인 버스 회사들이다. 이는 60개이다. (②, ③ 소거)

ㄴ. 옳다. 표준운송원가를 625천 원으로 인상하면, 보조금 지급대상은 대당 운송수입금이 500천 원 미만인 버스 회사들이다. 앞선 60개에 33개가 추가되어 93개가 된다. (⑤ 소거)

ㄷ. 옳다. 200천 원은 500천 원의 40%다. 따라서 네 번째 조건에 따라서 대당 125천 원의 보조금을 받으며 30대가 있으므로 3,750천 원을 보조금으로 받게 된다. (① 소거)

오답해설

ㄹ. 옳지 않다. 230천 원인 버스회사는 50% 미만이므로 대당 125천 원을 받는다. 380천 원인 버스회사는 500천 원과의 차액인 120천 원의 50%인 60천 원을 받는다. 그 차이는 65천 원이다.

합격생 가이드

세 번째 조건과 네 번째 조건의 차이를 파악해야 한다. 그리고 실전이라면 ㄹ을 풀 필요가 없다.

06 공식 · 조건

정답 ③

난도 중

풀이시간 2분

정답해설

ㄱ. 옳다. 감가상각비의 차이는 약 8만으로 가장 크다. 8만인 점을 고려하면 단위가 십만이 되지 않는 항목들은 볼 필요가 거의 없다는 점을 기억할 경우 시간을 줄일 수 있다. (②, ⑤ 소거)

ㄴ. 옳다. 일반버스는 순이익이 145,000이 약간 되지 않으며, 굴절버스는 141,0000이 약간 되지 않는다. 저상버스는 200,0000이 넘는다. 굴절버스가 가장 많은 보조를 받는다. (④ 소거)

ㄷ. 옳다. 굴절버스는 가동비 소계에 15를 곱하면 총운송비용과 비슷해진다. 그러나 일반버스와 저상버스는 15를 곱하면 총운송비용을 훨씬 초과한다. 즉 굴절버스가 가동비 비중이 낮다. (① 소거)

오답해설

ㄹ. 옳지 않다. 정비비는 굴절버스가 가장 높고, 정비비 간 차이에 비해 총운송비용의 차이는 크지 않기 때문에, 결국 정비비 할인으로 총운송비용의 변화 비율이 가장 큰 것은 굴절버스이다.

합격생 가이드

ㄱ과 같이 차이가 가장 큰 것을 물어보면 단위를 먼저 보는 것이 중요하다. 기본적인 단위 값이 크면 차이가 클 가능성이 높기 때문이다.

ㄴ은 저상버스의 경우 승객수는 일반버스보다 100명이나 많은데, 비용 차이는 크지 않기 때문에 굳이 계산할 필요가 없다.

참고로 이런 문제에서 중요한 것은 변화비율이다. 이를 명심하도록 하자.

07 공식 · 조건

정답 ⑤

난도 중

풀이시간 2분

정답해설

⑤ 옳지 않다. A에 2명, B에 2명, C에 0명, D에 3명 필요하므로 총 7명의 상근직이 고용된다. 각 600만 원씩 지원하면 4,200만 원이다.

오답해설

① 옳다. 2008년 인증기관 B의 수수료 수입은 7,040만 원이다. 인증심사원 인건비는 상근 2명, 비상근 3명이므로 7,200만 원이다. 인건비가 더 높다.

② 옳다. 심사 농가수가 2,540호이고 2009년부터 상근직이 400호, 비상근직이 250호 심사 가능하므로, 현재 인증심사원으로는 2,100호 심사 가능하다. 440호가 남기 때문에 최소 2명의 인증심사원이 더 필요하다.

③ 옳다. D는 2009년에 현재 인증심사원으로 900호 심사 가능하다. 978호가 남기 때문에 모두 상근으로 충당하려면 3명을 더 고용해야 한다. 이러면 인건비가 9,600만원이 나와, 수수료인 8,400만원보다 많다.

④ 옳다. 승인 농가와 심사 농가의 차이가 가장 큰 기관은 A다.

합격생 가이드

④의 경우 심사 농가가 훨씬 큰 A와 B를 중심으로 보는 것이 효과적이다. 실전에서는 ⑤를 할 필요가 없다.

08 공식 · 조건

정답 ④

난도 중

풀이시간 2분

정답해설

①는 81,000+162,000=243,000

②는 135,000+85,000=222,000

③는 105,000+100,000=205,000

④는 75,000+105,000+70,000=250,000

⑤는 211,000원이다. 정답은 ④가 된다.

합격생 가이드

기본료는 항과 무관하다는 각주를 반드시 읽어야 한다.

LEVEL Ⅲ   상급

01	02	03	04	05	06	07	08	09
④	②	④	③	①	④	⑤	②	④

01 공식 · 조건   탭 ④

난도 상

풀이시간 2분 30초

정답해설

표들의 형태를 보면 각 분야별로 코치들이 3명씩 참가한다. 세 번째 조건에 따라 투입 능력의 합이 24 이상이어야 하므로, 코치 한 명당 8의 투입능력을 차지해야한다.

이후 A~F까지 가장 낮은 점수를 가진 분야를 체크한다. 이 분야에 투입될 경우 이들은 그들의 할당 투입능력을 채울 가능성이 낮기 때문에, 취약 분야에 투입된 표부터 보면서 소거하는 방법이 필요하다.

A의 경우 공격, B의 경우 수비, C의 경우 공격, D의 경우 수비, E의 경우 공격, F의 경우 전술이 취약 분야이다.

①의 경우 A가 공격에 들어갔으므로 체크해보면, A는 공격에 5, E는 7.5, F는 10을 투입하므로 투입능력 24에 모자란다. (① 소거)

②의 경우 B가 수비에 들어갔으므로 체크해보면, B는 수비에 5, C는 수비에 10, F는 수비에 20 투입하여 수비 투입 요건을 만족시킨다. 그런데 ②는 E가 취약한 공격에도 투입되었으므로 공격도 검토해야 한다. 공격의 경우 B가 , D가 6, E가 7.5로 그 합이 24보다 작다. (② 소거)

③의 경우 C가 자신의 취약분야인 공격에 투입되었으므로 이를 검토한다. 공격에 있어 B가 20을 투입하므로, 뒤에 것들은 계산하지 않아도 24가 넘을 것임을 유추 가능하다. 또한 D가 취약 분야인 수비에 투입되었으므로 이도 검토가 필요하다. 수비의 경우 A가 9, D가 7.5, F가 10을 투입하므로 총 투입이 24를 넘는다. 그런데 남은 분야를 살펴보면 체력이 C에서 , D에서 10, E에서 8로 24에 못미친다. (③ 소거)

④의 경우 모든 조건을 만족한다.

⑤의 경우 전술과 수비에서 조건을 맞추지 못해 소거된다.

> **합격생 가이드**
>
> 문제의 난도가 어렵다기보다, 시간을 잡아먹는 문제이다. 해당 해설의 경우 취약 부분을 살펴보는 방식으로 접근했다. 이런 유형은 자신만의 기준이 필요하다. 가장 먼저 봐야할 것은 가장 쉬운 조건인 각 코치가 하나 이상의 분야를 맡지 않은 것이 있냐이다. 그 다음부터는 항상 취약 부분을 위주로 살펴보는 것이 최선인 것은 아니며, 본인의 취향에 따라 다양한 기준을 적용할 수 있다. 그러나 일관된 기준으로 하는 것이 심리적 안정감을 줄 가능성이 높다.

02 공식 · 조건   탭 ②

난도 상

풀이시간 3분 이상

정답해설

ㄴ. 옳다. B세대는 2017년 6월에 LTV에 따르면 2억 4천만 원, DTI에 따르면 3억 대출이 가능하다. 따라서 이 때 대출 가능 최대금액은 2억 4천만 원이다. 이러한 LTV가 20%p 감소하게 되는데 이는 8천만 원에 해당한다. 따라서 1억 원 미만이다. 실전에서는 ㄴ은 검토하지 않는다.

오답해설

ㄱ. 옳지 않다. A세대는 서민 실수요 세대이므로 LTV 기준으로 최대 금액은 2억이다. 그러나 〈표 1〉의 각주1)에서 LTV와 DTI 중 작은 것을 선택한다고 명시되어 있다. DTI의 경우 연간소득의 50%는 1500만 원이다. 이 때 500만 원을 제외하면 1천만 원이 남는다. 〈표 2〉의 각주1)에 따르면 이는 신규주택담보 대출 최대금액의 10%이므로 신규 주택담보대출 최대금액은 1억이 된다. 따라서 더 작은 1억이 신규 주택담보대출 최대 금액이된다.

ㄷ. 옳지 않다. C세대는 주택담보대출 보유 세대이다. 2017년 10월의 경우 LTV에 따르면 1억 2천, DTI에 따르면 2억 9천이 신규 주택담보대출 최대금액이 된다. 따라서 LTV인 1억 2천이 최대금액이다. DTI에 기 주택담보대출 연 원리금을 포함하더라도 이는 1억 7천이 되어 LTV의 것보다 크므로 C의 신규 주택담보대출 최대금액은 계속 1억 2천이다.

> **합격생 가이드**
>
> 처음에 신규 주택담보대출 최대금액의 의미를 이해하는 것이 어려울 수 있다. 이를 파악하면 쉬운 문제이나 그 과정이 오래 걸린다. 실전이라면 풀지 않고 넘어가는 것도 좋은 방법이다. 또한 이 문제의 경우 소위 선지 플레이를 할 경우 답을 맞힐 수 없었던 문제이다. 따라서 선지 플레이의 효용에 대해 고민해볼 필요가 있다.

03 공식 · 조건   탭 ④

난도 상

풀이시간 2분

정답해설

④ 옳지 않다. 보병의 연봉의 2배와 상궁의 연봉을 비교하면 상궁은 쌀이 5섬 더 많고 콩이 1섬 많으며 보병은 면포가 18필 많다. 면포 18필은 쌀 9섬이므로 이를 고려하면 보병의 연봉 2배가 더 크다.

오답해설

① 옳다. 가장 간단해 보이는 보병을 기준으로 보병 연봉은 37냥 5전이다. 여기에 1푼을 400원으로 가정하여 대입하면 현재 원화가치와 일치한다.

② 옳다. 기병이 종9품보다 콩과 면포를 더 받기 때문에 연봉이 더 높다. 종4품보다는 쌀 10섬을 덜 받고 콩을 1섬 더 받으며 면포를 9필 더 받는다. 쌀이 면포의 2배 가격이므로 이를 고려하면 정5품 연봉보다 적다.

③ 옳다. 앞서 1푼이 400원임을 알았기 때문에, 기와집의 금액을 현재 가치로 바꾸면 80,000,000이 넘는 것을 확인할 수 있다. 정1품의 연봉을 6,000,000으로 올려 계산해도 12를 곱한 것보다 기와집이 더 비싸다.

⑤ 옳다. 소고기의 가격을 현재 원화가치로 바꾸면 280,0000이다. 40근이면 11,200,000원이 된다. 나인의 연봉이 1,284,800임을 고려하면 12년치 연봉이 이보다 크다.

구체적 계산을 하다보면 문제가 너무 복잡해진다. 먼저 선지의 수치인 400원이 옳다고 가정하고 문제를 풀어보면 쉽게 답을 낼 수 있다. 이후로도 구체적 계산보다는 차이값 위주로 문제를 풀어가는 것이 효율적이다.

04 공식·조건 답 ③

난도 상

풀이시간 2분 30초

정답해설

아메리카노는 잔당 수익이 2,800원이다. 카페라떼는 3,000원이다. 바닐라라떼는 3,400원이며, 카페모카는 3,350원이다. 카라멜마끼아또는 3,450원이다. 총 수익은 14,000＋9,000＋10,200＋6,700＋20,700＝60,600원이다. 따라서 3,400원의 수익이 필요하며 해당하는 음료는 바닐라라떼이다. 정답은 ③이 된다.

합격생 가이드

계산이 까다로울 수 있는 문제이며, 계산할 때 잔당 수익을 먼저 구하는 것이 조금 더 효율적일 것이다.

05 공식·조건 답 ①

난도 상

풀이시간 2분 30초

정답해설

갑의 점수는 각주에 나와있는 것처럼 4.30이다. 을은 (40×10＋6×3)÷46＝9가 넘는다. 병은 (12×10＋8×5＋3×3)÷23＝7이 넘는다. 정은 (24×10＋3×5＋20×3)÷50＝6.30이 나온다.

무가 3위가 되기 위해선 그 점수가 7점과 6.3점 사이에 있어야 한다. 무의 법령 중 관계기관 협의일 이전이 2개, 입법예고 시작일 이전이 2개, 입법예고 마감일 이전이 2개로 현재 점수의 합이 36점이다. 후에 7로 나눠야 함을 고려하면, 평가점수 10점을 더 받아야 하며, 따라서 관계기관 협의일 이전에 부패영향평가를 의뢰해야 한다. 정답은 ①이 된다.

합격생 가이드

특정 시기를 물어보는 것이기 때문에, 날짜가 가지는 의미가 같은 것들은 답이 될 수 없다. 즉 ④, ⑤의 경우 애초에 둘 다 입법예고 마감일 이후이기 때문에 고려할 필요가 없다. 그리고 점수를 구해서 7로 나누기 보다는 애초에 필요로 하는 점수의 범위에 7을 곱해두는 것이 접근하기 편할 것이다.

06 공식·조건 답 ④

난도 상

풀이시간 3분

정답해설

④ 옳다. 고속버스의 경우 중간적인 대안이므로 둘 다 검토한다. 먼저 시간을 검토하면 고속버스를 탈 때 90분, 일반버스 40분, 택시 8분으로 138분이 소요된다. 금액의 경우 일반버스 1,600원, 고속버스 22,500원, 택시 6,000원으로 총 30,100원이 된다. 모든 조건을 만족시킨다.

오답해설

① 옳지 않다. 무궁화호를 탄다는 것은 많은 시간을 사용한단 것이므로 시간의 한계를 먼저 검토한다. 무궁화호를 타면 100분이 소요되고, 오송역에서 버스를 타면 40분이 소요된다. 이미 한계 시간이 140분에 도달하므로 택시 타는 것을 고려할 때, 시간을 넘기게 된다.
② 옳지 않다. 마찬가지로 무궁화호를 타며, 심지어 출발할 때도 시간이 더 오래 걸리는 버스를 타기 때문에 시간 한계를 무조건 초과한다.
③ 옳지 않다. KTX를 타면 비용이 비싸기 때문에 비용을 먼저 검토한다. KTX를 타면 3만원이 소모된다. 2,000원이 남는데 버스를 타는 거리가 13km 이므로 예산을 초과하게 된다.
⑤ 옳지 않다. 택시를 2번 타기 때문에 비용이 문제가 된다. 앞선 선지와 구성이 같으나 택시를 한 번 더 타는데, 이때 택시 비용이 12,000원 추가된다. 따라서 비용이 초과된다.

합격생 가이드

교통수단들의 특징을 보고 시간 기준, 예산 기준 중 무엇을 먼저 적용할지 파악하는 것이 중요하다. 실제로 모든 비용과 시간을 계산하는 것은 많은 시간을 잡아먹을 수 있으니 주의하도록 하자.

07 공식·조건 답 ⑤

난도 상

풀이시간 2분 30초

정답해설

⑤ 옳지 않다. A에서 30.6%, B에서 25.2%, C에서 약 8% 이상이 통신사를 유지했으므로, 바꾸지 않은 이용자가 60%가 넘는다. 따라서 바꾼 사용자가 40% 미만이다.

오답해설

① 옳다. 150만 명의 20%가 30만 명이므로, 19%인 C 스마트폰 단말기 사용자는 30만 명 이하이다.
② 옳다. 1월 84% 고객은 그대로 B를 이용했다. 즉 16%가 B에서 다른 단말기로 이동한 것인데, B보다 더 많은 점유율을 가진 A에서 더 많은 퍼센트인 25%가 이동해왔다. 따라서 B는 1월보다 7월에 이용자가 증가했다.
③ 옳다. C에서 A로 교체한 사용자는 5.7%이며, A에서 C로 교체한 사용자는 7.5%가 넘는다.
④ 옳다. 150만 명의 30%는 45만 명이고 그 10%는 4만 5천 명이다.

합격생 가이드

이런 유형을 처음 경험해본다면, 문제를 이해하는 데 다소 시간이 걸릴 수 있다. 또한 ②의 경우 구체적인 계산을 하기보다, 변화한 값들 간의 크기비교를 하는 것이 편리하다. 결국에 중요한 것은 B에서 얼마나 빠져나가고 B로 얼마나 들어왔느냐이기 때문이다.

08 공식 · 조건

답 ②

난도 상

풀이시간 3분

정답해설

ㄱ. 옳다. 발아 씨앗수는 면적×1m²당 파종 씨앗 수×발아율 이다. 이를 계산하면 20%×50×20＝200개이다.

ㄹ. 옳다. E를 50m²에서 파종하면 50kg가 수확된다. 그리고 나머지들을 12.5씩 경작하면 47.5kg다. 총 97.5kg다.

오답해설

ㄴ. 옳지 않다. 1m²당 수확물의 무게를 구하면 A는 0.8kg, B는 1.5kg, C는 0.9kg, D는 0.6kg, E는 1kg가 나온다. 전체 면적을 1/5씩 나눈다고 되어 있으므로 각각 20m²를 파종하는 바, 각각의 1m²의 수확물 무게의 합인 4.8kg에 20을 곱하면 96kg가 나온다.

ㄷ. 옳지 않다. 계산이 편리한 땅들부터 계산하면, B는 2m², D는 5m², E는 3m²의 면적이 필요하다. 주어진 조건에서 남은 땅 면적은 6m²이다. A와 C 모두 1m² 당 수확물의 무게가 1kg 미만이므로 둘 다 3kg씩 수확하기 위해선 6m²보다 많은 면적이 필요하다. (① 소거)

합격생 가이드

ㄹ의 경우 실전에서 하지 않아도 되지만, 하게 된다면 구체적 계산을 할 필요 없이, E를 기준으로 더 수확 무게가 높은 B가 10% 줄어든 것과, 낮은 A, C, D가 줄어든 것을 비교하여 결과적으로 무게가 증가했음을 추론할 수도 있다.

09 공식 · 조건

답 ④

난도 상

풀이시간 2분 30초

정답해설

ㄱ. 옳다. 주어진 연봉들 중에서 A가 가장 높고, 빈칸인 G와 H의 성적을 보면 A보다 훨씬 떨어지는 것을 알 수 있다. 따라서 A의 연봉이 가장 높다.

ㄷ. 옳다. A의 조정 전 연봉과 최종 연봉의 차이가 약 1,600만이 난다. 나머지 연봉이 공개된 선수들의 차이 값을 비교하면 역시 최종연봉이 조금 더 높다. 연봉을 알지 못하는 G와 H의 연봉은 E보다 작을 것으로 보이는데, 이 둘의 계수가 0.5임을 고려하면 여기서 조정 전 연봉이 더 높게 나오더라도 그 차이가 600만이 되지 않을 것을 추정할 수 있다. 따라서 조정 전 연봉의 합과 최종연봉의 합의 차이는 1,000만 달러 넘게 난다.

ㄹ. 옳다. C의 조정계수가 변화하는지 확인해야 한다. 득점과 타점이 20점 오르면 득점, 타점, 타율에서 조정계수 2등급의 조건을 만족시킨다. 따라서 계수가 0.5 증가한다. 그리고 타점과 득점에 따라 조정 전 연봉이 100만 달러 증가하는 것을 고려하면 결과적으로 500만 달러 이상 증가한다.

오답해설

ㄴ. 옳지 않다. H와 G의 차이가 나는 성적들을 보면 된다. H가 G보다 득점을 12점 많이 했고 볼넷이 1개 더 많다. OPS는 G가 0.025 더 높다. 이 둘의 조정계수는 둘 다 5등급이다. 조정 전 연봉이 H가 21.25 높은데 조정계수를 반영하면 10보다 약간 높다.

합격생 가이드

구체적 계산을 하면 너무 어려우며 실전에서 ㄷ은 검토할 필요가 없다. 여기서 연봉에 가장 큰 영향을 미치는 것은 조정 전 계수임을 파악해야 한다.

LEVEL I 하급

01	02	03	04	05	06	07	08		
①	④	⑤	③	①	⑤	②	②		

01 종합 답 ①

난도 하

풀이시간 1분 30초

정답해설

• A : 2003년도의 각 국가의 수출액 합과 수입액 합이 같아야 한다. 방정식을 세워보면, 814+1,021+1,421=A+1,557+897이고, A값은 802이다.

• B : 2006년 중국의 수입액은 1,423억불이므로, 일본에서 중국으로의 수출액은 1,423−618=805억불이다. 2006년 일본의 수출액 B는 한국으로의 수출액과 중국으로의 수출액의 합이므로 B=484+805=1,289이다.

• C : 2006년 한국의 수입액은 870억불이다. C+484=870이므로, C값은 386이다.

합격생 가이드

세 국가의 수출액 합계와 수입액 합계가 같을 수밖에 없다는 것만 알면 쉽게 풀 수 있는 문항이다.

02 종합 답 ④

난도 하

풀이시간 1분 30초

정답해설

ㄱ. 옳지 않다. 2003년 한국의 수입액 A는 802억불이므로 해당 년도에 한국의 무역수지는 흑자를 기록하였다. 한국의 무역수지 적자가 가장 큰 해는 2002년으로, 27억불의 적자를 기록하였다.

ㄷ. 옳지 않다. 2006년 한 · 중 · 일 3국 수출액의 합은 수입액의 합과 같을 수밖에 없다. 타국과의 무역관계를 고려하지 않기 때문이다.

ㄹ. 옳지 않다. 2006년 일본에서 중국으로의 수출액은 805억불로 중국으로부터의 수입액인 841억불보다 작다. 즉, 중국과의 무역에서 적자를 기록하였다.

오답해설

ㄴ. 옳다. 2006년 중국의 수출액은 C+841=1,227억불이다. 중국은 2001~2006년 동안 매년 수출액보다 수입액이 크다. 즉, 매년 적자를 기록하였다.

03 종합 답 ⑤

난도 하

풀이시간 1분 30초

정답해설

⑤ 옳지 않다. 〈표 2〉를 보면 맞는 것 같지만, 완전히 틀렸다. 〈표 2〉는 가계 '금융자산' 중 예금의 구성비를 보여주지만, ⑤번 선지의 경우 가계 '총자산' 대비 예금의 구성비이다. 가계 총자산은 가계 금융자산과 다르므로, 〈표 2〉의 자료를 그대로 기입한 ⑤번 선지는 옳지 않다.

오답해설

① 옳다. 〈표 1〉을 이용한다. 1− '가계 금융자산 비율'='가계 비금융자산 비율'이다. ①번 선지는 B, C국의 해당 값을 잘 나타내고 있다.

② 옳다. 〈표 1〉만으로 알 수 있다. 가계 총자산=가계 금융자산+가계 비금융자산이므로, 해당 값을 잘 나타내고 있다.

③ 옳다. 〈표 2〉만을 이용한다. C국의 가계 금융자산 구성비를 알맞게 나타내고 있다.

④ 옳다. 〈표 2〉만을 이용한다. A국과 D국의 데이터를 바르게 그래프로 구성하였다.

합격생 가이드

그래프 전환형 문제는 꼼꼼한 계산으로 정답을 도출하기보다는 큰 흐름에서 트릭을 찾는 것이 중요하다. ⑤의 제목과 〈표 2〉의 제목만 유의한다면 아무런 계산 없이도 답을 찾을 수 있는 문항이다.

04 종합 답 ③

난도 하

풀이시간 1분 15초

정답해설

ㄴ. 옳다. 가계 비금융자산 비율은 1에서 가계 금융자산 비율을 빼면 된다. 바꾸어 말하면, 1998~2003년 동안 가계 금융자산 비율은 매년 A국이 가장 낮고 B국이 가장 높다.

ㄷ. 옳다. 2003년 가계 총자산 대비 투자신탁 비율은 B국의 경우 0.45×0.12=0.0540이고 C국의 경우 0.25×0.14=0.0350이다. 따라서 B국이 더 높다.

오답해설

ㄱ. 옳지 않다. 〈표 1〉에서 B국의 가계 금융자산 비율은 2003년에 증가한다.

ㄹ. 옳지 않다. 2003년 가계 금융자산을 구성비가 높은 순서대로 배열하면, A국은 '예금 - 보험 - 채권 - 주식 - 투자신탁 - 기타' 순서이고, D국은 '예금 - 보험 - 주식 - 기타 - 채권 - 투자신탁' 순서이다. 즉 동일하지 않다.

합격생 가이드

어렵지 않은 일치부합 문제이지만, 그 안에서도 서로간의 비교가 용이하도록 데이터를 가공하면 더 쉽게 문제를 해결할 수 있다.

05 종합

답 ①

난도 하

풀이시간 1분 30초

정답해설

ㄱ. 옳다. 서유럽 지역을 제외하고 북유럽 지역에서는 핀란드가, 동유럽 지역에서는 폴란드가, 기타 지역에서는 캐나다가 2004년과 2005년의 실업률이 전년대비 매년 감소했다.

ㄷ. 옳다. 서유럽 지역의 경우, 실업률이 전년대비 매년 증가한 국가는 오스트리아, 프랑스, 네덜란드, 포르투갈, 스위스로 총 5개이고, 매년 감소한 국가는 아일랜드, 이탈리아, 스페인으로 총 3개이다.

ㄹ. 옳다. 2003년 서유럽 지역에서 실업률이 가장 높은 스페인은 실업률이 11.1%인데, 같은 해 동유럽 지역에서 실업률이 가장 높은 폴란드는 실업률이 19.6%에 달한다.

오답해설

ㄴ. 옳지 않다. 2003년의 실업자는 3,000만×3.6÷100=108만 명, 2005년의 실업자는 3,500만×3.7÷100=129.5만 명이다. 실업자 수는 21.5만 명만 증가하였다.

ㅁ. 옳지 않다. 2005년 프랑스와 영국의 경제활동인구가 각각 4,000만 명이라고 하면, 같은 해 프랑스의 실업자 수는 4,000만×9.9÷100=396만 명, 영국의 실업자 수는 4,000만×4.8÷100=192만 명이다. 두 국가의 실업자 수 차이는 204만 명으로 200만 명 이상이다.

합격생 가이드

대부분이 단순 비교만으로 풀 수 있는 문항으로, 계산도 어렵지 않고 함정도 없는 무난한 문항이다. 반드시 잡고 가도록 하자.

06 종합

답 ⑤

난도 하

풀이시간 1분 15초

정답해설

OECD 전체의 실업률 증감 방향은 2003~2004년과 2004~2005년 모두 감소이고, EU - 15 실업률 평균값의 증감 방향은 2003~2004년은 증가, 2004~2005년은 감소이다.

⑤ 옳다. 4개 국가 모두 증감 방향이 각각 일치한다.

오답해설

① 옳지 않다. 노르웨이와 오스트리아, 프랑스의 증감 방향이 일치하지 않는다.

② 옳지 않다. 스웨덴의 증감 방향이 일치하지 않는다.

③ 옳지 않다. 헝가리와 핀란드, 캐나다의 증감 방향이 일치하지 않는다.

④ 옳지 않다. 포르투갈과 영국의 증감 방향이 일치하지 않는다.

합격생 가이드

계산 없이 숫자 비교만으로 풀 수 있는 문제로, 실수만 하지 않는다면 틀릴 수가 없을 만큼 쉬운 문제이다.

07 종합

답 ②

난도 하

풀이시간 1분 45초

정답해설

ㄱ. 옳다. 〈표 1〉만을 통해 알 수 있다. 상수도 보급률이 가장 낮은 지역은 충남이고, 충남에서의 하수도 보급률을 계산해보면 63.6%로 가장 낮다.

ㄷ. 옳다. 〈표 2〉만으로 알 수 있다. 하수도요금 부과량당 평균요금은 충북에서 가장 높은데, 하수도요금 현실화율 역시 42.6%로 가장 높다.

오답해설

ㄴ. 옳지 않다. 〈표 1〉과 〈표 2〉를 모두 활용하여야 한다. 하수도 보급률이 가장 높은 지역은 제주이지만, 하수도요금 현실화율이 제주보다 더 낮은 지역들이 존재한다.

ㄹ. 옳지 않다. 〈표 1〉만으로 알 수 있다. 상수도 급수인구가 가장 적은 지역은 제주이지만, 제주 지역의 상수도 급수인구당 1일급수량이 가장 많지는 않다.

합격생 가이드

ㄱ에서 충남의 보급률을 계산할 때 어림으로 70%가 되지 않는다는 것을 알 수 있다. 게다가 후보군인 전남의 경우 인구는 충남보다 적으면서 처리인구는 충남보다 많기 때문에 전남의 하수도 보급률은 충남의 그것보다 클 수밖에 없다. 즉 정확한 계산 없이도 빠르게 답을 찾을 수 있다.

ㄷ 역시 하수도요금 현실화율 빈칸을 계산하지 않더라도 분모와 분자의 대소비교를 통해 어림으로 계산이 가능하다.

ㄹ은 앞문장과 뒷문장을 바꾸면 아주 쉽게 풀이가 가능하다. 〈보기〉의 내용대로 상수도 급수인구당 1일급수량을 먼저 계산하려 하면 시간이 오래 걸리지만, 상수도 급수인구가 가장 적은 지역을 먼저 파악하고 해당 지역의 상수도 급수인구당 1일급수량을 보면 계산 없이도 정답도출이 가능하다.

08 종합

답 ②

난도 하

풀이시간 1분 15초

정답해설

ㄴ. 옳다. 〈보고서〉 첫 번째 문단에서 지역별 상수도요금이 필요하며, 주어진 자료에서 알 수 없기 때문에 추가적으로 필요하다.

ㄷ. 옳다. 〈보고서〉 두 번째 문단에서 전남의 재정자립도를 다루고 있기 때문에 해당 내용이 추가적으로 필요하다.

오답해설

ㄱ. 옳지 않다. 지역별 상수도 급수인구당 1일급수량은 〈보고서〉에 들어간 내용이지만 〈표 1〉에서 추출할 수 있다.

ㄹ. 옳지 않다. 하수도 처리인구당 연간 부과액은 〈보고서〉에 제시되지 않는다.

ㅁ. 옳지 않다. 〈보고서〉 세 번째 문단에서 다루고 있지만, 주어진 자료로 파악이 가능한 데이터이다.

LEVEL II   중급

01	02	03	04	05	06	07	08		
②	④	①	①	①	④	④	③		

01 종합   답 ②

난도 중

풀이시간 1분 30초

정답해설

ㄱ. 옳다. 〈보고서〉 2번째 단락에서 '호수 내 질소의 농도와 인의 농도를 월일별로 살펴보면 밀접한 상관관계가 있었다.'고 하였기 때문에, 해당기간 호수 A와 B의 월일별 질소 및 인 농도가 추가적으로 필요하다.

ㄷ. 옳다. 〈보고서〉 3번째 단락에서 '2008~2013년 조류예보 발령 현황을 보면'이라고 하였다. 해당 내용은 주어진 〈표〉만으로 파악할 수 없기 때문에 월일별 조류예보 발령 현황이 추가적으로 필요하다.

ㅁ. 옳다. 〈보고서〉의 2번째 단락에서 '클로로필 농도와 남조류 세포수의 월일별 증감 방향은 일치하지 않았으나'라고 하였고, 이는 〈표〉만으로는 추론할 수 없으므로 필요하다.

오답해설

ㄴ. 옳지 않다. 수위에 관한 내용은 〈보고서〉에 없다.

ㄹ. 옳지 않다. 〈보고서〉에 수온에 관한 내용이 있지만, 해당 내용은 제시된 〈표〉에서 찾을 수 있다.

합격생 가이드

이런 유형의 문제는 〈보고서〉를 먼저 읽기보다는 〈보기〉를 먼저 읽고, 관련된 내용이 〈보고서〉에 제시되는지를 살펴보는 것이 좋다. 만약 〈보기〉의 내용이 〈보고서〉에 있다면, 미리 주어진 표에서 그 내용을 추론할 수 있는지만 판별함으로써 문제를 해결할 수 있다.

02 종합   답 ④

난도 중

풀이시간 1분 45초

정답해설

8월 12일~15일 호수 B의 수질측정항목을 표로 나타내면 다음과 같다.

구분	클로로필 농도	남조류 세포수	조류예보
8월 12일	경보	경보	주의보
8월 13일	주의보	주의보	?
8월 14일	주의보	–	?
8월 15일	–	주의보	?

• 8월 13일 : 조건3) 측정수치 4개가 모두 주의보 이상이므로 → 주의보
• 8월 14일 : 조건5) 측정수치 3개 주의보 이상 → 13일과 동일, 주의보
• 8월 15일 : 조건4) 측정수치 2개가 (2개도 2개 이상) 주의보 단계 기준을 만족하지 못함 → 해제

03 종합 　　　　　　　　　　　　 답 ①

난도 중

풀이시간 2분

정답해설

ㄱ. 옳다. 〈표 2〉만으로 알 수 있다. 2010년 보건업 취업자 중 상용근로자의 비율은 83.3%에 이르는데 반해 보건복지산업 취업자 중 상용근로자의 비율은 65.5%에 그친다.

ㄷ. 옳다. 〈표 1〉만으로 알 수 있다. 전체 산업의 취업자 수 증가율은 4.5%이고 보건복지산업의 취업자 수 증가율은 7.9%이다.

오답해설

ㄴ. 옳지 않다. 〈표 3〉만으로 알 수 있다. 보건복지산업의 상용근로자 수 대비 임시 및 일용근로자 수의 비율은 2009년 13.73%이지만 2010년 13.21%로 감소했다.

ㄹ. 옳지 않다. 〈표 1〉과 〈표 2〉를 이용하여 알 수 있다. 보건업 및 사회복지서비스업 취업자 중 상용근로자의 비율이 같다고 가정하면, 2009년 보건업 및 사회복지서비스업에 종사하는 상용근로자는 1,153×(1,046/1,286)=937.8천명, 약 94만 명으로 100만 명이 되지 않는다.

04 종합 　　　　　　　　　　　　 답 ①

난도 중

풀이시간 1분 15초

정답해설

ㄱ. 옳다. 〈보고서〉에서 보건복지산업의 남성 취업자와 여성 취업자를 다루고 있지만 주어진 자료에는 없으므로 추가적으로 필요하다.

ㄹ. 옳다. 〈보고서〉의 4번째 줄부터 2009년과 2010년의 세부 업종별 취업자 수를 다루고 있으므로, 추가적으로 필요하다.

오답해설

ㄴ. 옳지 않다. 〈보고서〉에서 다루지 않는 내용이다.

ㄷ. 옳지 않다. 〈표 1〉의 자료만으로 알 수 있다.

ㅁ. 옳지 않다. 〈표 2〉의 자료만으로 알 수 있다.

05 종합 　　　　　　　　　　　　 답 ①

난도 중

풀이시간 2분

정답해설

ㄱ. 옳다. 〈표〉에서 알 수 있다. 2015~2017년 동안 A업체와 B업체의 온실가스 배출량은 매년 전체 배출량의 절반 이상을 차지한다.

ㄴ. 옳다. 〈표〉의 자료를 통해 추론할 수 있다. 2017년 전체 배출량을 계산하면 2,917×3-3,138-2,864=2,749이므로, 2015~2017년 전체 온실가스 배출량은 매년 감소하였다.

오답해설

ㄷ. 옳지 않다. 〈그림〉을 활용하여야 한다. 온실가스 배출 효율성은 가로축을 세로축으로 나눈 값이므로, 기울기가 작을수록 온실가스 배출 효율성은 크다. 즉 J가 가장 크고, A가 가장 낮다.

ㄹ. 옳지 않다. 〈표〉의 자료를 통해 알 수 있다. D업체의 2016년 배출량을 계산하면, 284×3-356-260=236이다. 즉, D업체의 2017년 배출량은 2016년의 배출량보다 증가한다.

06 종합 　　　　　　　　　　　　 답 ④

난도 중

풀이시간 1분 45초

정답해설

ㄱ. 옳다. 〈표〉에서 쉽게 확인할 수 있다. 매년 온실가스 배출량 기준 상위 3개 업체의 순위는 1~3위 각각 A, B, C로 동일하다.

ㄷ. 옳다. 업체별 온실가스 배출권 식에서 '해당년도 온실가스 배출권 총량'과 '철강산업 전체의 직전 3년 평균 온실가스 배출량'은 모든 업체에서 같은 값으로 적용되기 때문에, 결국은 업체별 온실가스 배출권은 '해당 업체의 직전 3년 평균 온실가스 배출량'에 따라 결정된다. B 업체의 2015~2017년 3년 평균 온실가스 배출량이 C 업체보다 크므로, 더 많은 온실가스 배출권을 할당받았다.

ㄹ. 옳다. G 업체의 2018년 예상 배출량은 96으로, 2018년 온실가스 배출권인 2,600×101÷2,917=90보다 많다.

오답해설

ㄴ. 옳지 않다. 〈그림〉을 통해 확인할 수 있다. 5번 문항에서 보았듯이, 〈그림〉의 기울기가 작을수록 온실가스 배출 효율성이 높고 이는 온실가스를 덜 배출하는 것을 의미한다. 〈그림〉에서 D 업체의 기울기가 E 업체의 기울기보다 작으므로, 철강 1톤을 생산하는 데 온실가스를 덜 배출한다.

07 종합   답 ④

난도 중

풀이시간 2분

정답해설

ㄱ. 옳다. 일반가구 영유아 수와 저소득가구 영유아 수의 비율을 알기위해 각각의 비율을 x, y로 하여 연립방정식을 세우면, 7.5x+1.5y=6.3, x+y=1 이다. 방정식을 풀면 x=0.8, y=0.2이므로 일반가구 영유아 수는 저소득가구 영유아 수의 4배이다.

ㄴ. 옳다. 응답자 중 일반가구 영유아 수는 1,000×0.8=800명이다. 출생 후 현재까지 일반도서관을 이용한 적이 있는 일반가구 영유아는 800명×0.24=192명이고, 최근 1년 동안 일반도서관을 이용한 일반가구 영유아는 800명×0.21=168명이다. 따라서 출생 후 현재까지 일반도서관을 이용한 적 있지만 최근 1년 동안에는 이용하지 않은 일반가구 영유아 수는 192-168=24명으로, 30명 미만이다.

ㄹ. 옳다. 두 가지 모두 '어린이미술관'으로 동일하다.

오답해설

ㄷ. 옳지 않다. '일반박물관'과 '어린이도서관'만 비교해도 순위가 바뀌는 것을 알 수 있다.

합격생 가이드

ㄱ의 경우, 일반가구 영유아 수가 저소득가구 영유아 수의 3배라면 '일반도서관'에서 '전체' 값이 23.75가 나와야 한다(3:1의 비율로 나누어지기 때문이다). 하지만 23.75보다 큰 23.80이므로 3배보다도 더 크다는 것을 암산으로 빠르게 알 수 있다.

ㄴ은 당황할 포인트가 있지만, ㄷ과 ㄹ이 명확하기 때문에 답을 찾기에는 무리가 없는 문항이다.

08 종합   답 ③

난도 중

풀이시간 1분 30초

정답해설

ㄱ. 옳지 않다. ㄱ의 핵심은 '최초 이용 시기'이므로 보고서에서 해당 내용을 찾는다. 〈보고서〉의 3번에 따르면, 어린이놀이터를 제외한 나머지 모든 공공재 문화시설 유형에서 만 4세가 되기 전에 90% 이상의 영유아가 최초로 이용을 시작한다. 이는 ㄱ의 〈표〉와 부합하지 않는다.

ㄴ. 옳지 않다. '소비재 문화시설' 관련 내용은 〈보고서〉의 2번에 나온다. 보고서에 따르면 일반가구 영유아와 저소득가구 영유아 모두 키즈카페 이용률이 가장 낮아야 한다. 하지만 ㄴ의 〈표〉에서 일반가구 영유아의 이용률이 가장 낮은 문화시설은 '극장'이다.

오답해설

ㄷ. 옳다. '최근 1년 이용 목적'은 〈보고서〉의 5번 내용에 해당한다.

합격생 가이드

〈보기〉에서 주어진 표 각각 제목을 읽고 핵심을 파악하여 관련된 내용을 보고서에서 찾아야 한다. 종합 문제는 데이터가 많이 주어지기 때문에, 핵심 내용을 담고 있는 부분을 빠르고 정확하게 찾아내는 것이 무엇보다도 중요하다.

LEVEL III   상급

01	02	03	04	05	06				
①	⑤	①	②	⑤	③				

01 종합   답 ①

난도 상

풀이시간 2분

정답해설

ㄱ. 옳다. 부채구성비율과 자기자본비율의 합은 100(%)이다. '부채+자기자본=총자산'이기 때문이다. 따라서 1997년도의 부채구성비율을 비교하려면 해당년도의 자기자본비율을 보면 되고, 자기자본비율이 낮을수록 부채구성비율은 높다. 즉, ㄱ을 판별하기 위해서는 자기자본비율이 7개 기업 산술평균보다 낮은 기업을 찾으면 된다. 1997년 자기자본비율의 7개 기업 산술평균은 24.7%이고, 자기자본비율이 이보다 낮은 기업은 D, F, G 3개이다.

ㄴ. 옳다. 1997년도 대비 2008년도 부채비율의 감소율은 A기업이 91.1%로 가장 높다.

오답해설

ㄷ. 옳지 않다. 자기자본비율과 매출액이 동일한 비율로 커지는 관계에 있다고 가정하면, 순이익을 비교하기 위해서 '자기자본비율×순이익률'을 계산하면 된다. 2008년의 해당값은 B기업이 A기업보다 크다.

ㄹ. 옳지 않다. 2008년 순이익률이 가장 높은 기업은 B기업이지만 1997년도 영업이익률이 가장 높은 기업은 F기업이다.

합격생 가이드

추가적인 식이 많이 주어지는 문제는 반드시 그 속에 힌트가 있다. 주어진 식들 사이의 관계에서 문제를 간단하게 풀 수 있는 해결책을 찾아야 한다. ㄱ의 경우, 실전에서 일일이 계산하기엔 거의 불가능하지만 간단한 트릭만 알고 나면 계산 없이도 풀 수 있다.

02 종합   답 ⑤

난도 상

풀이시간 1분 30초

정답해설

⑤ 옳지 않다. '변화율'과 '변화폭'은 엄연히 다르다. 주어진 그래프는 '변화폭'인데 반해 제목은 '변화율'이므로 옳지 않다.

오답해설

① 옳다. B기업의 연도별 4가지 지표를 바르게 그래프로 옮겼다.

② 옳다. 연도별 7개 기업의 영업이익률이 바르게 표시되었다.

③ 옳다. 1997년 C기업의 자기자본비율은 31.5%이다.

④ 옳다. A, B, F기업의 영업이익률 변화를 바르게 나타내었다.

합격생 가이드

①, ②, ③, ④ 모두 아무런 계산 없이 일치부합을 판별할 수 있는 쉬운 문제이다. 다만 ⑤의 경우 변화율과 변화폭을 혼동하도록 함정을 파놓아 자칫하면 혼란에 빠질 수 있다. 함정에 빠지지 않도록 개념만 정확히 알고 있다면 무난히 풀 수 있을 것이다.

종합 문제에서 자주 출제되는 그래프 전환형 문제의 경우, 선지의 제목에서 함정을 파놓은 경우가 많다. 종종 정확한 계산을 요하는 문제도 있지만, 대부분은 함정을 파놓아 아예 틀린 데이터를 기입하는 경우가 많으므로 제목에 유의하도록 하자.

03 종합   답 ①

난도 상

풀이시간 1분 45초

정답해설

ㄱ. 옳지 않다. 〈표 1〉에서 알 수 있다. 일본과 중국이 뒤바뀌었으며, 그마저도 정확한 값은 다르다. 이때 〈표 1〉은 2008년 자료이므로 전년 동월 대비 증감률을 통해 추론해야 하는 것을 빠뜨리면 안 된다.

ㄴ. 옳지 않다. 주어진 자료로는 중국·일본으로의 관광지출을 알 수 없다. 중국·일본으로부터의 관광수입만을 알 수 있을 뿐이다.

오답해설

ㄷ. 옳다. 〈표 2〉만으로 알 수 있다.

ㄹ. 옳다. 〈표 3〉에서 10월 달의 금액과 증감률을 통해 바르게 이끌어낸 그래프이다.

합격생 가이드

옳은 그래프 문제는 그래프를 먼저 보고 그 그래프의 값이 주어진 자료에 맞는지를 판단하는 순서로 해결하는 것이 좋다. 실수를 줄이기 위해서는 보기의 제목을 정확히 파악하여 기간과 세로축이 의미하는 값을 꼼꼼히 파악하여야 한다.

이 문항에서는 ㄴ을 주의해야 한다. 자료가 많이 주어짐에도 불구하고 주어진 자료로는 ㄴ을 판별할 수 없으므로 유의하도록 하자.

04 종합   답 ②

난도 상

풀이시간 2분

정답해설

ㄱ. 옳다. 3개의 〈표〉를 모두 사용하여야 한다. 2008년 5월 중국인 및 일본인 관광객의 한국 내 전체 관광지출은 '관광객 수×1인당 평균 관광지출'을 계산하여 이끌어낸다. 이는 91×1,050+191×1,171=319,211, 즉 약 319백만 달러이고, 해당 월 한국의 총 관광수지 절대값인 504백만 달러의 절반 이상이다.

ㄷ. 옳다. 〈표 1〉과 〈표 3〉을 이용한다. 일본인 관광객의 한국 내 전체 관광지출은 2008년 7월에 177×1,038=183,726으로 약 183백만 달러이고, 8월에는 193×1,016=196,088으로 약 196만 달러이다.

오답해설

ㄴ. 옳지 않다. 주어진 자료로는 일본과 중국으로의 한국인 관광객 수만 알 수 있을 뿐, 각 국가에서의 관광지출은 파악할 수 없다. 〈표 3〉의 한국인 관광객 해외지출은 다른 나라를 포함하기 때문에 중국과 일본 각각에 대해서는 알 수 없기 때문이다.

ㄹ. 옳지 않다. 〈표〉 모두를 이용한다. 2008년 10월 중국인 및 일본인 관광객의 한국 내 전체 관광지출은 105×600+232×2,000=527,000으로 527백만 달러이다. 이는 해당 월 한국의 총관광수입인 1,301백만 달러의 절반이 되지 못한다.

합격생 가이드

표를 넘나들며 계산을 해야 하는 고난도 문제이다. 〈표 1〉에서는 관광객 수를, 〈표 3〉에서는 1인당 평균 관광지출을 보여주고 있으므로 이 둘을 결합하여 필요한 데이터를 도출하여야 한다. 계산이 복잡한 만큼 실수하지 않도록 주의하자.

05 종합   답 ⑤

난도 상

풀이시간 2분 45초

정답해설

ㄱ. 〈표1〉과 〈표 3〉을 통해서 알 수 있다. 〈표 1〉만으로는 2인 공동 수상과 3인 공동 수상을 구분할 수 없기 때문에 〈표 3〉을 같이 활용한다. 〈표 1〉에서 1981~1990년 전체 수상 횟수는 30회이고 공동 수상 횟수는 22회이므로 단독 수상자 수는 8명인 것을 알 수 있고, 〈표 3〉에서 해당 기간 총 수상자는 65명인 것이 나와 있다. 따라서 1981~1990년 동안 전체 공동 수상자 수는 65-8=57명이다.

ㄴ. 〈표 1〉만으로 추론이 가능하다. ㄱ의 메커니즘을 알았다면 빠르게 파악할 수 있다. 2001~2010년 공동 수상 횟수는 총 27회이고, 공동 수상 비율이 90.0%이므로 전체 수상 횟수는 30회인 것을 알 수 있다. 따라서 해당 기간 전체 단독 수상자 수는 30-27=3명이다.

ㄷ. 〈표 2〉를 통해서 알 수 있다. 1901~2010년 물리학상 단독 수상 횟수는 100-57=43회로 수상자 역시 43명이고, 2인 공동 수상 횟수는 29회이므로 2인 공동 수상자는 29×2=58명이다. 마지막으로 3인 공동 수상 횟수는 28회이므로 3인 공동 수상자 수는 28×3=84명이다. 따라서 해당 기간 동안 물리학상 전체 수상자 수는 43+58+84=185명이다.

합격생 가이드

어려운 문제이다. 3개의 표 중에 어느 자료로부터 도출하는지 판단하기도 쉽지 않다. ㄱ을 파악하여 메커니즘을 알면 ㄴ과 ㄷ역시 빠르게 알 수 있지만 실전에서 고난도 문제를 바로 파악하기는 쉽지 않다. 한 가지 방법이라면 ㄱ의 1981~1990년 기간이 주어진 자료는 〈표 1〉과 〈표 3〉 뿐이기 때문에 해당 자료에서만 데이터가 추출되어야 한다는 점을 안다면 조금이라도 빠르게 접근할 수 있을 것이다.

다만 쉬운 문제든 어려운 문제든 같은 점수이기 때문에 실전에서는 이러한 고난도 문제는 빠르게 넘기고 다른 문제부터 해결하는 것도 하나의 전략이 될 수 있다.

06 종합

답 ③

난도 상

풀이시간 1분 15초

정답해설

ㄱ. 옳다. 〈표 2〉만으로 알 수 있다. 생리 · 의학상 분야 전체 수상 횟수는 100회, 2인 공동 수상 횟수는 31회로 31%를 차지한다.

ㄹ. 옳다. 〈표 1〉만으로 알 수 있다. 1921~1930년 동안 단독 수상 횟수는 27 − 6 = 21회이므로, 1941~1950년 동안 단독 수상 횟수인 24 − 8 = 16회보다 5회 더 많다.

ㅁ. 옳다. 〈표 1〉만으로 알 수 있다. 2001~2010년 동안 전체 단독 수상 횟수는 3회, 1901~2010년 동안 전체 단독 수상 횟수는 140회이다. 따라서 3% 이하이다.

오답해설

ㄴ. 옳지 않다. 〈표 2〉만으로 알 수 있다. 해당 기간 동안 화학상 분야의 단독 수상자 수는 100 − 40 = 60명, 물리학상 분야의 단독 수상자 수는 100 − 57 = 43명이다. 따라서 1.5배가 되지 않는다.

ㄷ. 옳지 않다. 〈표 2〉만으로 알 수 있다. 해당 기간 동안 단독 수상자 수는 300 − 160 = 140명으로, 50%가 되지 않는다.

합격생 가이드

05번 문항 이후 일종의 보너스 문항으로, 05번 문항 때문에 종합 문제의 전체적인 난도는 높지만 개별 문항만 놓고 보면 굉장히 쉬운 문제이다. 〈보기〉부터 보고 일치부합을 판별하면 어렵지 않게 접근이 가능하다.

좋은 책을 만드는 길
독자님과 함께하겠습니다.

도서나 동영상에 궁금한 점, 아쉬운 점, 만족스러운 점이
있으시다면 어떤 의견이라도 말씀해 주세요.
SD에듀는 독자님의 의견을 모아 더 좋은 책으로 보답하겠습니다.

www.sdedu.co.kr

2023 행시 최종합격생 7인의 5급 PSAT 유형별 기출공략 〈자료해석〉

개정2판1쇄 발행	2022년 06월 02일 (인쇄 2022년 04월 15일)
초 판 발 행	2020년 11월 05일 (인쇄 2020년 09월 11일)
발 행 인	박영일
책 임 편 집	이해욱
공 저	행시 최종합격생 7인
편 집 진 행	송재병 · 최지우
표지디자인	박종우
편집디자인	김예슬 · 박서희
발 행 처	(주)시대고시기획
출 판 등 록	제 10-1521호
주 소	서울시 마포구 큰우물로 75 [도화동 538 성지 B/D] 9F
전 화	1600-3600
팩 스	02-701-8823
홈 페 이 지	www.sdedu.co.kr
I S B N	979-11-383-2301-7 (13350)
정 가	18,000원

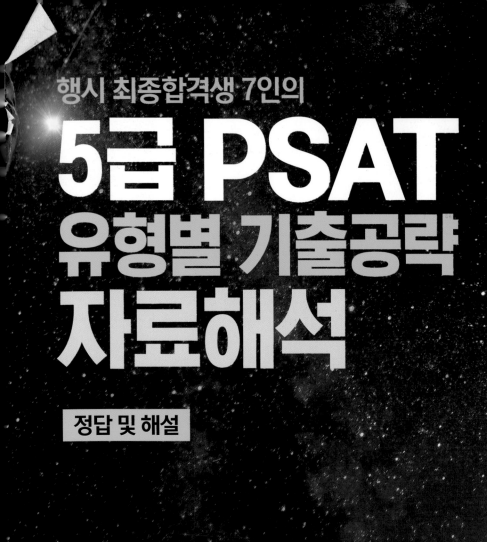

행시 최종합격생 7인의

5급 PSAT
유형별 기출공략
자료해석

정답 및 해설

SINCE 2010
PSAT 부문

누적
판매 **6만 부**

2010년부터 2022년 상반기까지
본사 PSAT 시리즈 전체 판매량 기준

22.2.26. 시행
5급 PSAT 자료해석

**최신 기출문제 및
해설 수록**

시대교육그룹

(주) **시대고시기획**
시대교육 (주)

고득점 합격 노하우를 집약한
최고의 전략 수험서

www.sidaegosi.com

시대에듀

자격증 · 공무원 · 취업까지
분야별 BEST 온라인 강의

www.sdedu.co.kr

이슈&시사상식

한 달간의 주요 시사이슈
논술 · 면접 등 취업 필독서

매달 25일 발간

외국어 · IT · 취미 · 요리
생활 밀착형 교육 연구

실용서 전문 브랜드

꿈을 지원하는 행복…

여러분이 구입해 주신 도서 판매수익금의 일부가
국군장병 1인 1자격 취득 및 학점취득 지원사업과
낙도 도서관 지원사업에 쓰이고 있습니다.

SD에듀
(주)시대고시기획